Arrêt de la Chambre des Comptes du 09 mars 1776 les semestres assemblés

Ce jour la chambre considerant combien les entreprises multipliées des Bureaux des finances sur la juridiction de la chambre et les obstacles qu'ils apportent à l'éxécution de ses Arrêts sont préjudiciables au bien du Service a arrêté que Monsieur le Premier Président sera chargé de se retirer vers le Roi, à l'effet de lui mettre sous les yeux les inconveniens qui resultent de pareilles entreprises, et d'employer ses bons offices et faire toutes les demarches qu'il estimera nécessaires pour obtenir dudit Seigneur Roi lettres de sa volonté qui fixent d'une manière immuable et irrevocable les limites et la juridiction des Bureaux des finances, et repriment les abus qui naissent des obstacles qu'ils apportent à l'éxécution des Arrêts de la Chambre, au mépris du serment que chacun de leurs officiers font en la chambre lors de leur réception, et qui sont également préjudiciables au bien du service du Roi, à la tranquilité de ses Vassaux, et au bon ordre qui doit subsister pour la conservation de ses Domaines et mouvances, dont la connoissance a été confiée dans tous les siecles à sa Cour des finances par ses Augustes prédecesseurs. Signé Nicolay et le Normand de la Place.

Extrait du Domaine Tom. 1

p. 134 [illegible] Decl. du 14 Juillet 1702 [illegible]

[illegible]

Ibid. [illegible]

[illegible]

p. 135 [illegible] Decl. du 18 Juil. 1702 [illegible]

[illegible]

Ibid. [illegible]

[illegible]

[illegible]

[illegible]

A l'egard de la Declaration de 1702 [illegible]

p. 135 [illegible]

45 [illegible] 1674 [illegible]

50 [illegible]

[illegible] 1674 [illegible]

[illegible] 1702 [illegible]

[illegible] 1726 [illegible]

1725 [illegible]

[illegible] 15 Sept 1681 [illegible]

[illegible] 8 Sept

1727 [illegible]

[illegible]

[illegible]

[illegible] 55

[illegible] 18 [illegible] 1702 [illegible]

[illegible]

[illegible]

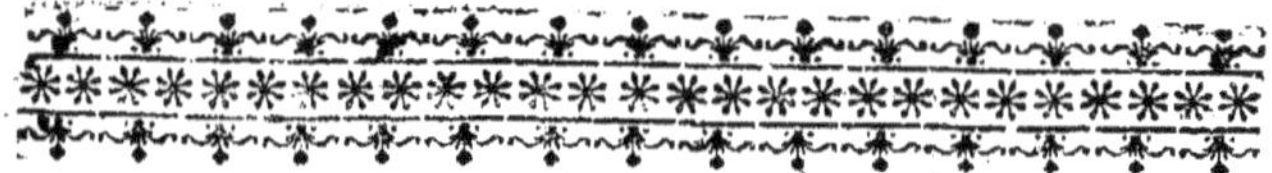

TABLE

DES SOMMAIRES.

Alinéas.

OCCASION DE CET ÉCRIT. 1

QUESTIONS qui naissent du fait. 28

Iere QUESTION.

LA CHAMBRE a-t-elle quelque droit de supériorité sur les Tréforiers de France? 34

Iere PROPOSITION.

Le ferment des Tréforiers de France, leurs installations & leurs aveux, suffisent pour établir la supériorité de la Chambre sur ces Officiers, l'honneur & le respect qu'ils lui doivent. 40

IIe PROPOSITION.

Les Tréforiers de France ont toujours exercé avec subordination à la Chambre leurs fonctions à l'égard des Finances. 62

Iere SECT. Pour commettre à la place des Comptables absens ou négligens. 63

IIe SECT. Pour faire fournir les cautions. 65

IIIe SECT. Pour faire clorre & rouvrir la main des Comptables. 67

IVe SECT. Pour donner des assignats sur les recettes. 69

Ve SECT. A l'égard de leurs états au vrai. 71

VIe SECT. Pour venir en la Chambre étant mandés. 73

VIIe SECT. Pour faire informations. 80

VIIIe SECT. Pour veiller à l'exécution des Arrêts de la Chambre. 82

IXe SECT. Pour fonctions d'administration. 85

Levées de deniers. 86

Baux. 87

Bâtimens royaux. 88

Xe SECT. Inspection sur leur conduite 89

XIe SECT. Commissions à eux données par la Chambre. 92

XIIe SECT. Remontrances, Dénonciations, Mémoires par eux donnés. 94

Alinéas.

IIIe PROPOSITION.

La Chambre exerce son autorité sur les objets d'intérêts, pour ou contre les Trésoriers de France. 99

Iere Sect. Sur les contestations mues entr'eux. 100
IIe Sect. Sur les contestations mues contr'eux. 101
IIIe Sect. Ils ont recours à la Chambre pour leurs intérêts. 102
§. I. Contre Edits qui leur portoient préjudice. 103
§. II. Contre pourvus de leurs Offices. 104
§. III. Pour inscriptions de faux. 109
§. IV. Pour être maintenus dans le droit d'état au vrai. 111
§. V. Pour le paiement de leurs gages. 113
§. VI. Contre emprisonnement de leurs personnes. 115
§. VII. Contre injures à eux dites. 117
IVe Sect. Ils demandent à la Chambre & la Chambre leur accorde protection. 119

IVe PROPOSITION.

La Chambre exerce son autorité à l'égard de leurs Jugemens. 127

Iere Sect. Défenses à eux faites à l'occasion de leurs Jugemens. 129
§. I. Sur réception des actes féodaux. 130
§. II. A l'occasion de leurs enregistremens. 134
§. III. Sur les réceptions des Comptables. 139
§. IV. Sur leurs prétentions d'informer des vie & mœurs. 141
§. V. Défenses de se pourvoir devant eux. 147
IIe Sect. La Chambre confirme leurs Sentences. 149
IIIe Sect. La Chambre infirme leurs Sentences & en défend ou suspend l'exécution. 151
IVe Sect. La Chambre casse leurs Ordonnances. 158

Ve PROPOSITION.

La Chambre, à titre de supériorité, nomme Substitut du Procureur Général l'Officier, qui dans les Bureaux est appellé *Procureur du Roi*. 161

Iere Sect. Ces Substituts sont chargés de l'exécution des Arrêts de la Chambre. 164
IIe Sect. Elle les charge de les faire publier. 166
IIIe Sect. Leur donne commission personnelle pour le service des Fiefs. 168
IVe Sect. Elle les charge de fonctions pour la Comptabilité. 170
Ve Sect. Sur leurs Requêtes la Chambre ne leur donne pas d'autre qualité. 172
VIe Sect. Elle les nomme Substituts dans les cas de peines prononcées contr'eux. 174

Alinéas.

IIe QUESTION.

La Chambre a-t-elle autorité sur les personnes des Trésoriers de France? Peut-elle les décréter & emprisonner? 186

Iere PROPOSITION.

La Chambre, comme toute autre Compagnie revêtue de l'autorité du Roi, a tout le pouvoir nécessaire pour réprimer les insultes qui lui sont faites à l'égard de la Jurisdiction qui lui est confiée. 188

IIe PROPOSITION.

La Chambre a droit de décréter, notamment les Trésoriers de France, & de les faire mettre en prison dans le cas d'insultes faites à son Tribunal. Dans quelques cas civils elle peut les suspendre de leurs fonctions. 202

Iere Sect. Elle les a fait assigner à comparoir. 203
IIe Sect. Elle les a fait décréter d'ajournement personnel. 205
IIIe Sect. Elle a même fait constituer prisonniers quelques Trésoriers de France. 209
IVe Sect. Elle peut les suspendre de leurs états. 212
Ve Sect. Différentes peines prononcées contre les Trésoriers. 215

IIIe QUESTION.

Y a-t-il quelque motif de retirer les Trésoriers de France de la subordination dans laquelle ils sont à l'égard de la Chambre? 219

Iere PROPOSITION.

Bien loin d'avoir acquis de nouveaux titres de dignité & de nouveaux honneurs qui puissent mériter à ces Tribunaux de devenir indépendans des Cours Supérieures; ils ont au contraire perdu une grande partie de leurs fonctions & de leurs privileges. 220

Iere Sect. Cette Jurisdiction est dégradée à l'égard de ses principales fonctions. 224

§. Ier. Dégradation de leurs fonctions à l'égard du *Domaine*. 227

No. 1. Les anciens Trésoriers étoient Ordonnateurs de tous les deniers qui provenoient du Domaine. Dégradation de leur autorité à cet égard. 228

Alin'as.
No. 2. Ces Tréforiers Ordonnateurs avoient différentes parties d'administration. Dégradation à cet égard. 234
No. 3. Les Tréforiers fe regardent comme dégradés par l'attribution contentieufe fur le Domaine, mais à la charge de l'appel. 236
No. 4. Les Tréforiers ont eu l'attribution de la Comptabilité des revenus du Domaine, mais ils font à cet égard traités avec dérifion par les Comptables. 241
§. II. Dégradation de leurs fonctions à l'égard des *Finances*. 251
No. 1. Les Généraux des Finances étoient autrefois Ordonnateurs de la diftribution des Finances extraordinaires. 252
No. 2. Les Généraux des Finances faifoient autrefois la répartition des Impofitions. 260
No. 3. Jurifdiction dégradée à l'égard de la Comptabilité des Finances. 264
§. III. Dégradation de leurs fonctions à l'égard de la *féodalité*. 269
No. 1. Ufurpation des Tréforiers fans attribution. 271
No. 2. Réforme de leurs Jugemens fur les actes féodaux. 275
§. IV. Dégradation de leurs fonctions à l'égard de *la Voierie*. 279
No. 1. Idée fabuleufe fur l'antiquité des droits des Tréforiers. 281
No. 2. Leur Jurifdiction contentieufe eft partagée avec un grand nombre d'Officiers royaux. 283
No. 3. Leur direction fur les Ponts & Chauffées, Turcies & Levées eft prefqu'entierement perdue. 291
No. 4. Leur prétendue fupériorité pour la direction des grandes routes eft réduite à recevoir les ordres du Confeil, avec appel de leurs Ordonnances, fi l'on fe plaint de la maniere dont ils les exécutent. 295
No. 5. Abus des Tréforiers dans la Direction de la Voierie. 297
IIe SECT. Cette Jurifdiction eft dégradée, parce qu'ils n'exercent aucune fonction, même de Direction, qu'à la charge de l'appel. 309
§. I. Etendue prodigieufe donnée par le fieur de Gironcourt, à la Jurifdiction prétendue Souveraine des Tréforiers de France, 310
§. II. Même dans le cas de fimple Direction, ils font en toute matiere foumis à l'appel au Confeil, fuivant le texte des Arrêts & Reglemens. 316
IIIe SECT. Les Tréforiers de France font une Jurifdiction dégradée par la perte de leurs privileges, & la foumiffion aux taxes qui ne font pas portées par les Cours Supérieures. 321
§. Ier. Taxes de l'annuel, de prêt, & centieme denier, &c. 324
§. II. Taxes portant atteinte à leur privilege de Nobleffe. 332
§. III. Perte de leurs privileges à l'égard des taxes de voyages. 335
IVe SECT. Les Tréforiers de France exercent une Jurifdiction, dégradée par la perte de leurs fonctions dans les Cours Supérieures, & de leurs préféances dans quelques Sieges inférieurs. 337
§. Ier. Les Tréforiers de France n'ont plus d'entrée au *Parlement*. 341
§. II. Les Tréforiers n'ont en la *Chambre* qu'une féance momentanée le jour de leur réception, & fans voix délibérative. 347

Alinéas.

§. III. Les Tréforiers de France n'ont plus de féance en la *Cour des Aides.* 359

§. IV. Les Tréforiers de France n'ont plus la préféance fur plufieurs *Bailliages.* 373

Ve Sect. Réfutation des moyens dont le fieur de Gironcourt fe fert pour appuyer la prétendue fupériorité des Tréforiers, & auffi les aveux de l'Auteur fur la dégradation fucceffive de ces Offices. 375

IIe PROPOSITION.

Il n'y a aucun motif de retirer les Tréforiers de France de la fubordination dans laquelle ils ont été placés par les Ordonnances à l'égard de la Chambre, pour celles de leurs fonctions qui font relatives à fa Jurifdiction. Il y a au contraire toutes fortes de raifons pour maintenir cette fubordination. 398

Iere Sect. Contre le 1er Chef des demandes formées au Confeil contre la Chambre par les Tréforiers de France, en 1730.
Il eft utile que la Chambre veille à la réformation des actes féodaux reçus par les Tréforiers de France. 405

IIe Sect. Contre le 2e Chef.
La Chambre a droit de juger les oppofitions, formées en icelle, à la publication des aveux & les blâmes des déclarations du temporel. 467

IIIe Sect. Contre le 3e Chef.
La Chambre a droit de donner main-levée de leurs faifies féodales dans certains cas. 477

IVe Sect. Contre le 4e Chef.
La Chambre a droit de nommer Subftituts du Procureur Général leurs Procureurs du Roi. 488

Ve Sect. Contre le même Chef.
Ils n'ont pas droit d'avoir les adreffes des Loix générales. 493

VIe Sect. Contre le 5e Chef.
Ils ne peuvent vérifier les dons & graces honorifiques ou utiles, mais feulement les enregiftrer après la vérification faite en la Chambre, & fuivant fes modifications. 501

VIIe Sect. Contre le 6e Chef.
Ils doivent envoyer les actes de cautionnemens par eux reçus, 536

VIIIe Sect. Contre le même Chef.
La Chambre a droit de continuer fes fcellés dans les Provinces, par fuite de ceux de Paris. 549

IXe Sect. Contre le même Chef.
La Chambre n'eft pas tenue de fuivre leurs états au vrai. 559

Xe Sect. Contre les 7e & 8e Chefs.
La Chambre a droit de mettre des fouffrances fur leurs gages. 568

Conclusions Générales fur les conteftations élevées par les Tréforiers. 580

Alinéas

IIIe PROPOSITION.

Les Tréforiers de France ont à craindre que le Gouvernement, voyant le danger de Tribunaux qui, fous de faux prétextes, attaquent tous le Corps de l'Etat; les privileges nombreux dont ils jouiffent, & qui font à charge aux Peuples, le peu d'utilité de leurs fonctions; la facilité de les fuppléer plus avantageufement, & de rembourfer leurs Offices, ne vienne à rétablir la paix en attaquant leur exiftence. 591

Iere SECT. Les Tréforiers, par le préjugé de leur fupériorité, attaquent tous les Corps de l'Etat. 593

IIe SECT. Les Tréforiers de France jouiffent de nombreux privileges, dont quelques-uns font à charge à l'Etat. 612

IIIe SECT. La Jurifdiction des Tréforiers de France peut-être fuppléée plus avantageufement. 619

§. Ier Il eft utile de donner aux Bailliages une partie de cette Jurifdiction. 624

No. 1. Les Officiers des Bailliages peuvent, comme autrefois, connoître du Domaine plus utilement que les Tréforiers de France, 626

No. 2. Les Officiers des Bailliages peuvent auffi beaucoup plus utilement veiller & concourir à la féodalité. 634

No. 3. Il feroit très-bon de remettre aux Officiers des Bailliages tout le refte de la Jurifdiction contentieufe fur la Voirie. 648

§. II. Il eft utile de donner aux Officiers des Elections la partie de la Jurifdiction des Tréforiers de France qui regarde les Finances. 651

OBSERVATIONS fur les nouveaux Officiers fecondaires fous l'autorité de la Chambre. 690

CONCLUSION GÉNÉRALE. 692

Fin de la Table des Sommaires.

L'ÉTAT

L'ÉTAT VÉRITABLE
DES
TRÉSORIERS DE FRANCE.

OCCASION DE CET ÉCRIT.

(1). LES HOMMES aſpirent toujours à illuſtrer l'état qu'ils tiennent dans la Société. Il eſt cependant des bornes que les Loix ont preſcrites à leurs pouvoirs & aux honneurs qui les accompagnent ; mais trop ſouvent les limites de leur autorité ne ſont point fixées par des titres aſſez précis, & delà naiſſent des conteſtations entre les différens Corps qui rendent la Juſtice au nom de nos Rois.

(2). De tous les dépoſitaires de l'autorité royale, ceux-là ſont plus à craindre dont l'origine a été brillante, mais dont l'état a été dans la ſuite des ſiecles atténué par le retranchement d'une partie de l'autorité, qui avoit été la ſource des honneurs attribués à leurs Offices. Avec peu de fonctions, & des fonctions inférieures, on veut remonter à l'état des premiers Officiers de la Couronne, & de toutes parts on éleve des conteſtations pour recouvrer une gloire qui s'eſt évanouie

(3). C'est ce qui arrive tous les jours aux Trésoriers de France ; non-seulement ils cherchent à dominer sur tous les Tribunaux des Provinces, Présidiaux, Élections, &c. mais ils attaquent même les Tribunaux Supérieurs, le Parlement, la Chambre des Comptes, la Cour des Aides : on ne les entend parler que de *supériorité* ; & parce que leurs ancêtres, dépositaires des trésors de l'État & ordonnateurs des finances, jouissoient de la plus haute considération, & avoient entrée dans toutes les Cours Supérieures & dans le Conseil de nos Rois, ils prétendent encore aujourd'hui aux mêmes honneurs, & sur-tout à l'indépendance.

(4). Ils la veulent non-seulement à l'égard du Parlement & de la Cour des Aides, dont leurs prétentions excessives les ont enfin exclus, mais même à l'égard de la Chambre des Comptes dont ils sont encore Membres quelconques ; & ils agitent tellement ce dernier lien qui les attache foiblement aux Cours Supérieures, que le fil est prêt à se rompre.

(5) Qui sait si tant de troubles élevés contre toutes les Cours & contre toutes les Justices inférieures ne menacent pas l'existence même des Bureaux des Trésoriers de France ; & si le peu de fonctions qu'ils exercent, ne sera pas bientôt réparti plus utilement entre les mains des Juges royaux ordinaires des Provinces ?

(6). Deux Ouvrages viennent de paroître, capables l'un & l'autre de les conduire à ce danger si manifeste.

(7). L'un intitulé : *Traité Historique de l'Etat des Trésoriers de France*, par M. de Gironcourt, Chevalier d'Honneur au Bureau des finances de Metz, 1 vol. *in*-4°. en 1776.

(8). L'autre porte pour titre : *Traité sur la Jurisdiction des Trésoriers de France*, tant en matiere de Domaine & de Voierie, que de Finances, par M. Jousse, Conseiller au Présidial d'Orléans, 2 vol. *in*-12, en 1777.

(9). Le Traité de M. de Gironcourt étant historique, rappelle l'ancien état des Trésoriers, & ne peut que contribuer beaucoup à animer toutes les contestations élevées avec tant de feu par les Bureaux des Finances : il est vrai qu'il contient aussi une multitude de faits qui devroient ralentir cette ardeur &

appaiser ces agitations si vives que la vue de leur origine excite en eux. On voit, dans son Traité, ces Officiers perdre successivement leurs fonctions les plus importantes, être soumis à des taxes de centieme denier, de prêt, &c. qui les excluent du rang des Cours Supérieures, essuyer des refus de préséance, même dans les Jurisdictions inférieures. Tout le volume de M. de Gironcourt est rempli de doléances & de plaintes ameres sur la perte de cette ancienne gloire dont jouissoient ses ancêtres qui avoient l'administration des Finances; & en effet il résulte de son Traité, ce que tout le monde savoit déja, qu'*ils sont aujourd'hui Trésoriers de France sans trésor, & Généraux des Finances sans aucune administration des Finances.*

(10). Le Traité de M. Jousse rappelle aussi l'ancienne splendeur des Trésoriers; mais en qualité d'Officier d'un Présidial, il les traite comme une Jurisdiction dégradée, & conteste vivement avec eux sur la préséance & sur les limites d'une autorité commune entre les Trésoriers & les Présidiaux, la Voierie.

(11). Ces deux Traités renferment les principes & les faits qui ont sans doute été la base de la contestation qui vient d'être élevée l'année derniere, en 1777, par le Bureau des Finances de Limoges contre la Chambre des Comptes. Ces Officiers n'ont pas craint d'appeller les Arrêts de la Chambre de *prétendus Arrêts.* Ils ont osé dans leur Sentence attaquer même son origine qu'ils ignorent, & l'appeller *Tribunal d'attribution.* Ils ignorent sans doute que la Chambre des Comptes n'a pas d'autre Jurisdiction que celle qu'elle avoit, lorsqu'elle faisoit partie du Conseil de nos Rois, & qu'elle n'a rien reçu par attribution. Ils ignorent que les premieres Ordonnances ne font d'autre distinction entre le Parlement & la Chambre, que celle qui se trouve encore aujourd'hui au Conseil du Roi entre le Conseil des Parties & le *Conseil des Finances.* Ils ignorent que l'une & l'autre des deux Cours étoient composées d'Officiers du Conseil qui étoient délégués les uns pour tenir le Parlement, les autres pour les Finances. Ces Ordonnances portent également, à l'égard de ces Officiers du Conseil, *quos deputamus ad præsens Parlamentum, quos deputamus ad Cameram.*

(12) Mais ce qu'ils paroissent ignorer encore plus profondément, c'est la nature de leur jurisdiction. Elle va leur être développée dans cet Écrit; ils y verront que toute entiere elle n'a été formée que *d'attributions*. La Jurisdiction contentieuse pour le *Domaine* a été ôtée en partie aux Baillis, pour la leur donner, par l'Edit de création de la Chambre du Domaine, en 1390. Elle a été ôtée aux Trésoriers, & rendue aux Baillis par l'Edit de Crémieu en 1536. Elle a été de nouveau ôtée aux Baillis, & attribuée aux Trésoriers en 1627. La Jurisdiction sur la *Féodalité* appartenoit aussi aux Baillis dès l'an 1457, plus de cent ans avant les Trésoriers. C'étoient les Baillis qui recevoient les foi & hommages des Provinces, & les Trésoriers ne l'ont eue que par attribution par l'Edit de Février 1566. La Jurisdiction de *Voierie* appartenoit aux Seigneurs & aux Juges royaux, & ce n'est que par attribution que les Trésoriers de France l'ont eue vers la fin du seizieme siecle. Enfin la connoissance de la *Comptabilité* ne leur appartenoit en aucune façon; c'est par usurpation qu'ils y sont entrés: ils ne devoient à cet égard avoir d'autres fonctions que de savoir l'état des revenus du Roi; ce qui étoit remis dans les mains des Comptables; en avertir le Conseil pour qu'il fît la distribution des deniers; & l'*état au vrai* qui étoit donné aux Trésoriers par les Comptables, n'avoit pour objet que l'administration. Ce n'étoit pas un compte, mais un état de leur situation pour en avertir le Roi, & c'est cet état de situation, qui par la suite est devenu entre leurs mains une très-inutile comptabilité: cela sera prouvé évidemment ci-après, alinéa 654 & suivans. Voilà le véritable état de cette Jurisdiction, qui reproche à la Chambre d'être un Tribunal d'attribution. Les Trésoriers n'ont aucune espece de Jurisdiction qui n'ait été ou usurpée, ou ôtée aux Baillis, & donnée aux Trésoriers par attribution.

(13). Cependant les Trésoriers de France de Limoges se sont crus d'une si grande dignité, & la Chambre des Comptes, cette Cour à laquelle ils tiennent par le serment solemnel qu'ils font d'obéir à ses Arrêts, leur a paru de si petite importance, que dans une matiere, à l'égard de laquelle la Chambre a un droit exclusif par des Reglemens contradictoires, rendus contre les différens Bureaux des Finances les 19 Janvier 1668 & 26 Juin 1688, &c. ces Tréſoriers ont jugé à propos de n'avoir aucun égard aux Arrêts qu'elle avoit rendus : ils ont ordonné à un vaſſal de juſtifier de l'érection de ſa terre en dignité, quoique la Chambre eût jugé par Arrêt cette érection en dignité, ſur laquelle elle eſt ſeule compétente.

(14). Si les Tréſoriers de France s'étoient contentés de louer leurs ancêtres par la plume de M. de Gironcourt, & qu'ils ſe fuſſent tenus dans la ſubordination qui leur eſt propre à l'égard de la Chambre, on eût laiſſé ſubſiſter ces mentions glorieuſes pour les Bureaux des Finances; mais l'intérêt du Roi & des vaſſaux, & celui de la Chambre des Comptes, y ſont compromis d'une maniere trop évidente; d'ailleurs ce Traité eſt tout-à-fait propre à renouveller l'incendie qui avoit été allumé par tous les Bureaux des Finances en 1730 : il eſt néceſſaire d'en prévenir les ravages.

(15) Toutes les preuves qui vont être oppoſées aux entrepriſes des Tréſoriers de France, ſont tirées des Ordonnances ou des regiſtres plumitifs de la Chambre, principalement des deux derniers ſiecles.

(16). Reprenons avec quelque détail, mais ſommairement, le fait qui a donné occaſion à cette nouvelle incurſion des Tréſoriers dans leur Bureau des Finances de Limoges, & en tâchant d'éclaircir les queſtions qu'elles ont fait naître au Conſeil du Roi où ces Officiers ont porté leurs plaintes, nous établirons le véritable état des Tréſoriers de France.

(17). Le ſieur Deſmaiſons du Palland a rendu en Juin 1775, en la Chambre des Comptes, foi & hommage au Roi de la Baronnie de Peyrat.

(18). L'attache a été délivrée en la forme ordinaire. La foi & hommage, & l'attache ſur icelle, ont été produites aux Tréſoriers de France de Limoges.

(19). Ces Officiers, au lieu de reconnoître la validité de la foi & hommage faite en la Chambre, qui a ſeule le droit excluſif de recevoir les actes féodaux *des terres titrées*, ont ordonné que la terre du Peyrat reſteroit ſaiſie, juſqu'à ce que le ſieur Deſmaiſons eût juſtifié devant eux du titre de Baronnie,

(20). C'étoit évidemment se rendre Juges de cette érection, annuller & casser l'Arrêt de la Chambre qui avoit reçu le vassal à foi & hommage, comme Baron du Peyrat.

(21). Cette Sentence étoit sans doute rendue incompétamment & manifestement contraire aux Réglemens.

(22). La Chambre en effet a connu dans tous les tems des érections de terres en dignités, & à l'égard de son droit exclusif de recevoir les foi & hommage, aveux & dénombremens de ces terres, érigées en dignités, il a été établi par plusieurs Arrêts de reglemens ou Arrêts contradictoires entre la Chambre & les Trésoriers de France, notamment par ceux déjà cités des 29 Janvier 1668 & 19 Juin 1688. L'Edit d'Avril 1694 de confirmation de privileges des Trésoriers de France, met au nombre de leurs droits celui de « recevoir, ainsi que » les Officiers de notre Chambre des Comptes, les foi & » hommages que sont tenus de nous faire ceux qui possedent » les fiefs & terres nobles, & les aveux & dénombremens, *à la* » *réserve des fiefs de dignités*, dont les foi & hommages Nous » seront rendus, ou à notre amé & féal Chancelier de France, » ou en notredite Chambre des Comptes ».

(23). En conséquence le Baron du Palland ayant informé la Chambre du trouble qui lui étoit fait contre la teneur de l'Arrêt par lui obtenu pour sa Baronnie du Peyrat, la Chambre a déclaré la Sentence de ces Officiers nulle & incompétemment rendue.

(24). Les Trésoriers ont, comme il a été annoncé, répondu par une nouvelle Sentence, injurieuse pour la Chambre, appellant son Arrêt un *prétendu Arrêt*, disant qu'elle n'est qu'un *Tribunal d'attribution qui n'a aucun droit sur les Trésoriers de France.*

(25). La Chambre s'est contentée de mander celui qui avoit présidé à cette Sentence & le Procureur du Roi; ils ont également méprisé ce mandé; la Chambre les a décrétés d'ajournement personnel &, ils n'ont pas comparu.

(26). Ce qui autorise les Trésoriers de France dans cette révolte contre les Arrêts de la Chambre, est un Arrêt du Conseil, que tous leurs Bureaux réunis ont surpris au Roi, en date du 25 Février 1744. Il paroît faire la grande confiance du Sr de Gironcourt, *t.* 1er, *pag.* 305, quoiqu'il soit diamétralement opposé à tous les Edits, Déclarations & Réglemens. Cet Arrêt fait « défenses à la Chambre des Comptes de Paris, » dans aucun cas, ni sous aucun prétexte, d'user de mandemens, » injonctions contre les Bureaux des Finances d'Amiens, » Châlons, Orléans, Bourges, Soissons, Riom, Lyon, Tours, » Poitiers, la Rochelle, Moulins, Limoges, Montauban, » Bordeaux & Auch; défenses de qualifier les Procureurs du » Roi desdits Bureaux de Substituts du Procureur-Général en » la Chambre; fait S. M. défenses à la Chambre d'entreprendre » aucune sorte de Jurisdiction, correction ni discipline sur » lesdits Officiers, sauf à elle à donner avis à S. M. des négligences & malversations qu'elle prétendra avoir été commises dans lesdits Bureaux des Finances ».

(27). On va voir jusqu'à quel point la religion du Conseil a été surprise dans cet Arrêt. La Chambre n'a jamais exercé une plus grande autorité que sur les fonctions des Trésoriers de France; elle y est autorisée par les textes les plus précis des Ordonnances de nos Rois.

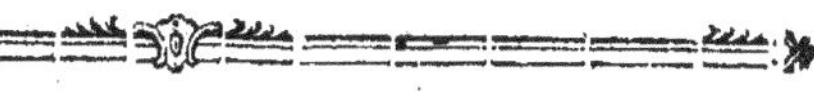

QUESTIONS
QUI NAISSENT DES FAITS.

(28). I. La Chambre a-t-elle quelque droit de supériorité sur les Trésoriers de France ?

(29). II. La Chambre a-t-elle le droit de prononcer des décrets d'ajournement personnel contr'eux ?

(30). III. Y-a-t-il quelque motif de retirer les Trésoriers de France de la subordination dans laquelle ils ont toujours été à l'égard de la Chambre, en ce qui la concerne ?

(31). La premiere question naît de l'Arrêt qui a déclaré leur Sentence nulle & incompétemment rendue.

(32). La seconde renferme celles-ci. Toute Compagnie Souveraine a-t-elle le droit de décréter d'ajournement personnel ceux qui l'insultent dans ses fonctions; la Chambre notamment jouit-elle de ce droit à l'égard des Trésoriers de France ?

(33). La troisieme donnera occasion de faire voir; 1°. les dégradations successives des Offices des Trésoriers de France; 2°. qu'il est de l'intérêt du Roi qu'ils soient maintenus dans la subordination à l'égard de la Chambre, dans tout ce qui la concerne, & qu'il n'y a aucun motif pour les en retirer.

PREMIERE QUESTION.

(34). *La Chambre a-t-elle quelque droit de supériorité sur les Trésoriers de France ?*

(35). A quelqu'endroit que l'on ouvre le Traité de M. de Gironcourt, on ne voit que les mots de *supériorité*, *d'indépendance*, *Jugemens Souverains*, comme étant l'apanage inamissible des Trésoriers de France.

(36).

(36). Dès l'entrée, l'Auteur annonce ces prérogatives, en déclarant qu'il ne montrera même les privileges des Tréſoriers, qu'avec une grande modération. « Dans une Hiſtoire ou Traité » dit-il, on ne peut s'attacher à tout. Pour rendre cet Ouvrage » plus concis, nous négligerons quelques branches de la com- » pétence des Bureaux, qui, en général & ſpécialement, » embraſſe, comme je l'ai dit, le Domaine ſacré de nos Rois, » les Finances & la Voierie, autrement la Police des grands- » chemins, celle des édifices & des rues. J'en dirai aſſez ſur ces » matieres *en établiſſant la ſupériorité des Offices*, qui, avec des » diſtinctions & éclairciſſemens à donner, eſt appuyée ſur ſes » compétences». Quelques lignes après il ajoute : « Dans les oc- » caſions qui ſe rencontreront fréquemment, j'aurai lieu de » parler de pluſieurs de ces privileges ſur leſquels je ne m'arrête » pas ; je me fixe à ceux inſéparables de la *ſupériorité de ces* » *Offices*, qui en forment l'eſſence & le caractere ».

(37). Quelques lignes après on lit : « Des raiſons particulieres, » toujours *fondées ſur la ſupériorité*, le plus ferme appui des » Tréſoriers de France, nous ont engagé à faire les obſervations » que l'on trouvera ſur la Nobleſſe attachée aux Offices des » Bureaux des Finances, ſur la preſtation, nommée *annuel &* » *prêt*, ſur les augmentations de gages & la taxe des voyages. » Ces diſcuſſions fourniſſent des lumieres, & préſentent les » Tréſoriers de France *dans la claſſe des Cours Supérieures*. » Nous ne craignons pas même d'avancer que ces Officiers » exiſtoient avant la formation des autres Compagnies Sou- » veraines, devenues ſi utiles à la Nation ».

(38). On lit dans le premier tome l'intitulé du Chapitre XVIe, « contenant les titres du ſeizieme ſiecle, qui prouvent que les » Bureaux des Finances ont conſervé la *ſupériorité primitive* des » quatre anciens Tréſoriers de France & des quatre Généraux » des Finances, & que ces Compagnies ſont du nombre des » Cours Supérieures ». Le titre du Chapitre XVIIe s'annonce ainſi, « contenant le titre de *ſupériorité* des Tréſoriers de » France, depuis 1750, juſqu'à Février 1771 ; & le XXe, » contenant les titres de *ſupériorité* des Bureaux des Finances, » depuis le mois de Février 1771, juſqu'à l'Arrêt du Conſeil du » 6 Juillet 1772 ».

(38 *bis.*). On eſt fort étonné après avoir lu ce Traité en entier, de voir que toute cette *ſupériorité* ſe réduit à prononcer ſur quelques objets de Voierie ſans appels aux Cours ordinaires; mais, comme il l'avoue lui-même, avec appel au Conſeil, (terme peut-être impropre, mais) à titre de Juges ordinaires en matiere d'adminiſtration. Les Sentences des Tréſoriers peuvent être réformées par le Conſeil ſur les plaintes de ceux qui ſe trouvent léſés par leurs Ordonnances données en direction, ce qui eſt bien l'effet de l'appel.

(39). Bien loin d'adhérer à ce ſyſtême de la prétendue ſupériorité des Tréſoriers de France, on va établir ſur cette premiere queſtion des preuves très-évidentes que, notamment à l'égard de la Chambre des Comptes, il n'y a pas de Tréſorier de France qui n'ait fait, lors de ſa réception, ſerment de lui obéir, & à qui le reſpect & la déférence n'aient été enjoints par les Ordonnances & Arrêts, lorſqu'ils s'en ſont écartés. 2°. Que tant que les Tréſoriers de France ont rempli des fonctions importantes à l'égard des Finances, ils les ont toujours exercées avec ſubordination à la Chambre. 3°. Que la Chambre a toujours exercé ſon autorité ſur les objets d'intérêts pour ou contre les Tréſoriers de France; qu'ils lui ont demandé & qu'elle leur a accordé ſa protection. 4°. Que la Chambre exerce ſon autorité ſur leurs Jugemens, les confirme, infirme, & même les caſſe. 5°. Que c'eſt à titre de Tribunal inférieur que les Officiers qui exercent dans les Bureaux des Finances le Miniſtere public, ſont nommés par l'Ordonnance & par les Arrêts de la Chambre Subſtituts du Procureur-Général en icelle. Après tant d'aſſertions très-prouvées, il ne reſtera plus gueres de veſtiges de leur prétendue ſupériorité : d'autres aſſertions ſur la troiſieme queſtion acheveront de la détruire.

PREMIERE PROPOSITION.

(40). *Le Serment des Trésoriers de France, leurs Installations & leurs Aveux, suffisent pour établir la supériorité de la Chambre sur ces Officiers.*

(41). DANS un grand nombre d'occasions les Trésoriers de France ont reconnu l'obligation que leur imposoit ce serment, & les Reglemens leur ont toujours prescrit de porter à la Chambre honneur & révérence.

(42). Ne suffit-il pas en effet de rappeller aux Trésoriers de France la promesse authentique qu'ils ont tous faite à la Chambre lors de leurs réceptions, puisque, comme tous les Officiers de la Chambre, ils ont tous juré obéissance à ses commandemens ?

(43). La Chambre, de toute ancienneté, a eu le droit de faire les informations de vie & mœurs des pourvus de leurs Offices, de juger les preuves de leur capacité, enfin de recevoir & installer les Trésoriers de France. Dès l'an 1407, Charles VI, par ses Lettres du 4 Juin audit an, après avoir ordonné qu'il n'y auroit que deux Trésoriers de France sur les Finances, & qu'il n'y en auroit point sur la Justice, ajoute : « Mandons aussi » à nosdits Gens des Comptes que, dorénavant, pour quel- » conques Lettres ou Mandemens qu'ils aient de nous sur ce, ils » ne *reçoivent autres* que lesdits Mes Gontier & Jean de la » Cloche audit Office de Trésorier ».

(44). La Chambre avoit même part à leur élection dans ces tems anciens. L'Ordonnance du 7 Janvier 1407 porte, Art. XII : « Nous aurons seulement deux Trésoriers, sages, prud'hommes, » riches & experts, tant en fait de Justice, que de Finances ; » & seront *élus par bonne élection, faite en notre Grand-* » *Conseil, appellés & présens à ce nos amés & féaux les Gens* » *desdits Comptes* ».

Nota. *Ce Grand-Conseil étoit le vrai Conseil du Roi, ainsi nommé alors, plus de quatre vingt dix ans avant l'existence de la Jurisdiction, connue aujourd'hui ſous le nom de* Grand'Conſeil, *établi ſeulement par Lettres du* 16 *Février* 1497.

(45). La Chambre des Comptes eſt la ſeule Compagnie où les Tréſoriers de France ſoient reçus. La Déclaration du 16 Janvier 1565 porte que, *toutes Lettres de proviſions des Tréſoriers de France ſeront adreſſées à la Chambre des Comptes de Paris.* Leurs Préſidens ſeulement, & les Gens du Roi prêtent ſerment au Parlement, conformément à l'Edit de Mars 1693, après toutefois qu'ils ont été reçus à la Chambre.

(46). Les Tréſoriers de France euſſent deſiré que l'adreſſe des Lettres de leurs proviſions fût faite à leurs Bureaux, afin d'échapper à cette marque de ſupériorité, & ils avoient à cet égard, en 1629, ſurpris le Garde des Sceaux; mais la Chambre, le 9 Avril 1629, arrêta « Qu'à « l'avenir les Conſeillers-Maîtres ne mettront plus le ſoit montré ſur les Requêtes pour la réception des Tréſoriers de France, qu'ils n'aient » pris garde que l'adreſſe à la Chambre ne ſoit conjointe aux » Tréſoriers de France, ſuivant le Reglement du 19 Juin 1628». Le 8 Juillet 1730, ſur pareille ſurpriſe, la Chambre ordonna » qu'il ſeroit mis ſoit montré ſur les Lettres de proviſion d'un » Tréſorier de France de Limoges, après que le Suppliant aura » reconnu au Greffe la rature qui ſe trouve ſur l'adreſſe deſdites » Lettres ».—En 1637, nouvelle ſurpriſe: ils avoient montré au Chancelier des proviſions précédentes, où ils avoient fait inſérer cette adreſſe. Le Procureur-Général en la Chambre vit le Chancelier, & lui dit que, « ci-devant il avoit fait voir la conſéquence de pareille adreſſe à feu M. le Garde des Sceaux de » Marillac, en ce que leſdits Tréſoriers de France prenoient » droit, en vertu de cette adreſſe, d'informer des vie & mœurs » d'un Officier qui en avoit déja fait preuve, & été reçu en » la Chambre, & pourroit arriver que, s'il ſe rencontroit » que l'information ne ſe trouvât conforme à celle de ladite » Chambre, leſdits Tréſoriers de France refuſeroient d'admettre » un Officier qui auroit déja été reçu en Cour Supérieure, ce » qui ſeroit une abſurdité & une vexation bien grande à un » Officier. D'ailleurs, qu'un Préſident, un Lieutenant-Général, » ou un Conſeiller au Préſidial, ayant été reçu au Parlement, on

» n'informoit pas de nouveau sur les lieux ; que ledit sieur » Garde des Sceaux de Marillac auroit reçu cette remontrance » en bonne part ; ensorte qu'il auroit arrêté en plein Sceau en » présence de tous les Sécretaires, que dorénavant cet ordre » seroit changé, & que l'on mettroit aux Lettres de provisions, » dont l'adresse doit être faite à la Chambre, l'information de » vie & mœurs, &c. ce qui auroit depuis ce tems été observé, » & qui doit l'être, d'autant plus que par Arrêt contradictoire, » donné au Conseil entre la Cour des Aides & lesdits Trésoriers » de France, S. M. a fait défenses auxdits Trésoriers de France » d'informer des vie & mœurs de ceux qui auront été reçus en » ladite Cour des Aides ».

(47). Dès la fin du seizieme siecle les Trésoriers avoient voulu essayer de se soustraire même à ces réceptions ; mais le 30 Décembre 1592, sur la remontrance faite à la Chambre par le Procureur-Général du Roi, qu'encore que, « par deux » Arrêts d'icelle des 28 Juin & 7 Décembre 1591, Défenses » eussent été faites à Me Nicolas Hennequin, pourvu de » l'Office de Président au Bureau des Finances de la Généralité » de Champagne, de s'immiscer audit Office, qu'il n'eût » rendu compte des charges qu'il avoit au précédent ad- » ministrées, toutefois il ne laissoit de s'entremettre audit » exercice, sous couleur qu'il avoit fait le serment ès mains » du Garde des Sceaux, au mépris desdits Arrêts, & de l'au- » torité de la Chambre, laquelle il auroit requis lui vouloir » sur ce pourvoir : l'affaire mise en délibération & vû lesdits » deux Arrêts, la Chambre a fait itératives défenses audit » Hennequin de s'immiscer à l'exercice dudit Office de Tré- » sorier Général de France audit Bureau & Généralité de » Champagne, & à Me Coiffert Seigneur de Marcilly, Tré- » sorier Général de France audit Bureau, de permettre » audit Hennequin d'exercer sa Charge avec lui, & au Re- » ceveur Général des Finances en Champagne & autres » Comptables de ladite Généralité, de le reconnoître, ni lui » payer & assigner ses gages, sur peine de radiation & du » double. — Le 12 Août 1593, sur la Requête du Procureur » Général, à ce que défenses fussent faites à aucuns soi-disans

» Intendans des Finances & Tréſoriers Généraux de France, » qui s'ingéroient d'ordonner des deniers publics, de s'im- » miſcer en l'exercice de leurs Charges, qu'il ne fût apparu » de leur qualité bien & duement expédiée, & du ferment » qu'ils auront fait & prêté en ladite Chambre, a été ordonné » leſdites défenſes, à peine de 1000 écus, & de répéter ſur ce » qui aura été payé en vertu de leurs Ordonnances, & outre » fait défenſes aux Receveurs généraux & particuliers, de payer » & acquitter aucuns gages ni droits par eux prétendus à cauſe » de leurſdits Etats, ſur les mêmes peines ». — Le 13 Juillet audit an, l'un des Tréſoriers de France de Toulouze prétexta les troubles qui ſuſiſtoient alors dans la France, & demanda à la Chambre « de pouvoir être inſtallé juſqu'à ce qu'il pût ſe » préſenter à la Chambre en perſonne; la Chambre ordonna » ſeulement qu'il ſera payé de ſes gages, & jouira des droits » appartenans auxdits Offices, excepté toutefois les droits de » préſence; à la charge que dedans le jour de Pâques prochain, » ou plutôt ſi faire ſe peut, il ſe préſentera à ladite Chambre, » pour être reçu au ſerment deſdits Offices ».

(48). Les Tréſoriers ont dans tous les temps renouvellé leurs tentatives, à l'égard des informations de vie & mœurs de leurs Pourvus. On verra ci-après, N°. 141, les défenſes que la Chambre a été ſouvent dans le cas de faire à ces Officiers, notamment depuis l'Édit d'Avril 1627, pour l'exécution duquel leurs réceptions furent renvoyées au grand Conſeil. Cet Edit fut révoqué par autre Edit d'Avril 1628; mais les Tréſoriers vouloient continuer de jouir de cette indépendance momentanée à l'égard de la Chambre; &, depuis cette époque, ils ont eſſayé pluſieurs fois de faire par eux-mêmes les informations de vie & mœurs des Pourvus de leurs offices. Les défenſes à eux faites par la Chambre ſont compriſes notamment dans les Arrêts du 9 Juin 1628, 9 Janvier 1648, 22 Décembre 1704, 1er & 3 Avril 1705, 5 Août 1718, 20 Juin 1735, 1er Février 1741; & il leur eſt preſcrit, dans ces derniers Arrêts, de ſe conformer aux Réglemens des 23 Mars & 1er Mai 1706. On verra, audit N°. le détail de ces Arrêts portant défenſes.

(49). La Chambre confie quelquefois aux Juges des Provinces l'information de vie & mœurs ſur les lieux de la demeure des Récipiendaires. Elle adreſſe, à cet effet, ſes commiſſions aux Officiers des Bailliages dans tout ſon reſſort, & non aux Tréſoriers de France, afin qu'ils n'uſurpent aucune autorité à cet égard : cependant la Chambre, pour accélérer les réceptions, conſent aſſez ſouvent que ces informations ſoient faites en ſon Greffe, lorſque les Pourvus préſentent des Témoins, dont ils ſont connus dans cette Capitale.

(50). Dans des occaſions importantes, ces informations ſe faiſoient avec beaucoup de ſolemnité par des Conſeillers-Maîtres, députés dans les Provinces. Le 14 Février 1587, il fut délibéré en quel lieu ſeroit informé pour Me Olivier, Tréſorier-Général à Châlons, Rheims, Maizieres, Guiſe, Mouzon & autres lieux, que Me Jean de Meſgrigny, Conſeiller-Maître, commis pour informer, verra être à propos. Ordinairement les informations ſe faiſoient au lieu de la naiſſance, & dans celui où les Tréſoriers de France avoient réſidé dans les années qui précédoient immédiatement leurs réceptions.

(51). *C'eſt avec autorité que la Chambre prononce ſur ces réceptions des Tréſoriers*; & quoiqu'elle ait ſouvent égard aux remontrances des Officiers des Bureaux, où les Pourvus doivent être admis, elle peut cependant paſſer outre, ce qui ſe verra par la ſuite plus amplement à l'alinea 140. Il ſuffit de rapporter en ce moment le Regiſtre du 15 Janvier 1594. « Sur la » Requête de Me Jean Cathelan, Tréſorier-Général de » France à Toulouſe, à fin d'ordonner qu'il ſera inſtallé par » les Tréſoriers-Généraux de France audit Toulouſe, nonobſ- » tant leur refus, & à leur refus, par le premier Juge Royal » ſur ce requis ; a été ordonné qu'il ſera inſtallé par leſdits » Tréſoriers-Généraux de France audit Toulouſe, à peine de » tous dépens, dommages & intérêts dudit Cathelan, & de » radiation de leurs gages ; & à leur refus, ſera mandé au » Sénéchal de Toulouſe de l'inſtaller ; à cette fin ſera délivré » commiſſion. — Le 26 Octobre 1613, le Procureur-Général, » venu au Bureau, a dit que ce matin, après la réception de » Me Jean le Blanc en l'office de Préſident & Tréſorier de » France à Tours, M. le Comte, Conſeiller-Maître, s'étoit

» acheminé, & ledit le Blanc avec lui, en la Chambre du » Tréſor, pour inſtaller ledit le Blanc en la maniere accou- » tumée, & avoit été averti, comme pluſieurs de Meſſieurs, » qui étoient préſens, que Me Jean Chauvin, Tréſorier de » France à Tours, Oppoſant à la réception dudit le Blanc, de » laquelle il avoit été débouté, ſe ſeroit de rechef oppoſé à » ladite inſtallation, qui étoit continuer en ſon mauvais » deſſein, & s'opiniâtrer contre les Arrêts de ladite Chambre, » & exécution d'iceux, nonobſtant le ſerment qu'il avoit d'y » obéir comme tous les autres Tréſoriers de France; c'eſt » pourquoi il requéroit qu'il plût à la Chambre le mander » préſentement, & le blâmer en ſa préſence de ſa téméraire » oppoſition & déſobéiſſance audit Arrêt, ſauf, après le » procès-verbal dudit ſieur Commiſſaire rapporté, prendre » autres concluſions, s'il y échet. L'affaire miſe en délibération, » la Chambre a ordonné qu'après que ledit Commiſſaire aura » mis ſon procès-verbal au Greffe, ou ès mains dudit Procureur- » Général, y ſera pourvu ainſi que de raiſon ». Il paroît, par le texte de ce plumitif, qu'à cette époque le Conſeiller-Maître Rapporteur conduiſoit celui qui avoit été reçu, & *l'inſtalloit au Bureau de la Chambre du Tréſor.* Ce qui ſert encore à augmenter la preuve de la ſupériorité de la Chambre ſur ces Tribunaux; elle y fait notifier l'Arrêt qu'elle a rendu pour la réception d'un de leurs Membres, ſans leur délibération.

(52). La *Séance* qui a été donnée de tout temps en la Chambre à leur réception, ſuppoſe également ſa ſupériorité ſur ces Officiers: les premiers Préſidents des Tréſoriers eux-mêmes ne ſont placés qu'après le dernier des Conſeillers-Maîtres; c'eſt le texte de l'Arrêt de Réglement du 19 Septembre 1696. » La Chambre, les Sémeſtres aſſemblés pour délibérer ſur les » Lettres de proviſions des nouveaux Pourvus des offices de » premiers Préſidens aux Bureaux des Finances de Bourges, » Tours & Lyon, ayant égard aux très-inſtantes ſupplications » qui lui ont été faites par leſdits Officiers, de leur accorder, » lors de leurs inſtallations, ſéance honorable à la Chambre, » & qui les diſtingue des autres Officiers des Bureaux des Finances,

» Finances, a ordonné, par forme de Réglement, que ceux » qui sont à présent & seront à l'avenir pourvus des Offices de » *Premiers Présidens* des Bureaux des Finances, créés par Edit » de Mars 1691, seront, lors de leurs réceptions, introduits » par le Commis au Plumitif, & installés au Bureau par le » Doyen des Conseillers-Maîtres, où leur sera donnée *la der-» niere place du banc d'en bas*, du côté de la cheminée, près » le dernier des Conseillers-Maîtres; lequel présent Réglement » aura lieu seulement tant & si longuement que lesdits Offices » de Premiers Présidens des Bureaux des Finances subsisteront; » & en cas de suppression ou de réunion, faite ou à faire » desdits Offices au Corps des Bureaux des Finances, le présent » Réglement demeurera nul & sans effet à leur égard ». — Le 10 Décembre 1696. « Me Claude Chaouet, Seigneur de » Beauvais, a été reçu au serment de l'Office de Premier » Président au Bureau des Finances de la généralité d'Orléans, » sans examen, duquel la Chambre l'a dispensé, &c. & a été, » ledit Me Chaouet, installé en la derniere place du banc d'en » bas, du côté de la cheminée, suivant l'Arrêt de Réglement » du 19 Septembre 1696 ». (*Nota.* Les autres Officiers des Bureaux des Finances sont installés à la derniere place, du côté de la porte). — Le 11 Février 1700, même installation que celle prescrite par le Réglement de 1696, pour le Premier Président du Bureau des Finances de Lille. — Les Seconds Présidens ne sont installés que comme les autres Trésoriers de France, sur le banc en face des Présidens, qui n'est pas celui de l'installation de Messieurs les Conseillers-Maîtres ; & cette place est réglée par la Déclaration du 23 Septembre 1704. — Leurs Chevaliers d'honneur sont installés comme les autres Trésoriers de France, & sans épée, comme il est porté aux Plumitifs des 5 Décembre 1713, 3 Février 1741, 19 Juillet 1770.

(53). Dans les derniers tems, quelques Présidens ont prétendu une place plus honorable; mais ils n'ont pas été installés: c'est ce qui est arrivé au sieur Vigneron pour l'Office de Second Président au Bureau des Finances de Paris, ainsi qu'il paroît par le Plumitif du 5 Août 1720.

(54). A l'égard des Premiers Préſidens des Bureaux des Finances de Provinces, ils ont toujours été inſtallés ſuivant le Reglement de 1696. On voit celui de Tours inſtallé le 8 Juillet 1722; le Premier Préſident du Bureau des Finances de Lille le 15 Janvier 1723, *idem*; le premier Préſident du Bureau des Finances de Lyon, le 7 Septembre 1735, *idem*; le Premier Préſident du Bureau des Finances d'Orléans, le 11 Décembre 1645; celui du Bureau des Finances de Lyon, le 30 Mai 1747; celui du Bureau des Finances de Riom, le 22 Décembre 1766.

(55). Le Premier Préſident du Bureau des Finances de Paris fut reçu ſans être inſtallé le 8 Août 1736, ſans tirer à conſéquence pour ſes ſucceſſeurs audit Office, qui le feront.

(56). Il eſt bon de rapporter ſur ces inſtallations les notes de Loffroi, qui a été Greffier de la Chambre pendant longues années, juſqu'en 1693, « les Tréſoriers de France, dit-il, » ſont inſtallés par le Doyen ou Ancien de Meſſieurs les Maîtres; » premierement au Grand Bureau, ſitôt qu'ils ont fait ſerment, » & en ſecond lieu au Bureau des Tréſoriers de France de » Paris, à la levée de la Chambre; les Conſeillers Généraux » des Monnoyes étoient autrefois reçus à la Chambre & inſ- » tallés par le Doyen ou Ancien de Meſſieurs les Maîtres, qui » ſe tranſportoit pour cet effet en la Cour ou Chambre des » Monnoyes; mais depuis qu'ils ont été érigés en Cour Sou- » veraine, ils ont été diſpenſés de faire ſerment en ladite » Chambre, & par conſéquent d'être parelle inſtallés (Loffroi, » *M. S. fol.* 208) ». Dans une autre note de ce Greffier, il dit: « Lorſque la Chambre des Comptes a reçu un Tréſorier » de France au ſerment de ſa charge, l'Ancien de Meſſieurs » les Maîtres des Comptes le va inſtaller au Bureau des Fi- » nances de Paris, dans une Chambre où s'aſſemblent les Con- » ſeillers du Tréſor, ce qui donne droit aux Tréſoriers de les » préſider, quand ils vont en leur Chambre au Palais ».

(57). La ſupériorité de la Chambre ſur les Tréſoriers de France ſera encore moins queſtion, quand on les verra reconnoître eux-mêmes la néceſſité où ils ſont de lui porter honneur, obéiſſance & révérence.

(58). Ils ont en effet avoué eux-mêmes très-fréquemment cette obligation si évidente : notamment on voit dans les Registres de la Chambre, que le 1 Août 1594, deux Trésoriers de France mandés au Bureau, s'étant excusés de ce qu'ils avoient adressé au Roi un avis qui leur avoit été demandé par la Chambre, & la Chambre leur ayant remontré qu'ils avoient manqué à l'obéissance qu'ils lui devoient, dirent que « c'étoit » la faute du Greffier, &c. n'ayant jamais été leur intention » de faire ni dire chose contraire à l'autorité de la Chambre, » à laquelle, suivant le serment qu'ils y ont prêté, comme » ayant cet honneur d'être du corps d'icelle, *ils doivent* » *porter toute obéissance*, la suppliant d'avoir pour agréable » la déclaration que présentement ils en faisoient pour tous » leurs Confreres » ; redemandent ensuite la piece pour la réformer, au desir de la Chambre. Le 17 Mars 1603, la Chambre ayant ordonné que les Trésoriers de France de Châlons comparoîtroient par l'un d'eux; « l'un d'eux venu au Bureau, dit qu'il » avoit jugé que cela le regardoit en son particulier, parce qu'il » avoit signé seul une contrainte contre un Comptable, étant » lors seul Trésorier audit Châlons, & que ce qu'il avoit signé & » ordonné, n'avoit été, que l'ayant trouvé redevable, &c. que » s'il avoit quelque faute en cela, ç'avoit été en vertu desdites » lettres, auxquelles il avoit obéi pour l'accélération des af- » faires & service du Roi, & non par aucune haine qu'il eût, » & qu'il *porteroit toujours l'honneur & révérence qu'il doit à* » *la Chambre*, comme ayant l'honneur d'être du Corps ». Le 16 Novembre 1652, les Trésoriers de France venus, leur a été dit qu'ils avoient été mandés pour instruire la Compagnie, en quelle sorte se levoient les deniers des Tailles : l'un d'eux répond qu'ayant appris qu'ils se levoient par voyes militaires . . . . . « ils auroient fait plusieurs plaintes pour les dé- » sordres qui en arrivoient journellement ; mais que n'étant » assez puissans pour empêcher cette levée, ils supplioient la » Chambre y vouloir apporter de son côté ce qu'elle aviseroit » bon être pour le service du Roi & le soulagement du Peuple, » & que pour eux *ils feront toujours de leur part ce que ladite* » *Chambre leur ordonnera* ».

Quand pour jetter les fondemens de leur indépendance, ils se sont écartés du respect qu'ils doivent à la Chambre, l'autorité Royale elle-même les y a ramenés. Le 5 Décembre 1605, les Trésoriers de France ayant fait élargir un particulier qui avoit été constitué prisonnier par Arrêt de la Chambre, intervint ledit jour Arrêt du Conseil, qui « cassa l'Ordonnance » des Trésoriers de France comme nulle & faite par entreprise » de Jurisdiction, leur fait inhibitions & défenses d'user ci- » après de telles indues entreprises, & enjoint de *rendre hon-* » *neur & respect* à ladite Chambre & aux Jugemens & Arrêts » par elle donnés ».

(59). C'est par une suite de cette même déférence due à la Chambre par les Trésoriers, que la Chambre s'opposoit à ce que les Trésoriers de France prissent quelqu'autorité sur ses gages, & que les provisions de ses Officiers leur fussent adressées. Les Receveurs & Payeurs des gages de la Chambre ne faisoient vérifier aucun état devant eux. Le 24 Avril 1651, la Chambre a ordonné « que les Procureurs du College ancien » des Secrétaires du Roi, seront mandés & avertis de prendre » garde que les adresses des lettres de provisions des Officiers » de la Chambre ne soient faites auxdits Trésoriers de France, » desquelles provisions à l'avenir lecture sera faite au Bureau, » lors du soit montré ». Cette adresse des provisions des Officiers de la Chambre aux Trésoriers, fut prohibée expressément par la Déclaration du 11 Juin 1714, « soit pour donner toujours, » dit le Roi, des témoignages publics de la satisfaction que » nous avons des Officiers de notredite Chambre des Comptes, » soit parce que lesdits *Trésoriers de France étant reçus &* » *prêtant serment en notredite Chambre des Comptes, il ne* » *seroit pas convenable que les Officiers de notredite Chambre*, » & leurs Veuves fussent dans la nécessité de faire enregistrer » leurs provisions & quittances de finances de leurs augmen- » tations de gages au Bureau desdits Trésoriers de France ». *Nota.* Le Roi regarde la réception de ces Officiers en la Chambre, comme une marque de leur infériorité & de leur dépendance.

(60). C'est ce qui porte aussi la Chambre à ne souffrir

aucune inſpection des Tréſoriers de France dans ſon enclos : c'eſt *elle qui ordonne toutes les réparations qui y doivent être faites*. Le 29 Mars 1653, deux Tréſoriers de France de Paris, mandés & venus au ſujet d'une Ordonnance décernée de leur Bureau, portant défenſes au Maçon qui travaille au logis du premier Huiſſier, de continuer le bâtiment encommencé en icelui, leur a été dit « que la Chambre étoit en pouvoir de diſ» poſer & ordonner des bâtimens étant de l'enclos d'icelle & » des maiſons en dépendantes, & de celles dépendantes de la » Sainte-Chapelle, ce dont elle auroit bien voulu les » avertir, afin qu'ils en donnaſſent avis à leurs Confreres». — Le 5 Juillet 1719, la Chambre caſſe & annulle un procès-verbal de viſite de la Chambre de la correction, fait par un Expert, en vertu de l'ordre d'un Tréſorier de France, & ordonne que par deux Experts qu'elle a commis à cet effet, les lieux ſeront de nouveau vus & viſités.

(61). Toutes ces aſſurances de reſpect, ces promeſſes d'obéiſſance, ces ſéances aux dernieres places, ce refus de leur laiſſer exercer dans l'intérieur de la Chambre les fonctions ordinaires de leurs Offices, s'accordent mal avec la prétendue ſupériorité des Tréſoriers de France ; voyons maintenant les différens objets à l'égard deſquels la Chambre a exercé ſon autorité ſur ces Officiers.

SECONDE PROPOSITION.

(62). *Les Tréſoriers de France ont toujours exercé avec ſubordination à la Chambre, leurs fonctions à l'égard des Finances.*

C'EST en vertu de ſes Arrêts qu'ils ont commis à la place des Comptables abſens & négligens ; qu'ils leur ont fait fournir de cautions, qu'ils ont clos ou ouvert leurs mains ; qu'ils ont donné des aſſignats ſur les recettes ; qu'ils ont admis des dépenſes dans leurs Tréſoreries ; qu'ils ſont venus à la Chambres étant mandés ; qu'ils ont été chargés de faire des informations, de veiller à l'exécution des Arrêts de la Chambre ; qu'ils ont exercé plusieurs fonctions d'administration ; qu'elle a exercé inspection sur leur conduite ; qu'ils ont rempli les Commission à eux données par la Chambre ; enfin, ils ont présenté des Remontrances, Mémoires, dénonciations, &c.

PREMIERE SECTION.

(63). *Une des principales fonctions que les Trésoriers ont exercée très-anciennement, c'est de commettre à la place des Comptables absens ou négligens de compter. Mais les Registres offrent de toutes parts des preuves de leur subordination à la Chambre à cet égard* *.

(64). QUELQUEFOIS la Chambre interdisoit des Comptables, ou même ordonnoit de vendre leurs Offices, ou elle enjoignoit

* Nota. *On observe à l'égard de la multitude des preuves, tirées des Registres de la Chambre qui vont être rapportées en notes, que si on en présentoit un moindre nombre, il ne persuaderoit personne, qu'en les voyant si multipliées, elles peuvent aussi paroître ennuyeuses ; mais que dès qu'elles commenceront à produire cet effet, & que l'on en aura vu assez pour ne plus hésiter sur la certitude de la proposition, on peut se contenter de jetter un coup-d'œil rapide sur les autres. Ce qui est facile en ne parcourant que l'italique. Cette observation une fois faite, suffira pour chacun des endroits de cet écrit, où les Extraits des Registres de la Chambre ont été multipliés pour obtenir la conviction. Il est juste que celui qui écrit se donne beaucoup de peine pour amasser des preuves solides de ses assertions, & encore davantage pour les mettre dans un ordre facile & clair ; mais il faut que ces preuves soient rangées, de façon que les Lecteurs puissent éviter l'ennui dès qu'ils sont convaincus.*

PREUVES.

LE 5 Décembre 1592, sur la remontrance faite à la Chambre par le Procureur-Général du Roi, que la plupart des Comptables ne rendoient leurs comptes en icelle, étant à présumer que cependant ils s'aidoient des deniers de leurs Charges, à quoi il étoit besoin de remédier, requérant la Chambre de lui pourvoir:

auxTrésoriers de France de leur clôre la main, & de commettre à leurs places; souvent c'étoit faute de compter, & les Trésoriers étoient chargés de commettre, jusqu'à ce que les

P R E U V E S.

La Chambre, vu l'Ordonnance du mois d'Octobre 1554, a ordonné que tous Comptables qui n'auront rendu, clos & affiné leurs comptes, & payé le reliquat, demeureront suspendus & interdits de rentrer en l'exercice de leurs offices, jusqu'à ce qu'ils ayent compté; *enjoint aux Trésoriers-Généraux de France*, chacun en sa Charge, de clôre dorénavant la main aux Receveurs & Comptables de leursdites Charges, qui ne leur feront apparoir de l'état final de leursdits comptes rendus, & de commettre en leurs places leurs Compagnons d'Offices, ou au défaut, autres Personnes capables & solvables qu'ils aviseront. — Le 18 Mars 1600, sur la Requête d'un Receveur des Tailles de Sezanne, la Chambre a ordonné que le Suppliant *se pourvoyera pardevant les Trésoriers de France*, pour l'admettre en l'exercice de sa Charge, pour la présente année, après qu'il leur sera apparu du renouvellement de ses cautions, sans s'arrêter à ce qu'il ne fait apparoir du double de ses comptes, lesquels il sera tenu leur présenter dans le dernier Juin prochain pour tout délai, nonobstant l'opposition & empêchement à lui fait. — Le 20 Juillet 1600, sur la Requête du Procureur-Général, la Chambre a fait défenses au Receveur des Tailles de Châtelleraut de s'immiscer en ladite recette, & *enjoint aux Trésoriers de France* de Poitiers, de commettre en sa place, jusqu'à ce qu'il leur soit apparu, qu'il se soit justifié des crimes dont il est accusé. — Le 12 Octobre 1604, sur la Requête d'un Particulier, *un Trésorier de France est interrogé par la Chambre*, pourquoi il n'avoit pas voulu le nommer pour exercer un Office par Commission. — Le 28 Avril 1608, la Chambre *fit défenses aux Trésoriers de France* de Limoges, de plus à l'avenir commettre aucunes Personnes au maniment des deniers du Roi, qu'ils n'ayent 25 ans accomplis. — Le 19 Janvier 1610, sur la Requête d'un Orfévre, demeurant à Tours, contre le Receveur des Tailles, la Chambre ordonne, qu'à la Requête du Procureur-Géneral, & diligence de son Substitut audit Tours, sera procédé à l'établissement de Commissaires, pour la vente dudit Office, & d'autres Personnes solvables que dudit Suppliant, pardevant le Juge ordinaire; & a *enjoint aux Trésoriers* de commettre audit Office en attendant ladite vente. — Le 21 Février 1618, la Chambre *ordonne aux Tresoriers de France* de Bourges de commettre en la place d'un Receveur du Domaine, qui avoit déguerpi son office, en attendant le décret dudit office. — Le 16 Juillet 1619, les Trésoriers de France de Paris furent *mandés*, pour savoir pourquoi ils n'avoient pas commis à la recette du Domaine

Comptables leur juſtifiaſſent de la préſentation de leurs comptes; quelquefois juſqu'à réception d'un nouveau Pourvu ; d'autrefois la Chambre faiſoit des défenſes aux Tréſoriers de commettre

PREUVES.

de Nogent, & leur ordonner d'y commette. — Le 13 Février 1632, la Chambre ordonne qu'un Pourvu de l'Office de Receveur des deniers communs de Lyon, ſe retirera de nouveau devant les Tréſoriers de France dudit Lyon, *auxquels elle enjoint* procéder & donner leur attache ſur ſes Lettres de proviſions, leur préſentant copie collationnée de l'Edit, Lettres de proviſions & Aƈt: de réception. — Le 27 Juin 1650, la Chambre, avant de procéder à la réception d'un Comptable, ordonne qu'il comptera, ou fera compter ſon pere de ladite recette, des années dont il eſt en demeure inceſſamment, & cependant que par le Procureur-Général, *il ſera mandé aux Tréſoriers-Généraux* de commettre à l'exercice deſdites Charges. — Le 19 Juillet 1650, ſur Requête de la Veuve d'un Receveur du Domaine de ..... la Chambre a *ordonné* que les Tréſoriers de France commettront, tant pour les trois dernieres années, que pour l'avenir, juſqu'à ce qu'il en ait été pourvu par le Roi. — Le 19 Août 1650, la Chambre a *ordonné* qu'un Receveur des Aides continuera l'exercice en l'année préſente ; & en cas d'excuſe légitime, *qu'il ſera, par les Tréſoriers de France* de Moulins, commis audit exercice Perſonne réſéante & ſolvable, qui baillera bonne caution..... & à ce que les Tréſoriers de France n'en ignorent, le préſent *Arrêt* leur ſera *ſignifié*. — Le 15 Juillet 1651, la Chambre, faiſant droit ſur la Requête du Procureur-Général, *ordonne* que dans tels délais, les Receveurs des Tailles préſenteront en icelle les comptes de leur recette, dont ils ſont en demeure ; à faute de quoi, en vertu du préſent Arrêt, il ſera commis, par les Tréſoriers de France de Montauban, Perſonnes ſolvables, qui continueront leſdits exercices juſqu'à ce qu'il leur ſoit apparu qu'ils ayent entiérement compté en ladite Chambre de tous leurs manimens.... Le 21 Janvier 1653, pareil Arrêt contre un Receveur des Tailles. La Chambre *enjoint aux Tréſoriers de France* de commettre à l'exercice de ladite Charge, juſqu'à ce qu'il leur ſoit apparu de ſa réception en icelle. — Le 4 Août 1656, la Chambre *ordonne* qu'à la Requête du Procureur-Général, & *diligence de ſon Subſtitut au Bureau des Finances* de Bourges, il ſera commis, par les Tréſoriers de France dudit lieu, en la place d'un Receveur & Payeur Provincial des rentes, interdit par la Chambre de la fonction de ſa Charge, *dont ledit Subſtitut certifiera la Chambre au mois.* — Le 5 Novembre 1658, ſur une Requête, pour être payé par un Receveur des Tailles de gages aſſignés ſur le Domaine, la Chambre *ordonne*, qu'avant faire droit, il ſera commis,

des

des personnes qui n'eussent pas atteint l'âge de vingt-cinq ans. Quand ils refusoient de commettre, la Chambre les mandoit pour en savoir la cause : si le refus contre ceux qui se présentoient étoit injuste, elle enjoignoit aux Trésoriers de délivrer leurs attaches & de faire jouir les Comptables.

PREUVES.

par les Trésoriers de France, à l'exercice dudit Domaine. — Le 5 Mai 1660, la Chambre *enjoint aux Trésoriers de France* de Bordeaux, & Elus, chacun en droit soi, de commettre en l'exercice & fonction des charges de plusieurs Receveurs en ladite Généralité, Personnes solvables, avec cautions suffisantes, jusqu'à ce qu'il leur soit apparu de la représentation de leurs comptes en ladite Chambre, *à peine de radiation de leurs gages*, ce que chacun d'eux sera tenu de faire incessamment. — Le 7 Août 1660, sur la Requête des Officiers du Bailliage de Mantes, la Chambre ordonne, qu'avant faire droit, il sera, par les Trésoriers de France, commis pour le paiement desdits gages. — Le 16 Février 1663, la Chambre *ordonne*, qu'à la Requête du Procureur-Général, *& diligence de son Substitut* au Bureau des Finances de Bourges, & par les Trésoriers de France audit lieu, il sera commis, à la recette & paiement des rentes provinciales de ladite Généralité, Personnes solvables & bien cautionnées. — Le 6 Juin 1669, la Chambre ordonne que dans les Domaines où il n'y a point de Receveurs en titre d'Office, les Trésoriers de France *seront tenus* de commettre, à la recette d'iceux, Personnes solvables & duement cautionnées.

IIe SECTION.

(65). *On voit la même subordination des Trésoriers de France à l'égard des cautions qui doivent être reçues par eux.*

(66). SOUVENT c'étoient des injonctions aux Trésoriers de ne donner exercice aux Comptables sans cautions, de faire

PREUVES.

Par l'Edit de 1566, Art. XX, les Trésoriers de France étoient tenus de bien informer de la validité des Cautions, à peine d'en répondre en leurs propres & privés noms, au cas de faute & négligence. — Par celui de Février 1577, rapporté par

renouveller les cautions, d'avoir soin qu'elles fussent suffisantes ou resséantes en Villes closes, de commettre à la place de ceux qui ne fourniroient cautions : quand la Chambre vouloit

PREUVES.

Fontanon, les Officiers Comptables sont tenus de donner caution devant les Officiers des Bureaux des Finances. — Le 16 Juillet 1585, sur la Requête d'un Receveur du Domaine de Boulonnois, à fin d'ordonner que le Sénéchal dudit Boulonnois procédera à la réception des cautions du Suppliant, s'il les trouve capables, *nonobstant l'Ordonnance des Trésoriers de France*, a été ordonné qu'il sera passé outre à la réception desdites cautions par ledit Sénéchal, si elles se trouvent suffisantes & capables, sinon sera tenu d'en représenter d'autres, à la charge que ledit Office demeurera hypothéqué au débet du compte de son Résignant. — Le 18 Novembre 1588, Lettres de provisions de l'Office de Receveur-Général des Finances de Limoges, registrées à la charge qu'il ne pourra entrer en l'exécution d'icelui, qu'il n'ait baillé caution, à quoi les *Trésoriers-Généraux de France dudit lieu tiendront la main.* — Le 14 Mai 1593, *il sera écrit aux Trésoriers de France à Amiens, qu'ils ayent à faire* renouveller les cautions insolvables, & commettre en leur place, s'ils trouvent qu'il soit nécessaire pour la sûreté des deniers, selon le devoir de leurs Charges. — Le 13 Août 1598, la Chambre renvoye aux Trésoriers de France la Requête d'un Comptable, pour faire recevoir des cautions; *enjoint aux Trésoriers* de les recevoir, s'il appert qu'elles soient suffisantes & resséantes en Villes closes, & qu'il ne soit associé à aucun fournissement. - Le 26 Octobre 1598, Trésoriers de France *mandés* pour savoir quelle est la caution d'un Comptable, & s'ils ne le savent, s'en informer des Elus, lesquels ils manderont à cet effet. — Le 17 Juin 1600, que les Trésoriers de France & Elus de Villefranche *seront tenus* de fournir l'acte de caution d'un Receveur des Tailles, & le renouvellé d'icelle, & jusqu'à ce, leurs gages demeureront en arrêt. — Le 31 Juillet 1601, la Chambre donne main levée aux Trésoriers de France à Lyon de leurs gages, saisis à la Requête de..... *sauf au Procureur-Général ses actions contre eux.* — Le 22 Septembre 1604, jussion obtenue par des Archers de la Garde du Corps du Roi, sur le don à eux fait de la moitié de 1796 écus, en quoi Jean le Clerc étoit demeuré redevable; & par Arrêt de ladite Chambre, le *Trésorier avoit été condamné*, pour n'en avoir pris caution. — Le 3 Décembre 1615, un Trésorier de France à Soissons, venu au Bureau, & *enquis pourquoi* ils avoient délivré l'état de recouvrement au Receveur du Domaine, sans avoir pris caution, a dit..... — Janvier 1629, Ordonnance. L'art. CCCLXII *défend aux Trésoriers de France* d'admettre les Comptables à l'exer-

connoître une caution & qu'ils l'ignoroient, elle leur enjoignoit de s'en faire informer par les Elus; s'ils refusoient de recevoir des cautions sur requête des Comptables, la Chambre

PREUVES.

cice de leurs Offices, sans avoir fourni leurs actes de cautions, à peine d'en répondre. — Le 25 Février 1651, a été arrêté qu'il *sera écrit aux Trésoriers* de France de Généralités *du ressort de la Chambre*, pour envoyer en icelle l'état de tous ceux qui ont été commis depuis dix ans à la recette des tailles, taillons & recettes générales, chacun en leur Généralité, avec les actes des cautions par eux fournies. — Le 15 Juillet 1653, sur la Requête de l'héritiere d'un Elu, qui étoit caution d'un Comptable; la Chambre ordonne qu'elle sera déchargée de la caution, en consignant au Greffe la somme dont l'Elu s'étoit rendu caution; sauf au Procureur-Général de continuer ses *poursuites à l'encontre des Trésoriers de France* de Soissons; en cas qu'il se trouve que ladite caution ne soit suffisante pour le maniement dudit Comptable. — Le 8 Février 1659, suivant l'extrait d'un Réglement à observer par les Commissaires de la Chambre, pour veiller à l'exercice de son autorité dans les Généralités ressortissantes en icelle; la Chambre ordonne que pour que lesdits Commissaires soient avertis s'il aura été satisfait à la vérification des Lettres de Commission des Comptables, avec l'acte de leurs cautions, qu'il sera donné Arrêt sur Requête du Procureur-Général, *portant injonction aux Trésoriers* de France de chacun Bureau, d'envoyer tous les ans, au Greffe de ladite Chambre, les inventaires des actes desdites cautions, fournies par les Comptables de leur Généralité, pour être enrégistrées par les Greffiers, conformément au Réglement de la Chambre de 1654, & à l'Ordonnance de 1657. — Le 29 Juillet 1660, la Chambre *ordonne* qu'un Résignataire d'Office de Receveur des Tailles sera reçu & admis, tant par les Trésoriers de France, que par les Elus de l'élection, lequel baillera caution de son maniement, & rapportera le double du dernier compte de son Prédécesseur pardevant lesdits Trésoriers de France. — Le 18 Mars 1663, la Chambre *ordonne*, qu'à la diligence du *Substitut du Procureur-Général au Bureau des Finances* de Poitiers, le Commis à la recette provinciale des rentes de la Généralité dudit Poitiers, sera tenu de donner caution de ses maniemens, duement certifiée dans huitaine .... *ordonne en outre aux Trésoriers de France* dudit lieu, à défaut de ladite caution, de commettre une autre Personne suffisante & solvable, pour faire ledit exercice. — Le 6 Juin 1669, sur la Requête du Procureur-Général, la Chambre *ordonne que les Trésoriers seront tenus de commettre*, dans les lieux où il n'y a Receveur en titre, des Personnes solvables & duement cautionnées. — Le

envoyoit au Sénéchal voisin pour l'examen de la caution refusée par les Trésoriers ; s'ils refusoient de donner acte à un Comptable de la caution par lui fournie, la Chambre le leur enjoignoit, à peine de radiation de leurs gages ; elle condamnoit les Trésoriers à répondre envers le Roi de la dette des Comptables dont ils n'avoient point pris caution, ou elle réservoit au Procureur-Général des poursuites contre les Trésoriers, en cas d'insuffisance des cautions, & leur prescrivoit aussi de lui envoyer chaque année l'inventaire de tous les actes de cautions.

PREUVES.

5 Août 1671, la Chambre *ordonne* que la caution, portée par l'Arrêt d'icelle du 17 Juin dernier, sera reçue par les Trésoriers de France. — Le 3 Septembre 1674, sur la Requête du Commis à la recette des Tailles de Clermont, a *ordonné* qu'il sera élargi & mis hors des prisons, à ce faire le Géolier contraint, & ce faisant déchargé, en donnant préalablement, par le Suppliant, bonne & suffisante caution, laquelle sera reçue en présence du Procureur-Général au Bureau des Finances de Riom, par les Trésoriers dudit lieu. — Le [illegible] Février 1684, la Chambre, en conséquence de la caution, duement certifiée par le Suppliant, donnée au Châtelet de Paris, l'a *déchargé de donner caution pardevant les Trésoriers de France* de Poitiers ; ordonne, *sans s'arrêter à leur Ordonnance*, qu'il sera incessamment passé outre à la réception dudit Suppliant, en un Office de Receveur des Tailles. — Septembre 1692, Lettres en forme d'Edit, portant création d'un Bureau des Finances & Généralité en la Ville de Lille en Flandres. « Nous » leur avons attribué le droit de procéder à la réception des *cautions*, qui seront » présentées par les Comptables de leur Département, à la charge d'en envoyer » en notre Chambre des Comptes de Paris, les actes dans la fin de l'année, pen» dant laquelle lesdites cautions auront été reçues ». — Le 10 Février 1708, sur Requête de ceux de Montauban, la Chambre les *décharge de poursuites contre eux faites*, à la Requête du Procureur-Général, pour garantie ; ordonne qu'ils se pourvoieront en la maniere accoutumée. — Le 11 Juillet 1718, sur Requête d'un Receveur Général des Finances de Flandres & Haynault, *la Chambre a dispensé* le Suppliant *de fournir sur les lieux la caution* qu'il est obligé de donner par l'Arrêt de sa réception, du 27 Juin dernier ; *ordonne* que ladite caution sera par lui présentée & reçue pardevant les Trésoriers de France au Bureau des Finances de la Généralité de Paris, en la maniere accoutumée. — Le 15 Septembre 1722, même Arret.

IIIe SECTION.

(67). *On retrouve encore la même subordination des Trésoriers de France, lorsque la Chambre a voulu faire clôre par leur ministere la main des Comptables, négligens ou absens; ou au contraire les leur ouvrir.*

(68). QUAND les Comptables n'avoient pas profité des délais que la Chambre leur avoit accordés, elle faisoit défenses aux Trésoriers de leur délivrer les états de recouvrement: elle leur ordonnoit de clôre la main de ceux qui ne s'étoient

PREUVES.

Le 14 Juin 1586, la Chambre ordonne qu'il *sera écrit aux Trésoriers* de France de clôre la main au Receveur des Tailles de Bourges & commettre en son lieu. — On a dejà vu sur les injonctions faites aux Trésoriers de France, pour commettre à la place des Comptables, que le 5 Décembre 1592, la Chambre leur auroit *enjoint* de clôre la main des Comptables négligens, aux places desquels elle leur ordonnoit de commettre. — Le 17 Décembre 1593, la Chambre *enjoint* aux Trésoriers de France de Lyon de clôre la main d'un Comptable & commettre en son lieu & place, & donne commission au Lieutenant-Général d'informer des malversations. — Le 24 Janvier 1595, la Chambre ordonne que le Receveur des Tailles de Langres qui avoit rapporté lettres de renouvellement de ses cautions, sera admis en l'exercice de sa Charge, en la présente année; *enjoint* aux Trésoriers de France de l'y continuer, & aux Elus de ladite Election de lui délivrer les assiettes & départemens des Tailles. Le 14 Novembre 1603, la Chambre accorde aux Comptables délai pour présenter leur comptes, & à faute de ce faire, que la main leur seroit close par les Trésoriers de France, suivant l'Ordonnance. — Le 27 Janvier 1606, sur la Requête de Boursier, Receveur des Tailles de Pontoise, ouï au Bureau, un Trésorier de France d'Amiens, qui a dit que, faute d'avoir par Thomas, aussi Receveur, satisfait à leur Ordonnance, ils ont ordonné que ledit Boursier sera ouï. — Le 14 Novembre 1606, la Chambre *mande aux Trésoriers de France* de Tours de clôre la main d'un Comptable. — Le 23 Avril 1618, ordonne aux Trésoriers de France de Moulins de clôre la main d'un Receveur des Tailles, & d'en certifier la Chambre dans quinzaine, après la signification de l'Arrêt, & que ledit Comptable sera pris au corps. — Le 16 Novembre 1626, sur la Requête du Procureur-Général, la Chambre, les Sémestres assemblés conformément aux

pas fait recevoir en la Chambre, & ce à peine de radiation des gages des Tréſoriers. Ils devoient certifier la Chambre de l'exécution de ſes Arrêts dans le delai preſcrit après la ſignification d'iceux. Quelquefois la Chambre ordonnoit auſſi de rouvrir la main des Comptables lorſqu'ils avoient fait renouveller leurs cautions, &c.

PREUVES.

Ordonnances, a ordonné & ordonne que tous Officiers comptables & commiſſionnaires prenans aſſignation à l'épargne & autres, feront tenus de prêter le ſerment en icelle, à peine de radiation de leurs ſalaires & taxations, & de telle amende qu'il ſera arbitré; procédant à leur réception, *enjoint aux Tréſoriers* Généraux de France ne permettre aux Receveurs généraux, particuliers & commiſſionnaires de leur Généralité, d'exercer leurs Charges & Commmiſſions, qu'il ne leur ſoit apparu de l'acte de ſerment par eux prêté en la Chambre, *à peine de radiation de leurs garges*, & aux Tréſoriers de l'Epargne, de leur délivrer aucuns leurs mandemens & aſſignations, qu'il ne leur apparoiſſe ſemblablement de l'acte de ſerment par eux prêté en icelle Chambre, affiché en la Galerie des Procureurs; & ſera le préſent Arrêt, à la Requête du Procureur Général, envoyé ès Généralités *reſſortiſſantes* en la Chambre, & ſignifié auxdites Tréſoriers Généraux de l'Epargne. — Le 25 Janvier 1651, ſur Requête de la fille & héritiere d'un Receveur des Tailles, la Chambre *fait défenſes* à deux particuliers & autres d'exercer ledit Office, à peine de 200 livres d'amende, & *aux Tréſoriers* de France de Poitiers de leur délivrer les Etats de recouvrement, pour en faire la recette..... & où il trouveroit qu'ils ſe fuſſent immiſcés en la recette des deniers deſdites Tailles, *ordonne* ladite Chambre auxdits Tréſoriers de France, de leur fermer la main. — Le 2 Août 1657, la Chambre ordonne que les Comptables dénommés en la Requête du Procureur-Général, feront contraints par empriſonnement à rendre les comptes dont ils ſont en demeure; fait *défenſes aux Tréſoriers* de France de Bourges de leur délivrer aucun état de recouvrement & département, à peine d'en répondre, & de radiation de leurs gages, juſqu'à ce qu'il leur ſoit apparu des doubles des comptes de leur dernier exercice, ſuivant les Ordonnances & Reglemens de ladite Chambre. — Le 13 Mars 1664, même Arrêt.

IVe SECTION.

(69). *Même subordination des Trésoriers de France, lorsqu'autrefois, dans leurs plus beaux jours, ces Officiers formoient les Etats du Roi & donnoient des Assignats sur les différentes Recettes aux Parties prenantes; ils recevoient même alors les ordres de la Chambre; quelquefois la Chambre prohiboit des Assignats par eux donnés.*

(70). ELLE leur prescrivoit de donner des assignats pour paiement de rentes ou gages, de faire des fonds pour des rem-

PREUVES.

Le 27 Janvier 1575, le Président du Siege Présidial d'Angers présente lettres pour être payé de ses gages; la Chambre les vérifie & *ordonne* qu'il en sera fait état par le Général de la Charge. — Le 19 Février 1575, Requête présentée par Me Robert Causols, a été *ordonné* que le Général des Finances à Caen lui pourvoira d'assignation de la somme de 200 tant de livres. — Le 15 Mars 1583, lors de l'enregistrement de Lettres Patentes pour faire payer des gages à un Clerc de Chancellerie, quoique non reçu, la Chambre *ordonne* que les Trésoriers Généraux de France, établis audit Châlons, feront fonds aux Receveurs Généraux des Finances, de la somme de 400 écus, pour le remboursement de pareille somme par lui payée pour ledit Office, & en attendant ledit remboursement, qu'il sera par lesdits Receveurs Généraux payé de ses gages à raison de 40 écus d'or soleil par chacun an seulement. — Le 19 Mars 1584, la Chambre *enjoint aux Trésoriers* Généraux des Finances de tenir la main à ce que dorénavant les assignations données aux Propriétaires des rentes de la Ville de Paris, sur les Receveurs Généraux d'Orléans, soient exécutées. — Le 26 Juillet 1585, la Chambre renvoie vers les Trésoriers de France de Poitiers un Elu pour lui être pourvu de ses gages. — Le 23 Avril 1586, le Roi ordonne que la Chambre continuera à prendre sur les comptes des Aides & Tailles, semblables épices qu'auparavant; la Chambre envoie copie des lettres aux Trésoriers, pour qu'ils les fassent employer dans les états. — Le 12 Juillet 1594, la Chambre *enjoint aux Trésoriers* de France de laisser dans les états un fonds suffisant au Receveur Général des Finances de .... pour payer le suppliant, à peine de tous dépens, dommages & intérêts. — Le 22 Janvier 1596, sur Requête à fin d'avoir assignation, suivant l'Arrêt de la Chambre du 5 Juillet dernier, la Chambre renvoie

bourſemens, pour reſtitution de fruits mal perçus par le Domaine, pour obmiſſion d'emplois; des fonds pour faire les comptes des Comptables défunts : elle leur enjoignoit d'envoyer aux Comptables l'état des charges de leur recette; elle les

PREUVES.

devant les Tréſoriers de France. — Le 18 Mars 1597, don des biens de... régiſtré pour jouir d'un tiers des fruits & revenus deſdits biens dont les Tréſoriers de France feront état au Receveur. — Le 24 Avril 1597, ſur lettres obtenues par un Receveur des Tailles pour être rembourſé d'un reliquat, la Chambre ordonne que ledit impétrant ſe retirera pardevant les Tréſoriers de France de Riom; pour y être pourvu. — Le 19 Juillet 1597, ſur Requête du Lieutenant Criminel au Bailliage d'Amiens, la Chambre *ordonne* qu'il ſera fait fonds par les Tréſoriers de France pour le paiement de ſes gages. — Le 5 Août 1598, ſur Requête d'un Secrétaire de la Chambre du Roi, à ce que vérification ſoit faite ſur les Aides à lui adjugées en ladite Election, & défenſes être faites aux Tréſoriers de France à Orléans, d'employer autres gages & charges que celles qui ſe trouveront aux comptes préſentés & rendus auparavant la vente & adjudication à lui faite, la Chambre a ordonné que ledit ſuppliant ſera tenu des charges qui étoient ſur leſdites Aides, lors de ladite adjudication. —Le 22 Octobre 1598, *injonction aux Tréſoriers de* France de Poitiers de faire un fonds au Receveur du Domaine pour rendre à des Chanoines les revenus ſur eux ſaiſis & par lui perçus — Le 17 Février 1599, ſur la Requête du Receveur des Tailles de Montreuil-Bellay, la Chambre, attendu que le compte dont eſt queſtion eſt clos, a *ordonné* qu'au premier compte qu'il rendra, ſeront employées leſdites quittances, enſemble ès états des *Tréſoriers* de France, auxquels il les repréſentera à cette fin. — Le 25 Septembre 1600, ſur Requête, pour être payé par un Receveur des Aides, *ouïs les Tréſoriers* de France, la Chambre a *ordonné* que le ſuppliant ſe retirera pardevers leſdits Tréſoriers de France, pour lui être fait fonds en l'année prochaine, & l'employer ſur l'état qu'ils dreſſeront au Receveur des Aides. — Le 23 Octobre 1600, ſur Requête d'une femme ſéparée de biens d'avec ſon mari, la Chambre l'a renvoyée pardevant les Tréſoriers de France, pour lui être pourvu de fonds, pour rendre les comptes de ſon mari abſent. — Le 21 Novembre 1600, ſur remontrance du Procureur-Général, la Chambre *ordonne* que les Tréſoriers de France envoyeront à chacun des Receveurs particuliers, l'état contenant les ſommes qu'ils ſont tenus porter aux recettes générales, & les charges qu'ils ſont tenus acquitter, pour qu'ils aient à l'obſerver, les rapporter lors de la vérification des états au vrai, pour voir s'ils n'y ont con-

mandoit

mandoit pour rendre raison d'emplois qu'ils avoient faits dans leurs états. Elle se réservoit d'ordonner lors du compte, des taxes demandées aux Trésoriers; elle leur enjoignoit de diminuer les fonds des rentes Provinciales, lorsqu'elle avoit

PREUVES.

trevenus, & de même à la reddition des comptes, le rapporter à ce que l'on puisse connoître si la volonté du Roi est suivie; & pour l'*exécution du présent Reglement*, qu'il sera envoyé par le Procureur-Général auxdits Tréforiers Généraux. — Le 23 Juillet 1601, défenses aux Elus d'ordonner des deniers de la recette des Tailles, & renvoi devant les Trésoriers de France, pour pourvoir de fonds pour la conduite d'un prisonnier. — Le 22 Octobre 1601, la Chambre, sur Requête d'un Secrétaire du Roi, *ordonne* que le Suppliant se retirera devers les Trésoriers de France, à Soissons, pour être par eux employé en l'état des Finances, qu'ils dresseront au Receveur Général des Finances dudit lieu.—Le premier Août 1602, la Chambre *ordonne* aux Trésoriers de France de Paris, de faire des fonds pour faire payer la rétribution aux Augustins & autres Mendians, par le Receveur du Domaine. — Le 7 Décembre 1602, la Chambre *ordonne* qu'il sera écrit aux Trésoriers de France à Tours, *à ce qu'ils aient*, en vérifiant l'état du Garde du Mesurage de . . . . . à y laisser 500 livres de fonds pour employer à l'achat du sel, au lieu de 500 livres retranchées sur l'état de l'année présente. — Le 14 Janvier 1603, *un Trésorier de France mandé* au Bureau & enquis, &c. Ce fait, a prié la Chambre ouïr une remontrance qu'il avoit à faire pour sa charge de Trésorier de France, ce qu'elle lui a permis, & ayant pris séance au Bureau, a dit que les Sergens des Aides lui ont présenté Requête à fin d'avoir taxe pour le port de commission, pour le bail des Fermes desdites Aides, sur lesquelles il n'a ordonné que par provision, parce qu'il trouvoit que cela tournoit à charge au Roi, & diminution du prix desdites Fermes des Aides; auquel la Chambre a fait réponse qu'à l'auditoire du compte *elle en ordonnera, & s'il est besoin, elle le mandera.* — Le 7 Février 1605, un Trésorier de France de Paris venu au Bureau, remontre qu'il avoit ci-devant été *mandé par la Chambre pour des parties employées* ès comptes des Tailles, pour la solde des Prévôts des Maréchaux, en vertu de leurs états & de ce qu'ils ont fait, ledit emploi esdits états a été pour faciliter le paiement desdits Prévôts des Maréchaux. — Le 10 Février 1607, la Chambre *mande un Trésorier* de France d'Orléans, pour savoir d'où vient ils avoient donné avis qu'il n'y avoit fonds au Domaine d'Orléans, & que par les comptes il se trouvoit des fonds; a dit qu'il n'y avoit aucun fonds certain. — Le 23 Novembre 1611, sur ce qui a été remontré, qu'au compte des Tailles

connoiſſance qu'une partie avoit été rembourſée; elle leur faiſoit des défenſes de donner des aſſignats, au préjudice d'Adjudicataires du Domaine ou des Impôts, & d'en accorder avant que les parties de l'Ordinaire fuſſent acquittées.

PREUVES.

de .... appert que les Tréſoriers de France à Tours n'ont laiſſé aſſez de fonds pour les épices dudit compte; la Chambre a *enjoint auxdits Tréſoriers de France* d'employer à l'avenir dans leurs états les ſommes entieres dues à ladite Chambre pour les épices, comme il a été fait de tout temps, à peine de s'en prendre à eux en leur propre & privé nom, ce qui leur ſera ſignifié à la diligence du Comptable. —Le 7 Mars 1621, la Chambre *ordonne* qu'une ſomme employée au compte rendu par un Receveur du Taillon en la Généralité de Tours, ſous le nom de ..., ſera rayé; en conſéquence, que ſa promeſſe lui ſera rendue par le Greffier dudit Bureau des Finances, lequel à ce faire ſera contraint; fait *défenſes aux Tréſoriers de France* d'icelle Généralité, de faire employer & paſſer à l'avenir ès états qui leur ſeront préſentés, ſemblables parties, qu'après celles de l'ordinaire acquittées. — Le 17 Mars 1622, *Exécutoire* contre un Receveur du Domaine d'Amboiſe, & à lui *contre les ordonnateurs.* — Le 22 Avril 1624, ſur Requête d'un Elu en l'Election de Charny, la Chambre a *ordonné* qu'ès comptes des Tailles dudit lieu qui ſeront préſentés, emplois ſeront faits en chacun d'iceux des années courantes dues au Suppliant, leſquelles elle *enjoint aux Tréſoriers de France* d'employer à l'avenir en leurs états de ladite Election. — Le 30 Décembre 1634, ſur Requête du Propriétaire du Greffe de la Maîtriſe de Fontainebleau, la Chambre renvoye le Suppliant pardevers les Tréſoriers de France de Paris, pour, au premier état qu'ils dreſſeront des deniers provenans de la vente des bois de la forêt de Fontainebleau, faire fonds en icelui de ce qui lui eſt dû des arrérages de ſes gages de 200 liv. depuis 1617, juſqu'en 1629. — Le 12 Mars 1642, ſur un rembourſement de rentes, la Chambre *ordonne que, par les Tréſoriers de France*, le fonds de rentes, ſur la recette provinciale dudit lieu, ſera diminué de pareille ſomme, & à cette fin, l'Arrêt ſignifié. — Le 17 Janvier 1674, ſur Requête, ordonne qu'il ſera mis néant, ſauf au Suppliant à ſe retirer aux fins d'icelle pardevant les Tréſoriers d'Orléans, qui ont décerné l'Ordonnance, en vertu de laquelle il a été empriſonné. On voit dans quelques-uns de ces exemples, que la Chambre maintenoit auſſi l'autorité des Tréſoriers de France, quand il y avoit lieu de le faire.

Ve SECTION.

(71). *Nouvelle preuve de la subordination des Trésoriers de France à l'autorité de la Chambre, en ce qui concerne leurs Etats au vrai, par lesquels ils font compter des recettes & dépenses domaniales & extraordinaires.*

(72). La Chambre leur prescrivoit l'ordre dans lequel leurs états au vrai doivent être rangés pour répondre aux comptes; elle leur enjoignoit d'arrêter leurs états, quand les pieces leur

PREUVES.

Le 8 Mars 1575, Requête présentée par le Procureur-Général du Roi, à ce que de chacun état qui se doit rapporter sur les comptes qui sont rendus en la Chambre, en soit dressé une forme; sur ladite Requête, la Chambre ayant égard au contenu en icelle, & pour éviter à l'avenir le désordre & confusion dudit état, a *ordonné* que dorénavant les Trésoriers de France & Généraux des Finances dresseront lesdits états de leurs Charges, conformes au chapitre & ordre, tant en recette que dépens, des comptes sur lesquels lesdits états sont rapportés pour la reddition d'iceux, ainsi qu'anciennement étoit accoutumé, & à cette fin, a enjoint, ladite Chambre, aux Procureurs d'icelle faire extraits de l'ordre & chapitre desdits comptes, & en envoyer les copies aux Comptables, desquels ils ont charge & procuration, afin d'avertir lesdits Trésoriers & Généraux des Finances, qu'ils *ayent à observer* & garder à l'avenir ledit ordre èsdits états, chacun respectivement en leurs Charges, sur *peine de radiation des gages* de celui qui se trouvera y avoir contrevenu.... — Le 27 Février 1596, la Chambre *enjoint* à un Greffier des Trésoriers de France de Champagne de délivrer à un Comptable son état au vrai, & aux Trésoriers de France d'y tenir la main, *sur peine de radiation de leurs gages.* — Le 22 Janvier 1602, sur Requête du Receveur des Aides, Tailles & Taillon d'Amiens, la Chambre *ordonne* que le Greffier du Bureau des Finances de ladite Généralité sera contraint par emprisonnement à rendre aux Supplians les états mentionnés en ladite Requête. — Le 17 Mars 1603, les Trésoriers de France, pressés par la Chambre de remettre les états au vrai, disent qu'ils peuvent retenir les états des Comptables redevables, jusqu'à ce qu'ils ayent payé. — Le 19 Janvier 1604, sur Requête d'un Receveur des Tailles d'Angers, la Chambre lui a *permis d'employer au premier état* qu'il rendra pardevant les Trésoriers de France, la somme de 9000 liv.

étoient remiſes : cette injonction avoit lieu, ſans s'arrêter à leurs Ordonnances; quelquefois à peine d'en répondre en leurs propres & privés noms; la Chambre exigeoit qu'ils arrêtaſſent les états de ceux qui avoient manié les deniers du Roi, même non

PREUVES.

contenue en ladite Requête, & au premier compte qu'il rendra pour y être jugé. — Le 2 Juillet 1604, envoi par la Chambre dans les Généralités, de l'Art. IV du Réglement de 1598, pour que les Tréſoriers de France rangent leurs états au vrai, dans le même ordre que les comptes. — Le 14 Juin 1605, eſt venu au Bureau un Tréſorier de France, lequel a dit que *ſuivant la charge qu'il avoit eue de la part de la Chambre*, il s'étoit enquis s'il y avoit eu état du maniement de feu Vaſſe, Receveur Général des Finances à Paris, & qu'il ne s'en trouve aucun au Greffe de leur Bureau, pour ce que pendant les troubles ils ont pu être tranſportés. — Le 2 Mars 1607, un Tréſorier de France de Châlons, *enquis* pourquoi tous les états qui ſe rapportoient ſur les comptes de ladite Généralité n'étoient ſignés que d'un ſeul deſdits Tréſoriers de France, & s'ils n'étoient pas cinq en Charge par chacun an; a dit qu'il eſtimoit qu'ils étoient ſignés de plus d'un; que quand il avoit ſigné, il ne s'enquéroit ſi les autres ſigneroient, & toutefois qu'il eſtimoit, s'ils ne ſignoient, que c'étoit peut-être pour ce qu'ils étoient employés à leurs chevauchées. — Le 29 Juillet 1610, la Chambre *ordonne* de remettre leurs états à un Comptable, ou d'aſſiſter à l'audition de ſon compte. — Le 5 Juillet 1612, deux Tréſoriers de France à Paris, *mandés* ſur la Requête du payeur du Préſidial de Meaux, diſent avoir ordonné du débet du Suppliant, ſuivant l'Ordonnance, & quant à la rétention de l'état, devoit s'adreſſer à eux; la Chambre ordonne que leur Greffier ſera aſſigné, où il feroit difficulté de rendre ledit état. — Le 18 Mars 1622, ouï au Bureau un Tréſorier de France à Soiſſons, ſur la Requête d'un Receveur des Aides & Tailles de Creſpy, a ordonné que *les Greffiers dudit Bureau ſeront contraints par corps* à rendre l'état & acquits y mentionnés, & qu'à la Requête du Procureur-Général, ils ſeront *aſſignés pour répondre* ſur les concluſions, & ſe voir condamner aux dépens. — Le 4 Août 1622, un Tréſorier de France de Paris eſt venu au Bureau, & a remontré que le payeur des Préſidiaux de Meaux avoit fauſſement expoſé à la Chambre que par leur état ils avoient deſtiné ſon débet aux Receveurs des Barrages; que ſur ce faux expoſé, la Chambre auroit ordonné que commandement ſeroit fait à leur Greffier de rendre l'état, & à faute de ce faire, qu'il y ſeroit contraint par corps; ſupplioit la Chambre que ſi après il ſe préſentoit ſemblables Requêtes, les vouloir *mander, comme elle a accoutumé faire*, pour les ouïr, & qu'ils viendront

pourvus ou non reçus, sauf à les condamner aux amendes, suivant l'Ordonnance : la délivrance de leurs états au vrai aux Comptables étoit enjointe, à peine de radiation de gages, quelquefois à peine de contraintes par corps contre le Greffier, ou d'amendes

PREUVES.

rendre raison de leurs actions, comme ils ont toujours fait, & contenter la Religion de la Chambre. — Le 2 Avril 1624, sur Requête d'un Elu en l'Election particuliere de Charny, dépendante de Joigny, la Chambre a *enjoint* aux Tréforiers de France d'employer à l'avenir en leurs états de ladite Election, les gages dudit Elu, même les arrérages d'iceux. — Le 10 Janvier 1633, sur la Requête du payeur des gages du Présidial de Saint-Pierre, ouïs deux Tréforiers de France à Moulins, sur ce qu'ils ont retenu son état au vrai jusqu'à ce qu'il eût payé son débet aux Barrages, disent qu'il y a Arrêt du Conseil qui l'ordonne ainsi; la Chambre dit qu'elle ne connoît pas cet Arrêt, qu'ils *doivent remettre* l'état qui leur est demandé, sauf à eux à poursuivre les Comptables. — Le 25 Janvier 1633, sur la plainte du même Comptable, la Chambre a ordonné qu'itératif commandement sera fait au Bureau des Tréforiers de France à Moulins, de satisfaire à l'Arrêt du .... & à ce faire, y *contraint*, *à peine de* 200 *écus* d'amende sans déport, & outre, la condamnation au séjour du Suppliant en cette Ville, à raison de deux écus par jour. — Le 7 Mars 1634, la Chambre ayant ordonné que le Receveur du Domaine feroit recette, au profit du Roi, de toutes les Fermes dont jouissoit la Ville de la Rochelle avant sa réduction, *enjoint aux Tréforiers de France* de les comprendre en leurs états, comme étant du Domaine, & leur sera à cette fin & audit Receveur & Commis, le présent Arrêt signifié à la Requête du Procureur-Général. — Le 12 Février 1635, la Chambre *enjoint aux Tréforiers de France* de Lyon, d'arrêter l'état au vrai d'un Comptable dans le premier Avril. — Le 5 Octobre 1637, la Chambre *enjoint à tous les Tréforiers de France de son ressort* de demander aux Comptables le double de leur dernier compte avant d'arrêter leurs états au vrai, afin d'y conserver le même ordre, & que l'Arrêt leur sera signifié, en parlant aux Greffiers de leurs Bureaux. — Le 13 Mai 1642, Deux *Tréforiers de France* de Paris *mandés* pour savoir pourquoi les arrêtés des états au vrai sont différés, disent que c'est la négligence des Comptables, l'absence de leurs Confreres, qui sont en chevauchée; qu'à présent qu'ils sont de retour, ils procéderont à la vérification d'iceux avec toute diligence pour le service du Roi & satisfaction de la Chambre. — Le 24 Janvier 1650, sur Requête, la Chambre *ordonne* que dans un mois, pour tout délai,

contre les Trésoriers : lorsque cette remise étoit différée par eux, la Chambre les mandoit pour rendre compte des motifs de ce défaut de remises ; ils demandoient eux-mêmes que la Chambre les mandât, plutôt que de prononcer des peines

PREUVES.

le Greffier des Trésoriers de France de Soissons remettra ès mains du Suppliant l'état & acquits y mentionnés, à peine de 500 liv. d'amende .... — Le 4 Février 1653, la Chambre *ordonne* aux Trésoriers de France de procéder à la vérification des états de la recette d'un Receveur-Général des Finances en Auvergne, des années ... & ce dans le 1er Avril prochain, sinon que le Greffier du Bureau *sera contraint*, ledit temps passé, de représenter les piéces justificatives desdits états, pour, sur icelles, les comptes dressés & présentés, être jugés sur ce qui se trouvera par la Chambre. — Le 22 Février 1657, la Chambre ordonne que le Greffier du Bureau des Finances d'Orléans remettra ès mains de l'héritier du feu Receveur des Tailles, les états & acquits des comptes desdites Tailles, des années .... à ce faire contraint ; cependant surseoiront toutes poursuites pendant un mois à l'encontre du Suppliant pour lesdits comptes. — Le 9 Août 1657, sur Requête d'un Commis à la recette des Tailles, la Chambre *ordonne au Greffier* du Bureau des Finances de Limoges, de délivrer au Suppliant les états des restes des Tailles & Taillon des années 1654 & 1655, vérifiés audit Bureau, dans huitaine, *ou contraint par emprisonnement*, & à 200 l. d'amende, & autres amendes, esquelles le Suppliant pourroit succomber à défaut desdits états. — Le 28 Juin 1659, deux Trésoriers *mandés* & ouïs sur le délayement qui se fait en leur Bureau de la vérification des états, qui empêchoit la présentation des comptes, la Chambre ordonne qu'à défaut desdites vérifications d'états & délivrance aux Comptables, les comptes seront jugés & remis sans lesdits états. — Le 10 Mai 1683, la Chambre *ordonne* que les Trésoriers de France de Riom enverront dans trois jours à la Chambre les états au vrai d'un Receveur Général des Finances, de l'Office duquel on poursuivoit le décret, pour les années dont il est en demeure de compter, s'ils sont arrêtés, sinon qu'ils les arrêteront incessamment, à peine d'en répondre en leurs propres & privés noms. — Le 27 Février 1665, la Chambre leur *ordonne* de délivrer les états, & leur fera justice pour les attaches qu'ils ont droit de délivrer sur les quittances de Finances. — Le 18 Mai 1668, deux Trésoriers de France de Paris ont remontré qu'ils venoient de la part de leur Compagnie pour se plaindre à la justice de la Chambre, d'un Arrêt qu'elle avoit rendu, qui ordonne que leur Greffier sera contraint par corps à expédier & délivrer les états & acquits d'un Receveur des Tailles, ce qui étoit contre l'usage, la Chambre *ayant accoutumé en semblables occasions de mander quel-*

contre leurs Greffiers, suivant la maniere accoutumée, & promettoient qu'ils feroient diligence ; enfin la Chambre permettoit même aux Comptables de faire des emplois dans les états, dont ils demandoient la vérification aux Tréforiers.

PREUVES.

ques-uns des Tréforiers, lesquels viennent au Bureau rendre raison des choses que la Chambre desire.... c'est pourquoi ils demandoient qu'il plût à la Chambre de les traiter comme par le passé, & que de *leur côté ils ne manqueroient point de respect pour ladite Chambre ;* qu'à l'égard de l'état dudit Receveur, ils ne l'avoient pu vérifier, parce qu'ils avoient trouvé trop peu d'acquits sous son scellé ; que pour les autres, leur en faisant donner mémoires, ils les rendroient à leur Compagnie, pour en faire diligenter l'expédition, mais qu'ils supplioient la Chambre de révoquer ledit Arrêt.... eux retirés, vu ledit Arrêt, la Chambre les mande & leur dit... qu'au surplus faisant diligence d'expédier & délivrer tous les états qu'ils ont en leurs mains, la Chambre leur *donnera la surséance* de l'exécution dudit Arrêt. — Le 23 Mai 1669, la Chambre *ordonne au Greffier* du Bureau des Finances de Lyon, d'envoyer au Procureur-Général les états & acquits de la recette générale des Finances de Lyon, pour les années .... à peine de 500 liv. d'amende, pour, sur lesdits états & acquits, être les comptes dressés & présentés à la Chambre. — Le 24 Mars 1691, le Procureur-Général remontre que les Tréforiers de France de Paris avoient renvoyé l'expédition de l'état au vrai d'un compte, sous prétexte que le Comptable étoit pourvu & non reçu... ce qui ne devoit pas retarder les affaires du Roi, requérant y être pourvu; la Chambre ordonne que les Tréforiers de France seront *mandés pour être ouis* sur ce que dessus ... Le 29 dudit, deux Députés desdits Tréforiers de France viennent & s'excusent sur ce que le Comptable, faute d'être reçu, n'avoit point de titre pour compter ; M. le Premier Président leur dit que le titre, pour obliger un homme à compter, étoit son maniement, & que l'Ordonnance de 1669 n'avoit ordonné qu'une amende de 3000 liv. pour ce défaut de Lettres de provisions, bien entendu que le service du Roi n'en feroit pas retardé, & ainsi que la Chambre attendoit d'eux l'expédition dudit état incessamment; lesquels ont dit qu'ils le rapporteroient à leur Compagnie, & se sont retirés. — Le 11 Février 1692, sur Requête d'un Receveur-Général des Domaines, la Chambre *ordonne* que, par les Tréforiers de France de Bordeaux, il fera incessamment procédé à la vérification, arrêté & délivrance de l'état au vrai du Suppliant, & ce *sans s'arrêter* à leur Ordonnance. — Le 26 Avril 1694, la Chambre ordonne que Aubusson fera diligence de faire arrêter son état par les Tréforiers de France de Limoges, auxquels elle *enjoint* de le faire à la premiere réquisition qui en sera faite ; où qu'il y sera pourvu par ladite Chambre, & le temps passé, l'Arrêt du 2 de ce mois exécuté.

VIe SECTION.

(73). *Même subordination des Trésoriers de France à l'autorité de la Chambre, lorsque la Chambre a demandé leurs avis ou les a mandés pour s'éclaircir sur différens objets de leurs fonctions.*

(74). CE service secondaire des Trésoriers de France a été très-utile en différentes occasions, & la Chambre en a usé souvent, soit en les mandant pour être ouïs, soit en leur demandant d'envoyer leurs avis.

(75). Ces avis étoient demandés par la Chambre, sur des impôts perçus dans leurs Généralités; sur des exemptions ou

PREUVES.

Le 7 Janvier 1583, sur Lettres obtenues par Habitans, afin d'avoir remise de trois années de Tailles, *ordonne* qu'avant faire droit, ils apporteront *l'avis des Trésoriers de France*. — Le 13 Mars 1584, *idem* sur Lettres obtenues par le Duc de Bouillon, pour privileges & exemptions à lui & à ses Sujets. — Le 19 Avril 1584, la Chambre regiftre des Lettres de décharge de Tailles sur *l'avis* des Trésoriers de France. — Le 28 Mai 1584, *avis* demandé sur Lettres de remise d'une partie d'une taxe, ordonnée être levée en Guyenne, pour l'entretien des Gens de Guerre. — Le 23 Janvier 1585, la Chambre régiftre des Lettres d'exemptions de Tailles & Aides, moyennant la somme de 25 liv. par an, & quant au Bureau où ils porteront lesdits deniers, rapporteront *l'avis* des Trésoriers. — Le 31 Juillet 1585, *avis* demandé sur don fait de la démolition d'un Château. — Le 19 Mai 1586, *idem* pour taxe de frais. — Le 20 Mars 1587, *idem* sur don d'un Bacq. — Le 1er Juillet 1587, *idem* sur remise de Tailles. — Le 11 Mai 1588, la Chambre *mande* les Trésoriers de France, sur la plainte faite par les Chanoines de la Sainte Chapelle, d'un bâtiment que l'on élevoit plus qu'à l'ordinaire & dangereux pour la sûreté du trésor. — Le 5 Octobre 1590, demande leur *avis* sur remise de Tailles. — Le 13 Février 1592, de Bragelogne, Trésorier de France de Paris, *mandé* au Bureau sur une Ordonnance par lui donnée, portant *défenses de compter en la Chambre avant qu'il eût son état*; la Chambre lui défend d'user de ces mots, comme ne pouvant le faire sans toucher à l'autorité de la Chambre; le Trésorier dit qu'il n'a entendu y toucher, & que les défenses ne regardoient que le Comptable. — Le 28 Février 1584, *avis* demandé sur un don de droit de Gabelle

remises

remises de Tailles ou autres taxes ; sur des commutations d'Impôts, sur le montant des Octrois des Villes, souvent sur des dons de biens Domaniaux, de droits Seigneuriaux, de Gabelles, de Bacs; sur des rentes exercées sur le Domaine; sur des Edits de rétablissement d'Offices de Contrôleurs du Domaine, ou autres ; sur des Edits de création de Greniers à Sel, ou d'Elections dans

---

P R E U V E S.

des Greniers à Sel de Châtel en Porcien & Cormissy. — Le 19 Mars 1594, la Chambre *fait appeller un Tresorier de France* de Paris, pour avoir *reçu à serment* un Comptable, déjà reçu en la Chambre, au lieu de lui délivrer seulement son attache. — Le 27 Juin 1594, la Chambre *charge les Trésoriers* d'informer & donner leurs *avis* si des anciens Impôts sont suffisans pour porter cette rente. — Le 21 Juin 1585, *avis* demandé sur création d'un Grenier à Sel. — Le 5 Octobre 1595, sur exemption de Tailles. — Le 30 Mars 1596, sur l'Edit de création de l'Election de Montoire. — Le 1er Août 1596, *avis* d'un Trésorier de France de Tours, & d'un d'Orléans, sur ladite création de l'Election de Montoire. — Le 4 dudit, affranchissement de Tailles refusé jusqu'à ce que les Trésoriers de France de la Généralité ayent *été ouïs*. — Le 16 Juillet 1596, *avis* demandé sur décharge de Tailles. — Le 26 Novembre 1596, Trésoriers de France *mandés* pour savoir s'ils ont commis à la Charge d'un Comptable défunt. — Le 5 Décembre 1596, *avis* demandé sur décharge de Tailles. — Le 7 dudit, Trésoriers de France *mandés* pour apporter les états finaux, & l'un d'eux pour venir instruire la Chambre des états par lui présentés. — Le 11 Septembre 1597, *avis* demandé sur décharge de Tailles. — Le 20 Janvier 1698, sur l'Edit de création de l'élection de Saint-Etienne de Fureau en Auvergne. — Le 1er Octobre 1598, Trésoriers de France *mandés* pour avoir mis vu d'acquits sur un compte, quoiqu'ils fussent perdus avant l'état vérifié. — Le 20 dudit, deux Trésoriers de France de Paris *mandés* pour avoir fait compter devant eux des deniers communs de Nemours, au lieu de laisser compter devant les Maires & Echevins, comme il est accoutumé ; disent avoir commission du Roi pour faire compter lesdits Receveurs par état devant eux. — Le 8 Janvier 1599, *avis* demandé sur Lettres d'Octrois, pour les Habitans de Saint-Amand en Auvergne. — Le 7 Janvier 1600, sur remise de Tailles. — Le 28 Avril, *idem*. — Le 1er Août 1601, sur dons aux Procureurs du Roi du Domaine de la moitié des droits Seigneuriaux recélés. — Le 14 Janvier 1603, Me Regnard, Trésorier de France, & ci-devant Receveur-Général des Finances, *lequel enquis*, *&c.* ce fait, *a prié la Chambre ouïr une remontrance* qu'il avoit à faire pour sa Charge de Tré-

leur ressort, de Commissaires des Vivres; sur Instances entre Comptables; sur la solvabilité des Tuteurs; sur des Edits & Réglemens; sur les Eaux & Forêts. — Elle les mandoit quelquefois pour objets de Voierie, concernant la Sainte-Chapelle; pour répondre sur leurs fonctions, s'ils avoient commis des Comptables; sur acquit visés par eux, quoique perdus an-

P R E U V E S.

sorier de France, ce qu'elle lui a permis; & ayant pris séance au Bureau, a dit que les Sergens des Aides lui ont présenté Requête, afin d'avoir taxe pour le port de commission pour le bail des Fermes desdites Aides, sur lesquelles il n'a ordonné que par provision, pour ce qu'il trouvoit que cela tournoit à charge au Roi, & diminution du prix desdites Fermes des Aides; auquel la Chambre a fait réponse qu'à l'audition du compte *elle en ordonnera, & s'il est besoin, elle le mandera.* — Le 7 Février 1603, un Trésorier de France de Paris, venu au Bureau, a remontré qu'il avoit ci-devant été *mandé* par la Chambre, pour des parties employées ès comptes des Tailles, pour la solde des Prévôts des Maréchaux, en vertu de leurs états, a été pour faciliter le paiement desdits Prévôts des Maréchaux. — Le 6 Août 1604, sur Instance entre les Receveurs des Barrages & les Trésoriers des bâtimens. — Le 14 Juin 1605, un Trésorier de France, venu au Bureau, a dit *que suivant la charge qu'il avoit eu de la part de la Chambre,* il s'étoit enquis s'il y avoit eu un état du maniement du feu Receveur-Général des Finances de Paris, & qu'il ne s'en trouve aucun au Greffe de leur Bureau, pour ce que pendant les troubles ils ont pu être transportés, & qu'il est mémoratif que led. Receveur a fait vérifier état au vrai, &c. — Le 3 Décembre 1605, *avis* demandé sur Lettres obtenues par les Colonels Suisses, pour avoir extraits des états finaux des comptes du Domaine d'Orléans. — Le 10 Janvier 1606, sur Lettres d'attribution de 200 liv. pour buvette aux Officiers d'un Présidial. — Le 13 Août 1607, Trésorier de France de Bourges dit que *pour satisfaire aux Arrêts de la Chambre,* il présente à la Chambre les états à lui envoyés par ses Confreres, de la valeur du revenu annuel du Domaine non aliéné, & des charges d'icelui, pour montrer l'état du fonds qui est en ladite recette, & les sommes que ceux qui tiennent des parts dudit Domaine, engagées & aliénées, doivent suppléer par chacun an au sol la livre; la Chambre lui donne acte de ladite représentation, & les fait remettre ès mains du Procureur-Général. — Le 21 Août 1607, sur la Requête du Receveur du Domaine de Troyes, la Chambre a *ordonné* que le procès-verbal des Trésoriers de France de Châlons, du régalement des charges, sera exécuté contre les y dénoncés, qui seront contraints personnellement

térieurement ; sur emplois faits par eux dans leurs Etats ; sur papiers par eux pris au décès des Comptables ; sur amendes prononcées par eux. Elle les mandoit pour entreprises de Jurisdiction ; sur des emplois faits contre les défenses à eux faites ; sur des informations de vie & mœurs dont ils n'ont pas le droit ; sur obmission de donner les avis à eux demandés, &c.

PREUVES.

en cas d'opposition. — Le 2 Août 1608, sur l'Edit de commutation du paiement des grande & petite Garde de Verdun, qui se fouloient payer à Chaumont & Vitry, pour être, à l'avenir, payées en la recette du Domaine de Paris : La Chambre a ordonné ledit Edit, être communiqué aux Trésoriers de France, pour donner leur *avis* sur icelui. — Le 7 Juillet 1611, sur une Déclaration pour un Réglement pour le fait des bois. — Le 5 Décembre 1611, sur la solvabilité d'un tuteur des enfans d'un Receveur-Général des Finances, qui demandoit d'avoir les acquits dudit défunt pour compter. — Le 15 Février 1612, pour avoir *avis* de la commodité ou incommodité sur des Lettres de suppression de huit Elections de Guyenne. — Le 17 Novembre 1616, pour connoître le prix d'Octrois obtenus par une Ville — Le 10 Mars 1618, sur la commodité ou incommodité d'Octrois obtenus par Habitans. — Le 12 Mars 1619, deux Trésoriers de France de Paris *mandés* sur une Requête des Mathurins de Fontainebleau, pour avoir rente sur le Domaine, requiérent communication de la Requête & pieces pour en commuuiquer à leurs Confreres, ce qui leur a été accordé pour en venir au premier jour. — Le 29 Avril 1627, deux Trésoriers de France de Paris, députés de leur Bureau, lesquels *enquis* pourquoi ils n'avoient donné *avis* suivant l'Arrêt de la Chambre, intervenu sur Lettres de décharge, en faveur du Fermier de la Géolo du petit Châtelet ; dit que bien qu'il y eût diminution par le dernier bail, cela ne tiroit à conséquence pour les précédens, s'il n'y avoit cause valable ; que leur Compagnie avoit remis à la prudence de la Chambre d'en ordonner sans lui donner *avis* ; que néanmoins ils savoient que ledit Fermier de la Géole du Châtelet avoit été déchargé par les Maîtres des Requêtes, en considération des Prisonniers élargis pour le mariage de la Reine d'Angleterre. — Le 21 Mai 1632, les Trésoriers de France de Paris ayant compris, dans le bail du Domaine de Paris, les cens, rentes, lods & ventes contre la disposition d'un de ses Arrêts, *mande les Trésoriers* pour les entendre, disent qu'ils ont suspendu l'adjudication du bail, afin que si la Chambre a quelque chose *à leur ordonner* sur ce sujet, elle leur puisse faire savoir. — Le 29 Mars 1653, un Trésorier de France d'Amiens *mandé*, a dit que pour répondre à la lettre

(76). Pour connoître plus particulierement l'utilité de ce ſervice ſecondaire, de la part des Tréſoriers, il ſuffit de jetter les yeux ſur deux articles plus détaillés : le 11 Septembre 1597, décharge de Tailles aux Habitans du Pays de Forêt pour les années 1589, juſqu'en 1594, après avoir oui le ſieur de Lervieres, *Tréſorier de France à Lyon*, *pour ce mandé au Bureau*, qui a dit que, juſqu'en 1594, ledit Pays n'a été travaillé que de Tailles qu'ils ont payées, tant au Roi & au ſieur de Nemours, qu'autres Gentilshommes commandans audit Pays : & en ladite année 1594, ceux du haut Pays des montagnes n'en ont payé aucuns, & ſe ſont mis en rébellion, tellement qu'il a fallu emprunter grande ſomme de deniers pour le ſervice du Roi ; qu'il ne ſeroit raiſonnable qu'elles leur fuſſent remiſes, pour les faire perdre à ceux qui en ont fait les

PREUVES.

miſſive d'un Conſeiller-Maître, il étoit beſoin qu'il en eût communication, après laquelle il rendra réponſe à la Chambre, telle qu'elle la ſauroit déſirer. — Le 24 Avril 1653, deux Tréſoriers de France à Paris, *mandés & venus* au ſujet d'une Ordonnance décernée de leur Bureau. — Le 30 Mars 1654, ſur le rétabliſſement de l'Office de Contrôleur-Général du Domaine de Champagne, à l'occaſion des proviſions dudit Office. — Le 16 Février 1655, la Chambre a ordonné qu'un Tréſorier de France de Paris ſeroit *mandé* venir en la Chambre pour *être oui* au ſujet de deniers & papiers, dont ledit Sieur s'étoit ſaiſi lors du décès d'un Receveur des Tailles, de quoi le Greffier dudit Bureau des Finances de Paris auroit été chargé d'avertir. — Le 18 Janvier 1656, ſur Requête d'un Procureur, à fin d'être déchargé de l'amende de 50 liv. à laquelle il auroit été condamné par Ordonnance des Tréſoriers de France de Paris, la Chambre a arrêté que leſdits Tréſoriers de France *ſeront mandés* & avertis d'envoyer deux d'entr'eux pour être ouïs ſur ladite Requête & à l'inſtant a été ordonné au Commis au plumitif de ce faire : le 19 dudit, deux deſdits Tréſoriers de France *vinrent au Bureau rendre compte de leurdite Ordonnance*. — Le 1er Septembre 1659, ſur une Requête d'un Comptable. — Le 27 Novembre 1659, *idem.* — Le 26 Février 1665, la Chambre ordonne que deux Tréſoriers de France de Paris ſeront *mandés* pour rendre raiſon des motifs de leur procédé à l'égard des informations de vie & mœurs de deux Comptables. Le 5 dudit, leſdits Tréſoriers de France viennent & rendent compte du ſujet pour lequel la Chambre les avoit mandés. Le 24 Mai 1672, ſur Requête d'un Comptable.

avances. Quant au Pays-Bas du côté de Montbrison, qu'il a été fort travaillé jusqu'en 1596 ; pour quoi seroit d'avis, sous le bon plaisir de la Chambre, de décharger lesdits Habitans, suivant leurs lettres, fors pour le Pays des montagnes, pour ladite année 1594. Vérifiées, pour jouir par les Impétrans du contenu en icelles, fors ceux des montagnes qui paieront ladite année 1594, & pour le regard de l'année 1595, tenue en surséance trois mois. — Le 2 Octobre 1597, sur l'Edit de création d'un Commissaire Particulier des Vivres en chacune Election de ce Royaume, la Chambre, auparavant que faire droit, a ordonné que copies d'icelui seront envoyées aux six Bureaux des Trésoriers de France plus proches ; savoir, Paris, Orléans, Amiens, Bourges, Tours & Châlons, pour donner *avis* de la commodité ou incommodité dudit Edit, & de l'ordre qu'ils aviseront y être gardé, pour, leurs avis rapportés avec celui des Elus des Elections plus proches, ordonner ce que de raison.

(77). En 1730, comme il a été dit au commencement de cet Ecrit, les Trésoriers de France éleverent contre la Chambre beaucoup de contestations, qu'ils porterent au Conseil : le droit de la Chambre de mander ces Officiers les choquoit principalement.

(78). Ce droit de la Chambre de mander les Trésoriers de France est cependant porté textuellement dans l'Arrêt de Reglement du 5 Octobre 1605, par lequel le Roi, après avoir cassé une de leurs Ordonnances, leur enjoint de porter *honneur & respect* à la Chambre, & ajoute, « & à fin que » pareilles contentions ou autres n'adviennent ci-après entr'eux, » veut & *ordonne que lesdits Trésoriers soient mandés par ladite » Chambre, quand elle jugera le devoir faire*, pour conférer » amiablement avec eux, & qu'ils y aillent aussi d'eux-mêmes, » & demandent d'être ouis quand il en sera besoin, pour conférer & traiter d'affaires qui dépendent de leurs Charges & » fonctions ».

(79). Ces avis au reste étoient donnés & non comptés. En 1613 un Trésorier de Champagne voulut, le 13 Septembre, essayer d'avoir voix délibérative ; mais la Chambre s'y opposa.

« Mandé & enquis, s'il avoit quelques remontrances à faire sur » le bail des Offices de Receveurs & Collecteurs du Sel de la » Généralité de Champagne, suivant les lettres de créance » qu'il avoit apportées de ses Confreres audit Bureau; a dit » que ses Confreres lui avoient donné charge de dire, que s'il » plaisoit à la Chambre faire délibérer sur ledit contrat, en sa » présence, qu'il diroit son *avis* : lui a été demandé s'il ne » vouloit dire autre chose, & qu'avant de délibérer sur ledit » contrat, il étoit préalable qu'il déclarât sa créance ou re- » montrance, à fin d'y opiner : a dit qu'il avoit quelques re- » montrances par écrit qu'il avoit faites de lui-même, & dont » il a fait lecture en partie: interpellé de les mettre ès mains du » Rapporteur ou du Procureur-Général; a dit qu'il n'en avoit » point de charge ». La Chambre persista, & le Trésorier se retira.

VIIe SECTION.

(80). *La Chambre s'est plusieurs fois servi de leur ministere, pour faire des informations dans les matieres de sa compétence.*

(81). CES informations ont pour objets des lettres de dons faits par nos Rois, dons de toute nature sur Impôts d'Octrois;

PREUVES.

Le 20 Octobre 1582, sur Lettres-Patentes de décharge de tailles à des Habitans de la Guyenne, la Chambre ordonne qu'il sera délivré commission aux Trésoriers de France à Bordeaux, pour informer des dommages *par eux soufferts* mentionnés esdites Lettres; lesquelles sommes ils doivent au Roi à cause desdites tailles & crues des années passées. — Le 15 Février 1583, sur l'Edit de création de plusieurs Greniers à Sel, a été ordonné avant procéder à la vérification dudit Edit, que les Trésoriers-Généraux de France au Bureau de Lyon, informeront par les Villes desdits pays de Lyonnois, Forez, Haut-Vivarais, Beaujolois & Maconnois, appellés les Officiers & Communautés des lieux, sur la *commodité ou incommodité* dudit Edit. — Le 27 Septembre 1583, sur le rapport de l'Edit de *rétablissement des Greniers à Sel* de Lyonnois, Forez, Beaujolois, Vivarais, Maçonnois, & Lettres de jussion expédiées sur icelui;

dons d'Isles accrues, Places vagues, pour connoître l'étendue de ces dons avant de les regiſtrer ; des lettres de remiſes de Tailles, pour connoître les dommages qu'avoient ſoufferts les

PREUVES.

a été ordonné qu'après qu'il ſera apparu que c'eſt le profit & utilité dudit pays d'établir leſdits Greniers, & qu'il aura été informé par les Tréſoriers-Généraux de France au Bureau, ſuivant l'Arrêt de ladite Chambre du 15 Février dernier, & ſemblablement par les Tréſoriers-Généraux de France en Languedoc, en ce qui eſt de leur Charge, appellés les Syndics deſdits Pays, les Officiers du Roi & les Fermiers du tirage du ſel à la part du Royaume, & qu'ils auront donné ſur ce bons avis, ſera fait droit. — Le 14 Décembre 1583, commiſſion à eux délivrée pour informer de commodité ou incommodité pour *établiſſement de Haras*, & du profit & dommage qu'il en reviendra au Roi & au Public. — Le 20 Novembre 1586, la Chambre, ſur *Lettres de don*, ordonne commiſſion être délivrée aux Tréſoriers de France, d'informer de la commodité ou incommodité, en faiſant leurs chevauchées, & en leur abſence au Lieutenant-Général dudit lieu. — Le 16 Janvier 1588, ſur *Lettres-Patentes de décharge*, obtenues par le Breton, Receveur, avant faire droit ſur leſdites Lettres, a été ordonné que ledit le Breton ſera ouï, & repréſentera les procès-verbaux des captures des voleurs, & inventaires des deniers & biens trouvés en leur poſſeſſion, lors de la capture, enſemble les actes de diligences faites par le Tréſorier de France, & autres Officiers du Roi, à la recherche des deniers volés & trouvés en la maiſon de .... — Le 4 Mai 1588, ſur les Lettres-Patentes, obtenues par les Manans & Habitans de la Ville de Guiſe, par leſquelles le Roi leur permet que, durant ſix ans, ils *prennent ſur chacun minot de ſel* 4 ſols, pour employer aux réparations de ladite Ville, a été ordonné qu'il ſera informé de la commodité ou incommodité de la levée dudit impôt, enſemble de la valeur, & ce par les Tréſoriers de France & Elus, & ſera rapporté le conſentement, tant des Habitans de ladite Ville, que du plat pays, duement aſſemblés au ſon de la cloche, & iſſue de Meſſe paroiſſiale. — Le 10 Mars 1588, commiſſion aux Tréſoriers de France de Toulouſe, pour informer plus amplement ſur *Lettres de naturalité.* — Le 27 Juin 1594, ſur Lettres-Patentes, pour jouir de 2000 écus de rentes ſur les anciens impôts, la Chambre ordonne commiſſion être délivrée aux Tréſoriers de France des lieux pour *informer & donner leur avis ſur ce qui reſte dû deſdits anciens Impôts.* — Le 16 Mars 1596, la Chambre, avant faire droit ſur Lettres de décharge, ordonne qu'il ſera informé par l'un des Tréſoriers de France d'Amiens *de l'enlèvement des deniers du Comptable.* — Le 8 Janvier 1599, ſur *Lettres d'Octroi*

Habitans, & si la remise n'étoit pas au-dessus du dommage; pour constater les paiemens qu'ils avoient déjà faits; quelquefois sur les vie & mœurs des Pourvus d'Offices, lors des créa-

PREUVES.

de 200 écus pour les Habitans de Saint Amand en Auvergne, la Chambre a renvoyé lesdites Lettres aux Trésoriers de France, pour informer & donner avis de la commodité ou incommodité. — Le 7 Juillet 1601, commission délivrée à deux Trésoriers de France d'Auvergne, pour informer des *paiemens faits* par les Habitans des Paroisses. — Le 11 Septembre 1600, sur les Lettres de *don* au sieur de Champigny, *de la petite Garde de la Ville de Verdun*, montant à soixante-six écus deux tiers, & les arrérages qui en sont dûs, la Chambre a ordonné que commission sera délivrée aux Trésoriers-Généraux de France, pour informer en quoi consistent lesdits droits. — Le 20 Août 1604, la Chambre ordonne que les Trésoriers de France s'informeront *qui sont les Héritiers* ou biens tenans d'un Comptable, les caution & Certificateur, pour en donner avis, & l'Arrêt leur sera signifié. — Le 15 Juillet 1619, sur des Lettres de provisions obtenues par Me Georges Palustre, pourvu d'un Office de Trésorier de France à Poitiers, la Chambre a ordonné qu'il sera *informé de ses vie & mœurs*, & à cette fin, commission délivrée adressante au premier des Conseillers-Maitres, & en son absence, au premier des Trésoriers de France, Bailly ou Sénéchal audit lieu. — Le 5 Juillet 1633, sur la Requête de Me Bezard, pourvu de l'Office de Trésorier de France à Paris, ouï d'Averdouin, Procureur des Trésoriers de France, qui a dit avoir baillé la Requête qu'ils avoient présentée, & Arrêt intervenu sur icelle, par lequel il leur est permis d'informer au Greffe de leur Bureau, la Chambre a ordonné que dans trois jours ils informeront, *alias* sera fait droit. — Le 30 Juillet 1643, commission aux Trésoriers de France de Bordeaux, pour informer sur des Lettres de *don de places vagues en ladite Ville*. — Le 13 Mai 1647, sur Requête du Procureur-Général, la Chambre ordonne qu'il sera informé de la *Banqueroute* & fuite hors du Royaume d'un Receveur du Taillon, & du transport par lui fait des deniers de sa Charge, & pour ce faire, a commis un Conseiller-Maitre, & que, par l'un des Trésoriers de France à Tours, il sera procédé à l'inventaire & description des meubles, papiers, & saisie des immeubles dudit Receveur, en présence du Substitut du Procureur-Général. — Le 7 Avril 1664, sur Lettres de *don du revenu des îles & accrues* des terres, faites dans plusieurs rivieres, au-delà de la Loire, ensemble du droit de pêche esdites rivieres, la Chambre a ordonné que par le premier des Conseillers-Maitres, trouvé sur les lieux, & en son absence, par les Trésoriers de France à Bordeaux & Mon-

tions

tions des Greniers à Sel, des établissemens de haras, pour dresser procès-verbaux *de commodo & incommodo*, sur lettres de naturalité, sur enlevemens de deniers royaux faits aux Comptables, ou par eux, dans leur faillite.

PREUVES.

tauban, chacun en droit soi, il sera informé, dans l'étendue desdites Généralités, de la situation, consistance & valeur dudit don.

Ces commissions sont adressées au prémier Conseiller-Maître trouvé sur les lieux, ou aux Trésoriers de France de la Généralité où doit être faite l'information; ceux de Moulins, le 10 Juillet 1618, trouverent trop incommode de se transporter pour ces commissions dans les différentes parties de leur Généralité; ils vinrent à la Chambre, tant pour eux, que pour les Bureaux d'Amiens, Bourges, Riom, Tours, Orléans, Lyon & Soissons, desquels ils ont dit avoir charge, & ont *supplié la Chambre vouloir à l'avenir*, & suivant les anciennes Ordonnances, adresser des commissions pour informer sur tous dons d'Aubaine, ennoblissemens, naturalités & légitimations, après le premier des Conseillers-Maîtres trouvé sur les lieux, devant les Baillis & Sénéchaux, ou leurs Lieutenans : auxquels a été dit que *la Chambre délibérera* sur leurs remontrances.

Il y a en effet un motif très-raisonnable d'adresser les commissions pour informer, aux Juges Royaux qui sont plus proches des lieux où doivent être faites les informations, plutôt qu'aux Trésoriers de France, dont les Bureaux sont souvent très-distans de ces lieux, ce qui occasionneroit de plus grands frais aux Sujets du Roi. Mais quand l'information doit être faite dans la Ville même où est situé le Bureau des Finances, il est plus naturel que la Chambre adresse les commissions aux Trésoriers de France, qui sont membres de son corps, qu'aux Juges Royaux, qui ne remplissent le ministere secondaire des Cours, que quand le service du Roi ne peut être fait autrement par des Officiers qui leur appartiennent.

Aussi voit-on que les Trésoriers, en 1618, ne donnent pas pour motif l'incompétence de la Chambre de leur adresser des commissions en style impératoire & non rogatoire; mais ils la *supplient de vouloir à l'avenir*, &c. Sans doute la Chambre eut égard à la remontrance de ces Trésoriers, à l'égard des informations qui ne doivent pas être faites dans les lieux de leur résidence, car on n'en voit plus qu'un petit nombre, & sans doute celles qui devoient être faites dans les Villes où leurs Bureaux sont établis.

VIIIe SECTION.

(82). *La ſubordination des Tréſoriers de France eſt également manifeſte, en ce qu'ils ont été ſouvent chargés par la Chambre de veiller à l'exécution de ſes Arrêts, & par la notification qui leur étoit faite des Edits & Déclarations qu'elle avoit regiſtrés, & des modifications qu'elle y avoit appoſées.*

(83). TELLE a toujours été la volonté de nos Rois. Dès le 20 Avril 1364, on voit des lettres qui portent, qu'on ne donnera à aucunes perſonnes des deniers royaux, ſi ce n'eſt en

PREUVES.

Le 18 Avril 1504, Ordonnance pour faire la pourſuite du quadruple; le Roi ordonne que pour faire la pourſuite de ce quadruple contre les comptables dont les obmiſſions auront été reconnues par les contrôles & les comptes rendus en la Chambre, elle *avertiſſe les Généraux des Finances pour faire procéder* contre leſdits Receveurs, Grenetiers, Contrôleurs, El..s & Greffiers comme de raiſon en les contraignant à ce faire. — L'enregiſtrement du 30 Avril 1504 porte que deſdites Lettres du 25 Septembre 1448, ſeront faites copies collationnées à l'original pour *envoyer aux Tréſoriers & Généraux, à ce qu'ils n'en prétendent cauſe d'ignorance.* — Le 8 Octobre & 14 Novembre 1679, Ordonnance & Lettres de Reglement ſur icelle pour la taxe des lettres de légitimation, ennobliſſement, naturalité & congé de teſter; la Chambre ordonne leſdites Lettres être ſignifiées auxdits Tréſoriers, &c. — Le 18 Novembre 1598, la Chambre ordonne qu'il ſera écrit aux *Tréſoriers Généraux* de France à Amiens, pour *faire venir les* Comptables compter de leurs Charges avec leurs acquits, lorſque le Sieur Duc d'Aumale s'acheminera de deça. — Le 8 Août 1601, lors de la *tranſlation d'un priſonnier*, la Chambre ordonna qu'il ſeroit par les Sergens pris tel nombre d'hommes qu'il ſera aviſé par les Tréſoriers de France, auxquels la Chambre enjoint de tenir la main à ce que ledit Arrêt ſoit exécuté. — En 1604, les Tréſoriers n'avoient pas obſervé l'article IV de l'Edit d'Aout 1598, à l'égard des états au vrai qu'ils auroient dû dreſſer dans l'ordre des comptes; par Ordonnance du 19 Juin audit an 1604, il fut dit, nous ſommes bien avertis que vous dits Tréſoriers n'avez tenu compte d'effectuer en cela notre volonté .... Nous voulons .... que ledit article ſoit entierement ſuivi .... Si vous mandons & à chacun de vous, que ces préſentes vous euſſiez à faire enregiſtrer, garder & obſerver, regiſtrées en la Chambre des Comptes, ouï & ce

vertu des lettres qui seront données dans la suite par le Roi. Ces lettres sont adressées aux Gens des Comptes, & finissent ainsi: « Si vous mandons & commandons, tant expressément, » comme plus pouvons, que notre présente Ordonnance vous » *fassiez savoir à nos amés & féaux les Trésoriers & Généraux* » *des Aides* de notre très-cher Seigneur & Pere, dont Dieu

PREUVES.

requerant le Procureur-Général, & en ce faisant que copies en soient envoyées par le Procureur-Général en chacune Généralité, pour l'exécution d'icelles, le 2 Juillet 1604. *Nota.* Quoique cette Ordonnance fût aussi adressée aux Trésoriers, cependant on voit l'exécution confiée à la Chambre, *que vous ayez à faire garder*; & l'envoi par la Chambre au Bureau de chaque Généralité, malgré cette adresse à eux faite dans l'Ordonnance même, marque encore son droit de vigilance. — Le 30 Août 1619, Reglement pour faire payer les rentes sur les Tailles, &c. envoyé aux Bureaux des Finances *du ressort* de la Chambre. — Le 27 Septembre 1628, la Chambre ordonne que copies collationnées de l'Edit de révocation d'attribution faite aux Bureaux des Finances, de la réception de foi & hommage, seront par le Procureur-Général *envoyées à ses Substituts*, Receveurs, Contrôleurs des Domaines de la Chambre. — Le 5 Octobre 1638, la Chambre *enjoint* aux Trésoriers de France de demander aux Comptables avant l'arrêté de leurs états au vrai le double de leur compte précédent, pour y conserver le même ordre, & que ledit Arrêt leur sera signifié, parlant aux Greffiers de leurs Bureaux. — Le 24 Janvier 1646, sur Requête du Procureur-Général, la Chambre ordonne que les Pourvus d'Offices quatriennaux seront tenus se faire recevoir en icelle; leur fait très-expresses défenses de s'immiscer en la fonction desdits Offices, auparavant leursdites réceptions, à peine de radiation de leurs gages & taxations, & d'amende arbitraire, & aux Trésoriers de leur délivrer aucuns fonds ni augmentations, qu'il ne leur soit apparu de leur réception; enjoint aux Trésoriers de France *de tenir la main à l'exécution du présent Arrêt*, lequel sera signifié à la diligence du Procureur-Général. — Le 5 Février 1647, sur Requête de deux Receveurs des Tailles, la Chambre donne acte aux Supplians de l'opposition à l'exécution d'un Arrêt du Conseil, fait *défenses à tous Commis de s'immiscer en la recette* des deniers du Roi, qu'en vertu de commissions bien & duement vérifiées, à peine de 2000 livres d'amende, & cependant ordonne pour la sûreté des deniers, que les supplians continueront la fonction de leurs Charges, enjoint aux Trésoriers de France *de tenir la main à l'exécution* du présent Arrêt. — Le 27 Juillet 1650, sur Requête du Pro-

» ait l'ame, & à tous les Receveurs ordinaires de notre » Royaume, & à chacun d'eux, fi que nul ne fe puiffe » excufer d'ignorance, &c. ».

(84). Auffi la Chambre a-t-elle toujours ufé de cette autorité. Ses regiftres prouvent que la Chambre les *chargeoit de l'exécution de tous les enregiftremens* qui intervenoient fur les Edits

PREUVES.

cureur Général, la Chambre fait *défenfes* à un Receveur des Aides & Receveur du Taillon de... *continuer l'exercice defdites Charges* jufqu'à ce qu'il ait entierement compté de fes maniemens des années dont il eft en demeure; *ordonne aux Tréforiers de France* de Poitiers & Lyon de commettre chacun à leur égard, perfonnes fuffifantes & folvables pour faire lefdites exercices, à la charge d'en rendre compte en la maniere accoutumée; & pour fûreté de ce que ledit Receveur peut devoir, qu'à la Requête dudit Procureur-Général & diligence de fes Subftituts des Bureaux defdites Finances, *il fera procédé à la faifie réelle, vente & adjudication defdits Offices & de fes biens immeubles*, en la maniere accoutumée, auxquels le préfent Arrêt fera fignifié, & leur enjoint *de tenir la main à fon exécution, & d'en certifier* la Chambre de mois en mois, à peine de radiation de leurs gages. — Le 11 Mai 1651, la Chambre ordonne que les Receveurs Généraux & particuliers des Aides, Tailles, &c. compteront des années dont ils font en demeure, & en préfenteront les comptes dans un mois, à peine de 500 livres d'amende .... *ordonne aux Tréforiers* de France & Elus *d'y commettre perfonnes capables*, & à cette fin que le préfent Arrêt fera envoyé *aux Subftituts* du Procureur Général, tant dudit Bureau des Tréforiers de France qu'Elus, *pour le faire exécuter.* — Le 21 Janvier 1653, fur Requête, la Chambre enjoint à la fuppliante de faire fignifier le préfent Arrêt, tant auxdits Tréforiers de France qu'aux Officiers de ladite Election, & d'en certifier la Chambre au mois. — Le 15 Juillet 1655, fur réquifitoire du Procureur Général, la Chambre ordonne que tous Commis au maniement des deniers du Roi, *auparavant de s'immifcer* à la recette d'iceux, feront apparoir de leurs Commiffions vérifiées en icelle, à peine de 10,000 livres d'amende; *fait défenfes aux Tréforiers* de France de leur délivrer aucune attache, à peine d'en répondre en leurs propres & privés noms, & de radiation de leurs gages, que *le préfent Arrêt fera envoyé* à la diligence du Procureur Général aux Bureaux des Généralités & Elections. — Le 17 Août 1656, la Chambre ordonne que N. préfentera les Lettres en vertu defquelles il *s'eft immifcé* de faire les pourfuites & recouvremens de deniers de fauffes reprifes & autres impofitions; lui fait défenfes de les continuer, à peine d'amende, & à tous les Receveurs

& Déclarations, pour faire défenses aux *Comptables* de s'immiscer dans les deniers royaux sans provisions; pour punir leurs obmissions par la peine du quadruple; pour faire des *emplois* dans les Etats; pour *faire porter au Trésor Royal* tous les débets; pour le droit d'Aubaine, & la *taxe des lettres* de naturalité, ennoblissemens, congé de tester, légitimation : sur la *féodalité*,

PREUVES.

Généraux & Commis de lui payer aucuns deniers, & à ce que ledit Arrêt soit exécuté, qu'il sera *envoyé en chacun des Bureaux* des Finances & Elections du ressort de ladite Chambre, pour y être *publié à la diligence des Substituts* du Procureur Général du Roi. — Le 16 Mars 1657, la Chambre, faisant droit sur la Requête du Procureur Général, a ordonné que, conformément aux Ordonnances, les Trésoriers de France des Généralités *ressortissantes d'icelle*, envoyeront incessamment au Greffe de ladite Chambre tous les actes des cautions fournies en leurs Bureaux par ceux qui ont manié les finances du Roi depuis 15 années, & à l'avenir d'année en année, dans les formes portées par l'Ordonnance de Décembre 1557, à peine de radiation de leurs gages; *fait défense à tous Officiers de s'immiscer* en la recette desdits deniers, qu'ils n'aient fait apparoir de leurs commissions duement vérifiées, & *auxdits Trésoriers de France* de leur délivrer aucunes attaches pour ce faire, que lesdits Commis n'y ayent satisfait, à peine d'en répondre en leurs noms & de radiation de leurs gages, & à cette fin que le présent Arrêt sera *envoyé ès Bureaux desdits Trésoriers* de France, pour y être lu, publié, &c. — Le 16 Juin 1657, la Chambre ordonne que par les Conseillers Maîtres qui seront députés pour se transporter ès Bureaux des Finances, Elections, Greniers à Sel, Bailliages, &c. du ressort d'icelle, il sera informé & dressé état de tout le Domaine de S. M. possédé par *engagement* & autrement; se feront représenter les états des fiefs relevant desdits Domaines aliénés & non aliénés, donneront assignations aux propriétaires pour en faire les foi & hommage à S. M. ou en sa Chambre, se feront représenter par les Officiers des Elections, *les Rôles des Exempts* & Privilégiés de chaque Paroisse, pour avoir connoissance de ceux qui usurpent la qualité de Nobles sans titres valables; par les Officiers des Greniers à Sel, les Rôles de ceux qui jouissent du droit de *Franc salé*, &c. *avec injonction à tous Présidens*, *Trésoriers de France* & leurs Greffiers, & tous autres Officiers *de tenir la main à l'exécution* du présent Arrêt & Ordonnances desdits Commissaires, à peine de radiation de leurs gages. — Le 18 desdits, sur Lettres de provisions d'un Pourvu d'Office de Trésorier de la solde & paiement des Maréchaussées de la Généralité de Châlons, la Chambre ordonne qu'après

pour *révocation des droits* de réception de foi & hommages accordés aux Tréforiers de France, fans diftinction ; pour fixer les droits de la Chambre à cet égard ; pour donner aux Vaffaux & aux Eccléfiaftiques délai de faire leur *foi & hommage* ; pour leur accorder de les faire par Procureur ; elle leur prefcrit la forme des aveux. *A l'égard des Tréforiers de France*

PREUVES.

qu'il fera apparu du rembourfement fait par le fuppliant aux oppofans à fa réception, de la finance par eux payée pour le maniement des deniers de ladite folde, fait *défenfes aux Receveurs du Taillon de lui payer aucun denier*, *enjoint* aux Tréforiers de France de ladite Généralité de tenir la main à l'exécution du préfent Arrêt. — Le 30 Juillet 1657, fur Requête de trois Receveurs des Tailles, la Chambre *maintient les fupplians en la fonction de leurs charges*, défenfes à tous autres de s'y immifcer, *enjoint* aux Collecteurs de mettre les deniers en leurs mains & non d'autres ; & *aux Tréforiers de France* de Riom de *tenir la main à l'exécution* du préfent Arrêt, à peine de radiation de leurs gages.—Le 6 Août 1657, la Chambre condamne le propriétaire des Offices de Receveur & Payeur provincial des rentes de Guyenne, en 1000 livres d'amende, faute d'avoir compté du paiement defdites rentes, des années 1642 & fuivantes, en laquelle il fera contraint, fauf fi dans un mois il ne préfente lefdits comptes, lequel tems paffé lui fait défenfes & à tous autres de *s'immifcer en la recette*, qu'ils n'aient au préalable rapporté les titres de Commiffion & fait le ferment en ladite Chambre ; *enjoint aux Tréforiers* de France de Bordeaux de *tenir la main* à l'exécution du préfent Arrêt, qui leur fera fignifié à la Requête du Procureur Général. — Le 21 Août 1657, la Chambre donne *délai* à un comptable de *compter* de fes maniemens, lequel paffé, fera contraint en une amende de 300 livres, & à cet effet qu'il fournira les acquits, pieces néceffaires & regiftres pour la reddition de fes comptes ; *enjoint aux Tréforiers* de France de Bordeaux de *tenir la main à l'exécution* du préfent Arrêt. — Le 10 Novembre 1657, la Chambre ordonne qu'il fera *fignifié aux Tréforiers* de France un Arrêt du Confeil portant révocation d'autre, du 27 Juin dernier, par lequel eft ordonné qu'en payant par ceux qui ont reçu rembourfement d'Offices & droits, les fommes auxquelles ils feront taxés audit Confeil, ils feront déchargés de prendre avis de la Chambre de la vérification des finances d'icelle, regiftré. — Le 28 Novembre 1657, la Chambre maintient un Receveur des deniers communs patrimoniaux & d'octrois en l'exercice de fefdites Charges, fait défenfes aux Maires & Echevins de ladite Ville, & à tou autres de l'y troubler, à peine d'amende, *enjoint aux Tréforiers* de France de Tours de *tenir la main à l'exécution* du préfent Arrêt, qui leur fera fignifié à cet effet à la res

eux-mêmes; pour l'exécution d'Edits de création de leurs Offices, ou pour jouissance de gages, moyennant nouvelles Finances. — La Chambre prescrivoit également aux Trésoriers l'exécution de ses propres Arrêts; quelquefois sur leurs fonctions personnelles, pour les forcer d'envoyer les actes de cautionnemens; de donner telle forme à leurs extraits des Etats du Roi;

PREUVES.

quête du Suppliant. — Le 12 Février 1658, pareil Arrêt pour un Receveur du Taillon, & même injonction. — Le 29 Mars 1658, 30 Janvier & 3 Février 1659, *idem.* — Le 28 Février 1659, sur Requête d'un Receveur des Tailles, la Chambre ordonne qu'il en fera la recette, fait *défense à son concurrent de s'y immiscer*, & à tous autres de l'y troubler, aux Collecteurs desdites Tailles de payer à autres qu'audit suppliant, à peine de payer deux fois, *enjoint aux Trésoriers* de France de ladite Généralité, & Officiers de ladite Election, de *tenir la main à l'exécution* du présent Arrêt, lequel sera lu & *publié aux prônes*, & *affiché ès places* publiques des Villes, Bourgs & Paroisses de ladite Généralité. — Le 4 Août 1660; les Gens du Roi venus au Bureau ont présenté le traité de paix conclu entre S. M. & le Roi d'Espagne, avec le contrat de mariage d'entre sadite M. & l'Infante, desquels les Gens du Roi ont requis l'enregistrement, & copies collationnées dudit traité & de la vérification qui interviendra *envoyées aux Bureaux des Trésoriers de France* de chacune Généralité, pour y être pareillement publiées & registrées. — Le premier Février 1665, la Chambre ordonne qu'un Arrêt de la Chambre qui casse & annulle une de leurs Ordonnances, & leur défend d'en rendre à l'avenir de semblables, à peine d'amende, leur sera *signifié & affiché* à la porte d'un de leurs Bureaux, & publié, tant aux prônes des Paroisses, qu'à son de trompe dans les carrefours & lieux publics. — Le 10 Décembre 1669, Déclaration portant que tous les délais des Comptables seront ordonnés & payés au Trésor Royal; l'enregistrement porte, pour avoir lieu & être exécuté selon sa forme & teneur, & à cette fin ordonne que copies collationnées d'icelle seront *envoyées aux Trésoriers de France* des Bureaux du ressort de ladite Chambre, *pour y faire pareillement lire, publier & exécuter* à la diligence des Substituts dudit Procureur Général esdits Bureaux, qui en certifieront la Chambre au mois. — Le 20 dudit, la Chambre ordonne que copies des Lettres Patentes, pour qu'il ne soit distribué aucun débet aux ci-devant Trésoriers de l'Epargne, seront *envoyées aux Trésoriers* de France, *pour les y faire lire, publier & registrer.* — Le 6 Avril 1691, Lettres d'Edit de création d'un premier Président en chacun des Bureaux des Finances, registrées, & ordonne, à la diligence du Procureur Général, copies collationnées être *envoyées aux Bureaux des Finances du*

de certifier les droits Casuels ; de donner connoissance à la Chambre des terres données en engagement ; des exemptions de Tailles ; des jouissances de franc-salé : d'autres *Arrêts à exécuter concernant les Comptables* ; pour les forcer de se faire recevoir ou de compter, même les contraindre par corps ; les forcer de payer leur Vendeur avant de s'immiscer ; leur fermer

PREUVES.

ressort de la Chambre, pour y être lues, publiées, &c. — Le 12 Décembre 1691, *idem.* — Le 22 Janvier 1694, la Chambre ordonne que copies collationnées des Lettres de Déclaration, portant qu'à l'avenir les Receveurs Généraux des Domaines & Bois seront tenus de présenter leurs comptes aux Chambres des Comptes seulement, deux ans après l'exercice, seront *envoyées aux Bureaux des Finances, pour y être lues, publiées & regist. ées*, &c. — Le 31 Mars 1694, Lettres Patentes de création d'Offices de Contrôleurs des déclarations de dépens dans toutes les Cours & jurisdictions, registrées, & copies collationnées *envoyées aux Bureaux des Finances.* — Le 14 Janvier 1699, Lettres d'Edit portant entr'autres choses création d'un Trésorier de France en chacun des Bureaux des Finances des Généralités du Royaume, registrées & copies collationnées *envoyées dans les Bureaux des Finances* du ressort de ladite Chambre, *pour être lues, publiées & régistrées.* — Le 18 Juillet 1702, Déclaration servant de Réglement sur les foi & hommages, aveux & dénombremens, *envoyée aux Bureaux des Finances du ressort* de la Chambre, *pour y être publiée & régistrée.* — Le 4 Juin 1712, la Chambre ordonne qu'à la Requête du Procureur-Général, il sera *signifié aux Trésoriers de France* l'Arrêt, portant défenses de recevoir à l'avenir les foi & hommages des Terres titrées, & des Fiefs appartenans à des mineurs. — Le 4 Août 1722, Lettres-Patentes du 21 Juillet précédent, accordant nouveau délai de deux mois aux Vassaux du Roi, pour foi & hommage, à cause de l'heureux avénement à la Couronne, sans payer aucuns frais, registrées, & ordonne *copies* collationnées être *envoyées aux Bureaux des Finances des Généralités du ressort de la Chambre*, pour *y être lues, publiées & régistrées.* — Le 12 Mars 1726, Lettres-Patentes du 20 Novembre 1725, qui accordent aux Archevêques & Evêques délai pour faire les foi & hommages, régistrées, & copies collationnées *envoyées aux Bureaux des Finances* & Bailliages. — Le 5 Juillet 1755, Lettres-Patentes du 21 Mai dernier, qu'il sera fait emploi dans les états des bois du Roi, du produit des amendes, restitutions, confiscations appartenantes à S. M. régistrées & copies collationnées *envoyées aux Bureaux des Finances du ressort* de la Chambre, *pour y être lues & publiées.* — Le 14

la

la main; faire vendre leurs Offices & autres immeubles; faire payer leurs taxes pour exemption d'avis de Finance.— Sur les comptes, prescrire de porter leur double aux Trésoriers, pour

PREUVES.

Mai 1736, Lettres Patentes du 25 Avril, qui permettent aux Vassaux du Roi, de rendre par Procureur les foi & hommages de simples Fiefs non titrés, lorsqu'ils seront demeurans au-delà de cinq lieues, où sont établis les Chambres des Comptes, &c. & ordonne, copies collationnées desdites Lettres, être *envoyées aux Bureaux des Finances du ressort* de la Chambre, pour y être *lues, publiées & registrées.* — Le 12 Avril 1737, la Chambre ordonne que, copies collationnées des Lettres de Déclaration du 2 Avril 1737, qui accordent délais aux Comptables, pour présenter leurs comptes, &c. *envoyées aux Bureaux des Finances du ressort* de la Chambre, pour y être *lues & publiées*, *&c.* — Le 19 Janvier 1739, la Chambre ordonne que, copies collationnées des Lettres en forme d'Edit, portant que tous les Sujets du Roi de Pologne seront réputés naturels François, seront *envoyées aux Bureaux des Finances*, pour y être *lues, publiées & registrées.* — Le 3 Juin 1740, Lettres Patentes en forme d'Edit, du mois de Février audit an, portant établissement d'un Siége & Bailliage Royal en la Ville de Châteauroux; la Chambre ordonne, copies collationnées être *envoyées au Bureau des Finances* de la Généralité de Bourges, pour y être *lues, publiées & registrées.* — Le 4 Septembre 1743, sur la Requête du Procureur-Général du Roi, la Chambre a ordonné, qu'à commencer en la présente année 1743, les Officiers des Bureaux des Finances *intituleront les extraits des états du Roi*, qu'ils délivreront aux Receveurs des Tailles, en la forme portée par la présente Requête; & sera, le *présent Arrêt notifié aux Trésoriers de France*, à la diligence du Procureur-Général du Roi. — Le 14 Janvier 1744, Lettres en forme d'Edit du mois de Décembre 1743, qui augmentent de trois millions la Finance des Offices de Trésoriers-Généraux de France, Procureurs du Roi, & Greffiers des Bureaux des Finances du Royaume, & leur attribuent 150,000 liv. de gages, &c. la Chambre ordonne, copies collationnées d'icelles, être *envoyées esdits Bureaux*, pour y être *lues, publiées, &c.* — Le 15 Septembre 1744, Réglement de la Chambre, qui rappelle les anciennes Ordonnances sur la forme des aveux & dénombremens, publications, &c. *envoyé aux Trésoriers de France.* — Le 15 Octobre 1744, Lettres-Patentes du 24 Septembre audit an, portant que tous les Officiers des Bureaux des Finances, qui ont emprunté en nom collectif, en conséquence de leurs délibérations homologuées par Arrêt du Conseil, les sommes nécessaires pour l'acquisition de nouveaux gages à eux attribués par l'Edit de Dé-

rendre conformes les Etats au vrai ; quelquefois elle leur prescrit de faire afficher ses Arrêts, & de les faire publier, soit dans les Elections, soit aux Paroisses.

PREUVES.

cembre 1743, jouiront desdits gages, sur le pied fixé par les quittances de Finances, sans retranchement, &c. la Chambre ordonne, que copies collationnées d'icelles seront *envoyées aux Bureaux des Finances du ressort* de la Chambre, pour y être *lues, publiées & regiſtrées.* — Le 5 Mai 1755, Lettres en forme de Déclaration, du 24 Décembre 1744, qui permettent, à commencer du 1er Janvier 1751, à tous les Sujets du Roi de Suéde de donner par testament, ou autres dispositions quelconques, tous les biens mobiliers à eux appartenans en France, à leurs héritiers ou autres ayant titres valables, pour exercer leurs droits, demeurans sous la domination du Roi, quoique n'étant citoyens des Etats du Roi, régiſtrées & *copies collationnées envoyées, idem.* — Le 22 Octobre 1755, Lettres en forme d'Edit, du mois de Septembre 1752, portant que les Officiers des Bailliages & Sénéchaussées, jouiront des gages attribués aux Officiers de Prévôtés, & autres Siéges Royaux supprimés.... régiſtrées & *copies collationnées envoyées, idem.* — Le 23 Juin 1756, Lettres-Patentes en forme de Déclaration, du 23 Mai audit an, portant que ceux des Officiers des Maitrises, nommés dans la Déclaration du 3 Novembre 1754, qui auront payé les trois quarts des sommes de ce qu'ils ont été compris dans les rôles arrêtés au Conseil, pour la finance des quatorze deniers pour livre, du prix des bois du Roi, à eux aliénés par l'Édit de Février 1745, jouiront des trois quarts desdites portions, & ordonne que *copies* collationnées d'icelles seront *envoyées ès Bureaux des Finances du ressort* de la Chambre, pour y être *lues, publiées & regiſtrées.* — Le 6 Septembre 1756, Création d'un million huit cens mille livres de rentes, sur les deux sols pour livre du dixieme, régiſtrée, & *copies collationnées envoyées, idem.* — Le 4 Mai 1761, la Chambre *fait signifier à tous les Bureaux* des Finances un Arrêt, par lequel elle avoit ordonné que les Procureurs du Roi desdits Bureaux donneroient chaque année des *Certificats sur les droits casuels*, reçus pendant le cours de l'année, ou qu'il n'en auroit été reçu.

IXe SECTION.

(85). *Même subordination, lorsque les Trésoriers de France ont rempli différentes fonctions d'Administration.*

(86). ILS *autorisoient des levées de deniers*; mais la Chambre quelquefois arrêtoit la perception. Le 10 Octobre 1611, la Chambre défend, sur les peines de l'Ordonnance, aux Trésoriers de France & Elus, de *plus lever qu'il n'est mandé* par les Commissions du Roi. — Le 27 Mai 1615, la Chambre enjoint aux Trésoriers de France & Elus de tenir la main, à ce que la *levée ne soit faite au-delà du tems prescrit*, pour payer l'augmentation de gages du Prevôt des Maréchaux d'Anjou & ses Lieutenans. — Le 17 Mai 1616, la Chambre a ordonné qu'un Trésorier de France de Paris sera ouï sur *les Lettres d'Octrois*, obtenues par les Habitans du Pont Ste-Maixence.—Le 23 Janvier 1618, sur la Requête d'un Adjudicataire *d'Octrois*, sous les ponts de Sens, la Chambre ordonne qu'avant faire droit, le Trésorier de France à Paris qui a fait le bail, sera ouï. — Le 7 Juin 1632, la Chambre refuse l'Edit d'union des Villes de Clermont & Montferrand, privileges & exemptions de Charges & abonnemens, & fait défenses aux Trésoriers de France d'expédier leurs attaches pour la *levée des* 4000 *liv.* y mentionnée, & aux Elus d'en faire l'assiette & département, comme il est contenu en l'Arrêt. — Le 7 Février 1646, les Présidens & Elus de Paris viennent remontrer qu'un Receveur des Tailles absent ayant été remplacé par les Trésoriers de France, ce nouveau Receveur ne vouloit pas *tenir compte aux Collecteurs* de ce qui avoit été reçu par la femme de l'ancien Receveur pendant l'intervalle, quoiqu'en rapportant ses récépissés, & vouloit les faire contraindre au paiement, sans déduction du contenu esdits billets : les Elus demandent à la Chambre ce qu'ils ont à faire en cette occurrence. La Chambre arrête que deux des Trésoriers de France, & le Receveur par eux nommés, seront *mandés pour être ouïs* sur ladite remontrance. Le 12 dudit, lesdits Trésoriers de France, venus au Bureau, on leur fait entendre la remontrance desdits Elus, sur laquelle ils répondent, &c.

(87). Vigilance de la Chambre ſur *les baux par eux faits.* Le 26 Septembre 1584, ſur Lettres-Patentes, la Chambre, avant faire droit, ordonne qu'il ſera délivré Commiſſion aux Tréſoriers Généraux de France à Châlons, pour faire *proclamer que le lieu des écluſes de Sainte-Menehould eſt à bâtir & conſtruire* de fond en comble ſur la riviere d'Aiſſe, & qu'il eſt a bailler à longues années.— Le 17 Mai 1632, la Chambre *mande les Tréſoriers de France* de Paris, pour avoir, contre un de ſes Arrêts, compris dans le *bail du Domaine* de Paris les cens & rentes, & autres droits Seigneuriaux: l'un d'eux dit les cauſes qui les ont mus à ce, & qu'il en parlera à ſes Confreres: le 19, dit qu'ils ont ſuſpendu ladite adjudication, afin que *ſi la Chambre a quelque choſe à leur ordonner ſur ce ſujet, elle le puiſſe faire.* Le 21 dudit, ouï le Subſtitut du Procureur-Général au Tréſor, ſur la commodité ou incommodité, ordonne que les cens & rentes ſeront dorénavant reçus par le Receveur du Domaine, ſans qu'ils puiſſent être affermés, & ſur les autres droits Seigneuriaux, qu'il en ſera uſé par les Tréſoriers, ainſi qu'ils verront être à faire pour le mieux. Le 25 la Chambre *mande deux Tréſoriers* de France & leur fait prononcer l'Arrêt. — Le 20 Décembre 1651, lettres obtenues par un Préſident au Parlement de Paris, pour être rembourſé de 116,536 liv. de finance par lui payée pour l'*engagement* à lui fait des Domaines de. . . . vérifiées; *enjoint aux Tréſoriers* de France de Paris de faire *bail* des Domaines rentrés au profit de S. M. & qu'à cette fin le préſent Arrêt leur ſera ſignifié. — Le 14 Juillet 1662, lettres pour un Ecuyer ordinaire du Roi, du don à lui fait par S. M. du renouvellement de *baux* de Maiſons royales, à la charge qu'ils ſeront faits par les Tréſoriers.

(88). Ordres de la Chambre donnés aux Tréſoriers de France, *à l'égard des Bâtimens royaux* & publics. Loffroi cite le *Journal 2 E, fol.* 292, du 21 Janvier 1550. Sur la remontrance des Prévôt des Marchands & Echevins, Me Jean Grolier, Tréſorier de France, *mandé*, a été conclu avec lui, qu'il fera *faire viſitation des Ponts de Saint-Cloud*, Charenton & Saint-Maur, pour, vu le rappport, y être pourvu. — Au *Journal 2 K, fol.* 148, du 18 Août 1563, la Chambre ordonne des *réparations du Pont-aux-Tripes & Coupeaux*, & que par Me Jean Grolier, Trésorier de France, *pour ce mandé* & ouï, sera ordonné du paiement d'icelui. — Le 23 Décembre 1566, au *Journal 2 R*, *fol.* 214, sur remontrance du Prevôt des Marchands, que le *Pont Sainte-Maixence* étoit rompu, la Chambre ordonne être *signifié aux Trésoriers de France* d'y donner promptement provision. — Au *Journal 2 S*, *fol.* 3 *verso*, du 7 Janvier 1573, remontrance à la Chambre par les Habitans du *Pont-au-Change*, du péril imminent où ils étoient, & sur ce, un Trésorier de France à Paris *mandé*, pour l'avertir d'y pourvoir. — Le 21 Janvier 1602, sur la Requête des Habitans de Beaugé, la Chambre a *ordonné* que par le premier des Conseillers-Maîtres trouvé sur les lieux, ou en son absence par le premier Trésorier de France, nouveau toisé sera fait de la construction de l'Eglise dudit lieu, appellé Me Genelay & le Procureur-Syndic & Experts. — Le 25 Juin 1608, la Chambre *mande un Trésorier* de France, pour l'avertir du péril qui menace l'*escalier de la Sainte-Chapelle*, dit qu'il le fera visiter. — Le 29 Janvier 1670, lettres portant continuation de don des fruits & revenus du Comté de Blaye, registrées à la charge de payer les charges assignées sur icelui, & de faire faire les *réparations des châteaux*, *magasins de Blaye*, *& que les procès-verbaux* des Trésoriers de France, de l'état desdites réparations, seront faits & rapportés dans trois mois.

Xe SECTION.

(89). *Par une suite de la même subordination, la Chambre a Inspection sur la Conduite des Trésoriers de France.*

(90). DANS l'Edit de création des Trésoriers de France, en Janvier 1551, le Roi, en parlant de *leurs procès-verbaux de chevauchée*, ordonne, Art. XIII. « A la fin de l'année, icelui » Trésorier Général sera tenu envoyer, tant en notredit Conseil » Privé, qu'en notre Chambre des Comptes, son procès- » verbal de ce qu'il aura fait & exécuté en sa Charge durant » chacune année, en accomplissant la résidence, conditions, &

» choſes auxquelles il eſt aſtreint par cette notre préſente » Ordonnance, conſtitution, création & érection, *afin que* » *Nous & noſdits Gens des Comptes en puiſſent être certains*, & » acertenés &c. (*Goſſet*) ».

(91). La Déclaration du 31 Mars de la même année, adreſſée aux Gens des Comptes, leur confirme la même autorité : « Très- » expreſſément enjoignons, dit le Roi, que *vous n'ayez par ci-* » *après à paſſer ne allouer*, *ès comptes* de nos Receveurs-Gé- » néraux, ou autres nos Officiers Comptables, aucuns *gaiges*, » penſions, chevauchées & bienfaits ordonnés *à noſdits Tré-* » *ſoriers Généraux*, pour leurſdits Offices, ſinon qu'*ils réſident* » *continuellement* & actuellement aux Sieges de noſdites Re- » cettes générales, faſſent & exécutent toutes & chacunes les » choſes dont ils ſont chargés par notredit Edit, & qui leur » ſeront commiſes & adreſſées à faire exécuter au dedans du » détroit de noſdites Recettes, tant particulieres que générales, » ſelon les Commiſſions particulieres qui en ſont ou pourront » être par Nous décernées, & ſans que des choſes deſſusdites, » conſiſtant tant en réſidence qu'en exécution, ils *faſſent ap-* » *paroir à vous & à Nous*, par la confection de leurs procès- » verbaux qu'ils ſeront tenus faire par chacune année, & à » la fin d'icelle en envoyer deux, l'un à Nous ou aux Gens de » notredit Conſeil Privé, & l'autre à vous reſpectivement ». — Edit de Septembre 1552, qui leur permet, durant les mois d'Octobre, Novembre & Décembre, de commettre quelque perſonne Notable, reſſéante, de bonne vie, dont ils ſeront reſponſables, qui durant leur abſence feront procès-verbal, & en feront apparoir à noſdits Gens des Comptes, *qui autrement n'alloueront leurs gages*, chevauchées & bienfaits. — Les lettres du Roi, du 27 Mai 1554, chargent également la Chambre de cette inſpection ſur la conduite des Tréſoriers de France : « étant averti qu'au moyen de ce que les Or- » donnances par Nous & nos Prédéceſſeurs faites, tant par » Lettres & Reglemens, des Offices de Tréſoriers de France & » Généraux de nos Finances, que autres nos Officiers, ne ſont » gardées ni obſervées, ſelon qu'il eſt contenu en iceux, nos » affaires ne ſont conduites, & ne vont ainſi qu'elles doivent

» aller, dont advient grand retardement en nos deniers & » Finances, confusion à l'ordre que se y doivent garder; » pourquoi desirons à ce pourvoir & faire ensorte que nosdites » Ordonnances soient entierement gardées, & que *y teniez la » main, comme ceux que plus que nuls autres doivent avoir » l'œil & regard* à l'entretiennement & observation d'icelles, » mêmement en ce qui touche nosdites Finances, étant prin- » cipalement ordonnés pour cet effet, & que lorsqu'il est » question d'allouer les gages, chevauchées & droits desdits » Trésoriers, & autres Officiers, *devez avoir l'œil s'ils ont en- » tierement accompli les charges* auxquelles ils sont tenus exercer » leurs états & Offices ». — En Décembre 1557, Edit portant reglement pour les Finances; le Roi, après avoir prescrit aux Trésoriers de France & aux Généraux des Finances toutes les précautions qu'ils doivent prendre pour ne pas accorder des *frais de voyages* trop considérables pour porter les deniers des Recettes générales des Finances au Trésor royal, ajoute : à peine à nosdits Trésoriers Généraux & Receveurs, là où ils feront autrement, de privation de leurs états, & de 4000 liv. parisis d'amende, *laquelle peine Nous voulons être jugée par nosdits Gens des Comptes*, en procédant par eux à l'examen, arrêt & clôture des comptes de nosdits Receveurs Généraux. On voit dans l'Art. XLII les abus qui avoient occasionné cette défense; « & parce que, dit le Roi, ci-devant nosdits Trésoriers » de France & Généraux de nosdites Finances, lorsqu'ils n'étoient » que huit; à savoir, quatre Trésoriers de France & quatre » Généraux des Finances, ont eu pouvoir, de nosdits Prédé- » cesseurs & de Nous, tauxer jusqu'à 25 liv. pour menus » voyages, écritures ou autres nos affaires, & qu'aujourd'hui » sont 34, les taxations qu'ils feront, pourroient monter à » grandes & excessives sommes de deniers; joint qu'il s'est » trouvé aucuns d'entr'eux avoir tant abusé dudit pouvoir, » que là où nous n'entendions leur avoir donné pouvoir de » tauxer que pour nosdites affaires & pour notre service, ils les » ont néanmoins appliqués à leur utilité & pour leurs affaires » privées & particulieres, & à leurs serviteurs, domestiques, » les récompensant de leurs gages & salaires en tauxations de

» 25 liv., & à prendre fur nos plus clairs deniers des Recettes » générales, colorant quelquefois lefdites tauxations fous fauffes » caufes, & fuppofant les noms d'aucunes perfonnes inconnues » & qui ne nous firent oncques fervice ; à quoi voulant pour- » voir ». . . Après avoir fixé des taxations pour les Tréforiers, & d'autres pour les Généraux des Finances, le Roi ajoute : « mandons & très-expreffément enjoignons *à nofdits Gens des » Comptes qu'ils n'ayent à en paffer ni allouer* pour plus grandes » fommes, & pour caufes néceffaires, & non autrement ». — Par le même Edit de Décembre 1557, Art. XXVI, le Roi veut que dans leurs états, auxquels ils procéderont diligemment, ils faffent mention des jours, lieux, auxquels les acquits & pieces pour lefdits états leur auront été préfentés, afin que, faute defdits états, lefdits Receveurs ne prennent plus excufe de n'avoir pu compter dans le tems à eux préfix & limité par nofdites Ordonnances, comme plufieurs d'entr'eux ont par ci-devant fait, & à ce auffi que *nofdits Gens des Comptes puiffent mieux connoître de qui pourra pocéder la faute & retardation, foit du Tréforier ou Général qui avoit à faire ledit état*, ou du Comptable, *pour en faire la correction & punition*, *telle* que le cas le requerera. — Le 7 Février 1603, un Tréforier de France remontre à la Chambre qu'il avoit ci-devant été *mandé par* la Chambre pour des parties employées ès comptes des Tailles, pour la folde des Prévôts des Maréchaux, en vertu de leurs états, & que s'ils ont fait avoir ledit emploi efdits états, ça été pour faciliter le paiement defdits Prévôts des Maréchaux, parce que leur folde fe leve en aucunes Elections où il n'y a point de Prévôt ni Archers. — Le 26 Avril 1607, la Chambre raye une partie de *droits de préfence employée par les Tréforiers* de France de Soiffons, & à recouvrer fur les parties prenantes ; renvoie les comptes précédens à la correction, même ceux des autres Recettes générales. — Le 18 Février 1653, deux Tréforiers de France venus au Bureau ont dit que les *états* de la Recette générale des Finances de leur Bureau *ont été vérifiés & font délivrés* ; que ceux de... ne leur ont encore été préfentés, & que pour le refte des états des recettes des Tailles, que dans un mois, pour tout délai, ils feront arrêtés en leur Bureau.

Bureau. — Le 12 Août 1653, ouï au Bureau un Tréforier de France de Châlons, fur une de leurs Ordonnances, à l'encontre d'un Receveur des Tailles, la Chambre ordonne que dans quinzaine lefdits Tréforiers de France *envoieront les motifs de leurdite Ordonnance.* — Le 18 Septembre 1654, fur excufes de Comptables, au fujet de la préfentation de leurs comptes, deux Tréforiers de France de Paris *mandés*, ont dit qu'ils en communiqueroient avec le Confeiller-Maître, commis aux comptes; qu'il y avoit fouvent très-grande négligence de la part des Comptables. — Le 16 Février 1655, la Chambre a ordonné qu'un Tréforier de France de Paris feroit *mandé venir* (*a*) en icelle pour être ouï au fujet des deniers & papiers dont ledit Sieur s'étoit faifi lors du décès d'un Receveur des Tailles, dequoi le Greffier dudit Bureau des Finances auroit été chargé d'avertir. — Le 15 Septembre 1655, fur Requête d'un Receveur des Tailles, la Chambre ordonne qu'avant faire droit, les Tréforiers de France de Bourges *rendront raifon d'une de leurs Ordonnances.* — Le 18 Janvier 1656, fur la Requête d'un Procureur, à fin d'être déchargé de *l'amende de 50 liv. à laquelle il auroit été condamné par ordre des Tréforiers de France de Paris*, la Chambre a arrêté que lefdits *Tréforiers de France feront mandés* & avertis d'envoyer deux d'entr'eux pour être ouïs fur ladite Requête, & à l'inftant a été ordonné au Commis au plumitif de ce faire. — Le 19 dudit, deux Tréforiers de France viennent au Bureau rendre compte de leurdite Ordonnance. — Le 12 Mars 1659, fur Requête d'un Receveur des Tailles, la Chambre, avant faire droit, ordonne que, dans un mois, les Tréforiers de France *envoieront en ladite Chambre les motifs de l'Ordonnance* par eux rendue, mentionnée en ladite Requête. — Le 26 Février 1665, le Commis au plumitif a été chargé d'avertir les Tréforiers de France de Paris d'envoyer deux d'entr'eux à la Chambre, *pour rendre*

(*a*) Ces Mandés ne doivent pas être confondus avec ceux compris ci-deffus, à la VIe Section, dans laquelle il ne s'agit prefque que de les ouïr pour donner leurs avis. Ici ils font mandés pour rendre compte de leur conduite, ou de leurs Ordonnances.

raiſon des états au vrai préſentés en leur Bureau, qui ne ſont expédiés & délivrés aux Comptables. Le 27 dudit, les Tréſoriers de France viennent & *rendent raiſon du délai deſdits états.* — Le 17 Août 1666, ſur Requête du Procureur-Général, la Chambre, conformément à la Déclaration du 29 Décembre 1663, a fait *défenſes* aux Receveurs, Payeurs des gages & droits des Officiers des Bureaux des Finances, de *payer aucune choſe des gages & droits* échus & à écheoir, depuis le premier Janvier 1664, qu'en leur fourniſſant *certificat de leur réſidence* ès lieux de leur établiſſement, ſignés des Subſtituts dudit Procureur-Général eſdites Juriſdictions. Par cette même Déclaration il étoit ordonné que ces Officiers envoieroient à la Chambre les doubles de leurs certificats. — Le 17 Septembre 1666, la Chambre *accorde une diſpenſe de ſervice* à un Tréſorier de France de Soiſſons pour le reſte de l'année. — Le 4 Mai 1704, la Chambre ordonne que deux Tréſoriers de France de Paris ſeront mandés *pour rendre raiſon à la Chambre des motifs de leur procédé* à l'égard des informations de vie & mœurs de deux Comptables. — Le 5 dudit, les Tréſoriers de France viennent, prennent place, & rendent compte du ſujet pour lequel la Chambre les avoit *mandés.* — Le 29 Juillet 1706, la Chambre ordonne que le Procureur-Général de la Chambre s'informera du contenu en un réſultat, *ſi l'Avocat du Roi au Bureau des Finances* de Paris, eſt un des *Intéreſſés dans un Traité*, & en ce cas faire les diligences qu'il conviendra. — Le 4 Août 1707, la Chambre caſſe une Ordonnance des Tréſoriers de France de Paris; fait défenſes de s'en aider; ordonne que deux d'entr'eux ſeront *mandés pour rendre raiſon de leur conduite.* — La Chambre ayant toujours tenu exactement la main, pour forcer les Tréſoriers de France à réſider, elle mettoit les *ſouffrances* ſur le Receveur-Général des Finances, qui payoit les Tréſoriers ſans rapporter leurs certificats de *réſidence.* Le 21 Février 1733, elle regiſtra des Lettres-Patentes pour que les ſouffrances ne fuſſent plus miſes ſur les Receveurs-Généraux, mais ſeulement *ſur les Tréſoriers de France.*

XIe SECTION.

(92) *Même subordination des Trésoriers de France à l'égard des différentes Commissions à eux données par la Chambre.*

(93). LE 11 Juillet 1585, la Chambre regiſtre des contrats de conſtitution faits par un Tréſorier de France; mais à la charge qu'advenant l'expiration du bail & parti de Cabaret, leſdites rentes conſtituées ſur les Tailles ſeront transférées ſur les Aides de ladite Généralité de Champagne, ſuivant les premieres Lettres-Patentes dudit Seigneur, du mois de Février 1584, à laquelle fin le Général des Finances en ladite Généralité de Champagne, fera diligence d'obtenir Lettres-Patences de S. M. ſi beſoin eſt. — Le 30 Décembre 1592, la Chambre a ordonné qu'il ſera écrit aux Tréſoriers-Généraux de France à Orléans pour *tenir la main à l'exécution de la levée d'un écu ſur minot* de ſel, miſe pour le paiement des gages des Cours Souveraines. — Le 6 Août 1602, ſur Requête du Procureur-Général, la Chambre ordonne que les Tréſoriers de France *informeront* des rentes conſtituées, & en dreſſeront état à la décharge de S. M. — Le 18 Mai 1604, la Chambre ayant beſoin des *acquits d'un Receveur-Général des Finances* à Tours, ordonne que, commiſſion ſeroit envoyée aux Tréſoriers de France, pour les envoyer au Greffe. — Le 19 Septembre 1635, don au Cardinal de Sourdis, vérifié à la charge que *leſdits deniers ſeront employés en préſence des Tréſoriers* de France, & qu'il en certifiera la Chambre dans un mois. — Le 28 Novembre 1664, la Chambre, après avoir donné main-levée d'une ſaiſie ſur les effets d'un Comptable défunt, ordonne que les héritiers ſe retireront pardevers les Tréſoriers de France de Montauban, pour être par eux procédé à la *levée des ſcellés* & garniſons, appoſés en la maiſon & ſur les effets dudit défunt, &c. — Le 12 Septembre 1729, le Roi ayant donné au Prince de Condé une coupe de bois pour réparer une ferme, la Chambre, avant faire droit ſur ledit don, ordonne que Me de Lorme, Tréſorier de France de Paris, *que la Chambre a commis* à cet effet, appellés avec lui Experts & gens à ce connoiſſans, il ſera dreſſé procès-verbal de l'*état des réparations* à faire à ladite Ferme & Château, &c. & de ce à quoi monteront leſdites réparations.

XIIᵉ SECTION.

(94). *Le Service du Roi profitoit de cette ſubordination, lorſque les Tréſoriers de France envoyoient leurs Remontrances en la Chambre, faiſoient des Dénonciations, préſentoient des Mémoires ſur les Finances.*

(95). LE 31 Juillet 1570, les Tréſoriers de France font *repréſentations à la Chambre ſur le rachapt du Domaine.* — Le 21 Octobre 1588, la Chambre leur ayant dit que lorſqu'il y auroit des difficultés ſur l'*exécution des dons* par elle regiſtrés, ils *pouvoient l'en avertir*, le 19 Décembre ſuivant, diſent qu'ils ont entre leurs mains un *don de droits Seigneuriaux*, ſur lequel *la Chambre avoit été ſurpriſe*; qu'ayant trouvé le donataire parjure, ils avoient diſpoſé des deniers deſtinés à ſon don: leur a été dit qu'ils faſſent communiquer le Procureur du Roi au Tréſor, avec le Procureur-Général en la Chambre. — Le 7 Décembre 1594, ſur pareilles *repréſentations à l'égard de Lettres regiſtrées en la Chambre par ſurpriſe*, la Chambre renvoie les Tréſoriers de France à en communiquer avec le Procureur-Général. — Le 14 Janvier 1603, un d'eux enquis, &c. prie la Chambre *ouïr une remontrance qu'il avoit à faire* pour ſa Charge de Tréſorier: lui ayant été permis, a dit que les Sergens des Aides lui ont préſenté Requête à fin d'avoir taxe pour le port des commiſſions pour le bail des Fermes des Aides, la Chambre a répondu, « qu'à » l'audition du compte elle en ordonnera, & ſi beſoin eſt, le » mandera. » — Le 7 Mars 1607, l'un des Tréſoriers de France de Moulins, dit avoir charge de ſes confreres de dire, qu'il étoit allé deux Huiſſiers porteurs d'une Commiſſion de la Chambre, pour la *ſaiſie des fiefs* . . . . . . lui a été dit que *la Chambre prend en bonne part ſes Remontrances.* — Le 13 Novembre 1607, l'un de ceux de Bourges remontre que la

Chambre a donné trois *exécutoires sur le Domaine*, pour conduite de prisonniers . . . . . la Chambre lui *donne acte de sa Remontrance*, pour y avoir égard, quand il écherra. — Le 22 Août 1613, un Huissier de la Chambre a rapporté au Bureau, que suivant le commandement de la Chambre, il étoit allé au logis d'un Trésorier de France en Champagne, pour l'*avertir de fournir ses Remontrances.*

(96). La nature de leurs *Dénonciations* se voit dans les faits suivants. Le 10 Mars 1598, Lettres des Trésoriers de France de Châlons, mises ès mains du Procureur-Général, pour dénoncer à la Chambre une *fausse reprise.* — Le 24 Avril 1606, un Trésorier de France de Paris est venu au Bureau, & a remontré que la Chambre auroit regiſtré Lettres de *don de droits Seigneuriaux*, déjà payés au Receveur du Domaine. — Le 5 Février 1608, Lettres des Trésoriers de France de Soissons, pour dénoncer que *personne ne veut accepter la commission de la Recette* des Domaines de Château-Thierry. — Le 23 Janvier 1614, Lettres des Présidens & Trésoriers de France en Champagne, pour dénoncer *une levée de deniers* en leur Généralité. — Le 24 Juillet 1625, Lettres des Trésoriers de France en Champagne, portant avis à la Chambre, sur une *acquisition faite par le Roi.*

(97). *La Chambre leur demandoit des Mémoires.* Le 17 Février 1599, sur Requête du Procureur-Général, la Chambre a *ordonné* que les Trésoriers de France de Tours fourniront Mémoires *sur rentes mal créées.* — Quelquefois ils en présentoient d'eux-mêmes. — Le 4 Juillet 1648, deux Trésoriers de France de Paris ont apporté plusieurs Mémoires *sur le fait des Finances*, qui ont été mis ès mains d'un Conseiller-Maître.

Observations sur cette Proposition.

(98). Un si grand nombre de preuves de subordination devroit suffire pour établir la dépendance des Trésoriers de France à l'égard de la Chambre, dans les tems mêmes où ils ont exercé des fonctions honorables ; mais pour rendre cette importante preuve complette, il faut faire voir aux Tréſoriers de France, que la Chambre, dans ces mêmes époques, a exercé ſon autorité pour ou contre eux-mêmes dans les objets d'intérêts, & qu'elle exerce cette même autorité ſur leurs jugemens. Les Tréſoriers de France doivent être fâchés que leur Défenſeur ait parlé ſi hautement *de leur ſupériorité & de leur indépendance*, ignorant ſans doute qu'il étoit facile de les détruire par cette foule de preuves également convaincantes & nombreuſes.

IIIe PROPOSITION.

(99). *La Chambre exerce ſon autorité ſur les objets d'intérêts pour ou contre les Tréſoriers de France.*

Iere SECTION.

(100). *Sur les conteſtations mues entr'eux.*

LE 12 Novembre 1584, un Tréſorier de France de Poitiers préſente Requête à ce que *ſon Réſignant ſoi tenu de comparoître en la Chambre*, pour affirmer la finance par lui payée dudit Office, duquel le Demandeur étoit pourvu par ſa réſignation: a été ordonné que le Réſignant comparoîtra dans trois jours, à peine de cent écus. — Le 7 Octobre 1586, viſitation de productions *entre deux Tréſoriers de France*, *ſur la préſéance* par chacun d'eux prétendue reſpectivement, à cauſe de leurs Offices. Le 8 du même mois la conteſtation fut jugée par la Chambre, & l'un d'eux, maintenu en l'ordre de préſéance, attribuée par l'Edit de l'année 1577. — Le 3 Mars 1600, autre Inſtance jugée *entre deux Tréſoriers* de France de Riom. — Le 8 Août 1605, ſur Lettres-Patentes, obtenues par *deux Tréſoriers* de France de Moulins, la Chambre ordonne que les Parties comparoîtront à huitaine, & que cependant l'exercice s'en fera par les quatre autres Tréſoriers, étant de préſent en charge. Le 3 Octobre ſuivant, ils viennent à l'Audience par Avocats; la Chambre ordonne que les Parties mettront leurs Pieces ès mains d'un Conſeilller-Maître. Le 4 l'Inſtance fut jugée.—Le 23 Mai 1606, Inſtance jugée *entre deux Tréſoriers* de France d'Orléans, sur *l'ordre de leur service.* — Le 10 Décembre 1614, les Trésoriers de France de Paris reconnurent, d'une maniere très-expresse, l'autorité de la Chambre; il *demanderent a être ouis*, s'il plaisoit à la Chambre : entrés de l'Ordonnance d'icelle, ont dit que l'Evêque d'Angers avoit dit à quelques-uns de Messieurs, que les Supplians demandoient une évocation au Conseil, & ne demandoient qu'à reculer pour obtenir ladite évocation ; supplioient la Chambre de croire qu'ils n'y avoient pas pensé, ne poursuivoient aucune évocation & *attendoient justice de la Chambre.*

IIe SECTION.

(101). *Sur les Contestations mues contre eux.*

LE 5 Septembre 1600, Arrêt sur Requête *entre les Trésoriers de France de Riom & Elus* de Villefranche. — Le 17 Juillet 1604, l'Instance d'entre un *Trésorier de France & un Général des Monnoies* jugée, ordonne que ce dernier sera tenu bailler acquit de la somme mentionnée au Procès. — Le 5 Septembre 1607, exécutoire ordonné par la Chambre être délivré *contre les Trésoriers à un Receveur Général des Finances.* — Le 26 Septembre 1625, sur la Requête des Trésoriers de France des *Généralités ressortissantes* à Paris, la Chambre leur donne *surséance des poursuites du Contrôleur-Général des Restes*, contre leurs Greffiers, jusqu'à ce que la correction y mentionnée soit jugée. — Le 30 Août 1630, sur Remontrance des Conseillers-Correcteurs, ordonne que les écritures fournies par les Trésoriers de France de Paris, en l'*Instance de correction contr'eux faite*, leur seront rendues pour les réformer. — Le 29 Août 1667, sur Requête d'un Trésorier de Tours, ordonne qu'ils paieront le contenu aux *exécutoires des Huissiers*, sauf leur recours contre ceux qu'ils aviseront bon être.

IIIe Section.

Les Tréforiers de France ont recours à la Chambre pour leurs intérêts.

§. Ier.

(102). *Recours à la Chambre contre Edits qui leur portent préjudice.*

(103). Le 24 Février 1584, font venus prier la Chambre de furféoir à la délibération de *l'Edit de fuppreffion* des Officiers des Finances auxquels ils étoient compris. — Le 3 Mars 1584, les Tréforiers de France font venus en la Chambre remontrer l'intérêt qu'ils fouffrent, par le moyen de *l'Edit de fuppreffion* de leurs Offices, & fupplient la Chambre de vouloir tenir à la vérification pure & fimple par elle faite audit Edit qui porte, qu'ils ne feront dépoffédés qu'ils n'ayent été rembourfés préalablement, & que quand il plaira au Roi, ils font prêts d'obéir; mais fupplient ladite Chambre que ce ne foit avec l'autorité d'un Arrêt d'icelle, qui leur feroit beaucoup plus de préjudice que tout ce qu'ils pourroient fouffrir en l'exécution dudit Edit. — Pour *oppofition à Edits*, felon la forme ancienne; ce qu'ils firent à l'occafion de celui de rétabliffement des qualités de Préfidens en chacun des Bureaux des Généralités, fans gages, le 31 Juillet 1609, & de même les Tréforiers de France de Poitiers & de Limoges, contre l'Edit d'*établiffement d'une Généralité*, en la Ville de Montauban; ce qui donna lieu à l'Arrêt de la Chambre du 16 Avril 1635, qui leur accorda trois jours pour fournir leurs caufes & moyens d'oppofitions. — Le 20 Janvier 1616, fur Requête des Préfidens & Tréforiers, arrête que, procédant au Jugement de *l'Edit de fuppreffion* des qualités de Préfidens, les caufes d'oppofitions par eux ci-devant formées, feront vues par forme de Remontrances.

§. II.

(104). *Recours à la Chambre contre Pourvus de leurs Offices, pour empêcher leurs réceptions.*

(105). La Chambre étant le Tribunal ordinaire où fe font

les informations de vies & mœurs des Trésoriers de France, où ils font preuve de leur capacité, & dans lequel ils sont installés; c'est aussi en la Chambre que sont formées les oppositions à leurs réceptions. Quelques-unes ont été faites par des Etrangers; mais un grand nombre ont été formées & ont entraîné de fréquentes & longues contestations en la Chambre, entre les Bureaux des Finances & les Pourvus: d'autrefois ces contestations ont eu lieu entre les Pourvus eux-mêmes, pour décider du rang de leur réception & de leur préséance, lorsqu'ils étoient reçus concurremment dans des Offices nouvellement crées.

(106). On n'entrera pas dans la discussion des *oppositions formées en la Chambre par des Etrangers*, contre la réception des nouveaux pourvus d'Offices de Trésoriers de France; on en trouve des exemples sous les dates des 14 Octobre 1587, 19 Mars 1605, 23 Janvier 1609, 26 Octobre 1613, 12 Juillet 1630, 7 Mai 1631, 21 Avril & 16 Octobre 1632, premier Août & 3 Septembre 1659, 6 Mai 1662, 8 Mars 1689, 20 Février 1691. Quand ces oppositions étoient pour causes étrangeres à la Comptabilité, la Chambre renvoyoit devant les Juges ordinaires.

(107). *Leurs rangs étoient toujours décidés par la Chambre*, lorsqu'il y avoit quelques contestations sur l'antériorité de leurs réceptions, ainsi qu'il paroît par les extraits des Arrêts suivans. Il est bon de voir quels étoient les motifs sur lesquels la Chambre se décidoit. Le 15 Mai 1582, sur le différend qui s'est mu en la Chambre, pour la réception des quatre Trésoriers Généraux de France ci-devant nommés, touchant leur préséance, l'affaire mise en délibération, a été ordonné que Me François Bigot Naguerres, Secrétaire du Roi, comme ayant été par ci-devant en Office & qualité plus digne qu'aucun des autres, prêtera le premier, serment dudit Office de Trésorier Général; Me Macé Picot, pourvu par ancienne création & dès long-tems auparavant Trésorier des réparations, le deuxieme; Me Tenon, aussi auparavant Elu à Nevers, mais pourvu par nouvelle création, le troisieme; Me Picart n'ayant par ci-devant exercé aucun Office, le quatrieme; suivant lequel

Arrêt ils ont fait & prêté au Bureau ſerment deſdits Offices de Tréſoriers Généraux de France, ſelon l'ordre ci-deſſus. — Le 23 Août 1586, *idem*, l'un à *Tours* & l'autre à *Paris*, arrête que celui du Bureau des Finances de Paris ſera appellé le premier pour être interrogé, & s'il eſt trouvé capable, reçu le premier au ſerment, attendu qu'il eſt pourvu d'un Office d'ancienne création, & l'autre d'une nouvelle. — Le 2 Janvier 1558, la Chambre refuſe d'entrer en l'enregiſtrement des Lettres d'un pourvu en l'Office de Tréſorier Général de France, attendu qu'il eſt encore Comptable, & qu'il y a des Fermes tenues en ſon nom, qui ne ſont pas encore expirées. Ledit jour la Chambre donne acte à un Tréſorier de France de la préſentation de Lettres Patentes, portant que les réceptions des Tréſoriers Généraux de France au Bureau de *Moulins*, ne pourroient préjudicier à ſa préſéance. — Le 18 Mai 1596, préſentation de Lettres Patentes obtenues par deux Tréſoriers de France de *Soiſſons*, pour faire réſerver leur préſéance. Le 29 deſdits, la Chambre les déboute de l'entérinement deſdites Lettres, & ordonne qu'il ſera paſſé outre à la réception des autres Tréſoriers de France de ladite Généralité. — Le 31 dudit, la Chambre regle l'ordre des ſermens & préſéance de pluſieurs Tréſoriers de France à *Soiſſons*, nouvellement créés & concurrens en proviſions, &c. — Le 25 Mai 1598, la Chambre, ſur Requête de pluſieurs Tréſoriers de France, a ordonné qu'ils auront acte de l'ordre dans lequel ils ont été reçus. — Le 7 Avril 1604, la Chambre fixe le rang de réception & de préſéance de deux Tréſoriers de France à *Bourges*. — Le 7 Février 1612, ſur la Requête d'un Tréſorier de France à *Moulins*, à fin d'être reçu oppoſant à la réception d'un pourvu en l'Office de Tréſorier de France audit Monlins, pour la préſéance, la Chambre a ordonné ladite Requête être communiquée audit pourvu. — Le 3 Juin 1631, la Chambre fixe le rang de réception & de préſéance de deux Tréſoriers de France d'*Orléans*. — Le 5 Août 1631, Gilbert de Chamfeu, reçu au ſerment de l'Office de Conſeiller, Tréſorier de France à *Moulins*, l'un des quatre nouvellement créés, ſans que ladite preſtation de ſerment lui puiſſe préjudicier à ſon ordre & préſéance. (Il avoit déja été reçu au Grand Conseil dans le tems des troubles). — Le 2 Septembre 1632, *idem*, pour un Trésorier de France à *Bourges*. — Le 29 Décembre 1642, *idem*, pour un Trésorier de France à *Amiens*. — Le 10 Mars 1659, la Chambre juge la contestation d'entre deux Trésoriers de France de *Soissons*, pour préseance de leurs réceptions. — Le 25 Mai 1662, *idem*, sur les Lettres de deux Trésoriers de France à *Orléans*, a arrêté qu'il sera commencé par celui qui étoit le premier en présentation. — Le 26 Juin 1668, sur contestations pour l'antériorité de deux pourvus, l'un à *Moulins* & l'autre à *Orléans*, la Chambre a ordonné que Duret, comme fils de Maître, sera appellé le premier. — Le 15 Juin 1695, la Chambre regle le rang de réception entre deux Avocats du Roi du même Bureau de *Soissons*.

(108) *Les contestations sur les réceptions* mêmes, de ces

P R E U V E S.

Le 8 Juillet 1583, Cursol, pourvu d'Office de Trésorier général de France en *Guyenne*, reçu au serment dudit Office suivant l'Arrêt du Conseil, malgré les remontrances de malversations, de ruptures de coffres de la Recette générale dudit lieu, à lui imputées, mais sans que le Dénonciateur voulût se rendre Partie, ni faire la preuve. — Le 28 Juin 1596, la Chambre ordonne qu'avant faire droit sur les Lettres obtenues par un Trésorier de France à *Orléans*, elles seront communiquées aux autres Trésoriers généraux dudit Bureau, pour, eux ouïs, ordonner ce que de raison. — Le 16 Décembre 1598, la Chambre ordonne qu'un pourvu de l'Office de Trésorier de France à *Orléans* aura communication de l'opposition des Trésoriers de France. — Le 22 dudit, un premier Valet-de-chambre du Roi apporte Lettres du Roi qui mande à la Chambre qu'il veut & entend qu'elle procede à la réception dudit pourvu, sans égard à l'opposition desdits Trésoriers de France d'*Orléans*. — Le 7 Mars 1607, la Chambre sur Requête des Trésoriers de France à *Moulins*, a ordonné que sous trois jours ils bailleront leurs causes d'opposition à la réception d'un pourvu d'un de leurs Offices. — Le 10 dudit, a ordonné sur Requête dudit pourvu, que les Trésoriers de France qui ont signé la Requête d'opposition, fourniront leurs causes dans demain; faute de ce faire, sera fait droit. — Le 16 dudit, deux Trésoriers audit Moulins ouïs sur ce, la Chambre leur a ordonné voir lesdites Remontrances & conferer avec tous leurs Confreres qui sont par deça. — Le 19 dudit, un desdits Trésoriers de France venu & ayant pris séance, a remontré que, suivant l'ordre de la Chambre, ils s'étoient assemblés jusqu'au

Officiers, ont été beaucoup plus fréquentes de *la part des Bureaux des Finances*; quelquefois elles étoient formées par Députés au nom de tous les Tréſoriers de France des Généralités du reſſort de la Chambre; plus ſouvent par les Tréſoriers de France du Bureau dans lequel l'Officier devoit exercer les fonc-

PREUVES.

nombre de cinq, qui ſont en ladite ville, du nombre deſquels ſont les deux qui avoient ſigné leſdites Remontrances baillées en ladite Chambre, & y avoient délibéré & reconnu qu'il n'y avoit lieu de s'oppoſer à la réception dudit pourvu, & en ſigneroit telle déclaration que la Chambre jugeroit. — Le 5 Avril, la Chambre a ordonné que ſans s'arrêter à l'oppoſition commuée en remontrances, il ſera paſſé outre à la réception dudit pourvu. — Le 3 Décembre 1610, la Chambre a reçu un Tréſorier de France à Lyon, oppoſant à la réception de Chapiſſon, pour la qualité de Préſident. — Le 7 dudit, la Chambre ſur Requête des Tréſoriers Généraux de France, leur a donné acte de leur oppoſition a la réception dudit pourvu. — Le 17 dudit, la Chambre ſur *Requête des Tréſoriers de France des Généralités de ce Royaume*, a ordonné leurs productions être miſes ès mains du Rapporteur des Lettres de proviſions dudit Chapiſſon; & ſur la Requête dudit Chapiſſon, que les productions des Parties lui ſeront communiquées pour bailler contredits. — Le 18 dudit, la Chambre donne acte à deux des Tréſoriers de France *à Paris*, de ce qu'ils n'ont préſenté aucune Requête, ni formé oppoſition ſous leurs noms, à la réception dudit Chapiſſon; ordonne que leur Requête ſera miſe au ſac, pour, en jugeant, y avoir tel égard que de raiſon. — Le 10 Janvier 1611, Mallier reçu en l'Office & Charge de Préſident au Bureau des Tréſoriers de France à *Orléans*, ſans préjudice à l'Inſtance pendante en la Chambre, entre Chapiſſon pourvu en ladite qualité de Préſident au Bureau des Finances de Lyon, & les Tréſoriers de France de ce Royaume, auxquels elle a donné acte de leurs Remontrances, &c. — Le 15 dudit, la Chambre procédant au Jugement de ladite Inſtance, a ordonné que les Requêtes reſpectivement préſentées de part & d'autre, ſeront miſes au ſac pour, en jugeant, y avoir égard. — Le 18 dudit, ladite Inſtance jugée ſans avoir égard à ladite oppoſition, ledit Chapiſſon ſera reçu au ſerment de ladite Charge de Préſident & Office de Tréſorier de France, s'il eſt jugé ſuffiſant & capable, ſans dépens. — Le 7 Août 1615, la Chambre après avoir ouï le Procureur du Suppliant, a débouté les Tréſoriers de France *d'Orléans, Tours & autres Bureaux*, de l'entérinement de leurs Requêtes, &c. — Le 11 Juin 1616, un Tréſorier de France de Lyon dit que l'on mépriſoit leurs Charges, & qu'il étoit député pour

tions. Ces contestations ont toutes les formes judiciaires. Actes de leurs oppositions ; communications ordonnées respectivement ; délais de fournir causes d'oppositions ; productions respectives ; Requêtes mises au sac, pour, en jugeant, y avoir tel égard que de raison ; défaut pour le profit duquel viendront à

PREUVES.

s'opposer aux Lettres de provisions de deux pourvus, attendu qu'ils étoient Marchands, comme il appert par l'extrait de leur association avec sept autres Marchands, &c. Le 21 dudit, sur la Requête de Particelle, l'un d'eux, la Chambre a forcé les Trésoriers de France dudit Lyon, de fournir leurs causes d'oppositions, & ordonné que ladite Requête & le Procès-verbal des Commissaires y mentionné, sera communiqué au Procureur-Général, pour requérir Commissaire pour procéder à l'information des vie & mœurs dudit pourvu. — Le 12 Septembre 1616, sur Requête dudit Particelle, pourvu de l'Office de Trésorier de France à Lyon, a ordonné qu'il se pourvoyera par voies de droit sur l'opposition formée à sa réception, par Galliat, & sur son inscription de faux contre lui. — Le 13 Octobre, la Chambre, sur Requête dudit Trésorier de Lyon, ordonne que dans quinzaine ledit Galliat sera tenu représenter le prétendu désistement, *aliàs* sera contraint par corps. — Le 21 Novembre, sur Requête dudit Galliat, la Chambre a ordonné que, dans huitaine pour tout délai, lesdits Trésoriers de France de Lyon fourniront leurs causes d'opposition ; *aliàs* sera fait droit. — Le 12 Décembre, la Chambre sur Requête desdits Trésoriers, ordonne que ledit Galliat se présentera au premier jour pour répondre sur le contenu en ladite Requête, & jusqu'à ce, toute Audience lui sera déniée. — Le 19 dudit, sur Requête dudit Particelle, la Chambre lui a permis faire son inscription de faux. — Le 23 dudit, sur celle de Galliat, a ordonné que l'acte d'affirmation sera reçu au Greffe, & délivré au Suppliant. — Le 11 Février 1617, sur pareille Requête, a ordonné que dans trois jours il fournira ses moyens de faux. — Le 21 dudit, sur les moyens de faux présentés par Particelle, contre ledit Galliat, Paris Procureur dit qu'ils sont signés de sa Partie. — Le 25 dudit, la Chambre sur la Requête dudit Particelle, ordonne que, dans trois jours pour tout délai, il vérifiera les faits & menaces. — Le 6 Avril, ledit Galliat mandé au Bureau a été ouï sur l'Arrêt du 5 de ce mois ; la Chambre a ordonné acte être délivré au Procureur-Général de ses affirmations & déclarations, &c. — Le 11 dudit, la Chambre lui a donné acte de ce qu'il n'entend fournir de replique contre les défenses des Trésoriers de France à Lyon, & employer ce qu'il a écrit & produit. — Le 4 Juillet, sur Requête desdits Trésoriers

l'Audience; délais pour fournir Repliques, ou déclarations qu'ils n'entendent en fournir; déclarés forclos de fournir cauſes d'oppoſitions; oppoſitions commuées en Remontrances; que le pourvu étoit Marchand; qu'on mépriſoit leurs Charges; qu'il eſt Comptable dans la même Généralité; Partie intervenante;

PREUVES.

de France à Lyon, pour avoir acte de leur déclaration, pour s'oppoſer à la réception de ceux qui avoient été Marchands, la Chambre a ordonné qu'en jugeant l'Inſtance, ſera fait droit. — Le 7 dudit, ſur Requête deſdits, pour déſaveu de la déclaration que leur Procureur a faite lors de l'Arrêt du 21 Juillet 1616, la Chambre a ordonné qu'en jugeant ſera fait droit; ledit jour la Chambre met néant ſur deux autres Requêtes deſdits Tréſoriers. Il y a encore beaucoup de procédures ſur ce même objet; enfin, la Chambre, le 7 Juillet 1618, mit les Parties hors de Cour & de Procès, & les deux pourvus furent reçus eſdits offices. — Le 23 Mai 1629, la Chambre, ſur Requête de deux Tréſoriers de France *à Bourges*, a ordonné qu'ils feront appeller en icelle les Tréſoriers Généraux de leur Généralité, qu'ils prétendent avoir traité des quatre nouveaux Offices de Tréſoriers de France, pour être ordonné ce que de raiſon, & ſera paſſé outre au Jugement des Cauſes d'oppoſition par eux fournies à la réception de Me l'Avocat, pourvu de l'un deſdits Offices de Tréſorier Général de France, de nouvelle création. — Le 12 Juillet 1630, a été commencé à voir & juger l'Inſtance d'oppoſition formée par Sarreau, Garde des Sceaux au Préſidial d'Agen, à la réception de Burg, en l'Office de Tréſorier de France *à Bordeaux*; le rapport a été continué les 15, 16 & 17, auquel jour a été ouï ledit Sarreau au Bureau, ſur ce que M. le Rapporteur a remontré qu'il le deſiroit & dit tout ce qu'il a voulu ſur le dernier chef dudit Procès. — Le 18 Mars 1631, un pourvu de l'Office d'Avocat du Roi au Bureau des Finances de *Limoges*, reçu ſans avoir égard à l'oppoſition des Tréſoriers de France. — Le 8 Mai 1631, Inſtance entre un pourvu de l'Office de Tréſorier de France à *Limoges*, oppoſition jugée, & leſdits oppoſans déboutés de leurs oppoſitions, ordonne qu'il ſera procédé à la réception dudit pourvu. — Le premier Octobre 1631, la Chambre, ſur Requête des Tréſoriers de France à Limoges, les a forclos de fournir leurs cauſes d'oppoſition à la réception de deux pourvus d'Offices de Tréſoriers de France en ladite Généralité. — Le 23 Juin 1633, ſur Requête des Préſidens & Tréſoriers de France de *Paris*, contre un pourvu d'un Office de Tréſorier de France audit lieu, la Chambre a permis d'informer, juſqu'au 12 Septembre 1633; différentes procédures à ce ſujet; lequel jour la Chambre ordonne qu'il ſera paſſé outre à ladite

délais de fournir moyens d'intervention; inscriptions de faux; désistemens; procédures considérables qui tenoient plusieurs jours de rapports; jussions contre les opposans: souvent la Chambre prononcoit sans s'arrêter à l'opposition; déboutoit les Trésoriers; les condamnoit aux dépens; ou mettoit hors de

PREUVES.

réception. — Le 26 Janvier 1636, sur Requête des Présidens & Trésoriers de France à *Moulins*, reçus Parties intervenantes à l'Instance pendante en la Chambre, contre un pourvu de l'Office de Président & Intendant des Finances, demandeur en réception, & les Présidens & Trésoriers dudit Bureau, opposans à icelle, est ordonné qu'ils fourniront leurs causes & moyens d'intervention dans le tems de l'Ordonnance. — Le 16 Juin 1637, la Chambre faisant droit sur l'opposition des Trésoriers de France de Moulins, sur les Lettres de provisions de Paslierne, en l'Office de Président & Intendant des Finances audit Moulins, a ordonné qu'il sera passé outre à sa réception. — Le 6 Mars 1638, la Chambre, sur Requête de Mouci, Procureur du Roi au Bureau des Finances de Paris, pourvu d'Office de Procureur & Avocat du Roi audit Bureau, & le Procureur du Roi au Bureau des Finances d'*Orléans*, opposans, lui a donné défaut pour le profit duquel ils viendront mardi prochain, neuf heures du matin, à l'Audience; différentes procédures, jusqu'au 16 Avril 1638. — Le 19 Janvier 1644, pourvu d'un Office de Trésorier de France à *Riom*, reçu audit Office, en vertu de Lettres de dispense d'âge, & sans s'arrêter à l'opposition des Trésoriers de France dudit lieu. — Le 15 Juillet 1651, pourvu d'un Office de Trésorier de France à *Montpellier*, & Intendant des Gabelles en Languedoc, est reçu, sans s'arrêter à l'opposition des Trésoriers de France de ladite Généralité. — Le 22 Décembre 1651, Instance entre quatre pourvus d'Offices de Trésoriers de France au Bureau des Finances de *Montauban*, demandeurs en Requête à fin d'être reçus & installés esdites Charges, & les Présidens & Trésoriers Généraux de France audit lieu, défendeurs & opposans, jugée ainsi qu'il est contenu en l'Arrêt. — Le 14 Mars 1653, sur Requête d'un Trésorier de France en *Auvergne* à fin d'être installé audit Office au Bureau des Finances d'Auvergne, la Chambre, avant faire droit, a ordonné que les Trésoriers Généraux de France dudit Bureau envoyeront en icelle les motifs de leurs Ordonnances du 3 du présent mois. — Le 2 Avril 1653, la Chambre, sur Requête des Trésoriers de France de *Champagne*, opposans à la réception de le Moine pourvu d'un Office de Trésorier de France audit lieu, leur a donné acte de leur opposition. — Le 9 Décembre 1653, la Chambre vaque

Cour ; ou prononçoit ſans préjudice de l'Inſtance pendante, &c. Voilà un extrait d'Arrêts peu favorables à l'indépendance & ſupériorité des Tréſoriers de France : Il eſt bon de jetter les yeux ſur les preuves.

PREUVES.

au jugement de l'Inſtance dudit le Moine. — Le 16 Avril 1654, *idem*, & reçoit les productions nouvelles deſdits Tréſoriers de France, pour être contredites dans trois jours. — Le 17 Mai 1673, entre les Tréſoriers de France de *Châlons*, demandeurs & oppoſans d'une part, & un pourvu d'un de leurs Offices, pourſuivant ſa réception, défendeur en ladite oppoſition, d'autre part, Parties ouïes à l'audience, &c. La Chambre, ſans avoir égard à l'oppoſition des Tréſoriers de France, dont elle les a déboutés, a ordonné qu'il ſera paſſé outre à la réception dudit pourvu, en la maniere accoutumée, & a condamné leſdits oppoſans aux dépens. —Le 20 Février 1691, *idem*, pour un pourvu d'Office de Préſident Tréſorier de France à Bourges. — Le 29 Juillet 1726, mandés, diſent qu'il n'y a lieu de recevoir Tréſorier de France, un pourvu dont le Pere étoit Comptable en la même Généralité.

§ III.

(109). *Les Tréſoriers de France ſe ſont pourvus à la Chambre pour des Inſcriptions de faux.*

(110). LE 28 Avril 1615, ſur Requête des Tréſoriers de France, à fin d'être reçus à s'inſcrire en faux contre une information, la Chambre leur a permis, ſi bon leur ſemble. — Le 8 Mai 1615, ils préſenterent leurs moyens de faux ; cette affaire, après beaucoup de procédures, ne fut terminée que par Arrêt de la Chambre du 26 Août de la même année. — Le 22 Janvier 1616, ſur Requête des Préſidens de tous les Bureaux des Finances, à fin de s'inſcrire en faux contre les cauſes d'oppoſitions prétendues par eux formées, attachées ſous le contre-ſcel de la juſſion, & être ouïs en leurs offres y contenues, la Chambre les a déboutés de l'entérinement de ladite Requête.

§. IV.

§. IV.

(111). *Les Trésoriers de France se pourvoyent en la Chambre ; pour être maintenus dans le droit de vérifier les états des Comptables.*

(112). Le 19 Décembre 1597, un Trésorier de France de *Bourges*, venu au Bureau, a dit avoir entendu que Me Simon Maluet, Receveur des Tailles de la Chastres, avoit présenté son dernier compte sans avoir état d'eux, & pour ce qu'il étoit fort mauvais Comptable, comme il apparoissoit à la Chambre, en ce qu'il présentoit des quatre ou cinq années à la fois, supplioit la Chambre de ne procéder à l'audition du dernier compte, sans qu'au préalable ledit Maluet n'eût fait vérifier son état. — Et à l'instant a été fait rapport de la Requête présentée par ledit Maluet, à ce qu'il plût à la Chambre faire défenses à tous Huissiers ou Sergens de le contraindre en vertu des contraintes des Trésoriers Généraux dudit Bourges, jusqu'à ce que les comptes qu'il avoit présentés fussent examinés ; sur quoi la Chambre a ordonné que ledit Maluet sera ouï avec ledit Trésorier de France. — Le 21 Janvier 1598, la Chambre, en interprétant un Arrêt précédent, ordonne sur la Remontrance des Trésoriers de France de *Soissons*, que les Officiers du Présidial seront payés de leurs gages, en prenant attache desdits Trésoriers. — Le 7 Mars 1607, un Trésorier de France de *Moulins*, venu au Bureau, dit que ci-devant ses confreres avoient écrit à la Chambre, pour la supplier de surséoir la clôture d'un compte sur lequel ils n'avoient donné leur état au vrai ; qu'il avoit *charge de Messieurs ses Confreres de réitérer ladite supplication à la Chambre, & les conserver en la fonction de leurs Charges.* — Le 27 Février 1609, les Trésoriers de France à *Moulins* supplient la Chambre de vouloir surséoir l'audition du compte du Receveur Général des bois en Champagne, jusqu'à ce qu'il ait vérifié l'état de parties dont ils lui avoient donné état de recouvrement. — Le 27 Février 1653, sur Requête des Présidens & Trésoriers de France d'*Amiens*, la

Chambre ordonne que le Receveur de la Généralité présentera en personne au Bureau, dans huitaine, l'état au vrai de l'année 1649; autrement contraint à 500 liv. d'amende, comme pour deniers royaux. — Le 27 Février 1665, les Trésoriers de France de Paris mandés pour rendre compte des délais des états au vrai, après avoir satisfait, disent qu'ils étoient chargés par leurs confreres de demander à la Chambre qu'elle ne passât point dans les comptes les parties de Porteurs de quittances & augmentations de gages des Officiers, sans attaches sur leurs quittances de Finances, & les gages des Officiers, sans attaches sur leurs provisions; sur quoi leur a été dit que la Chambre leur conservera la justice, lorsqu'elle connoîtra qu'elle leur sera due sur ce sujet.

§. V.

(113). *Souvent les Trésoriers se sont pourvus en la Chambre pour le paiement de leurs Gages, Taxations, & autres Droits.*

(114). Le 6 Juillet 1593, sur *Lettres Patentes obtenues par un Pourvu* de l'Office de Trésorier de France en Champagne, portant validation des Ordonnances par lui faites en ladite Charge, & pour les gages par lui perçus, à cause dudit Office; a été ordonné qu'il aura moitié desdits gages, & pour le regard desdites Ordonnances, à la reddition des comptes où elles seront employées, sera fait droit. — Le 3 Mars 1603, M.es Lefevre & Donon, Trésoriers-Généraux de France, *sont venus à la Chambre pour la supplier de rétablir* les parties de frais, voyages & taxations, rayées au compte de M.e Germain, Receveur-Général, pour ce qu'il ne seroit raisonnable qu'ils fissent le service du Roi à leur dépens. — Le 6 Février 1634, les Trésoriers de France de Tours présenterent *Requête à fin d'avoir taxe* & emploi au compte des Ponts, & leurs vacations y spécifiées, & a été mis néant sur leur Requête. — Le 22 dudit, sur la Requête des Trésoriers de France de Bourges, la Chambre a ordonné qu'en rapportant par les Supplians chacun un extrait des procès-verbaux de chevauchées, autant qu'il y a d'Elections en ladite Généralité, & continuant d'an en an, chacun à son tour, *leurs gages seront payés* au compte de la Recette générale, sans aucune charge, pour raison desdites chevauchées. — Le 19 Décembre 1670, sur *Requête des Trésoriers* de France de Soissons, la Chambre leur a fait *main-levée de la saisie* du Procureur-Général sur leurs gages. — Le 20 Août 1677, sur *Requête du Procureur du Roi au Bureau des Finances de Poitiers*, la Chambre lui a donné *main-levée de la saisie.* — Le 4 Avril 1678, sur *Requête des Trésoriers* de France de Riom, la Chambre ordonne que ses Arrêts seront exécutés dans le premier Juin prochain, à peine de radiation de leurs gages, & jusqu'à ce qu'ils y aient satisfait, que la *saisie tiendra* sur leurs gages de la présente année, & suivantes, leur faisant main-levée des années précédentes. — Le 15 Avril 1682, sur *Requête de ceux de Bourges*, la Chambre a *déchargé des demandes* & poursuites du Contrôleur-Général des Restes, & frais d'Huissiers, contre ceux reçus en leurs Charges depuis 1648, & ordonne que les *exécutoires obtenus* par les Huissiers, contre six desdits Trésoriers, seront exécutés. — Le 9 Juin 1727, sur *Requête des Présidens*, *Trésoriers* de France de Montauban, la Chambre a déchargé les Supplians de rapporter, pour la passation de leurs gages de quatre années, leurs *Procès-verbaux de chevauchées* desdites années, sans tirer à conséquence.

§. VI.

(115). *Les Trésoriers de France ont eu recours à la Chambre contre l'emprisonnement de leurs personnes.*

(116). Le 11 Octobre 1597, sur Requête de Me Thometin, Trésorier de France de Champagne, la Chambre a ordonné qu'il sera élargi de l'Arrêt fait de sa personne, à la requête de Me Gatien, pour la somme de 440 écus, à la caution de Me Pigalle. — Le 10 Septembre 1666, sur la requête de Me de la Lande, Doyen des Trésoriers de France à Poitiers, la Chambre a ordonné que l'écrou fait de la personnne du Suppliant, sera rayé & biffé, comme injurieux & tortionnaire, du regiſtre de la Géole de Saint-Martin-des-Champs ; & pour avoir par l'Huiſſier Fontaine entrepris de faire empriſonner le Suppliant ſans ordre exprès de la Chambre, l'a condamné en 25 liv. d'amende envers l'Hôtel-Dieu de Paris.

§. VII.

(117). *Les Tréſoriers de France ſe ſont pourvus en la Chambre contre injures à eux dites.*

(118). LE 3 Février 1586, Requête par un Tréſorier de France, pour avoir réparation des injures à lui dites par le Receveur - Général des Finances de la Charge.... — Les 4 dudit, ſur autre Requête, commiſſion délivrée, pour faire appeller celui qui a dit les injures.

IVe SECTION.

(119). *Les Tréſoriers de France demandent à la Chambre, & la Chambre leur accorde protection.*

(120). LA Chambre a toujours eu la plus grande attention de faire porter devant eux toutes les matieres de leur compétence, ſoit à l'égard de la féodalité, ou des droits qui leur appartiennent pour les enregiſtremens, ou en matiere de leur adminiſtration, ou pour la Comptabilité.

(121). Quand les terres des Vaſſaux étoient trop peu conſidérables pour faire les frais, de venir en la Chambre rendre leur *foi & hommage*, la Chambre leur permettoit de les rendre devant les Tréſoriers de France des Provinces. — Le 2 Mai 1665, ſur Requête d'un Seigneur de fiefs, la Chambre, ayant égard à la modicité du revenu dudit fief, a permis au Suppliant d'en faire les foi & hommage pardevant les Tréſoriers de France, à la charge de fournir en la Chambre ſon aveu & dénombrement. — Le 12 Juin 1665, ſur la Requête d'un Vaſſal, attendu la modicité du revenu de ſon fief, la Chambre lui permet de faire la foi devant les Tréſoriers de France. — Les 6 Juillet, 3 & 11 Août 1665, pareils Arrêts, &c. — Le 19

Novembre 1665, la Chambre, sans s'arrêter à la foi faite devant un Bailli, renvoie devant les Trésoriers de France, attendu la modicité du fief. — Le 19 Avril 1666, la Chambre permet à un Vassal de faire la foi d'un fief devant les Trésoriers de France, & lui donne main-levée de la saisie, à la requête du Procureur-Général.

(122). En matiere de leur administration, notamment pour donner des *assignations de paiemens* sur les revenus du Roi : le 6 Mai 1585, sur Lettres Patentes obtenues par le Géolier & Garde des Prisons du Petit Châtelet, pour être payé de quelques sommes, a été ordonné qu'il se retirera pardevers lesdits Trésoriers de France, pour lui être pourvu d'assignation & mandement, tant sur le Receveur ordinaire de Paris, qu'autres Receveurs de leur Généralité qui mieux le pourront supporter. — Le 22 Janvier 1596, sur Requête, la Chambre renvoie devant les Trésoriers, à fin d'avoir assignation, suivant l'Arrêt de la Chambre du 5 Juillet dernier. — Le 15 Septembre 1600, deux Trésoriers de France de Paris supplient la Chambre les conserver, en ce qui est de leur Charge, pour le paiement des gages qui doit être poursuivi devant eux. — Le 16 Mai 1603, sur Requête d'un Receveur des Tailles de Coulommiers, pour être payé de ses gages, la Chambre l'a renvoyé devant les Trésoriers de France pour y faire droit. — *Pour liquidation de droits Seigneuriaux* : le 17 Mai 1616, ordonne que les Trésoriers de France appellés *les Procureurs & Receveurs du Domaine de Bordeaux*, feront la liquidation des droits Seigneuriaux y mentionnés. — *Pour levées de taxes* : le 24 Janvier 1596, sur Requête à fin d'ordonner que N. sera tenu de recevoir les départemens des Elus & commissions du Roi pour la levée d'une taxe destinée à un remboursement, la Chambre a renvoyé les Parties devant les Trésoriers de France de Limoges pour les regler, ainsi que de raison. — *Pour faire taxe à des Elus* : le 31 Décembre 1598, sur la Requête des Elus & Greffiers de Peronne, la Chambre a renvoyé les Supplians pardevant les Trésoriers de France pour leur être fait taxe. — *Pour bâtimens de la Sainte-Chapelle* : le 7 Août 1630, sur la *Réquête d'un Marchand*, qui avoit beaucoup perdu par la chute du clocher & incendie de la Sainte-Chapelle, la Chambre le renvoie pardevant les Tréſoriers de France pour y pourvoir. — Le 27 dudit, *ſur Requête de Marchands*, la Chambre les renvoie pardevant les Tréſoriers de France. — Le 14 Décembre 1639, la Chambre *commet un Conſeiller-Maître, conjointement avec les Tréſoriers de France*, pour faire viſite des boutiques qui regnent le long du Palais.

(123). *Pour la Comptabilité*, à l'égard d'une décharge de cautions, le 23 Décembre 1600, ſur Requête, pour être *déchargé de cautions*, la Chambre les renvoie pardevant les Tréſoriers de France. — Le 12 Octobre 1605, ſur Requête du Juge de la Monnoie de Lyon, pour être déchargé de caution, même renvoi. — Le droit de décharger les cautions ne peut toutefois être exercé par eux ſans Arrêt de la Chambre; ainſi le dit de Beaune, *Tom.* II, *pag.* 109. — Le 19 Mars 1652, ordonne que le Suppliant ſe retirera devers les Tréſoriers de France de Bourges, pour être *déchargé de la Commiſſion* de la Recette des Reſtes de la Recette générale des Finances dudit lieu. — Combien de fois, ſans en être requiſe, la Chambre n'a-t-elle pas maintenu leur droit de faire compter, par *état au vrai*; notamment le 23 Mars 1585, ſur Lettres Patentes qui exemptoient la Ville de Bayonne de compter devant les Tréſoriers, ordonne que les Impétrans compteront en la maniere accoutumée, & néanmoins informeront les Tréſoriers-Généraux de la Charge des Lettres en vertu deſquelles les Octrois & Impoſitions ſont levés en ladite Ville, pour être vérifiés par leſdits Tréſoriers-Généraux; cependant les défenſes d'iceux tiendront. — Le 5 Octobre 1601, la Chambre ordonne que le ſieur Rouillard ſera tenu de préſenter l'état de ſa recette & dépenſe pardevant les Tréſoriers de France. — Le 3 Mars 1604, ſur Requête, la Chambre ordonne que le Suppliant ſe retirera devant eux pour vérifier ſon état. — Le 28 Décembre 1621, ordonne qu'un Receveur-Général des Finances ſe retirera pardevant eux pour vérifier l'état des Reſtes; leur enjoint le vérifier dans ſix ſemaines. — Le 28 Février 1653, la Chambre ordonne que les acquits de la recette de Saumur ſeront renvoyés aux Tréſoriers de France pour vérifier états. — Le 5 Mai 1660, défenses à plusieurs Receveurs de la Généralité de Bordeaux de s'immiscer en l'exercice de leurs Charges, qu'au préalable ils n'aient vérifié états au Bureau des Trésoriers de France. — Pour *maintenir des Comptables dans leurs Offices* : le 6 Mars 1653, sur Requête du Receveur des Tailles de Nevers, pour être maintenu dans son Office, la Chambre le renvoie pardevant les Trésoriers de France. — Le dernier Janvier 1654, *idem.* — Pour être *déchargés d'emprisonnemens* : le 17 Janvier 1674, sur Requête, la Chambre a ordonné qu'il sera mis néant, sauf à se retirer devers les Trésoriers de France d'Orléans, qui ont décerné l'Ordonnance en vertu de laquelle il a été emprisonné.

(124). On trouve dans les plumitifs plusieurs *Requêtes, renvoyées à eux, sans en spécifier l'objet*, notamment le 18 Décembre 1602, sur Requête du Commis à la recette des Gabelles de Tours, la Chambre a ordonné qu'il se retirera pardevant les Trésoriers de France. — Le 2 Juillet 1603, sur Requête du Receveur du Taillon de Laval, la Chambre le renvoie aux mêmes Trésoriers. — Le 27 Avril 1604, sur la Requête du Procureur du Roi de Saint-Dizier, la Chambre le renvoie pardevant les Trésoriers de France : les 8 Octobre 1605, 28 Juin 1633, 23 Juin 1618 & 13 Avril 1666, pareils Arrêts.

(125). Les Trésoriers de France ont même *demandé expressément la protection de la Chambre.* — Le 10 Juillet 1612 un Trésorier à Lyon avertit la Chambre d'une distraction de leur ressort en faveur de ceux de Bourgogne, dit qu'elle y est intéressée, demande sa jonction au Conseil ; la Chambre ordonne qu'il remettra les Pieces justificatives au Procureur-Général, qui aidera de faveur auxdits Trésoriers, sans s'y joindre. — Le 18 Août 1636, ils demanderent protection *sur Lettres de provisions*, en l'un des quatre Offices de Présidens & Intendans des Finances au Bureau des Trésoriers de France de Paris, & opposition des Présidens & Trésoriers-Généraux, & autres : la Chambre ordonne très-humbles Remontrances être faites au Roi sur l'Edit de création desdits Offices. — Le 15 Juin 1648, *sur oppositions qui leur sont faites, tant pour retranchement de leurs gages, qu'en la fonction de leurs Charges.* — Le 16 dudit, réitérent leurs Remontrances, ſur quoi leur eſt dit qu'*en cette rencontre la Chambre prendroit ſoin de leurs intérêts.* — Le 28 Mai 1655, deux Tréſoriers, venus au Bureau, auroient ſupplié la Compagnie, qu'en cas que le Fermier du Domaine baillât Requête contre leur Greffier, pour le forcer à *reſtitution de l'état au vrai* par lui préſenté en leur Bureau, de ne le vouloir juger qu'il n'ait ſatisfait à leur Ordonnance; leur a été dit que la Chambre en délibéreroit. — Le 15 Juillet 1655, deux Tréſoriers de Paris ont réitéré à la Chambre la ſupplication qu'ils avoient faite ci-devant, de ne procéder au Jugement des comptes, qu'au préalable, les Comptables n'aient *fait vérifier leurs états.* — Le 27 Février 1665, les Tréſoriers de France de Paris mandés pour rendre compte du délai des états au vrai, après y avoir ſatisfait, demandent, de la part de leurs Confreres, qu'elle ne paſſât point dans les comptes les parties des porteurs de quittances & augmentations de gages des Officiers, ſans *attaches ſur leurs proviſions*; ſur quoi leur a été dit que la Chambre leur conſervera la juſtice, lorſqu'elle connoîtra qu'elle leur ſera due ſur ce ſujet.

(126). La Chambre a même fait des *Remontrances en leur faveur.* Le 6 Mai 1688, la Chambre ordonne que Remontrances ſeront faites au Roi ſur le rembourſement employé en aucuns comptes, *pour les taxes payées* par les Tréſoriers de France à la derniere compoſition des Finances. — Le 18 Août 1636, ſur Lettres de proviſions en l'un des quatre *Offices de Préſidens* & Intendans des Finances au Bureau des Tréſoriers de France de Paris, & oppoſition des Préſidens & Tréſoriers-Généraux, & autres: la Chambre ordonne très-humbles Remontrances être faites au Roi ſur l'Edit de création deſdits Offices.

IVe

IVᵉ PROPOSITION.

(127). *La Chambre exerce ſon autorité à l'égard de leurs Jugemens.*

ELLE leur fait des injonctions ou des défenſes: elle en fait aux Particuliers de ſe pourvoir devant eux dans les matieres qu'ils voudroient envahir, & qui ne ſont pas de leur compétence; la Chambre exerce à leur égard tout le pouvoir d'une Cour d'appel, non ſous le titre d'*appel*, mais par la voie qui lui eſt ordinaire des Requêtes préſentées pour ou contre les Sentences des Juges inférieurs. Quelquefois elle les confirme & les fait exécuter; d'autrefois auſſi elle fait défenſes de les mettre à exécution; ſouvent elle a été obligée de les caſſer pour cauſes d'entrepriſe d'autorité.

(128). Que ces aſſertions ſont oppoſées au titre de ſupériorité prétendu par les Tréſoriers de France, à cette expreſſion *de prétendus Arrêts de la Chambre*, échappée récemment aux Tréſoriers de France de Limoges! Ouvrons maintenant les Ordonnances & les Regiſtres, & voyons ſucceſſivement les preuves de ces proportions ſi importantes.

Iᵉʳᵉ SECTION.

(129). *Défenſes à eux faites à l'occaſion de leurs Jugemens.*

§. Iᵉʳ.

(130). *La Chambre a été ſouvent dans le cas de faire aux Tréſoriers de France des injonctions ou des défenſes ſur la réception des Actes féodaux.*

(131). CES injonctions avoient pour objet la forme même

PREUVES.

Le Procureur-Général s'étoit oppoſé à la réception des Pourvus des quatre Offices de Tréſoriers de France, du reſſort de la Chambre, créés par Edit d'Avril 1627; à cauſe de l'attribution générale de la réception des foi & hommages, portée en

de ces actes, le nombre des expéditions exigées des Vaſſaux, les actes dénués de procuration ; elle leur faiſoit des défenſes de recevoir les foi & hommages des terres titrées, les déclarations

PREUVES.

cet Edit, en faveur des Tréſoriers de France ; mais par Edit d'Avril 1628, les Tréſoriers furent réduits à ne recevoir que les foi & hommages des terres au-deſſous de 25 l. de revenu.—Le 14 Juin 1633, la Chambre fit *défenſes* aux Tréſoriers de recevoir les foi & hommages des Fiefs au-delà du revenu porté par ledit Edit, à peine de radiation de gages.— Le 15 Février 1656, mêmes *défenſes*, & ſous la même peine, & à ce que le préſent Arrêt ſoit exécuté, ordonne qu'il ſera *lu, publié & affiché ès Sièges Royaux & Préſidiaux* du reſſort de la Chambre.— Le 14 Mars 1657, ſur Requête, la Chambre *ordonne* que ſon Arrêt du 27 Janvier dernier ſera exécuté, en faiſant apparoir des paiemens des drois dûs au Roi pour raiſon de ſon Fief..... fait défenſes aux Tréſoriers de France de rendre ſemblables Ordonnances, que celles mentionnées en ladite Requête, à peine d'en répondre en leurs noms, & de radiation de leurs gages, & ordonne que le préſent Arrêt leur ſera ſignifié. -- Le 23 Janvier 1658, ſur Requête du Procureur-Général, la Chambre fait très-expreſſes inhibitions & *défenſes* aux Officiers du Bureau des Finances de la Généralité de Montauban, d'enregiſtrer aucun Arrêt d'engagement du Domaine, que ceux faits en vertu d'Edits bien & duement vérifiés par ladite Chambre, & de recevoir les foi & hommages des Fiefs excédant 100 liv. de revenu, à peine de nullité des Actes. —Le 5 Décembre 1670, la Chambre *ordonne* aux Tréſoriers de France de Montauban de ne recevoir à l'avenir aucuns aveux & dénombremens qu'ils ne ſoient en parchemin ; & que dorénavant, lorſqu'ils envoyeront en la Chambre les originaux des hommages, aveux & dénombremens, trois mois après chacune année expirée, ſuivant l'Arrêt du Conſeil du 19 Janvier 1668, ils certifieront enfin de l'inventaire d'iceux, qu'ils n'en ont reçu autres que ceux mentionnés auxdits inventaires. — Le 28 Mai 1674, la Chambre leur fait *défenſes*, à peine de nullité, dommages & intérêts des Vaſſaux, de recevoir la foi des Fiefs de dignité. — Le 25 Janvier 1678, la Chambre déclare nuls les Actes de foi, &c. des biens d'une Chatellenie, dépendante d'une Abbaye, rendus devant eux ; ordonne qu'elle ſera faite en la Chambre, enſemble la déclaration du temporel, tant en fief que roture ; & pour la contravention des Tréſoriers, ordonne qu'ils feront rendre les fruits. — Le 13 Septembre 1680, la Chambre déclare nulle l'aſſignation donnée au Bureau des Finances, pour faire la foi d'un Chatellenie, & a donné délai pour la faire en la Chambre. — Le 15 Octobre 1680, délai pour fournir la déclaration du temporel

du temporel des Eccléſiaſtiques, de nommer Procureur-Général, les Procureurs du Roi de leurs Bureaux. Ces défenſes leur étoient faites, à peine de radiation de gages, ou d'en

PREUVES.

d'une Abbaye, & fait défenſes aux Tréſoriers de France d'en connoître, à peine de radiation de gages. — Le 11 Avril 1685, ſur Requête du Procureur-Général, Arrêt contre les Tréſoriers de France de Tours, ſur les hommages, aveux & dénombremens par eux envoyés en la Chambre. — Le 21 Mai 1685, ſur Requête, la Chambre ayant ordonné que ſes Arrêts ſeroient exécutés, & déchargé le Suppliant de l'aſſignation à lui donnée au Bureau des Finances de Bordeaux, & reſtitution des fruits de ſa Terre, fait *défenſes* aux Tréſoriers de France dud. Bordeaux de paſſer outre, à peine de nullité, caſſation de procédures, & de 1000 liv. d'amende. — Le 7 Juillet 1687, ſur la Requête de l'Abbé de Saint-Sever, la Chambre a ordonné que, dans ſix mois, pour toutes préfixions & délais, le Suppliant rapportera en ladite Chambre la déclaration du temporel de ladite Abbaye, & fait *défenſes* aux Tréſoriers de France d'en connoître, le tout conformément à la Déclaration du 29 Décembre 1674, & cependant décharge ledit Suppliant des pourſuites & amendes deſdits Tréſoriers de France. — Le 26 Juillet 1687, ſur Requête, la Chambre décharge le Suppliant de l'amende de 20 liv. contre lui prononcée par les Tréſoriers de France; leur fait itératives *défenſes* d'uſer de pareilles prononciations contre les Vaſſaux de S. M. en demeure de fournir leurs aveux, ſauf les pourſuites par ſimple ſaiſie féodale. — Le 20 Août 1687, la Chambre fait *défenſes* aux Tréſoriers de France & Procureur du Roi au Bureau des Finances de Soiſſons, de faire à l'avenir aucunes pourſuites ni ſaiſies pour raiſon des Fiefs dont les aveux leur auront été préſentés, à peine de dommages & intérêts des Vaſſaux, en leurs propres & privés noms, ſauf ladite vérification, publication & blâmes deſdits aveux, s'il y échet. — Le 22 Avril 1689, la Chambre fait *défenſes* aux Officiers de la Chambre du Domaine de Bourbonnois, d'obliger à l'avenir les Vaſſaux du Roi à plus de deux expéditions des actes de foi & hommages, aveux & dénombremens, l'un pour le Vaſſal, & l'autre pour être envoyé à la Chambre, ſur peine de répétition de frais de la troiſieme expédition. — Le 31 Août 1689, la Chambre ordonne que les actes de foi & hommages, envoyés par eux, dont les procurations ſont rapportées, ſeront reçus, & ceux dont les procurations ne le ſont pas, ſeront reçus pour mémoires ſeulement, & leur *enjoint* d'exécuter ledit Arrêt du 10 Juillet 1688. — Le 11 Décembre

répondre en leurs propres & privés noms, de cassation de procédures, de dommages-intérêts des Vassaux poursuivis de nouveau pour réitérer leurs foi & hommages induement faites;

PREUVES.

1692, la Chambre fait mettre un des aveux, envoyé par les Trésoriers de France de Moulins, au dépôt de l'Audition, pour servir de mémoire seulement, jusqu'à ce que le Vassal ait prouvé sa qualité de Comte par lui prise. — Le 27 Août 1701, sur Requête, la Chambre *ordonne* que, dans le mois, les Trésoriers de France de Soissons seront tenus de vérifier les aveux & dénombremens d'une Terre, cependant fait main-levée des saisies féodales, &c. — Par l'Art. IV de la Déclalation du Roi, du 18 Juillet 1702, il est porté que les originaux des foi & hommages, aveux & dénombremens reçus par les Trésoriers de France, seront par eux envoyés à la Chambre, ès mains du Procureur-Général; par l'Art. V, il est porté que lesdits actes de foi & hommages, &c. seront remis, sur Requête du Procureur-Général, au dépôt des Fiefs, à la garde des Conseillers Auditeurs, en cas qu'ils soient trouvés en bonne forme; & par l'Art. VI, il est encore ordonné *que là où il se trouveroit quelque nullité & défectuosité dans lesdits actes, ils seront envoyés*, par le Procureur-Général, aux Trésoriers de France, *pour être par eux reformés dans le délai qui leur aura été prescrit par la Chambre.* — Le 30 Juin 1703, *défenses* aux Substituts du Procureur-Général de prendre ni souffrir la qualité du Procureur-Général, & aux Trésoriers de la leur donner, à peine de radiation de leurs gages; que ladite qualité sera rayée dans les Actes des cotes 20 & 21, & dans tous les autres où elle se trouvera avoir été prise ou donnée. — Le 13 Octobre 1703, la Chambre ordonne qu'une Vicomté sera saisie féodalement; fait *défenses* aux Trésoriers de France de Soissons de recevoir aucun hommage de Terres titrées, à peine de nullité & radiation de gages, dépens, &c. — Le 30 Juin 1704, l'envoi des foi & hommages, reçus par ceux de Bordeaux, & mis au dépôt, à l'exception de deux en titre de Chatellenie, avec assignation au Vassal, pour déclarer s'il entend que ses Terres soient Chatellenies ou Seigneuries simples. — Le 8 Août 1708, Arrêt de réception d'Actes féodaux de ceux de la Rochelle; la Chambre ordonne l'envoi des procurations, exoines, &c. sinon *déclare lesdits hommages nuls*, & ordonne au Procureur-Général du Roi de faire saisir de nouveau lesdits Fiefs. — Le 4 Juin 1712, la Chambre reçoit les Actes féodaux, envoyés par les Trésoriers de France de Bourges; leur fait *défenses* de recevoir à l'avenir aucun hommage de Terres titrées, ni des Fiefs appartenans à des mineurs. — Le 12 Mars 1716, leur *enjoint* d'en-

& pour en instruire les Vassaux, la Chambre faisoit publier & afficher ces défenses : elle déchargeoit les Vassaux des poursuites faites contr'eux par les Trésoriers de France ; elle leur pres-

PREUVES.

voyer, dans trois mois, au Procureur-Général du Roi, les procurations des Vassaux qui n'ont pas rendu lesdits foi & hommages en personnes. — Le 13 Mars 1719, sur Requête, la Chambre ordonne le Suppliant être reçu à faire la foi & hommage au Roi, &c. a fait *défenses* aux Trésoriers de France de Paris d'accorder à l'avenir aux Vassaux du Roi des délais pour fournir en la Chambre les aveux & dénombremens, à peine de radiation de leurs gages. — Le 17 Janvier 1721, la Chambre reçoit les Actes féodaux, envoyés par les Trésoriers de France de Soissons, à l'exception de la Vicomté d'Ully. — Le 1er. Février 1724, *idem*, à l'exception des Terres de Savigny, Nancé, Dun-le-Roi, Sussy, érigées en dignités. — Le 8 Mars 1724, la Chambre *donne main-levée* des saisies faites pat les Trésoriers de France, d'un Marquisat, & leur *défend* d'en faire de pareilles, à peine de radiation de gages. — Le 20 Septembre 1727, la Chambre reçoit les foi & hommages envoyés par ceux de Bordeaux, & leur fait *défenses* de qualifier, dans la foi, les Vassaux, de titres & dignités, lorsque leurs Terres de dignités sont qualifiées de simples Fiefs. — Le 10 Mai 1742, sur la Requête de Marie-Olimpe-Emmanuelle de Mazarin, veuve de Christophe Gigot de Belfond, la Chambre a donné Acte à la Suppliante de la présentation de l'aveu des péages, féages & commandises de Tours, & de la Sentence de blâme, intervenue sur ledit aveu, du 14 Avril 1741, & avant faire droit sur la demande portée par la présente Requête, à fin de réception dudit aveu, *ordonne* icelui être remis au Procureur-Général du Roi, pour être renvoyé aux Trésoriers de France du Bureau des Finances de Tours, aux fins d'y être, les actes, publications & Sentence de blâme intervenue, transcrit sur ledit aveu, suivant & conformément à ce qui a été porté par l'Arrêt de la Chambre du 5 Avril 1686, & par l'Arrêt du Conseil en forme de Réglement, du 26 Juin 1688, & à la diligence du Substitut du Procureur Général du Roi audit Bureau des Finances de Tours, *lequel sera tenu*, dans l'espace de deux mois pour tout délai, de faire faire ledit transcrit, & de les renvoyer au Procureur-Général du Roi, en bonne & due forme, & sur le tout, par la Chambre, être ordonné ce qu'il appartiendra. — Le 7 Août 1754, sur Requête d'un Secrétaire du Roi, la Chambre, sans s'arrêter à l'Ordonnance du Bureau des Finances de Châlons, du 3 Juillet dernier, qui lui défend de prendre le

crivoit des délais pour vérifier des aveux, leur enjoignoit de les envoyer après ces délais.

PREUVES.

titre & qualité de Baron d'Anglure, ordonne qu'il continuera d'en jouir, *défenſes à eux* de l'y troubler, & de rendre à l'avenir pareilles Ordonnances.

(132). Tous ces faits prouvent le deſir qu'ont les Tréſoriers de France d'envahir l'autorité de la Chambre à l'egard des fiefs, autorité qu'ils n'ont partagée avec elle qu'à titre d'attribution, autorité limitée par les Ordonnances, & d'abord par l'Edit d'Avril 1628, qui leur accordoit la connoiſſance des foi & hommages des terres, juſqu'à 25 liv. de revenu, & dans la ſuite par les Arrêts de reglement des 19 Janvier 1668, & 26 Juin 1688, qui leur ont attribué celle de tous les actes féodaux, excepté ſeulement des terres titrées. On verra par la ſuite, alinéa 404, combien la Chambre a été obligée de lutter pour la réformation des actes vicieux, & de caſſer même leurs Ordonnances pour les entrepriſes réitérées qu'ils faiſoient ſur les terres mêmes titrées, malgré les déciſions de ces reglemens authentiques & contradictoires avec eux.

(133). Ce n'eſt pas ſeulement en matieres de féodalité que la Chambre a été dans le cas de faire des défenſes aux Tréſoriers de France; elles ont été auſſi variées que leurs entrepriſes, ſoit pour des enregiſtremens dont ils vouloient s'arroger l'autorité, ſoit ſur des objets même de Comptabilité.

§. II.

(134). *Défenſes à eux faites à l'occaſion d'enregiſtremens.*

(135). Les cauſes des défenſes qui ont été faites aux Tréſoriers de France ſur les enregiſtremens, étoient de deux ſortes; les unes pour avoir regiſtré avant l'enregiſtrement de la Chambre; les autres pour avoir mis leur enregiſtrement ſur les lettres mêmes, comme le font les Cours Souveraines, au lieu de le délivrer par attache ſéparée.

(136). *Les entreprises d'enregistremens avant la Chambre avoient pour objet* des dons à des Particuliers, des Octrois accordés aux Villes, des contrats d'engagement, des lettres d'intermédiat, des exemptions de Tailles pour des Villes ou villages, des rabais accordés aux Fermiers.

(137). On voit de ces *enregistremens* faits par les Tréforiers *avant la Chambre, à l'égard des dons* : les 12 Janvier 1612, deux Tréforiers de France mandés, fur ce qu'ils ont procédé à la vérification de lettres de don, adreffantes à la Chambre & à eux, difent qu'il leur a femblé que ce n'étoit que confirmation, & qu'ils n'auroient fait cette expédition par envie, mais par mégard, & ont reconnu qu'il eût été bon qu'elles euffent été préalablement vérifiées par la Chambre. — Le 11 Avril 1628, fur une confirmation de penfion, *défenfes* de donner leur attache avant la vérification de la Chambre. — Le 12 Juin 1536, pareilles *défenfes* à ceux de Moulins. — Le 12 Mars 1704, pareilles *défenfes*. — Le 18 Février 1739, fur Requête, tendante à enregiftrement de Lettres Patentes, portant confirmation de privileges, droits, dons, penfions, &c. à des Religieufes, la Chambre ordonne qu'elles fe pourvoieront pardevant le Roi, pour obtenir nouvelles expéditions, & *défenfes* aux Tréforiers de France de Paris de procéder à l'enregiftrement d'aucunes Lettres, &c. — Pareil Arrêt le 7 Juillet 1775. — *Enregiftremens à l'égard des Octrois.* Le 25 Janvier 1618, Tréforiers mandés pour avoir fait un bail d'Octrois, & vérification de Lettres fur icelui, difent qu'ils croyoient l'avoir pu faire, l'Octroi n'étant qu'à tems, *offrant de rechercher l'attache & de l'apporter en la Chambre, & ne croyoient pas avoir rien fait contre l'autorité d'icelle* : la Chambre leur donna acte de leur déclaration. — Le 26 Juillet 1625, deux Tréforiers de Moulins mandés, pour attache fur un Octroi avant la vérification de la Chambre, difent qu'ils en avertiront leur Confreres, afin que cela n'arrive plus. — *Enregiftremens fur contrats d'engagemens.* Le 8 Avril 1739, *défenfes* au Bureau des Finances de la Rochelle de procéder à l'avenir à l'enregiftrement de Lettres & contrats d'engagement, qu'au préalable il ne lui foit apparu de l'enregiftrement de la Chambre. — *Enregiftremens ſur Lettres d'intermédiat.* Le 7 Mars 1712, ſur Lettres d'intermédiat, *déſenſes* aux Tréſoriers de rien prononcer à l'avenir ſur aucunes Lettres à elle adreſſantes, qu'il ne leur ſoit apparu d'Arrêt d'icelle ſur leſdites Lettres. — *Enregiſtremens ſur décharges de Tailles.* Le 26 Juillet 1594, *déſenſes* aux Tréſoriers de France d'Orléans de conſentir aux remiſes & exemptions de Tailles d'aucuns Habitans, ſans lettres vérifiées en la Chambre. — *Enregiſtremens de rabais.* Le 19 Juillet 1593, *déſenſes* aux Tréſoriers de France d'entreprendre de faire aucuns rabais aux Fermiers de leurs Charges, ſans qu'ils aient été auparavant vérifiés en la Chambre, ſur peine de répondre en leurs propres & privés noms des décharges par eux faites, & autres peines, s'il y échet : ſoit ſignifié.

(138). Pluſieurs fois ils ont eſſayé *de mettre leur regiſtré ſur les Lettres elles-mêmes*, au lieu de délivrer ſeulement leurs attaches ſéparées des Lettres. Le 13 Mars 1617, ſur Lettres de proviſions d'un Receveur des Aides & Tailles de Saumur, la réception de ſon prédéceſſeur devant les Tréſoriers de France s'étant trouvée ſur le repli des Lettres ; l'un d'eux *mandé & enquis* dit que c'eſt une ſurpriſe, & qu'ils ordonnoient toujours à leur Greffier de délivrer des attaches. — Le 22 Décembre 1639, les Tréſoriers de France ayant regiſtré purement & ſimplement ſur le repli, en vertu de Lettres de juſſion, ſur Lettres refuſées par la Chambre, la Chambre, ſans avoir égard auxdites Lettres, leur fait *déſenſes* d'outre-paſſer les Arrêts de la Chambre, & de mettre aucun enregiſtrement ſur le repli des Lettres qui leur ſeront préſentées, mais expédier leurs attaches ſur icelles, à peine de nullité. — Le 29 Juillet 1641, *injonction* à ceux d'Amiens de ſuivre l'ancien ordre de donner leurs attaches ſéparées, ainſi qu'ils ont fait le 22 Juin 1622 & 12 Mai 1628. — Le 16 Mai 1642, même *injonction*, ainſi qu'ils en ont uſé à la vérification des Lettres précédentes, les 12 Octobre 1594, 17 Avril 1600, 27 Avril 1605, 14 Mai & 5 Octobre 1615, & 7 Avril 1625 : l'Arrêt ſignifié. — Le 31 Mars 1643, continuation aux Religieuſes de Sainte-Claire de Montbriſon, d'un don & aumônes, vérifiée avec *injonction* aux Tréſoriers de France de Lyon de donner leurs attaches ſéparées des

des Lettres, & non ſur icelles, à peine de radiation de gages. — Le 15 Février 1644, la Chambre procédant à l'enregiſtrement de Lettres, vu les précédentes conceſſions de quatre minots de ſel, ſur le repli deſquelles eſt l'enregiſtrement des Tréſoriers de France de Paris du 11 Août 1639, ſigné de ſix d'entr'eux, qui eſt contre l'ordre ancien & l'uſage ordinaire, n'ayant jamais mis aucun enregiſtrement ſur les Lettres Patentes à eux envoyées, ains ſeulement expédié leur attache; ordonne que ſur ledit changement deux ſeront *mandés*.—Le 27 Février 1644, la Chambre, procédant à l'enregiſtrement des Lettres, vu ſur le repli d'icelles, l'enregiſtrement du Bureau des Finances & Élection de Riom, leur fait *défenſes* de ne plus mettre aucun enregiſtrement ſur Lettres-Patentes, mais expédier leurs attaches ſur icelles, ainſi qu'il a été de tout tems pratiqué. — Le 18 Août, 23 Décembre 1644, & 23 Juin 1649, pareils Arrêts, &c.

§. III.

(139). *Défenſes à eux faites ſur les réceptions des Comptables.*

(140). Ils ont même reçu des Comptables qui n'avoient pas encore fait regiſtrer leurs proviſions en la Chambre; ce qui a occaſionné des *défenſes* à eux de s'écarter des Ordonnances. — Le 7 Décembre 1615, la Chambre ordonne au Procureur Général de préſenter ſa Requête ſur ce que les Tréſoriers donnoient leurs attaches avant que les Comptables euſſent prêté ſerment en icelle. — Le 8 Août 1618, *défenſes* aux Tréſoriers de France de donner attaches & admettre Officiers Comptables en exercice de . . . à peine de radiation de leurs gages. — Le 14 Février 1624, ſur Requête du Procureur Général, *défenſes* à tous ceux du reſſort de la Chambre de donner attaches à des Officiers Comptables ou autres de leur reſſort, qu'au préalable il ne leur ſoit apparu du ſerment prêté en la Chambre. — Le 7 Septembre 1624, réception d'un *Comptable, différée juſqu'à ce que* les Tréſoriers de Limoges aient été ouis ſur les attaches qu'ils donnent aux Officiers avant leur réception en la Chambre. — Le premier Août 1625, Comptable condamné à 100 liv. d'amende, pour avoir négligé ſa réception en la Chambre, & s'être auparavant pourvu devant les Tréſoriers de France.

— Le 7 Juillet 1629, la Chambre, procédant au Jugement de la Requête d'un ancien Receveur, lui a donné acte de la préſentation deſdites Lettres, qui lui ſeront rendues pour être réformées : *défenſes* de prêter le ſerment devant les Tréſoriers de France qu'il n'ait été reçu en la Chambre. — Le 3 Février 1631, *défenſes* à ceux de Montauban de plus donner leurs attaches ſur Lettres de proviſions d'Officiers Comptables, qu'il ne leur apparoiſſe de leur réception en la Chambre. — Le 2 Avril 1635, Me Pierre Druillon a été reçu en l'Office de Tréſorier Provincial de l'Extraordinaire des Guerres au Département d'Orléans, ſans qu'il ſoit tenu prêter autre ſerment, pardevant les Tréſoriers Généraux, dudit Extraordinaire, auxquels eſt fait *défenſe* de ce faire, ains ſeulement de délivrer leur attache. — Le 4 Juillet 1646, la Chambre fait *défenſes* à un Comptable de s'immiſcer en l'exercice de ſa Charge, nonobſtant les Ordonnances des Tréſoriers de France : fait auſſi *défenſes* aux Tréſoriers de plus à l'avenir admettre aucun Comptable, qu'au préalable il ne leur ſoit apparu du ſerment par eux prêté en la Chambre, ainſi qu'il eſt accoutumé, & que le préſent Arrêt leur ſera ſignifié. — Le 15 Juillet 1653, mêmes *défenſes* à ceux de Soiſſons, à peine de radiation de gages. — Le 15 Juillet 1655, ſur requiſitoire du Procureur Général, ordonne que tous Commis au maniement des deniers du Roi, avant de s'immiſcer en la recette & perception d'iceux, feront apparoir de leurs Commiſſions ; *défend* à ce défaut aux Tréſoriers de délivrer attache, à peine d'en répondre. — Le 16 Mai 1657, pareilles *défenſes*, ſous peine de radiation de gages. — Le premier Février 1658, pareilles *défenſes*, ſous mêmes peines. — Le 22 Février 1661, pareilles *défenſes* à un Receveur des Tailles & aux Tréſoriers, à peine d'en répondre.

§. IV.

(141). *Défenſes à eux faites ſur prétentions d'informer, notamment ſur les vies & mœurs.*

(142). La Chambre a auſſi fait des défenſes aux Tréſoriers de France, contre leurs prétentions de faire information ſur les vies & mœurs, ſoit de leurs propres Officiers, ſoit des

Officiers Comptables qui auroient été reçus en la Chambre, après information devant ses Commissaires : ils veulent en faire même sur les Lettres Patentes de dons & autres.

(143). On voit de ces défenses, le 11 Février 1584 : les Trésoriers ayant fait information sur les Lettres de naturalité, sans Ordonnance de la Chambre, la Chambre ordonne nouvelle information. — Le 24 Septembre 1587, *défenses* aux Trésoriers de France de Paris d'*informer* ci-après *des dons* qui seront vérifiés par la Chambre, à peine de nullité ; ordonne que l'Impétrant sera payé de son droit d'aubaine. — Le 4 Mai 1594 la Chambre se fait rapporter une information qui avoit été faite au Greffe du Trésor sur des Lettres de *dons*.

(144). Ils ont essayé souvent de faire *les informations de vie & mœurs des Pourvus de leurs Offices*, notamment le 9 Juin 1628 : la Chambre arrête qu'à l'avenir ne sera mis soit montré sur aucunes Lettres de provisions d'Offices de Trésoriers de France & autres, dont l'adresse sera conjointe aux Trésoriers, avec la Chambre pour informer. — Le 28 Septembre 1628, ordonne que sur les Lettres de provisions d'un Trésorier de France sera mis soit montré, *sans approbation* de l'adresse qui est aux Trésoriers, conjointe à la Chambre. — Le 29 Janvier 1648, ils voulurent au moins obtenir ce droit de la Chambre, & faire les informations en vertu des Commissions qui leur seroient adressées. Sur Requête des Trésoriers de France en Picardie, à ce qu'il plût à la Chambre ordonner, qu'à l'avenir les commissions pour informer des vie & mœurs des Trésoriers de France leur soient adressées ; la Chambre a ordonné la *Requête être rendue* sans Arrêt. — Le 22 Décembre 1704, la Chambre procédant à la réception d'un Trésorier de France de Lyon, casse l'Ordonnance desdits Trésoriers ; leur fait *défenses* d'informer des vie & mœurs d'aucuns Officiers, a peine de radiation de gages ; ordonne qu'ils en recevront le serment, conformément à l'adresse des Lettres de provisions. — Le premier Avril 1705, *idem*, pour les Trésoriers de France de Paris. — Le 3 Avril 1705, fait *défenses* aux Trésoriers de France de Lyon d'informer des vie & mœurs d'aucun Officier reçu en la Chambre, à peine de radiation de leurs gages. — Le 5 Août 1718, *idem*. — Le 20 Juin 1735, la Chambre *casse une Ordonnance* des Tréforiers de France de Châlons, qui avoient ordonné une information de vie & mœurs d'un Pourvu de leurs Offices ; leur enjoint de fe conformer aux Reglemens du 23 Mars & premier Mai 1706, & au Subftitut d'y tenir la main, à peine de radiation de gages. — Le premier Février 1741, la Chambre *caffe une Ordonnance* des Tréforiers de France de Lyon, & l'information faite en conféquence fur les vie & mœurs d'un Pourvu d'un de leurs Offices ; la Chambre ordonne que la Commiffion adreffée au premier Confeiller-Maître fur les lieux, & à fon défaut aux Tréforiers de France, fera exécutée.

(145). Ils ont fouvent fait, malgré la Chambre, *les informations des vie & mœurs des Comptables* qui avoient été reçus après informations faites par fes Commiffaires, les

PREUVES.

On voit ces entreprifes le 11 Août 1587. La Chambre *mande* les Tréforiers de France de Paris, pour leur faire reproche de ce qu'ils font des informations fur les Pourvus après les réceptions d'Officiers en icelle, & de ce qu'ils informoient fur les dons regiftrés en la Chambre. — Le 31 Juillet 1627, le Procureur Général dit qu'il a demandé au *Garde des Sceaux* que l'adreffe des Lettres de provifions fût feule à la Chambre pour informer, & non aux Tréforiers de France, lui auroit dit qu'il y prendroit garde à l'avenir. — Le 15 Novembre 1697, les provifions d'un Receveur de Domaines & Bois ayant été adreffées aux Tréforiers de France, & non à la Chambre pour informer : le Procureur Général en parla *au Chancelier*, qui dit que c'étoit la prétention des Tréforiers que la Chambre avoit trop long-tems négligée, qu'il avoit fcellé des Lettres de relief d'adreffe à la Chambre qui pourroient empêcher les conféquences de cette nouveauté ; qu'à l'égard de l'information la Chambre la feroit, fans connoitre celle qui avoit précédée au Bureau : la Chambre arrête que le Pourvu fera fes diligences pour obtenir nouvelles Lettres de provifions adreffantes à elle. — Le 15 Juin 1703, la Chambre fait *défenfes* aux Tréforiers de France d'informer des vie & mœurs, âge & Religion du Suppliant, lorfqu'il fe préfentera devant eux pour prêter ferment & informer des vie & mœurs des autres Pourvus, à peine de tous dépens, dommages & intérêts ; leur ordonne de fe conformer à l'adreffe qui leur eft faite des Lettres de provifions. — Le premier Août 1703, *idem.* — Le 4 Mars 1704, les Tréforiers de Paris ayant informé des vie & mœurs d'un Comptable, la Chambre les *mande* : le 5 dudit venus, leur eft dit qu'ils n'étoient pas en droit de faire ces informations. — Le 31 Juillet 1740, *défenfes* aux Tréforiers de France d'informer des vie & mœurs, à peine de tous dépens

jettant ainsi dans des frais inutiles, après l'information faite en la Chambre ; ils l'ont fait même depuis les Reglemens prohibitifs rendus contradictoirement avec eux.

PREUVES.

dommages & intérêts ; leur ordonne de se conformer à l'adresse qui leur est faite des Lettres de provisions. — Le 3 Avril 1750, *défenses* aux Trésoriers de France de Lyon d'informer des vie & mœurs d'aucun Officier reçu en la Chambre, à peine de radiation de gages. — Le 7 Mai 1750, *pareilles défenses* aux Trésoriers de France de Paris. — Le 23 Mars 1706, la Chambre charge ses Commissaires de faire expédier l'Arrêt du Conseil sur l'Instance pendante entre la Chambre & les Trésoriers de France, portant *défenses* à eux d'informer des vie & mœurs des Officiers reçus en la Chambre, pour le faire exécuter. — Le 6 Mai 1706, la Chambre registre les Lettres Patentes du premier de ce mois sur *l'Arrêt du Conseil* du 23 Mars précédent, qui ordonne que les Officiers Comptables, & autres reçus en la Chambre, & qui doivent prêter serment au Bureau des Finances le feront, sans que, sous quelque prétexte que ce soit, ils puissent informer des vie & mœurs, &c. — Le premier Mars 1721, mêmes défenses aux Trésoriers de France de Riom, suivant les Lettres Patentes du premier Mai 1706, registrées en la Chambre le 6 dudit.

On voit par ces Arrêts & Lettres, combien étoient fréquentes les entreprises des Trésoriers de France, malgré les Reglemens prohibitifs les plus précis.

(146) Les Trésoriers de France étoient obligés de se soumettre à ces défenses, qui leur étoient faites ordinairement sous des *peines portées aux Arrêts.* Le 3 Mai 1651, la Chambre ordonne l'exécution d'un de ses Arrêts, sans avoir égard à l'Ordonnance de ceux de Lyon, & leur fait défenses de délivrer semblables Ordonnances, *à peine d'en répondre.* — Le 14 Mars 1667, la Chambre déclare un emprisonnement par eux fait tortionnaire & déraisonnable, & leur fait défenses de donner semblables Ordonnances pour parties de comptes jugés en la Chambre, *à peine de radiation de gages.* Le 5 Avril 1667, main-levée de saisie féodale. — Le 5 Juin 1668, *idem.* — Le 29 Juillet 1669, *idem*, & leur défend de procéder par cette voie sur les terres dont la foi a été faite, & ce *à peine de radiation de gages*, & donne délai pour fournir aveu. — Le 28

Avril 1671, main-levée de saisie féodale d'une Vicomté, & défenses de poursuivre, à peine de radiation de gages. — Le 21 Août 1679, main-levée de saisie féodale, & défenses aux Trésoriers de Bordeaux & de Limoges de les inquiéter, *à peine de tous dépens.* — Le 23 Décembre 1680, pareilles main-levée & défenses.

§. V.

(147). *Défenses de se pourvoir devant eux.*

(148). POUR écarter plus facilement les entreprises des Trésoriers de France, la Chambre fait quelquefois des défenses aux

PREUVES.

Le 12 Juin 1659, *défenses* de se pourvoir ailleurs qu'en la Chambre, & de mettre leur Ordonnance à exécution. — Le 20 Juin 1661, *défenses* de poursuivre un Receveur ailleurs qu'en la Chambre, lequel est déchargé d'assignation donnée pardevant eux. — Le 26 Juin 1662, *défenses* à eux de contrevenir à un de ses Arrêts, & au Substitut du Procureur Général, & au Commis à la Recette générale de poursuivre à l'encontre d'icelui Arrêt. — Le 16 Mars 1663, le Suppliant *déchargé* par la Chambre d'*assignation* devant eux, & défenses à tous Porteurs de quittances des Receveurs Généraux de le poursuivre ailleurs qu'en la Chambre. — Le 8 Février 1664, sur Requête d'un ci-devant Receveur & Payeur de rentes Provinciales, la Chambre a fait *défenses* aux Trésoriers de France d'Orléans d'user d'aucunes contraintes à l'encontre du Suppliant, pour raison des comptes desdites rentes, & à tous Huissiers ou Sergens de mettre les Ordonnances rendues & à rendre concernant lesdits comptes, à exécution, à peine de 300 liv. d'amende; comme aussi aux Parties de se pourvoir ailleurs qu'en la Chambre, à peine de nullité. — Le 13 Mars 1664, sur Requête, la Chambre *décharge* le Suppliant *d'assignation* à la Chambre du Trésor, & défend de faire aucunes poursuites. — Le 18 Octobre 1664, mêmes décharges d'assignation & mêmes défenses. — Le 11 Février 1665, la Chambre ayant cassé une de leurs Ordonnances, a condamné celui qui l'a obtenue en l'*amende* de . . . — Le 20 Novembre 1665, la Chambre, sans s'arrêter à l'assignation donnée à un Bureau des Finances, a ordonné que . . . . vuidera ses mains en celles du Commis à la Recette des épices, des deniers dûs à la charge d'un Receveur Général du Taillon. — Le 22 Octobre 1666, la Chambre *décharge d'assignation* devant eux, & défend de se pourvoir ailleurs qu'en icelle. — Le 18 Mai 1668, la Chambre condamne en une

Particuliers de se pourvoir devant eux, inflige des peines à ceux qui l'ont fait induement, menace les Tréforiers d'amende, s'ils connoissent des matieres qui lui sont réservées.

PREUVES.

amende de 200 liv. pour s'être pourvu devant eux. — Le 25 Février 1669, la Chambre *décharge d'assignation* devant eux, & ordonne aux Parties de se pourvoir en icelle & non ailleurs. — Le 31 Mars & 7 Mai 1670, & le 28 Juin 1674, pareils Arrêts. — Le 23 Juin 1677, la Chambre déclare nulle *l'assignation* donnée au Bureau des Finances, & donne délai au Suppliant pour faire foi & hommage en la Chambre. — Le 24 Octobre 1679, elle *décharge d'assignation* devant eux, & défend de procéder ailleurs qu'en icelle Chambre. — Le 27 Novembre 1681, *idem*, & ordonne que les Parties viendront en icelle à l'Audience au premier jour. — Le 2 Juin 1684, *idem*. — Le 21 Mai 1685, décharge d'assignation donnée au Bureau des Finances de Bordeaux, avec restitution des fruits d'une Terre : fait défenses aux Tréforiers de passer outre, à peine de nullité & de 100 liv. d'amende, & ordonne que les condamnés seront assignés en icelle Chambre. — Le 28 Avril 1688, la Chambre *décharge d'assignation* au Trésor, & ordonne que deux Huissiers seront assignés en icelle à la diligence du Suppliant.

IIe SECTION.

(149). *La Chambre quelquefois confirme & fait exécuter leurs Sentences.*

(150). LE 7 Mars 1602, sur Instance, la Chambre confirme une de leurs Sentences. — Le 21 Août 1607, confirmation d'Ordonnances des Tréforiers de France, pour régalement de Charges ; la Chambre ordonne qu'elle sera exécutée contre les y dénommés, qui seront contraints personnellement en cas d'opposition. — Le 24 Mars 1650, sur Requête, la Chambre ordonne l'Ordonnance de ceux de Limoges, être exécutée ; défenses à un receveur du Taillon de s'immiscer en l'exercice de ladite recette, à peine de 3000 livres d'amende. — Le 8 Novembre 1650, ordonne que l'Arrêt de la Chambre, & l'Ordonnance de ceux d'Orléans, seront exécutés. — Le 11 Août 1678, la Chambre décharge le Procureur du Roi de Riom, de l'aſſignation à lui donnée au Parlement; défenſes de s'en aider ; ordonne que faute d'avoir, par le Vaſſal, ſatisfait à l'Arrêt de la Chambre, la ſaiſie féodale des Tréſoriers de France tiendra.

IIIe SECTION.

(151). *La Chambre ſouvent infirme leurs Sentences, & en défend ou ſuſpend l'exécution.*

(152). Le 11 Septembre 1599, la Chambre ordonne que les Receveurs des Domaines & Bois, retiendront par leurs mains le quartier de gages à eux *retranché par l'état* des Tréſoriers de France. — Le 2 Avril 1624, comptable reçu *ſans avoir égard à leur attache.* — Le 16 Juillet 1627, la Chambre leur fait ſignifier un Arrêt, & fait défenſes à l'Huiſſier de ſe déſaiſir d'une *amende ordonnée* par eux. — Le 4 Juillet 1646, défenſes à un Receveur des Domaines de s'immiſcer en l'exercice de ſa Charge, *nonobſtant Ordonnance* de ceux de Paris. — Le 30 Octobre 1648, *ſans s'arrêter à leurs Ordonnances*, ordonne qu'un Receveur des Tailles continuera l'exercice de ſa Charge; ordonne aux Elus d'y tenir la main. — Le 16 Septembre 1649, pareil Arrêt. — Le 25 Mai 1650, la Chambre ordonne qu'un comptable ſera établi en ſa Charge, *ſans avoir égard à l'Ordonnance* de ceux d'Amiens. — Le 5 Juin 1651, pareil Arrêt. — Le 23 Mars 1661, la Chambre décharge un comptable de vérifier Etat au Bureau des Finances d'Orléans, & de l'*amende par eux prononcée*, & défend de mettre leur Ordonnance à exécution. — Le 9 Septembre 1661, la Chambre fait payer une ſomme *malgré l'Ordonnance* de ceux de Bordeaux. — Le 12 Mai 1662, la Chambre *ſurſeoit* à une de leurs Ordonnances, pour donner le tems au Suppliant de vérifier l'Etat de ſes exercices, & ordonne aux Tréſoriers de lui délivrer les Etats des Charges deſdites années. — Le 16 Juillet 1633, élargiſſement d'un Comptable *priſonnier par leur Ordonnance*, mais à la charge de préſenter ſon Etat au vrai au Bureau des Finances. — Le 8 Février 1664, la Chambre fait *défenſes aux Tréſoriers* d'Orléans d'uſer d'aucunes contraintes contre un Receveur, Payeur

Payeur des rentes pour les comptes desdites rentes ; & à tous Huissiers d'exécuter les Ordonnances rendues à ce sujet, à peine de 3000 livres d'amende, & aux Parties de se pourvoir ailleurs qu'en ladite Chambre, à peine de nullité.— Le 13 Mars 1664, sur Requête d'un Receveur des deniers communs, la Chambre ordonne que l'exécutoire par lui obtenu sera exécuté, *sans avoir égard à l'Ordonnance* des Trésoriers de France de Moulins, & surseoira néanmoins l'exécution pendant un mois. — Le 7 Avril 1664, sur Requête d'un Commis à l'exercice d'Offices de Receveurs-généraux des Gabelles, la Chambre l'a *déchargé* de faire vérifier l'Etat de son maniement sur les doubles de ses comptes des années ..... ensemble de l'*amende* de 300 livres, prononcée par les Trésoriers de France de Lyon. . . . ordonne qu'il sera vérifier les états dans un mois audit Bureau des Finances, pour en compter en la Chambre. — Le 15 Avril 1666, *défenses d'exécuter l'Ordonnance* des Trésoriers de France de Châlons, à peine de nullité de procédures. — Le 15 Avril 1669, sur Instances, *défenses de mettre leur Ordonnance à exécution.* — Le 21 Janvier 1670, donne délai pour rétablissement d'une partie, *sans avoir égard à l'Ordonnance* de ceux de Bourges. — Le 4 Août 1670, *décharge* de poursuites faites en vertu d'Ordonnance de ceux d'Amiens. — Le premier Juin 1671, *main-levée de saisie* de meubles de Comptables, ordonnée par ceux de Bourges, pour comptes rendus en la Chambre. — Le 8 dudit, *main-levée de saisie* de biens de Comptables, & défenses de se pourvoir ailleurs qu'en la Chambre. — Le 11 Décembre 1677, *décharge* d'une condamnation portée par l'Ordonnance de ceux de Châlons. — Le 15 Septembre 1682, *décharge* d'une condamnation portée par une Ordonnance de ceux de Paris, & défenses à eux d'en rendre de semblables sur des comptes rendus en la Chambre. Le 12 Juillet 1683, *idem.* Le 7 Février 1684, décharge de donner caution devant ceux de Poitiers, *nonobstant une de leurs Ordonnances.* — Le 14 Mai 1689, contraint à payer gages, *sans avoir égard à* l'Ordonnance de ceux de Riom. — Le 19 Octobre 1673, Requête à fin d'être reçu *opposant à l'exécution* de l'exécutoire donné par un Trésorier de France de Poitiers.

O

(153). *En matieres féodales, soit que les saisies des Trésoriers fussent vexatoires, soit qu'elles fussent faites sur des terres titrées, la Chambre accordoit main-levée de ces saisies.* Le 16 Mars 1643, la Chambre donne *main-levée* de saisie, pour foi & hommages non faits, & fait défenses de faire poursuites en vertu de leurs Jugemens. — Le 18 Janvier 1656, la Chambre donne *main-levée* de saisie féodale & saisie réelle, des Trésoriers de Bourges. -- Le 17 Janvier 1657, *idem*, de fruits d'un fief, restitution d'iceux, & défenses aux Trésoriers de Châlons, à peine de radiation de gages. — Le 3 Septembre 1658, *idem*, avec *délai* de trois mois pour faire les foi & hommages. — Le 13 Septembre 1662, la Chambre donne *main-levée* de saisie de terres faite de leur Ordonnance. — Le 8 Janvier 1753, *idem*. Le 15 Mars 1663, la Chambre donne *main-levée* d'une terre saisie à la Requête du Substitut du Procureur général d'un Bureau des Finances & décharge de l'assignation par-devant lesdits Trésoriers, &c. — Le 27 Juin 1664, *main-levée* de saisie d'un Marquisat, par les Trésoriers de Châlons, à la charge de fournir les aveux & dénombremens en la Chambre. — Le 31 Août 1665, *idem*, par ceux de Châlons. —Le 29 Déc. 1665, la Chambre ordonne que la saisie féodale d'une terre tiendra; leur fait défenses de troubler les Commissaires y établis, à peine de radiation de leurs gages. — Le 8 Mars 1670, *main-levée* de saisie de fiefs en dignité, & donne délai d'un an pour faire aveu, &c.— Le 8 Avril 1671, *main-levée* de saisie féodale d'une Vicomté, & défenses de poursuivre, à peine de radiation de gages.—Le 25 Octobre 1679, la Chambre donne *main-levée* de saisie féodale de ceux de Tours, avec décharge de Commissaires, & sursis à toutes poursuites pour raison de ce.... — Le 28 Juin 1714, la Chambre déclare une foi & hommage faite devant ceux de Bourges nulle, & lui donne *main-levée* de saisies. — Le 16 Juillet 1768, la Chambre, sans avoir égard à leur Sentence, ordonne un *aveu être reçu* en la Chambre, sous le titre de Baronie.

(155). *La Chambre quelquefois suspendoit seulement l'exécution de leurs Etats & de leurs Ordonnances.* Le 30 Octobre 1627, la Chambre arrête que les Trésoriers justifieront de leur pouvoir, pour un Jugement rendu contre les Chanoines de la Sainte-Chapelle. — Le 22 Janvier 1635, la Chambre *surseoit* à l'exécution d'un exécutoire donné par les Trésoriers de France de Champagne. — Le 23 Février 1635, la Chambre *surseoit* le paiement d'une somme due par l'état au vrai des Trésoriers de France de Soissons. — Le 13 Octobre 1665, *sursis* à l'Ordonnance de ceux de Châlons, & défenses de se pourvoir ailleurs qu'en la Chambre.

(156). *On se pourvoyoit contr'eux en la Chambre, en dommages & intérêts.* Le 15 Avril 1660, Arrêt sur Requête, ceux de Moulins condamnés aux intérêts d'une somme y mentionnée, depuis le jour de la demande à eux faite par le Suppliant. — Le 18 Septembre 1680, sur Requête, exécutoire ordonné être délivré contre ceux de Montauban, solidairement & par toute voie.

(157). *Sur Requête des Parties, la Chambre réprimoit leurs entreprises, lorsqu'ils refusoient ou suspendoient l'exécution des Arrêts de la Chambre.* Le 16 Juillet 1585, sur des cautions refusées par eux, la Chambre renvoie devant le le Sénéchal du lieu pour les recevoir. — Le 23 Avril 1587, la Chambre registre des lettres qui ordonnent un paiement par les Trésoriers de l'Artillerie; les Trésoriers de France ne les ayant pas registrées, le 4 Mai suivant, la Chambre ordonne que nonobstant leur refus, les Canonniers seront payés. — Le 22 Octobre 1588, mandés pour avoir, de leur autorité, diminué un don vérifié par la Chambre, « ce qu'elle attribuoit à mépris de son autorité » par eux *qui n'étoient qu'exécuteurs de ses Arrêts*, & n'avoient » pouvoir de les restreindre, comme il arriveroit si leur attache » étoit suivie: sur leur excuse, elle les avertit de ne rien innover, » & que s'ils faisoient autrement, *elle sauroit y remédier &* » *user de son autorité.* — Le 19 Décembre 1588, remontrent » qu'ils ont lettres d'exemptions de Tailles & Aides en faveur » des Habitans de Fontainebleau qui n'avoient jamais été » exemptés d'Aides, ce à quoi la Chambre n'avoit sans doute » pris garde, la supplient de ne pas trouver mauvais qu'ils restreignent ledit Aide; leur a été dit de faire communiquer le » Procureur du Roi au Trésor, avec le Procureur Général du

» Roi en la Chambre, pour, s'il y a lieu à la reviſion, la de» mander & être fait droit, ſur icelle par la Chambre. » — Le 12 Février 1597, la Chambre fait jouir de remiſe de Tailles, nonobſtant l'attache des Tréſoriers de France ; leur enjoint d'obéir à ſes Arrêts. — Le 18 Mars, l'un d'eux venu au Bureau s'excuſe & dit : « que ſi les Habitans ne payoient, les » Soldats ſe retireroient, & que ce n'étoit au mépris de la » Chambre ni de ſes Arrêts, auxquels lui & ſes compagnons » portoient tout honneur & révérence ». — Le 18 Mai, ordonne la jouiſſance de ladite remiſe malgré eux. — Le 14 Juin 1611, mandés & enquis .... diſent, « qu'ils ſe propoſoient » de s'oppoſer à la création de deux nouveaux Préſidens en » leurs Bureaux ; mais qu'ils n'entendoient s'oppoſer à l'exécu» tion des Arrêts de la Chambre » ; elle leur enjoint d'y obéir.

IVᵉ Section.

(158). *L'autorité que la Chambre a exercée ſur les Tréſoriers de France, a été juſqu'à caſſer leurs Sentences, principalement lorſqu'il y avoit entrepriſe de Juriſdiction en matiere féodale, & autres.*

(159). *En matieres féodales* ces caſſations ont été très-fréquentes ; il y avoit eu en Avril 1628 un Reglement, qui défendoit aux Tréſoriers de France de recevoir les foi & hommages des Terres dont le revenu excédoit 25 liv. ; mais ſouvent ils recevoient les foi & hommages des Terres ſans aucun égard à leurs revenus, & à quelque ſomme qu'ils puſſent monter ; c'eſt ce qui a attiré les caſſations de leurs Sentences par les Arrêts de la Chambre des 3 Février & 4 Mars 1644, 4 Mai & 11 Juillet 1650, 17 Février & 7 Novembre 1657, premier Septembre & 10 Novembre 1669, 11 Décembre 1662, 16 Septembre 1665, 27 Janvier, premier Février, 5 Avril & 17 Septembre 1657. Celui du premier Février 1657, contre les Tréſoriers de France de Bourges, fut même accompagné de défenſes, à peine de radiation de gages, l'Arrêt ſignifié & affiché à la porte de leur Bureau, & publié, tant aux Prônes des Paroiſſes qu'à ſonde-trompe aux carrefours & lieux publics de ladite Ville de Bourges & Genéralité, à ce qu'aucun n'en ignore.

Le 19 Janvier 1668 il y eut Arrêt de Reglement au Conseil, contradictoire avec les Tréforiers de France de Châlons & de Bourges, qui leur accorde de recevoir les foi & hommages de toutes les Terres, *sans distinction de revenu*, à l'exception toutefois des Terres de Dignités, Comtés, Marquisats, Baronnies, Duchés-Pairies. Les Tréforiers de France ne furent pas encore contens de cette augmentation de pouvoir, &, malgré les défenses les plus positives, ils entreprirent de recevoir même les foi & hommages, aveux & dénombremens des Terres titrées. C'est ce qui donna occasion à la Chambre de casser leurs Ordonnances par ses Arrêts des 18 Mai, 17 Septembre & 18 Décembre 1668, 3 Février 1670, 14 Avril, 5 Septembre 1671, 20 Avril 1672, 18 & 22 Décembre 1674, 23 Juin 1677, 25 Janvier & 27 Juillet 1678, 17 Août 1679, 20 Janvier 1681, 21 Avril 1682, 28 Novembre 1685. Trois ans après les Tréforiers de France de Bordeaux qui avoient renouvellé les contestations sur la réception des foi & hommages, furent encore condamnés par un Arrêt de Reglement du Conseil du 26 Juin 1688 : il leur fut également fait défenses de recevoir les foi & hommages des Terres titrées, ainsi qu'il avoit été jugé par l'Arrêt de Reglement du 19 Janvier 1668, contre plusieurs autres Bureaux.

Tous alors resterent tranquilles pendant plusieurs années ; mais sur la fin du dernier siecle ils recommencerent leurs entreprises, & la Chambre fut obligée de les réprimer & de casser les Sentences, par lesquelles ils avoient tenté d'usurper de nouveau cette autorité. C'est ce qui se voit par les Arrêts de cassation qu'elle a rendus les 19 Août 1693, 11 Septembre 1703, 6 Mai 1704, 4 Février & 19 Juin 1705, 13 Avril 1706, 4 Août 1707, 6 Février, 5 Mars & 8 Août 1708, 13 & 17 Septembre 1720, 11 Mars & 15 Juillet 1722, 11 Janvier 1724, 4 Juillet & 17 Septembre 1725, 22 Septembre & 9 Décembre 1727, 9 Juin 1728, 3 Septembre 1739, 27 Février 1740, 9 Novembre 1741, 7 Juillet 1742, 30 Mai 1743, 21 Janvier 1744, 9 Novembre & 10 Décembre 1746, 21 Août

1749, 29 Janvier 1750, 12 Août 1751, 23 Juin 1761, 3 Août 1772, & autres. La même queſtion s'eſt élevée entre la Chambre des Comptes de Montpellier & le Bureau des Finances de Toulouſe : il y a Arrêt de Reglement du Conſeil du 9 Décembre 1727, qui ordonne que cette Cour *pourra caſſer* les ſaiſies féodales faites de l'Ordonnance de ce Bureau.

(160). Tant d'Ordonnances caſſées marquent bien le deſir des Tréſoriers de France d'uſurper perpétuellement ſur la Chambre l'autorité de la réception des foi & hommages des Terres érigées en Dignités, malgré les Reglemens prohibitifs & contradictoires rendus contr'eux ; mais ce n'eſt pas le ſeul objet ſur lequel la Chambre ait été obligée de déclarer leurs Ordonnances nulles & rendues par entrepriſe de Juriſdiction. — Le 21 Février 1653, les Tréſoriers de France de Poitiers avoient élargi un Priſonnier détenu par Arrêt de la Chambre : la Chambre *caſſe leur Ordonnance*, comme attentatoire ; ordonne qu'il ſera réintégré ès Priſons ; leur defend de ſurſeoir à l'exécution des Arrêts de la Chambre, à peine de 500 liv. d'amende. — Le 11 Juillet 1657, ſur Requête des Maire & Echevins de la Ville de Laval, la Chambre, *ſans s'arrêter à la Sentence* de la Chambre du Tréſor y mentionnée, qu'elle a *caſſée* & annullée, a condamné deux Particuliers à rendre aux Maire & Echevins la ſomme de ..... qu'ils ont payée à l'Huiſſier en vertu de ladite Sentence, & à ce faire ſeront contraints par corps. — Le 20 Août 1660, *caſſe une Ordonnance* des Tréſoriers de France de Châlons, comme donnée par Juges incompétens, & décharge le Suppliant de l'amende. — Le 15 Décembre 1660, ſur Requête des Receveurs & Payeurs des Gages des Officiers du Préſidial de Provins, la Chambre a *caſſé & annullé* l'Ordonnance des Tréſoriers de France y mentionnée, comme donnée par attentat, au préjudice de l'Arrêt d'icelle du 17 Septembre dernier. — Le 12 Mai 1661, la Chambre *caſſe une de leurs Ordonnances*, décernée par attentat & Juges incompétens, & tout ce qui s'en eſt enſuivi. — Le 7 Novembre 1663, ſur Requête d'un Receveur des Tailles, elle *caſſe leur Ordonnance*, & ordonne à celui qui l'a rendue de comparoître en icelle. — Le 11 Février 1665, pareil Arrêt contre les Tréſoriers de France d'Auvergne. — Le 4 Septembre 1666, *casse une Ordonnance* des Trésoriers de France de Lyon; fait défenses aux Administrateurs de s'en servir & se pourvoir ailleurs qu'en la Chambre. — Le 10 Décembre 1666, *casse une Ordonnance* de ceux de Châlons, donnée par attentat; décharge le Suppliant de l'assignation y contenue. — En 1670, ils avoient fait signifier une de leurs Ordonnances au Procureur Général du Roi: la Chambre, le 3 Février, *casse cette Ordonnance*, & leur fait défenses d'en rendre à l'avenir de semblables, à peine de radiation de gages; ordonne que le présent Arrêt leur sera prononcé, & à l'instant lesdits Trésoriers de France venus, ladite prononciation leur a été faite, & ensuite le Procureur Général mandé, a été chargé d'informer M. Colbert des motifs dudit Arrêt. Le 6 dudit, le Procureur Général dit avoir vu M. Colbert, & l'avoir informé de l'entreprise desdits Trésoriers de France pour laquelle la Chambre auroit cassé cette Ordonnance, en ce qui concerne ledit Procureur Général, à quoi ledit sieur Colbert lui avoit répondu que lesdits sieurs Trésoriers de France n'avoient rien fait qui vaille. — Le 16 Septembre 1675, sur Requête d'un Donataire de droits Seigneuriaux d'une Terre, la Chambre *casse & annulle la Sentence* du Trésor, comme donnée par attentat; fait pareilles défenses aux Trésoriers, à peine de nullité, dépens, dommages & intérêts. — Le 17 Décembre 1677, sur Requête d'un Huissier, *même cassation & défenses*; ordonne que la somme de 184 liv. sera délivrée au Suppliant. — Le 20 Juin 1735, les Trésoriers de France de Châlons, contre les Ordonnances, & notamment contre les Arrêts du Conseil & Lettres Patentes du 23 Mars & premier Mai 1706, avoient ordonné, qu'à la Requête du Substitut du Procureur Général audit lieu, il seroit pardevant l'un desdits Trésoriers de France informé des vie & mœurs d'un desdits Trésoriers: la Chambre *cassa & annulla* l'Ordonnance & l'information.

Ve PROPOSITION.

(161). *C'est par une suite de sa supériorité que la Chambre nomme Substitut du Procureur-Général, l'Officier qui, dans les Bureaux des Finances, est nommé Procureur du Roi.*

(162). PUISQUE les Trésoriers de France de Limoges ont élevé des doutes à cet égard dans leur Sentence, & que le Sieur de Gironcourt réclame fortement contre cet usage, comme si c'étoit une nouveauté & une entreprise; il faut faire connoître les principes & les faits sur lesquels ils est fondé.

(163). Il n'y a rien d'étonnant sans doute, qu'après les preuves de subordination volontaire ou forçée des Trésoriers de France à l'égard de la Chambre dans leurs fonctions, dans leurs jugemens, & même de leurs personnes, lorsqu'ils font injure à la Chambre, comme il va être prouvé sur la seconde question, la Chambre n'ait pu consentir à regarder les Officiers chargés du Ministere public dans les Bureaux des Finances, comme des Officiers indépendans d'elle, & dispensés du concours inférieur, nécéssaire pour l'exécution des Arrêts qu'elle rend pour le service du Roi, & qu'elle les ait toujours regardés comme Substituts de l'Officier, qui dans la Chambre exerce le Ministere public, le Procureur Général. Ces Procureurs du Roi n'ont sans doute aucune dépendance du Procureur Général en la Chambre, dans les matieres de leur compétence, dont la Chambre n'a pas connoissance; ils sont à cet égard Substituts du Procureur Général du Parlement, mais dans toutes les matieres de la compétence de la Chambre, il faut qu'ils avouent qu'ils ont toujours exercé un Ministere secondaire à celui de son Procureur Général. Ce n'est pas une nouvelle prétention de la part de la Chambre, c'est un usage ancien & très-ancien; il suffit de parcourir les différens objets à l'égard desquels la Chambre a employé le ministere de ces Substituts, soit pour faire publier ou exécuter ses Arrêts dans les Provinces, soit pour le service des Fiefs, ou pour sa comptabilité; & elle leur a aussi donné cette dénomination dans les Arrêts rendus sur leurs Requêtes, ou en prononçant des menaces ou des peines contre eux. On trouvera dans ces faits de nouvelles preuves de la néceſſité d'un concours ſubordonné à la Chambre de la part des Tréſoriers de France des Généralités de ſon reſſort ; concours ſi utile, que, s'il ceſſoit, il ſeroit néceſſaire d'ôter aux Tréſoriers de France la partie de Juriſdiction qui eſt relative aux fonctions de la Chambre, & de la transférer à de nouveaux Officiers, qui ſeroient chargés de ce concours ſubſidiaire, ainſi qu'il ſera propoſé *infrà*, alinea 639 & ſuivans.

Iere. SECTION.

(164). *C'eſt à ce titre de Subſtitut, que les **Procureurs** du Roi des Bureaux des Finances ont été chargés par la Chambre de l'exécution de ſes Arrêts.*

(165). LE 11 Mai 1651, la Chambre ayant prononcé une amende contre les Receveurs des Aides & Tailles en demeure de compte, ordonne aux Tréſoriers de France & Elus d'y commettre Perſonnes capables, & à cette fin, que le préſent Arrêt ſera envoyé aux *Subſtituts du Procureur-Général, tant deſdits Bureaux des Tréſoriers de France, qu'Elus*, pour le faire exécuter, dont ils certifieront la Chambre au mois, à peine de radiation de leurs gages. — Le 17 Août 1656, la Chambre ordonne qu'à la Requête du Procureur-Général, & diligence de *ſon Subſtitut* au Bureau des Finances de Bourges, il ſera commis, par les Tréſoriers de France dudit lieu, en la place d'un Receveur & Payeur Provincial des rentes interdit des fonctions de ſa Charge, dont ledit *Subſtitut certifiera la Chambre au mois.* — Le 17 Août 1666, la Chambre fait défenſes aux Payeurs des gages & droits des Officiers des Bureaux des Finances des Eaux & Forêts, &c. de payer aucune choſe à ces Officiers, qu'en leur fourniſſant certificat de leurs réſidences ès lieux de leur établiſſement, ſigné des *Subſtituts du Procureur-Général* eſdites Juriſdictions, ce qui ſera ſignifié auxdits Officiers & Comptables, à la Requête dudit Procureur-Général *& diligence de ſes Subſtituts* ſur les lieux, leſquels en certifieront la Chambre au mois. — Lors de l'enre-

P

giſtrement de la Déclaration du 10 Décembre 1669, ſur les débets des Comptables, l'Arrêt porte que copies d'icelle collationnées ſeront envoyées aux Tréſoriers de France des Bureaux du reſſort de ladite Chambre, pour les y faire pareillement lire, publier & exécuter *à la diligence des Subſtituts dudit Procureur-Général* eſdits Bureaux, qui certifieront la Chambre au mois. — Le 9 Septembre 1705, ſur Requête, la Chambre ordonne que le *Subſtitut du Procureur-Général* au Bureau des Finances de Bourges, fera toutes diligences, &c. — Le 19 Septembre 1725, la Chambre caſſe deux Ordonnances des Tréſoriers de France de Châlons, décharge de Commiſſaires, de condamnation & d'aſſignation, leur fait defenſes, & au Subſtitut du Procureur-Général audit Bureau, de mettre à exécution leſdites Ordonnances; & *attendu les contraventions faites par ledit Subſtitut aux Arrêts de la Chambre, ordonne que ſes gages ſeront rayés, & qu'il ſera tenu de ſe repréſenter en la Chambre, pour y rendre compte de ſa conduite*; & ſera, le préſent Arrêt, ſignifié à la Requête du Procureur-Général, & diligence du Suppliant, audit Subſtitut & Greffier dudit Bureau des Finances. — Le 5 Juillet 1735, la Chambre regiſtre des Lettres-Patentes ſur les foi & hommages; elle ordonne que copies collationnées, ſeront envoyées aux Bureaux des Finances de ſon reſſort, pour y être lues, publiées & regiſtrées; enjoint aux *Subſtituts du Procureur-Général* du Roi eſdits Bureaux des Finances, d'y tenir la main, & d'en certifier la Chambre au mois.

IIe. SECTION.

(166). *C'eſt à ce titre de Subſtituts du Procureur Général du Roi en la Chambre qu'elle les charge de la publication des Arrêts & Reglemens.*

(167). LE 16 Mai 1657, la Chambre fit défenſes aux Tréſoriers de France du reſſort d'icelle de délivrer aucunes attaches à tous ceux qui s'immiſceront en la Recette des deniers, qu'ils n'aient fait apparoir de leurs Commiſſions duement vérifiées, à peine d'en répondre en leurs propres & privés noms, & radiation de leurs gages, & à cet effet que le présent Arrêt sera envoyé ès Bureaux desdits Trésoriers de France, pour y être lu, *publié*, à la requête du Procureur Général, poursuites & *diligences de ses Substituts, qui en certifieront ladite Chambre au mois*, sur les mêmes peines. — Le 17 Mars 1658, ordonne qu'un Particulier qui s'étoit immiscé à faire un recouvrement de deniers royaux, présentera ses Lettres de Commission; lui fait défenses de continuer, à peine d'amende, & que le présent Arrêt sera envoyé à chacun des Bureaux des Finances & Elections du ressort de ladite Chambre, pour y être *publié à la diligence des Substituts du Procureur Général du Roi*, auxquels est enjoint de ce faire, & d'en certifier la Chambre au mois. — Le 10 Décembre 1669, la Chambre ordonne que copies collationnées des Lettres Patentes, portant défenses qu'à l'avenir il soit destiné aucuns débets aux ci-devant Trésoriers de l'Epargne, à présent supprimées, seront envoyées aux Trésoriers de France des Bureaux du ressort d'icelle, pour les y faire *publier & regiſtrer à la diligence des Substituts du Procureur Général* esdits Bureaux, qui en certifieront la Chambre au mois. — Le 5 Juillet 1735, la Chambre regiſtre des Lettres Patentes, & ordonne que copies collationnées seront envoyées aux Bureaux des Finances de son ressort, pour y être lues, *publiées & regiſtrées*, *enjoint aux Substituts du Procureur Général du Roi* esdits Bureaux, d'y tenir la main, & d'en certifier la Chambre au mois. — Le 12 Avril 1737, pareil Arrêt.

IIIe. Section.

(168). *La Chambre emploie les Substituts du Procureur Général pour le service des Fiefs.*

(169). Le 13 Février 1658, la Chambre ordonne qu'à la requête du Procureur Général, poursuite & *diligence de son Substitut* au Bureau des Finances de Montauban, les Fiefs excédant 100 liv. & au-dessus même, seront saisis, faute de foi & hommages, aveux & dénombremens rendus en ladite Chambre, ainsi que les Terres engagées, dont les contrats ne sont registrés en icelle, dont il *certifiera la Chambre* de trois en trois mois, à peine de radiation de ses gages. — Le 12 M[illegible] 1659, la Chambre ordonne que les Receveurs des Domaines, tant engagés, qu'autres, rapporteront à la reddition de leurs comptes un état de tous les Fiefs relevans de S. M. en l'étendue desdits Domaines; enjoint à cet effet *aux Substituts du Procureur Général* de fournir auxdits Receveurs ledit état des Fiefs, contenant les noms, surnoms, &c. lequel Arrêt sera notifié auxdits Substituts du Procureur Général, à sa diligence. — Le 27 Janvier 1667, la Chambre *casse & annulle* un acte de foi & hommage fait par les Trésoriers de France de Guyenne, comme reçu par eux, par entreprise & attentat; leur fait défenses d'en recevoir de semblables; comme aussi *au Substitut du Procureur Général audit Bureau* de continuer aucunes poursuites contre le Suppliant, à peine de radiation de ses gages, & donne main-levée au Suppliant des saisies & établissement de Commissaires faits *à la requête dudit Substitut.* — Le 21 Novembre 1676, la Chambre, sur Requête, ayant cassé deux Ordonnances des Trésoriers de France de Bordeaux, décharge le Suppliant des poursuites faites contre lui, à la *requête du Substitut* du Procureur Général au Bureau des Finances dudit Bordeaux, lui faisant main-levée des saisies féodales, & fait *défenses audit Substitut* de faire à l'avenir pareilles poursuites, à peine de nullité & de radiation de ses gages. — Le 31 Décembre 1676, sur Requête du Procureur Général, la Chambre ordonne que le *Substitut dudit Procureur Général* au Bureau des Finances de Poitiers lui fournira incessamment les saisies féodales & liquidation des profits des Fiefs, faites à sa requête, sur les Vassaux du Roi de ladite Généralité, & jusqu'à ce qu'il y ait satisfait, que ses gages & droits seront saisis & arrêtés. — Pareil Arrêt, le 12 Août 1682. — Le 13 Octobre 1703, la Chambre fait *défenses au Substitut du Procureur Général* au Bureau des Finances de Soissons de faire saisir la Terre & Vicomté d'Ambriez, féodalement, faute d'aveu, ni de faire aucune poursuite pour raison de ce, jusqu'à ce que l'hommage en ait été rendu en la Chambre, à peine de nullité, radiation de gages, &c. — Le

6 Fevrier 1708, la Chambre caſſe deux Ordonnances des Tréſoriers de France de Bourges, donne main-levée au Suppliant des ſaiſies faites à la *requête du Subſtitut du Procureur Général du Roi* audit Bureau, & pour la contravention faite par ledit Sieur à l'Arrêt de la Chambre, ordonne que les gages appartenans à ſondit Office demeureront entre les mains du Payeur, auquel eſt fait défenſes de les payer, juſqu'à ce qu'autrement par ladite Chambre en ait été ordonné, & à cet effet, qu'à la diligence du Procureur Général, le préſent Arrêt ſera ſignifié, tant auxdits Tréſoriers de France & audit Subſtitut, qu'au Payeur deſdits gages. — Le 13 Septembre 1720, la Chambre caſſe une ſaiſie féodale faite à la requête du Receveur Général des Domaines de Châlons, ordonne l'exécution d'un de ſes Arrêts, & *enjoint au Subſtitut du Procureur Général du Roi* au Bureau des Finances dudit lieu de s'y conformer.

IVe. SECTION.

(170). *La Chambre employe les Subſtituts du Procureur Général pour l'avantage de la Comptabilité.*

(171). 1°. *En ce qui concerne les cautions.* Le 19 Octobre 1609, la Chambre décharge un Particulier de compter, ſauf au Procureur Général à *ſe faire informer par ſon Subſtitut* des cautions de ceux qui ont exercé ladite monnoye, & faire ſaiſir leurs biens juſqu'à ce qu'ils aient compté. — Le 6 Février 1657, ſur Requête d'un Commis Receveur des Tailles, la Chambre ordonne que la caution préſentée par le Suppliant ſera reçue avec le Procureur-Général du Roi ou *ſon Subſtitut au Tréſor*, dont l'acte ſera rapporté au Greffe de ladite Chambre. — 2°. *Pour empêcher l'immixion des Comptables* dans la geſtion des deniers du Roi ſans lettres régiſtrées. Le 22 Février 1661, la Chambre fit défenſes au Commis d'une recette des Tailles, de s'immiſcer en la recette des deniers de S. M. qu'il n'ait fait vérifier en ladite Chambre ſes Lettres de commiſſion; aux Tréſoriers de France de lui délivrer aucune attache, &c. *enjoint aux Subſtituts* du Procureur Général, tant du

Bureau des Finances de Moulins, que desdites Elections, de tenir la main à l'exécution du préſent Arrêt, auxquels il ſera à cet effet envoyé, dont ils certifieront la Chambre au mois. — Les 18 Mars 1663, & 3 Mars 1665, pareils Arrêts. — 3°. *Pour faire commettre à la place des Comptables, abſens ou négligens*; le 17 Août 1656, la Chambre ordonne qu'à la Requête du Procureur-Général & *diligence de ſon Subſtitut* au Bureau des Finances de Bourges, il ſera commis, par les Tréſoriers de France dudit lieu, en la place d'un Receveur & Payeur Provincial de rentes interdit de la fonction de ſa Charge, dont ledit Subſtitut certifiera la Chambre au mois. — Le 6 Juin 1669, la Chambre ordonne que, dans les Domaines où il n'y a point de Receveurs en titre d'Office, les Tréſoriers de France ſeront tenus de commettre à la recette d'iceux, Perſonnes ſolvables & duement cautionnées, &c. *enjoint aux Subſtituts du Procureur Général* de tenir la main à l'exécution de l'Arrêt du 20 Février 1668, & du préſent. — 4°. *Pour connoître ceux qui manient les deniers du Roi.* Le 29 Janvier 1653, la Chambre ordonne que les *Subſtituts du Procureur Général*, tant des Bureaux des Finances, que des Elections du reſſort de la Chambre, ſeront tenus de lui envoyer inceſſamment, chacun à leur égard, un état ſigné de leurs Greffiers, contenant les noms, ſurnoms, qualités & demeure des Perſonnes qui ont été employées & commiſes à la recette des deniers des Tailles, &c.

V^e^. SECTION.

(172). *C'eſt à ce même titre de Subſtituts du Procureur Général, que la Chambre rend Arrêt ſur leurs Requêtes.*

(173). LE 25 Janvier 1610, ſur la Requête du *Subſtitut du Procureur-Général* au Bureau des Finances d'Amiens, la Chambre a ordonné que Me François Paſtouraux comptera dudit Domaine de l'année finie à la Saint-Jean 1607, dans deux mois: *aliàs*, qu'il y ſera contraint par corps, ſans préjudice des amendes ordinaires. — Le 12 Mars 1716, enjoint aux

Trésoriers de Limoges de *communiquer au Substitut du Procureur Général du Roi les aveux* & dénombremens des Vassaux de S. M. — Le 16 Septembre 1716, Lettres Patentes pour le *Substitut du Procureur Général du Roi* au Bureau des Finances de Paris, portant qu'une somme empruntée pour la construction de la Chambre du Domaine sera remboursée, ensemble les intérêts d'icelle. — Le 5 Mai 1717, commission *au Substitut du Procureur Général* du Roi au Bureau des Finances de la Rochelle, pour faire le paiement des gages des Officiers dudit Bureau.

VIe. Section.

(174). *La Chambre les nomme Substituts dans les cas de peines prononcées contre eux.*

(175). Le 19 Juin 1705, la Chambre casse & annulle deux Ordonnances des Trésoriers de France de Paris, portant information de vie & mœurs; leur fait défenses d'en rendre de semblables à l'avenir, à peine de 3000 liv. d'amende; ordonne que les *gages* de cinq desdits Trésoriers, & ceux *du Substitut du Procureur Général* audit Bureau, sur les conclusions duquel lesdites Ordonnances ont été rendues, seront rayés au compte de 1705 : fait défenses au Payeur de les payer, à peine de radiation, & sera le présent Arrêt signifié, tant auxdits Trésoriers de France & Substitut, qu'audit Payeur. — Pareil Arrêt, le 20 Juin 1735. — Le 15 Juillet 1722, la Chambre casse & annulle deux Ordonnances des Trésoriers de France de Châlons; décharge le Suppliant des saisies féodales, faites à la requête du Substitut du Procureur Général du Roi audit Bureau; lui fait main-levée desdites saisies.... *condamne ledit Substitut du Procureur Général, en son propre & privé nom*; fait défenses de faire à l'avenir semblables poursuites, *à peine contre ledit Substitut de radiation de ses gages.*

(176). Malgré une possession si ancienne, si générale, & si utile de la supériorité de la Chambre sur les Bureaux des Finances, & notamment de la dénomination de Substituts du

Procureur Général en icelle, à l'égard des Officiers chargés du Miniſtere public dans ces Bureaux : ils ont ſouvent affecté de prendre le titre de *Procureurs Généraux*, au mépris des Cours Souveraines, à qui il appartient excluſivement de donner ce titre de Procureurs Généraux aux Officiers qui exercent le Miniſtere public dans leurs Tribunaux. — Le 30 Juin 1673, ſur Requête, la Chambre fait main-levée au Suppliant d'une ſaiſie féodale : fait défenſes au Subſtitut du Procureur Général dudit Bureau de prendre ni ſouffrir la qualité de *Procureur Général*, ni celle de Noſſeigneurs auxdits Tréſoriers de France. — Ledit jour, pareil Arrêt. — Le 30 Juin 1703, ſur Requête du Procureur Général du Roi, la Chambre a ordonné les actes de foi & hommages, aveux & dénombremens, reçus par les Tréſoriers de France de Poitiers, pendant 1702, être reçus & mis au dépôt des Conſeillers-Auditeurs, &c. Fait défenſes au Procureur du Roi dudit Bureau des Finances de Poitiers de prendre la *qualité de Procureur Général*, & auxdits Tréſoriers de la lui donner, à peine de radiation de leurs gages; ordonne que ladite qualité ſera *rayée* dans les actes des cotes 20 & 21, & dans tous les autres où elle ſe trouvera avoir été priſe ou donnée; ce qui ſera ſignifié auxdits Officiers, à la diligence du Procureur Général du Roi. — Le 5 Avril 1707, la Chambre, après avoir accordé ſouffrance aux Demoiſelles mineures de Pot-de-Rhodes, ajoute : fait défenſes au Subſtitut du Procureur Général du Roi audit Bureau des Finances de Bourges de prendre la *qualité de Procureur Général*, à peine de radiation de ſes gages : ordonne que ladite qualité, priſe dans leſdites ſaiſies féodales, & dans tous actes où elle aura été employée, demeurera *rayée*, & ſera le préſent Arrêt ſignifié audit Subſtitut, à la requête & diligence du Procureur Général. — Le 17 Juillet 1707, mêmes défenſes à celui du Bureau des Finances de Bordeaux. — Le 30 Août 1707, ſur la Requête de Charles-Armand-Gontaud de Biron, la Chambre a accordé délai d'un an au Suppliant, pour fournir en icelle ſon aveu & dénombrement ; & faiſant droit ſur les concluſions du Procureur Général, fait défenſes au Subſtitut du Procureur Général au Bureau des Finances de Bordeaux de prendre la *qualité de Procureur Général* audit Bureau,

Bureau, à peine de radiation de ses gages : ordonne qu'elle sera *rayée* dans ledit exploit de saisie, & par-tout ailleurs où elle se trouvera employée. — Le 17 Juillet 1732, Arrêt de réception en foi du Seigneur de la Motte-Bezat ; la Chambre ajoute : faisant droit sur le Requisitoire du Procureur Genéral du Roi, fait défenses au Substitut dudit Procureur Général au Bureau des Finances de Bordeaux de prendre la *qualité de Procureur Général* audit Bureau des Finances, par lui prise en la saisie féodale de la Maison noble de la Motte-Bezat, à peine de radiation de ses gages.

(177). L'ambition des Trésoriers de France étant toujours la même pour essayer d'usurper ce titre de Procureur Général, qui les assimileroit aux Cours Souveraines, leur entreprise à cet égard a été continuée jusqu'à une époque fort récente, puisque le 19 Mars 1751, la Chambre, après avoir donné acte de la représentation faite en son Greffe par un Receveur d'Octrois, de ses actes de cautionnement, élection de domicile, &c. ajoute : faisant droit sur le Requisitoire du Procureur Général du Roi, a ordonné que la *qualité de Procureur Général* du Roi, donnée par Gaudin, Greffier au Bureau des Finances de la Rochelle, au Substitut du Procureur Général du Roi audit Bureau, des actes ci-dessus énoncés & datés, sera *rayée* audit enregistrement par le Conseiller-Maître, Rapporteur, sur les expéditions desdits actes, & substituera à ladite qualité de Procureur Général celle de Procureur du Roi audit Bureau des Finances : enjoint audit Gaudin de faire pareillement mention sur les minutes d'enregistrement desdits actes, étant au Greffe du Bureau, dont ledit Gaudin certifiera la Chambre au mois ; à l'effet de quoi lesdits actes seront représentés par le Suppliant audit Gaudin ; lui fait défenses de qualifier à l'avenir ledit Substitut de Procureur Général audit Bureau, *à peine d'interdiction*, à l'effet de quoi le présent Arrêt lui sera signifié, à la requête du Procureur Général, à ce qu'il ait à s'y conformer.

(178). Il est donc évident que dans les époques, même les plus récentes, les Trésoriers de France n'ont pas désespéré d'obtenir, à force d'entreprises, le titre de Procureurs Généraux, incommunicable aux Officiers inférieurs.

(179). A l'égard du titre de Subſtitut donné aux Officiers qui rempliſſent le Miniſtere public dans les Bureaux des Finances : en vain le ſieur de Gironcourt, *page* 310, oppoſe un Arrêt ſurpris au Conſeil, en date du 20 Mai 1755, rendu ſans que la Chambre des Comptes en ait eu connoiſſance, & qu'elle ait pu oppoſer les preuves de ſon droit.

(180). Inutilement auſſi invoque-t-il le témoignage du Sr Lefevre de la Planche, Avocat du Roi du Bureau des Finances de Paris, qui prétend que cette dénomination eſt une irrégularité ; ce qu'il fonde ſans doute ſur la prétendue indépendance & ſur la ſupériorité qu'il revendique ſi mal-à-propos en faveur des Officiers de ſon Bureau, qui n'en ont jamais joui.

(181). Nous oppoſons à cet Auteur la tradition de faits qui vient d'être expoſée ; ajoutons-y le texte même de la Déclaration du Roi du 29 Décembre 1674 : « Nous voulons que tous » les Archevêques, Evêques, ſoient & demeurent déchargés » de toutes inſtances & pourſuites à l'encontre d'eux, tant à la » requête de nos Procureurs Généraux deſdites Chambres, pour » raiſon des aveux & dénombremens de leurs Fiefs, Terres & » Seigneuries, qu'à la requête *de leurs Subſtituts ès Bureaux* » *des Finances & Chambre du Tréſor* ».

(182). OBSERVATION GÉNÉRALE,

Sur la premiere Queſtion propoſée à l'occaſion de la Sentence des Tréſoriers de France de Limoges, & des deux Imprimés de Meſſieurs de Gironcourt & Jouſſe.

(183). La foule de preuves qui viennent d'être rapportées, renferment la fin du ſeizieme ſiecle & le dix-ſeptieme entier, temps auquel les Tréſoriers de France avoient encore des fonctions honorables, & où ils influoient même ſur la diſtribution des Finances ; elle contient également une grande partie du dix-huitieme ſiecle. Les Tréſoriers de France eux-mêmes ne peuvent donc plus douter que l'autorité de la Chambre, à leur égard, eſt établie par les plus anciennes Ordonnances ; que leur ſerment, lors de leur réception, a été regardé par eux-mêmes comme un lien de respect & d'obéissance à ses Arrêts ; que tant qu'ils ont eu des fonctions importantes à l'égard des Finances, ils les ont toujours exercées avec subordination à l'égard de la Chambre ; que pour les contestations mues entre eux ou contre eux, ils ont eu recours à son autorité ; qu'ils ont plusieurs fois demandé, & que la Chambre leur a accordé protection ; qu'elle a confirmé, infirmé & cassé leurs Sentences.

(184). Les Trésoriers de France de Limoges eux-mêmes doivent donc être surpris d'avoir traité les Arrêts de la Chambre de *prétendus Arrêts*, & d'avoir déclaré hautement qu'ils ne doivent répondre de leurs fonctions qu'au Conseil. Le Défenseur général de tous les Bureaux des Finances, le sieur de Gironcourt, ne le sera pas moins d'avoir vanté, d'un bout à l'autre de son Traité Historique, la supériorité des Trésoriers de France.

(185). Plus nous allons avancer, plus la conviction deviendra accablante pour les Trésoriers & leurs prétentions dérisoires.

IIe QUESTION.

(186). *La Chambre a-t-elle autorité sur les personnes des Trésoriers de France? Peut-elle les décréter & les emprisonner?*

(187). ON se rappelle que dans le fait il a été annoncé que non seulement les Trésoriers de France de Limoges ont refusé toute exécution aux Arrêts de la Chambre & les ont contredits positivement, mais même qu'ils ont insulté l'autorité de la Chambre ; d'autant plus coupables, qu'ils ne peuvent ignorer sa compétence en matiere de féodalité. C'est ce qui a occasionné d'abord le mandé contre les Officiers de ce Bureau, & faute d'y satisfaire, le décret d'ajournement personnel.

PREMIERE PROPOSITION.

(188). *La Chambre, comme toute autre Compagnie revêtue de l'autorité du Roi, a toute l'autorité néceſſaire pour réprimer les inſultes qui lui ſont faites à l'égard de la Juriſdiction qui lui eſt confiée.*

(189). Si les Compagnies ne pouvoient pas par elles-mêmes réprimer les injures qui leur ſont faites dans leur Juriſdiction, elles ſeroient donc obligées d'avoir recours au Roi ou à d'autres Juriſdictions; mais il n'exiſte aucune Cour qui puiſſe montrer les plaintes formées devant elle par la Chambre des Comptes, en matiere d'injure; & quoique les Tréſoriers de France prétendent ne devoir rendre compte de leur conduite qu'au Conſeil du Roi, jamais la Chambre ne s'eſt adreſſée au Conſeil pour obtenir juſtice contre les Tréſoriers de France; mais au contraire, comme toutes les autres Cours, elle a elle-même fait juſtice contre les injures faites ou dites contre elle ou aucuns de ſes membres: elle y eſt autoriſée par les textes les plus poſitifs des Ordonnances.

(190). L'Edit de Mars 1408, après avoir annoncé les différens objets ſoumis à la Juriſdiction de la Chambre, ajoute: *& auſſi en toutes injures dites ou faites en la Chambre, en Jugement ou dehors, à aucuns des Gens & Officiers d'icelle*, mêmement en faiſant & exerçant leurs Offices. On trouve la même diſpoſition dans l'Edit de Mars 1460.

(191). Celui d'Henri II, du dernier Décembre 1551, après avoir rappellé le précédent, & celui de Décembre 1520, déclare, « qu'après avoir conſidéré la conſéquence de telles & » ſemblables matieres, deſquelles la connoiſſance appartient & » doit appartenir à nos Juges de Cours Souveraines, eſquelles » leſdites injures ſe font, & autres troubles & différens qui y » ſurviennent; auſſi qu'il *n'eſt raiſonnable ni décent qu'autre en » ait la connoiſſance ou Juriſdiction*, joint que, ſi telles matieres » étoient diſtraites & traitées ailleurs, pourroient être cauſe de » la diſtraction du ſervice ordinaire que nous doivent nos

» Officiers en nosdites Cours Souveraines, comme est notredite » Chambre des Comptes. A ces causes . . . . ordonnons . . . . » que toutes les matieres *d'injures*, *dites ou faites en ladite » Chambre*, en Jugement ou dehors, à aucun des Gens nos » Officiers en icelle, mêmement faisant & exerçant leurs Offices, » circonstances & dépendances, en quelque sorte & maniere » que ce soit, que la *connoissance en appartiendra & demeurera » en icelle* ».

(192). Ces motifs doivent avoir encore bien plus de force, lorsqu'il s'agit d'injures dites ou faites au Tribunal entier. C'est sans doute encore plus des Compagnies Souveraines, que de chacun de leurs Officiers en particulier, que nos Rois ont dit : *personam nostram repræsentant.* C'est véritablement alors *qu'il n'est raisonnable ni décent* qu'autres aient la connoissance des injures qui sont faites à tout ce Tribunal, qui ne seroit plus Cour Souveraine, s'il falloit que la Compagnie entiere fût obligée d'aller présenter Requête dans un autre Tribunal, inférieur ou même égal, pour demander justice.

(193). Cette autorité des Cours s'étend, non-seulement sur ceux qui prêtent serment devant elle, mais aussi sur tout Citoyen qui s'ecarte du respect dû au Roi en la personne des Juges ; & la Chambre a usé de ce pouvoir commun à toutes les Jurisdictions.

(194). Le 6 Février 1597, la Chambre ordonne qu'un Mémoire, qui contenoit des expressions contraires à son autorité, seroit *bissé & laceré*, en présence de celui en faveur de qui il avoit été fait, lequel fut mandé & condamné en une *amende* de 100 liv. envers le Roi & les Pauvres de l'Hôtel-Dieu. L'Avocat qui l'avoit signé fut *blâmé* après avoir été mandé au Bureau : la Chambre fit *défenses* à l'Imprimeur d'imprimer à l'avenir chose injurieuse à sa Jurisdiction, sous peine de punition exemplaire. — Le 16 Janvier 1601, elle *blâma* au Bureau, & condamna à *l'amende* un Libraire qui avoit imprimé un Factum contre l'honneur de la Chambre : le Particulier qui l'avoit fait imprimer avoit été mis en prison & condamné en une *amende* : il présenta Requête le 24 du même mois, pour demander que l'amende prononcée contre lui, ne lui infligeât aucune note d'infamie, & la Chambre l'accorda.

(195). A ces exemples anciens, auxquels il ſeroit facile d'en joindre beaucoup d'autres, on ſe contentera d'ajouter le fait récent du 11 Mars 1744. Un Préſident du Bureau des Finances de Lille, ayant fait une proteſtation téméraire contre la Séance, qui lui fut donnée en la Chambre lors de ſon inſtallation : cette proteſtation reçue par deux Notaires fut ſignifiée au Procureur Général du Roi. Le Préſident & les deux Notaires furent décrétés d'*aſſignés pour être ouïs*, & l'Huiſſier d'ajournement perſonnel. Les Syndics des Notaires, ſous prétexte de la Déclaration du 20 Avril 1650, & des Lettres du mois d'Avril 1736, portant, qu'ils ne ſeront traduits, pour raiſon de leurs fonctions, que pardevant les Juges du Châtelet & par appel au Parlement, obtinrent un Arrêt de la Grand'Chambre, qui fit défenſes à tous Huiſſiers de mettre à exécution les décrets décernés contre les Notaires. Par cet Arrêt le Parlement avouoit lui-même la Juriſdiction de la Chambre ſur l'un des Accuſés (le Préſident du Bureau des Finances) & ce n'étoit que par exception que le Parlement prétendoit connoître du délit des deux Notaires : mais, comme ledit l'illuſtre & ſavant Magiſtrat M. d'Agueſſeau, Chancelier de France, *le privilege perſonnel eſt ſubordonné à toutes les Juriſdictions dans les matieres de leur compétence.* Or les injures dites ou faites contr'elle ſont déclarées, comme on vient de le voir, être de la compétence de la Chambre, comme elles le ſont de toute Juriſdiction inſultée. Ces Arrêts contradictoires des deux Cours entraînoient naturellement un Reglement de Juges ; mais pour éviter toutes conteſtations entr'elles, leurs Premiers Préſidens & Procureurs Généraux s'aſſemblerent chez M. le Chancelier d'Agueſſeau. Quelque déférence que ce Magiſtrat pût avoir pour une Compagnie, dans laquelle il avoit long-tems exercé le Miniſtere public, ſon attachement aux maximes conſtantes de l'ordre des Juriſdictions, ne put lui permettre d'approuver l'Arrêt du Parlement. Par voie de conciliation ce premier Magiſtrat propoſa ſeulement que la Chambre ne portât point au Roi ſes plaintes contre l'Arrêt du Parlement, & qu'il ſeroit réputé non avenu pour les Notaires qui l'avoient obtenu, lesquels exécuteroient celui de la Chambre. Ce tempéramment fut adopté, & les Notaires se présenterent en la Chambre sur le décret d'assigné pour être ouïs.

(196). Ce fait est d'autant plus intéressant, que l'on y voit le Chancelier de France maintenir l'autorité de la Chambre contre le Parlement, dans une occasion où des hommes, revêtus d'un caractere légal, avoient cru pouvoir remplir les fonctions de leurs Charges, & qu'il leur étoit permis en général de recevoir des protestations; mais le respect dû aux Cours état de droit public, il n'avoit pas été licite à ces Officiers de s'en écarter en recevant une protestation de cette espece.

(197). Il en est de même des autres Cours; quiconque les insulte, est soumis à leur Juridiction pour la vindicte de l'autorité royale, méprisée dans leurs Tribunaux. La Cour des Aides de Paris a récemment exercé ce même pouvoir sur l'auteur d'un libelle, qui n'étoit pas dans l'enceinte de sa Jurisdiction. Elle évoqua, le 26 Mai 1762, les procédures commencées au Parlement de Dijon contre un libelle, dont ces deux Compagnies avoient à se plaindre. Le Parlement de Dijon, après avoir ordonné le 7 Juin la lacération de ce libelle, déféra à l'évocation de la Cour des Aides, & lui renvoya les procédures. Cette Cour les continua en ce qui regardoit sa Jurisdiction; elle supprima le livre, & punit l'Auteur pour le délit particulier qui la concernoit, sans que le Parlement de Paris ait contredit cet exercice de Police, qui étoit fait sous ses yeux par la Cour des Aides. Cette Cour n'avoit cependant point présenté Requête au Parlement de Dijon, lieu du délit; elle avoit usé de son autorité; elle avoit évoqué, elle n'avoit rien demandé ni au Châtelet, ni au Parlement de Paris, sous le prétexte qu'ils sont Juges uniques de la Police de la Librairie. On reconnoissoit encore alors que tout écrit, devenu public par l'impression, soumettoit son Auteur à la Jurisdiction des Tribunaux, contre lesquels ils s'étoit permis ou des alléguations fausses, ou une déclamation indécente.

(198). Ces principes ont été reconnus les mêmes dans tous les temps; personne n'a pu révoquer en doute le droit de Police, exercé par les Cours pour la confervation de leur dignité & autorité.

(199). On trouve dans les Regiftres de la Chambre une multitude de Décrets pareils, fur-tout contre les Elus, lorfqu'ils fe font écartés du refpect qu'ils doivent à la Chambre; nous y joindrons plufieurs Décrets, également rendus par la Chambre contre ces Officiers, pour des fautes graves commifes dans leurs fonctions. Ce qui fera voir que la Jurifdiction

PREUVES.

Le 2 Avril 1583, *comparutions des Elus de Meaux* fur décret *d'ajournement perfonnel.* Le 4 dudit, permiffion à un des Elus de Meaux, de retourner chez lui, après avoir été interrogé. — Le 3 Mai, la Chambre ordonne à un Elu de *Langres la Ville pour prifon.* — Le 10 Juin, décret de *prife de corps* contre un Elu, faute de s'être repréfenté dans le délai à lui accordé. — Ledit jour, plufieurs autres Elus affignés *à comparoir en perfonnes.* Le 22, un Elu demande *acte de fa comparution*, la Chambre ordonne qu'il fera conftitué *Prifonnier à la Conciergerie.* Le 23 Juin, la Chambre ordonne qu'il *fera élargi* en la garde d'un Huiffier, qui s'en chargera comme Géolier; défenfes de le laiffer communiquer à perfonne fans licence de la Chambre. Le 30 dudit, exoine au Préfident de l'Election fur fon *ajournement perfonnel.* — Le 11 Juillet, *acte de comparution* aux Elus de *Langres.* — Le 18 dudit, fur Requête d'un Préfident de ladite Election, la Chambre lui *permet de fe retirer*, en faifant les foumiffions au Greffe de fe repréfenter quand il fera ordonné, élifant domicile en cette Ville de Paris. — Le 27, la Chambre *élargit un Elu* de la garde d'un Huiffier, à la charge de bailler caution, de fe repréfenter toutes & quantes fois qu'il fera ordonné. Le 30, il donne pour caution le Préfident de l'Election de *Chaumont*, & la Chambre le reçoit. Le 20 Août, le procès eft jugé & l'Arrêt *prononcé* aux Elus, préfens au Bureau. — Le 12 Décembre 1583, *décret d'ajournement perfonnel* contre les Elus de la Châtres. — Le 13 Avril 1584, Requête d'un Elu, *ajourné à comparoir*, tendante à être ouï, la Chambre commet pour l'interroger. — Le 5 Mai 1584, *après interrogation* faite au Préfident de l'élection de la Châtres, la Chambre lui *permet de fe retirer* en fa maifon. — Décret d'ajournement perfonnel aux Officiers de cette élection, ordonne au Greffier d'apporter les minutes originales, faites ès années 1581 & 1582. — Le 12 Juin 1584, fur Requête d'un Elu en l'élection de *Moulins*, tendante à *être interrogé*, la Chambre le renvoie, avec *défenfes de récidiver.* Ledit jour, fur pareille Requête d'un Elu en l'Election de *Beauvais*, à fin d'être ouï fur l'affignation à eux baillée à la Requête criminelle

criminelle n'est nullement étrangere à la Chambre, & que son droit est entier à cet égard dans toutes les matieres de sa compétence. On y verra des Décrets d'assignés pour être ouïs, d'ajournemens personnels, de prises de corps, cris publics, bien saisis faute de comparoir; les Décretés se présenter, de-

PREUVES.

du Procureur Général, la Chambre a ordonné qu'ils seront privés de leurs taxations, employées aux comptes des Aides & Tailles dudit Beauvais, & qu'ils seront *blâmés au Bureau* d'icelle.

On voit de pareilles procédures les 4 & 7 Mai 1585 contre des Elus de *Peronne*. — Le 4 Janvier 1586, contre des Elus de *Langres*. — Le 13 Novembre 1582, contre des Elus de *Meaux*. — Le 12 Juin 1586, décret *d'ajournement personnel* contre les Elus de Châteauroux, pour avoir enfreint un Arrêt de la Chambre; fait défenses à l'un d'eux de s'immiscer en l'exercice de son Office, jusqu'à ce que ladite Chambre en ait ordonné; enjoint aux autres de faire mettre à exécution les contraintes accordées par l'Arrêt de la Chambre, à peine de payer les sommes en leurs propres & privés noms. — Le 20 Juin 1600, ordonne que les Elus de *Nevers seront blâmés* en la personne d'un Député. — Le 30 Janvier 1601, *ajournement personnel* contre les Elus & Procureur du Roi de l'élection de *Rheims* Le 31 dudit, autre décret *d'ajournement personnel* contre les Elus & Procureur du Roi de *Crespy*. — Le 2 Juin 1602, décharge des Elus de *Tours* de l'assignation, & néanmoins leur fait défenses, &c. — Le 3 Septembre 1602, procédures contre les Elus du *Mans* & de *Beaugé*. — Le 26 Octobre 1607, décret *d'ajournement personnel* contre les Elus de *Fontenay*, pour répondre sur ce qu'au compte du Receveur des Tailles de ladite Election, il se trouvoit plus grande somme levée, &c. — Le 13 Mai 1609, sur la Requête des Elus de Fontenay, la Chambre les a déchargés de *l'assignation personnelle* à eux donnée; ordonne qu'ils se présenteront par Procureur. — Le 1er Août 1611, la Chambre a relevé les Elus de Fontenay-le-Comte de l'assignation à eux donnée, avec *défenses de récidiver*. — Le 12 Mars 1620, sur la Requête d'un Elu de *Tonnerre*, tant pour lui que pour les Présidens, Lieutenans & Elus dudit lieu, la Chambre leur a donné *main-levée de leurs personnes* & gages. — Le 10 Juillet 1629, sur Requête des Officiers de l'Election de *Troyes*, *Langres*, *Chaumont* & *Vitry*, la Chambre ordonne qu'ils continueront l'exercice de leurs Charges, & jouiront des gages. — Le 29 Décembre 1632, Elu de *Lannes élargi sur sa Requête*. — Le 16 Janvier 1636, décharge des Elus de *Saint-Florentin*, *de l'assignation personnelle* à eux donnée, &c. — Le 19 Août 1637, *ajournement personnel* aux

mander à être interrogés; commiſſions ſur leur demande pour les interroger; quelques-uns ſe ſoumettre à reſtitution & amendes; d'autres conſtitués Priſonniers à la Conciergerie; la Chambre prononçant ſur les décrets & comparutions, donner aux uns la Ville pour priſon, élargir les autres purement

PREUVES.

Elus de *Combrailles* par l'un d'eux, faute de repréſenter les actes de caution d'un Comptable. — Le 10 Février 1643, *ajournement perſonnel* contre les Elus de Rheims, pour une Sentence rendue par eux contre un exécutoire donné par la Chambre, leur Sentence caſſée, ordonne qu'il ſera paſſé outre à l'exécution de l'Arrêt de la Chambre. — Le 13 Juillet, le décret *d'ajournement perſonnel converti en décret de priſe de corps, cri public & biens ſaiſis.* — Le 5 Avril 1644, des Officiers de l'Election de *Forêt* & de *Montbrizon* ayant été *ajournés perſonnellement* pour avoir fait une levée de deniers ſur le Peuple, ſans commiſſion, le Lieutenant en ladite Election *comparoît*, & dit qu'ils n'avoient pas été employés pour une ſomme de 7500 livres à eux due, pour dédommagement de la création de l'Election de Saint-Chaumont. Ils avoient attendu quelques années; mais voyant que les fonds continuoient à n'être point faits, ils avoient impoſé cette ſomme; que depuis ce temps les fonds ayant été faits, ils avoient ceſſé la premiere Impoſition: il ſe ſoumet à la reſtitution en ſon propre & privé nom, & en telle amende qu'il plaira à la Chambre ordonner, s'il ſe trouve du contraire; la Chambre décharge ces Officiers *d'ajournement perſonnel*, leur fait défenſes de faire aucune levée ſans la commiſſion du Roi & attache des Tréſoriers de France, à peine de péculat. — Le 15 Mai 1653, Tréſorier de France & Elu *d'Auvergne aſſignés au mois* en la Chambre, pour répondre aux concluſions du Procureur Général. — Le 17 Décembre 1653, Elus de *Vendôme aſſignés à comparoir en perſonne*, à l'occaſion d'une Impoſition d'autres parties que celles ordonnées par la Commiſſion du Roi. — Le 29 Janvier 1658, *ajournement perſonnel* contre le Préſident de l'Election de *Coulommiers*, & le Subſtitut du Procureur Général en ladite Election, à l'occaſion d'un compte par eux reçu du Syndic des Habitans de la Ville de la Ferté Gaucher. — Le 26 Août 1662, ſur la Requête d'un particulier, la Chambre a ordonné que ſur les fins d'icelle le Lieutenant en l'Election de *Châteaudun*, & autres Officiers de ladite Election, ſeront *aſſignés à comparoir* en icelle au premier jour, pour y répondre; cependant a furſis l'exécution. — Le 21 Décembre 1666, un Préſident en l'Election de *Saintes*, ajourné *à comparoir en perſonne* en ladite Chambre, pour être oui & interrogé ſur les fait réſultant d'un procès-verbal d'un Huiſſier, & répondre aux fins & concluſions que

sur leurs Requêtes, leur donnant permission de retourner chez eux; quelques-uns faisoient soumissions de se représenter & même en donnant caution; la Chambre faisoit aux uns des défenses de récidiver; elle privoit d'autres de leurs taxations; défenses de s'immiscer dans leurs Offices, à peine de faux, blâmes en la Personne d'un Député, &c.

PREUVES.

le Procureur Général voudra contre lui prendre. — Le 16 Mai 1667, la Chambre a ordonné que ledit Président de l'Election de *Saintes* sera *pris au corps & amené en la Concie gerie*, si pris & appréhendé peut être, & sinon ajourné à trois briefs jours, les biens saisis; & jusqu'à ce qu'il ait obéi à Justice, fait défenses de s'immiscer en l'exercice & fonction de sa Charge, à peine de faux; aux autres Officiers de le reconnoitre, à peine de radiation de leurs gages, & aux Receveurs des Tailles de lui payer aucuns gages, à peine de payer deux fois. — Le 19 Juillet 1674, sur la Requête d'un Président en l'Election de *Saintes*, la Chambre a ordonné que le Suppliant sera *oui & interrogé* par le Conseiller Maître Rapporteur, sur les faits mentionnés en l'Arrêt du...... pour l'interrogatoire vu, communiqué au Procureur Général, être ordonné ce que de raison.

(200). Depuis les trente dernieres années du siecle dernier on ne voit presque plus d'objets intéressans à l'égard des Elus, parce qu'ayant perdu sous Louis XIV leur puissance sur les Impositions, ils n'ont plus été si entreprenans.

(201). Il faut cependant à tous ces faits joindre une anecdote très-récente; l'Arrêt est du 8 Juin 1776. Les Officiers de l'Election de *Saumur*, se croyant suffisamment autorisés par un Arrêt du Conseil, & le voulant maintenir contre les dispositions d'un Arrêt de la Chambre rendu en vertu d'Edit de création d'Offices de Receveur d'Octrois qui y avoit été registré, s'étoient arrogés le droit de défendre, sous peine de l'emprisonnement, l'exécution de l'Arrêt de la Chambre. Ils furent décrétés *d'ajournement personnel*; ils eurent recours à la Cour des Aides qui, dans des conférences tenues entre les Chefs & plusieurs Membres des deux Cours, voyant qu'il ne s'agissoit que de comptabilité & non de la perception des Impôts, convaincue d'ailleurs par les exemples nombreux de pareils Décrets donnés par la Chambre contre les Elus, leur fit déclarer qu'ils n'avoient aucun secours à attendre d'elle, & qu'ils devoient obeir à la Chambre & purger le Décret. Ledit jour les sieurs Duchatel, Lieutenant en l'Election de Saumur, & Besnard, Procureur du Roi au même Siege, *comparurent à la Barre* de la Chambre. Elle ordonna qu'ils passeroient sur-le-champ au Greffe, pour y *être interrogés* sur les faits contenus en la plainte du Procureur Général du Roi. Ensuite la Chambre rendit Arrêt, par lequel elle les déchargea du Décret d'ajournement personnel, par grace & sans tirer à conséquence : l'Arrêt leur fut prononcé, eux étant debout & découverts, à la Barre de la Chambre.

Au reste, le Roi lui-même a reconnu & confirmé la compétence de la Chambre à l'égard des Décrets d'ajournement personnel. Un Trésorier de France de Montauban voulant forcer la Chambre de recevoir sans examen les actes de foi & hommages rendus dans le Bureau des Finances de cette ville, vint au Greffe de la Chambre faire sommation au Greffier de recevoir ces actes. La Chambre, le 22 Août 1705, décréta les deux Notaires qui avoient prêté leur ministere à cette sommation. Ils formerent opposition à la Tour. Mais le Roi, par Arrêt de son Conseil du 3 Octobre suivant, ordonna l'exécution du Décret prononcé par la Chambre ; notre intention étant, dit le Roi, de maintenir les Compagnies dans le pouvoir que nous leur avons confié de faire exécuter nos Ordonnances, Edits & Déclarations. *Voyez* au surplus cet Arrêt en entier rapporté ci-après, n° 420.

IIe PROPOSITION.

(202). *La Chambre des Comptes a droit de décréter notamment les Trésoriers de France, & de les faire mettre en prison dans les cas d'insultes faites à son Tribunal; & dans quelques cas civils elle a droit de les suspendre de leurs fonctions.*

Iere SECTION.

(203). *On voit dans les Registres des assignations à comparoir données aux Trésoriers de France.*

(204). Le 26 Mai 1598, la Chambre ordonne que les Trésoriers de France *de Lyon comparoîtront* par l'un d'eux, pour répondre sur les défenses par eux faites d'exécuter la commission de la Chambre. — Le 29 Avril 1600, un Trésorier de France de *Châlons*, *assigné à comparoir* pour une Ordonnance rendue contre un Arrêt de la Chambre. — Le 11 Septembre 1612, sur Requête des Elus de Laon, la Chambre de présent les a relevés de l'assignation personnelle, & avant faire droit au principal, qu'à leur diligence l'un des Trésoriers de France de Soissons, qui a signé l'Ordonnance, sera *assigné pour être oui.* — Le 14 Juin 1613, un Trésorier de *Tours* venu au Bureau, *a dit être prêt à comparoir pour lui & ses Confreres* à l'assignation à lui donnée suivant l'Arrêt de la Chambre, & que ses Confreres lui avoient envoyé un Mémoire pour répondre audit Arrêt, duquel il a fait lecture. —Le 5 Mai 1628, les Trésoriers ayant donné une Ordonnance sur les maisons de quelques Chanoines de la Ste Chapelle, la Chambre fait *assigner l'un de leurs Présidens*, & fait défenses auxdits Trésoriers de prendre Cour & Jurisdiction des maisons desdits Chanoines, à peine de nullité & cassation de procédures; ordonne aux Trésoriers de rapporter leur procès-verbal, plan & dessin. — Le 15 Mai 1653, la Chambre procédant au Jugement d'un compte des Tailles, ordonne que deux Trésoriers *d'Auvergne seront assignés au mois* en la

Chambre, à la requête du Procureur Général, pour répondre aux conclusions qu'il voudra prendre à l'encontre d'eux.— Le 11 Février 1665, la Chambre ayant cassé une Ordonnance de ceux d'Auvergne, comme de Juges incompétens, ordonne que deux de ceux qui l'ont signée, seront *assignés à comparoir* en la Chambre au mois, pour répondre sur les conclusions du Procureur-Général. — Le 27 Août 1665 & 16 Avril 1666, pareils Arrêts. — Le 12 Avril 1677, les Trésoriers de France de *Guyenne*, ayant contrevenu à un Arrêt de la Chambre, portant très-expresses défenses d'y contrevenir, & ayant au mépris d'icelui rendu une Ordonnance, la Chambre ordonne que le *Substitut du Procureur-Général du Roi, le Rapporteur & les deux anciens* qui ont signé ladite Ordonnance, seront *assignés à comparoir* pour être ouïs, & que jusqu'à ce qu'ils aient satisfait, leurs gages & droits de la présente année & précédentes seront rayés,

IIe SECTION.

(205). *La Chambre a décrété les Trésoriers de France d'ajournement personnel en différentes occasions,*

(206). Les Trésoriers de France de *Soissons*, avoient rayé une Partie & ordonné le recours sur la Partie prenante; leur Huissier l'avoit fait restituer, la Partie s'étoit pourvue en la Chambre: la Chambre ordonne, le 10 Septembre 1622, que l'Huissier du Bureau des Finances de *Soissons* sera contraint à restituer la somme de... & les Trésoriers de France de *Soissons assignés à comparoir en personne* par l'un d'eux, pour répondre aux conclusions du Procureur Général. Le 19 Octobre, *comparution desdits Trésoriers* de France par l'un d'eux, qui a remontré avoir été député par ses Confreres pour faire très-humbles remontrances à la Chambre, sur l'avis qu'ils avoient eu qu'elle les avoit décrétés *d'ajournement personnel*, le 12 Septembre dernier, à comparoir par l'un d'eux; & après avoir rendu compte de leurs motifs pour cette radiation, il ajoute que l'Huissier de la Chambre étant venu pour contraindre l'Huiffier de leur Bureau par emprifonnement à reftituer ladite fomme, leur Huiffier leur auroit préfenté Requête, difant qu'il ne l'avoit plus, & auroit offert à l'Huiffier de la Chambre la quittance du Receveur Général, ce qu'il auroit pris pour refus, & voulu contraindre par corps leur Huiffier; qu'ils lui auroient alors fait défenfes de le contraindre, à peine de prifon; que néanmoins il fupplioit la Chambre de croire que l'intention de fes Confreres n'eft & n'a jamais été de contrevenir à fes Arrêts de façon quelconque, & ne voudroit l'avoir fait; que fi leur Huiffier eût encore eu lors les deniers au lieu de la quittance du Receveur Général, ils euffent fait exécuter l'Arrêt : ce que n'ayant pu, ils croient avoir en partie fatisfait en faifant offrir ladite quittance, en intention qu'ils avoient de faire après reftituer lefdits deniers; ce qu'étant, ils penfent n'avoir donné un fi grand fujet à la Chambre de les traiter de la forte, de donner ledit ajournement perfonnel, la fuppliant très-humblement de croire qu'ils n'avoient point rayé ladite partie de 582 liv. 13 f. 3 d. pour fe l'approprier au rembourfement de leur prêt; & pour preuve, s'il plait à la Chambre renvoyer... d'abondant fupplioit très-humblement la Chambre de confidérer leur qualité, qui n'eft moindre, ains des plus confidérables dans leur Province, ne pouvant permettre que les Comptables fecouent leur joug des devoirs qu'ils doivent en leur Bureau, *pourvu que l'honneur & l'obéiffance qu'ils doivent à ladite Chambre, ne foient point énervés ni obfcurcis*; & qu'il ne foit point dit à la poftérité que les Tréforiers de France de Soiffons aient donné fujet à cette fi augufte & célebre Compagnie (d'où ils tirent le plus clair rayon & la plus belle marque de leur grandeur, ayant l'honneur d'y être reçus & inftallés) de décréter contr'eux & les noter à perpétuité; qu'ils prioient la Chambre de ne point fe rendre marâtre envers eux, mais comme une bonne mere les traiter doucement, révoquer ledit Arrêt & les décharger de l'ajournement perfonnel contr'eux décerné, ordonner qu'il fera tiré du regiftre d'icelle, *aux proteftations de la part dudit Bureau de ne fe rendre jamais contraire aux loix d'icelle, de ne point contrevenir à fes commandemens, tenir la main à l'exécution de ses Jugemens, de garder & entretenir inviolablement le serment par eux fait en icelle.* On voit plus anciennement de ces Décrets *d'ajournemens personnels*, les 10 Juin 1583, 19 Mars 1584, 29 Mai 1598; celui-ci étoit pour *comparoître par l'un d'eux*, à l'effet de répondre sur les défenses par eux faites d'exécuter une commission de la Chambre. — Le 9 Juin 1598, un Trésorier de France présente Requête pour se justifier des faits avancés contre lui par un Comptable; dit que c'est un mauvais Comptable, un voleur, & qu'il est en état de le prouver. Le 18 Juillet, la Chambre commet deux Conseillers Maîtres pour *interroger ledit Trésorier de France.* — Le 10 Décembre 1599, sur Requête d'un Trésorier de France, la Chambre lui a *permis de se retirer*, après avoir vu son interrogatoire. — Le 2 Décembre 1609, la Chambre décrete l'un d'eux *d'ajournement personnel*, pour avoir assis plus de Tailles qu'il n'étoit porté en la commission du Roi. — Le 4 Mars 1664, sur Requête du Procureur Général, la Chambre casse une Ordonnance de ceux de *Bordeaux*, comme donnée par attentat; décrete *d'ajournement personnel* deux Trésoriers de leur Bureau; fait défenses aux payeurs de leurs gages de les payer jusqu'à ce qu'ils ayent comparu, & ordonne que ledit Arrêt sera signifié & publié à son de trompe. — Le 4 Mai 1650, même Arrêt contre les Trésoriers de France de *Poitiers.* — Le 20 Novembre 1658, la Chambre ordonne que les Greffiers du Bureau des Finances de *Montauban*, seront ajournés, à la requête du Procureur Général, à *comparoir en personne* à la Chambre, pour répondre sur les faits résultans d'un Procès-verbal, & à telles autres fins & conclusions que le Procureur Général voudra contre lui prendre. — Le 20 Août 1660, sur Requête d'un Receveur des Tailles, la Chambre faisant droit, casse & annulle une Ordonnance de ceux de *Châlons*, comme attentatoire; que les deux Trésoriers qui l'ont signée seront *ajournés personnellement* en la Chambre, pour répondre aux fins & conclusions du Procureur Général. — Le 10 Novembre 1660, la Chambre casse & annulle une Ordonnance de ceux d'*Orléans*, comme attentatoire aux Edits & Déclarations du Roi, &

& autorité de la Chambre fur les foi & hommages ; ordonne que deux des plus anciens qui ont figné ladite Ordonnance, feront *ajournés perfonnellement* au mois, pour être ouis fur le contenu en icelle. — Le 7 Novembre 1663, fur Requête d'un Receveur des Tailles, la Chambre a caffé & annullé l'Ordonnance d'un Tréforier de France à Châlons, inférée dans fon Procès-Verbal comme rendue par entreprife & attentat, & ordonne qu'il *comparoîtra en la Chambre* dans huitaine. — Le 11 Février 1665, la Chambre caffe une Ordonnance des Tréforiers de France *d'Auvergne*, comme rendue par Juges incompétens ; ordonne que deux des Tréforiers de France qui l'ont fignée, *comparoîtront* en la Chambre au mois. — Le 27 Août 1665, la Chambre caffe une Ordonnance des Tréforiers, ordonne que les deux plus anciens qui ont affifté à la délibération de ladite Ordonnance, *viendront en perfonne* dans quinzaine en ladite Chambre ; & jufqu'à ce qu'ils aient fatisfait, fait défenfes, &c. — Le 16 Avril 1696, pareil Arrêt.

(207). Quelle conféquence le fieur de Gironcourt veut-il donc tirer d'un Arrêt furpris au Confeil & ifolé, en date du 8 Septembre 1751, en faveur du fieur Chaperon, Tréforier de France à Bordeaux, & le fieur Commarieu, Procureur du Roi audit Bureau.

(208). Si la Chambre eût eu connoiffance de cet Arrêt, elle eût produit au Confeil ces preuves multipliées tirées des Ordonnances de nos Rois & de fes Regiftres, qui établiffent fi authentiquement le droit & la poffeffion où elle eft d'exiger la fubordination des Tréforiers de France, & l'obéiffance à fes Arrêts.

IIIe SECTION.

(209). *La Chambre a même fait conftituer prifonniers quelques Tréforiers de France.*

(210). LE 22 Janvier 1597, dans un Procès intenté par un Receveur des Tailles contre un Tréforier, ordonne que l'interrogatoire dudit Tréforier fera communiqué à fa Partie, & qu'il *fera élargi* à fa caution juratoire. — Le 20 Mars 1597, la Chambre ordonne qu'un Tréforier de France fera actuellement *conftitué prifonnier*, s'il ne veut prendre la place accoutumée de fes Confreres. — Le 10 Décembre 1599, fur la Requête d'un Tréforier de France d'Auvergne, la Chambre lui *a permis de fe retirer* après avoir vu fon interrogatoire. — Le 12 Mai 1661, & pour n'avoir par deux Tréforiers de France fatisfait à l'ajournement perfonnel porté par Arrêt du 2 Août dernier, *l'a converti en décret de prife de corps*; ce faifant feront pris & appréhendés au corps, s'ils le peuvent être, finon criés à trois briefs jours, leurs biens faifis & annotés, jufqu'à ce qu'ils aient fatisfait. — Le 13 Décembre 1663, un Tréforier de France de *Châlons* n'ayant pas fatisfait au Décret d'ajournement perfonnel contre lui décerné, ordonne qu'il fera pris au corps. — Le 20 Décembre 1681, fur Requête d'un Tréforier de *Riom*, la Chambre a ordonné commiffion aux fins de la Requête, & cependant qu'il feroit *élargi de la prifon* où il eft détenu, & mis en la garde de l'Huiffier Gerin qui s'en chargera, & de le repréfenter quand par la Chambre fera ordonné, à ce faire le Geolier contraint par corps, & ce faifant déchargé.

(211). On ne fera pas fans doute furpris de la rareté de ces exemples de févérité contre les Tréforiers de France: les Corps ne fe foulevent pas fréquemment contre une autorité fupérieure, dont ils doivent craindre les décrets. La décharge & la purgation de ces actes de juftice, font toujours fâcheufes & humiliantes. Au refte, comme il a été dit, ce petit nombre d'exemples, (qui s'accroîtroit fans doute par une recherche plus exacte dans les Regiftres) fuffit, étant appuyé de ce principe qui eft établi par les Ordonnances, *que toute Cour peut réprimer, par elle même, les infultes faites à l'autorité dont le Roi l'a revêtue*. Celui qui a donné la Jurifdiction, a auffi donné tout le pouvoir néceffaire pour maintenir le refpect dû à l'autorité Royale entre les mains de ceux qu'il en a rendu dépofitaires: *Qui dat, & illa dare velle cenfetur, fine quibus, &c.* Il eft inutile de rappeller ici les textes des Edits de Charles VI, en 1408, de Louis XI, en 1460, d'Henri II, en 1551. Ce principe & ces Ordonnances font évidens, & leur application doit avoir lieu, principalement à l'égard d'Officiers qui ont prêté serment d'obéissance à la Cour qu'ils insultent, quoiqu'ils lui aient toujours été subor- en tant de circonstances, pour le bien du service.

IV.e Section.

(212). *La Chambre a droit même de suspendre les Trésoriers de France de leur état dans certains cas.*

(213). L'Edit de Décembre 1557, art. XXXVII, après avoir reglé ce qui regarde les taxations accordées aux Trésoriers de l'Extraordinaire des Guerres, Marine, Artillerie, &c. & prescrit la forme des récépissés qu'ils doivent donner des sommes par eux reçues du Trésor Royal, ajoute : « Et là » où nosdits Trésoriers de France, & Généraux de nos Fi- » nances, Contrôleurs & Receveurs Généraux, ou aucuns » d'eux, se trouveroient désobéissans & contrevenans, chacun » pour sondit regard, à notre présente Ordonnance, Nous » voulons que pour la premiere fois ils soient privés de leurs » gages & *suspendus de leurs états* pour trois ans, & pour les » autres, privés du tout & condamnés en amendes pécuniaires » envers Nous, *selon qu'il sera arbitré par nosdits Gens des* » *Comptes*, auxquels nous mandons ainsi le faire sans difficulté ». L'art. XXXVIII annonce les abus qui avoient été intro- duits par les Trésoriers de France : « Taxoient les Comptables à » leur plaisir, dit le Roi, & ainsi que bon leur semble, & pour » gratifier nos Receveurs Généraux, y employent autant de » voyages de Clercs, comme il y a de quittances signées du » Trésorier de notre Epargne, encore que quelquesfois un » seul Clerc en un seul voyage ait apporté & conduit en no- » tredite Epargne la même somme dont néanmoins ont été ex- » pédiées trois ou quatre quittances, selon la somme apportée » & la nature des deniers; & par ce moyen, lesdits frais se » montent deux fois plus qu'ils devroient, & font ordinaire- » ment d'un voyage, deux ou trois, &c. ». C'étoit pour ces abus que la Chambre pouvoit suspendre les Trésoriers de leurs états.

(214). Les Ordonnances défendent de recevoir les Comptablés dans les Offices des Tréſoriers de France ; mais ſi quelqu'un avoit échappé à la vigilance de la Chambre, le Roi, par la Déclaration du 16 Janvier 1565, art. II, donne pouvoir à la Chambre de *ſuſpendre* leſdits Comptables, enſemble *leſdits Tréſoriers de France & Généraux des Finances* qui auroient été ou ſeront ci-après pourvus deſdits états, contre la teneur deſdites Ordonnances & notre préſente Déclaration, & de commettre autres en leur place, nonobſtant les proviſions par eux obtenues.

Ve SECTION.

(215). *Différentes peines prononcées contre les Tréſoriers.*

(216). QUAND la Chambre avoit contraint les Tréſoriers de France de répondre devant elle ſur les objets pour leſquels elle les avoit mandés, elle prononçoit différentes peines. Quelque-

PREUVES.

10. On voit de ces *radiations de gages* en menaces, ou prononcées. Le 27 Février 1593, ſur peine de *radiation de gages*, tiendront la main à l'exécution de l'Arrêt. — Le 25 Juin 1602, à peine de *radiation de gages*, envoieront procès-verbaux de l'exécution de la déclaration dudit jour & an. — Le 8 Avril 1618, menace de *radiation de gages* pour avoir délivré leur attache à des Comptables non reçus en la Chambre. — Le 14 Juin 1633, défenſes à ceux d'Orléans de recevoir les foi & hommages au-deſſus de 25 l. ſuivant l'Edit d'Avril 1628, à peine de *radiation de gages*. — Le 2 Mars 1634, *idem* contre ceux de Tours. — Le 20 Septembre 1635, défenſes d'empêcher l'exécution d'un exécutoire donné par la Chambre, à peine de *radiation de gages*. — Le 12 Juin 1636, défenſes aux Tréſoriers de France de Moulins de délivrer leurs attaches ſur lettres de dons & de penſions, avant l'enregiſtrement de la Chambre, à peine de *radiation de gages*. — Le 19 Novembre 1639, défenſes de prendre la qualité de Chambre du Domaine, ains celle de Bureau des Finances ſeulement, à peine de *radiation de gages*. — Le 16 Mai 1657, la Chambre ordonne qu'ils envoieront au Greffe de la Chambre tous les actes de cautions, fournies en leurs Bureaux depuis quinze ans, à peine de *radiation de gages*, & défenſes à eux de délivrer attaches à ceux qui reçoivent leſdits deniers, ſans avoir fait apparoir de leurs Commiſſions vérifiées en la Chambre, ſur peine d'en répondre en leurs propres & privés noms, & *radiation de gages*. — Le 13 Mai 1661, la Chambre ayant caſſé une Ordonnance de ceux de Châlons, décernée par attentat & Juges incompétens;

fois elle ne faisoit qu'en faire les menaces, prête à les faire exécuter si les Trésoriers eussent désobéi. C'étoient des radiations de

PREUVES.

ordonne qu'ils viendront en personne pour être ouïs sur ce, & jusqu'à ce qu'ils eussent comparu, la Chambre fait *défenses* aux Receveurs Généraux de *payer leurs gages* & droits, à peine de radiation. — Le 11 Décembre 1662, la Chambre casse & annulle une Ordonnance de ceux de Bordeaux, comme attentatoire, & au préjudice des Ordonnances & Edits rendus sur les foi & hommages; défenses de plus rendre semblables Ordonnances, ni troubler le Suppliant en la jouissance de sa Terre, à peine de *radiation de leurs gages.* — Le 27 Août 1665, la Chambre casse une de leurs Ordonnances, comme donnée par attentat; défenses de ne plus récidiver, à peine de *radiation de gages*, & ordonné que les deux plus anciens qui ont assisté à la délibération de ladite Ordonnance viendront dans quinze jours en la Chambre; & jusqu'à ce qu'ils aient satisfait, défenses aux Receveurs Généraux des Finances & Payeurs de leurs gages & droits, de leur en payer aucune chose, à peine de *radiation de gages.* — Le 16 Avril 1666, *idem.* — Le premier Février 1667, la Chambre casse & annulle une Ordonnance de ceux de Bourges, défenses d'en donner de semblables, à peine d'amende; & pour avoir contrevenu aux défenses d'un Arrêt d'icelle, la Chambre a déclaré la peine de *radiation de gages* encourue, & défend aux Receveurs Généraux & Particuliers de les leur payer, à peine de payer deux fois. — Le 5 Août 1669, la Chambre ordonne que son Arrêt du 7 Juillet sera exécuté, que les gages & droits des Trésoriers de France de Moulins, Poitiers, Riom, Soissons & Montauban, *seront rayés* dans les comptes où ils seront employés, & à l'avenir saisis à la requête du Procureur Général du Roi; fait défenses aux Receveurs Généraux de se désaisir desd. gages que par ordre de la Chambre. — Le 31 Décembre 1676, la Chambre a ordonné que le Substitut du Procureur Général du Bureau des Finances de Poitiers fournira audit Procureur Général, incessamment, les saisies féodales & liquidations des profits des Fiefs, faites à sa requête sur les Vassaux du Roi de ladite Généralité; & jusqu'à ce qu'il y ait satisfait, que ses *gages & droits seront saisis* & arrêtés ès mains des Receveurs Généraux, jusqu'à ce que par la Chambre en ait été autrement ordonné. — Le 20 Août 1677, sur Requête du Procureur du Roi au Bureau des Finances de Poitiers, la Chambre lui accorde *main-levée de la saisie de ses gages.* — Le 19 Juin 1705, la Chambre casse & annulle deux Ordonnances d'information de vie & mœurs, défend d'en rendre de semblables à l'avenir, à peine de 300 liv. d'amende; ordonne les gages de cinq des Trésoriers & ceux du Substitut du Procureur Général audit Bureau *être rayés* au

gages, privations de pensions, amendes; les rendre responsables, les condamner à des dépens, dommages & intérêts, à des res-

PREUVES.

compte de 1705, défend aux Payeurs de les leur payer, à peine de *radiation.*—Le 19 Septembre 1725, la Chambre casse deux Ordonnances de ceux de Châlons, décharge de Commissaires, &c.; leur fait défenses, & au Substitut du Procureur Général, de les mettre à exécution, & pour les contraventions faites par ledit Substitut aux Arrêts de la Chambre, ordonne que *ses gages seront rayés*, & tenu de se rendre en la Chambre pour rendre compte de sa conduite.

— 2°. *Privation de pensions* le 20 Mai 1627. *Privation de pension*, jusqu'à ce que la Chambre en ait autrement ordonné, contre un Procureur du Roi de la Justice du Trésor.

— 3°. *Condamnation à amendes.* Le 16 Septembre 1605, la Chambre les *condamne en une amende* de 300 liv., pour avoir élargi un Prisonnier détenu par Arrêt de la Chambre, à quoi contraints par emprisonnement de leurs personnes. — Le 10 Mars 1660, la Chambre casse & annulle les actes de réception des foi & hommages rendus par M. de Voyer, Gouverneur & Lieutenant Général pour S. M., pardevant les Trésoriers de France de Poitiers, comme Juges incompétens; les a *condamnés à* 500 *liv. d'amende*, & leur est fait défenses d'user de pareilles entreprises contre l'autorité de la Chambre, & de plus recevoir foi & hommages des Fiefs au-dessus de 25 l. &c. — Le 15 Septembre 1674, un Greffier au Bureau des Finances de Tours, *condamné en* 50 *liv. d'amende*, faute d'avoir satisfait à un Arrêt de la Chambre à eux signifié; ordonne qu'ils seront contraints au paiement d'icelle, comme pour deniers royaux. — Le 24 Janvier 1675, Greffier du Bureau des Finances de Riom condamné en 200 *liv. d'amende*, faute d'avoir satisfait à un Arrêt de la Chambre à lui signifié; ordonne qu'il y satisfera dans quinzaine, du jour de la signification du présent Arrêt, à peine d'une *amende de* 500 *liv.*

— 4°. *Rendus Responsables.* Le 19 Juillet 1593, la Chambre leur ordonne de ne plus faire de rabais aux Fermiers, sans lettres vérifiées en la Chambre, sur *peine d'en répondre* en leurs propres & privés noms. — Le 10 Mai 1663, la Chambre ordonne que ceux de Riom envoyeront dans trois jours à la Chambre les états au vrai d'un Receveur, s'ils sont arrêtés, sinon les arrêter incontinent, à *peine d'en répondre* en leurs propres & privés noms.

— 5°. Leurs Jugemens déclarés nuls, & eux condamnés aux *dépens*, *dommages & intérêts.* — Le 12 Juillet 1594, la Chambre leur ordonne de laisser des fonds ès mains d'un Comptable pour l'exécution d'un Arrêt de la Chambre, à peine de *tous*

titutions. A la vue de ces Arrêts, sans doute, les Trésoriers de France ne parleront plus de supériorité.

PREUVES.

dépens, dommages & intérêts. — Le 15 Octobre 1680, la Chambre défend à ceux de Tours de faire aucunes poursuites pour foi & hommages & déclaration du temporel d'une Abbaye, à peine de nullité, cassation de procédures, *dépens, dommages*, &c. & radiation de leurs gages. — Le 15 Avril 1682, sur Requête des Trésoriers de France & Procureur du Roi au Bureau des Finances de Bourges, la Chambre a déchargé lesdits Trésoriers, reçus depuis 1648, des demandes & poursuites du Contrôleur Général des Restes, & des frais d'Huissiers; ordonne que les *exécutoires* obtenus par lesdits Huissiers, contre six desdits Trésoriers, seront exécutés, en cas de décès, contre leurs veuves & héritiers. — Le 11 Janvier 1724, la Chambre casse des saisies féodales, décharge de Commissaires, d'assignations, &c. condamne le Substitut du Procureur Général au Bureau des Finances de Châlons aux *dépens, dommages & intérêts*; défenses à l'avenir de faire aucunes poursuites contre les Vassaux du Roi qui auront fait leurs foi & hommages, à peine de radiation de gages.

— 6°. *Condamnations aux restes dus par les Comptables.* Le 22 Septembre 1604, la Chambre les *condamne aux restes* dus par un Comptable, faute d'avoir pris caution.

— 7°. *Condamnation à restitution.* Le 26 Avril 1607, la Chambre leur *fait restituer* ce qu'ils auront induement porté à leur profit dans leurs états. — Le 22 Août 1665, la Chambre donne main-levée des saisies des Trésoriers de France de Châlons, & décharge le Suppliant de la condamnation de 1500 liv. portée par l'Ordonnance desdits Trésoriers, & de l'assignation à lui donnée, & condamne le Greffier *à restituer au Suppliant* 40 liv. 10 s. pour frais de l'acte de foi & hommage par lui rendu devant eux, &c.

(218). OBSERVATION GÉNÉRALE
Sur cette seconde Question.

DANS le cours de cette longue tradition d'Ordonnances & de faits, on a vu la Chambre recevoir de nos Rois son autorité, & l'exercer souvent sur les Trésoriers de France. Ces Officiers n'appelloient pas alors les Arrêts de la Chambre de *prétendus Arrêts*; il n'y avoit point de Défenseur qui entreprît d'établir leur *supériorité* & leur *indépendance*; ils craignoient des peines, prononcées d'une maniere ſi préciſe ; ils comparoiſſoient ſur les décrets de la Chambre ; ils faiſoient des excuſes ; ils aſſuroient la Chambre de leur reſpect, & promettoient obéiſſance. Eſt-ce parce que les Tréſoriers ſont aujourd'hui une Juriſdiction dégradée ? Eſt-ce parce qu'ils ont perdu toutes leurs fonctions les plus honorables, qu'ils voudroient obtenir une indépendance qui ſeroit fatale aux intérêts du Roi ?

C'eſt ce que nous allons examiner dans la Queſtion ſuivante.

IIIe QUESTION.

(219). *Y a-t-il quelque motif de retirer les Tréſoriers de France de la ſubordination, dans laquelle ils ſont à l'égard de la Chambre ?*

Si ces Officiers avoient rompu tous les liens qui les attachent à la Chambre, s'ils n'exerçoient plus de fonctions qui euſſent relation avec celles de la Chambre, & qui exigeaſſent d'eux un concours ſecondaire, ou s'ils étoient chargés de nouvelles fonctions plus honorables encore que celles qu'ils exerçoient autrefois, qu'ils euſſent obtenu de nouvelles prérogatives ; on pourroit en effet retirer les Tréſoriers de France de la ſubordination dans laquelle ils ſont à l'égard de la Chambre. Mais ſi après avoir établi dans la premiere Queſtion le ſerment d'obéiſſance qu'ils prêtent tous à la Chambre, la ſupériorité que la Chambre a toujours exercée ſur leurs fonctions ; & dans la ſeconde Queſtion, l'autorité qu'elle a exercée ſur leurs perſonnes ; on établit dans cette troiſieme Queſtion que ces Officiers ont perdu preſque toutes leurs fonctions honorables & leurs privileges, & que leur concours eſt encore actuellement néceſſaire pour ſeconder l'autorité de la Chambre dans les Provinces ; quel ſeroit le motif de les retirer de la ſubordination à l'égard de la Chambre ? Si on les en retire, il faut y ſuppléer par d'autres Officiers, qui rempliſſent leurs fonctions ſous l'autorité de la Chambre,

Chambre, à l'égard principalement de la Féodalité & des Finances.

Iere PROPOSITION.

(220). *Bien loin d'avoir acquis de nouveaux titres de dignité, & de nouveaux honneur, qui puissent mériter à ces Tribunaux de devenir indépendans des Cours Supérieures, ils ont au contraire perdu une grande partie de leurs fonctions & de leurs privileges.*

(221). A entendre les Trésoriers de France parler des *prétendus Arrêts* de la Chambre, & l'appeller un *Tribunal d'attribution*, on diroit qu'elle est un nouveau Corps dans l'Etat, & que les Trésoriers au contraire sont une beaucoup plus ancienne Jurisdiction qui a reçu quelqu'illustration, & qui est devenue importante pour le service du Roi.

(222). Mais combien ne sera-t-on pas étonné, quand on verra que ces Tribunaux avouent eux-mêmes leur dégradation successive, & qu'ils ont perdu les privileges qui appartenoient à leurs Offices, lorsqu'ils remplissoient des fonctions honorables! Quand on verra que c'est le souvenir de la splendeur de leurs Ancêtres qui, quoiqu'éclipsée, les porte sans cesse à attaquer tous les Corps de l'Etat, tandis qu'ils doivent reconnoître qu'ils ne sont presque plus d'aucune utilité, ou du moins d'une utilité très-facile à remplacer d'une maniere plus avantageuse pour le service du Roi & des Peuples; & enfin qu'ils sont au contraire à charge à l'Etat par le reste des privileges dont ils jouissent! Tout cela va être démontré.

(223). Commençons par prouver que les *Bureaux des Finances sont une Jurisdiction dégradée*: elle l'est dans toutes les fonctions qu'ils exercent sur le Domaine, Finances, Fiefs & Voierie; elle est *dégradée* parce qu'ils n'exercent plus aucune fonction, qu'à la charge de l'appel; *dégradée* par la perte de leurs privileges, & leurs soumissions aux taxes de prêt, ennoblissement & autres; *dégradée* par la perte de leurs fonctions dans les Compagnies supérieures & inférieures; enfin leur dégradation eſt avouée par leur propre Défenſeur, M. de Gironcourt. Voyons les preuves de ces étonnantes aſſertions.

Iere SECTION.

(224). *Cette Juriſdiction eſt dégradée à l'égard de ſes principales fonctions.*

(225). SANS remonter, comme le ſieur Gironcourt, aux temps des Romains & à la dignité de leurs Queſteurs, ni aux préſomptions honorables qu'il éleve en faveur des Tréſoriers, qu'il met gratuitement au nombre des premiers Officiers de la Couronne, quoiqu'il n'en ſoit fait aucune mention dans les plus anciennes Ordonnances, puiſque, dès l'an 1137, ſous Louis le Gros, on ne trouve que les ſignatures du grand Ecuyer, du grand Bouteiller, du grand Chambellan, du Connétable, *Signum Radulphi Viromandorum Comitis & Dapiferi noſtri; ſignum Villermi Buticularii; ſignum Mathæi Camerarii; ſignum Hugonis Conſtabularii, data per manum Stephani Cancellarii*: Tant que les Edits ont été ſignés par les grands Officiers de la Couronne, on ne voit nulle part les Tréſoriers de France.

(226). Il eſt cependant vrai que l'Office de Tréſorier de France étoit honorable, & même, lorſqu'il n'étoit plus unique. Par les Lettres du 13 Juillet 1381, le Roi regle que Jean le Bourceval, qui étoit ſur le fait du Domaine, demeureroit Conſeiller, tant au Parlement, comme en ſes autres Conſeils. Dans l'Ordonnance de 1388, il eſt dit, en parlant des trois Tréſoriers, ils ſont Perſonnes de notre Conſeil. Mais de cet état de Membres du Conſeil du Roi, quelle diſtance à celui auquel ſont réduits les Tréſoriers actuels, depuis qu'ils ont été diſperſés dans les Provinces, & ſur-tout depuis que leur nombre s'eſt accru ſi conſidérablement, que de l'unité d'Office ils ſont venus, ſuivant M. Jouſſe, au nombre de trente dans chacune des Généralités du Royaume! Auſſi à peine leur reſte-t-il le moindre veſtige de cette ancienne décoration & des fonctions honorables qui l'avoient mérité à cette Charge qui étoit alors unique.

§. Ier.

(227). *Dégradation de leurs fonctions à l'égard du Domaine.*

Les Trésoriers de France sont dégradés dans leurs fonctions d'Ordonnateurs, d'Administrateurs, de Jurisdiction contentieuse, & de Comptables des deniers Domaniaux.

N°. 1.

(228). *Les anciens Trésoriers de France étoient* Ordonnateurs *de l'emploi de tous les deniers qui provenoient du Domaine. Dégradation de leur autorité à cet égard.*

(229). L'Ordonnance du 3 Mai 1331, veut que les assignations pour dettes actives ou passives soient faites par les seuls Trésoriers. Dans celle du 28 Février 1371, le Roi dit qu'ayant institué les Trésoriers, il veut que « nuls autres fassent » assignation & paiement sur les Receveurs du Domaine, & » que les revenus soient distribués par l'ordre desdits Trésoriers ». — Celle du premier Mars 1388, pour exclure tout autre de décider de l'emploi des revenus, ordonne que « aucune dé- » charge sur les Receveurs, tant du Domaine comme des » Aides, ne sera valable, si ce n'est du consentement de nos » Trésoriers, en tant qu'il touche notre Domaine, & des » Généraux, en tant qu'il touche les Aides, supposé même » qu'elles contiennent que ce soit pour mettre en nos coffres, » ou pour quelqu'autre chose ». Par l'art. X, il n'y avoit que les dons & les dettes qui devoient être munis de Mandemens patents du Roi. Ce pouvoir se voit encore en 1443, par Ordonnance du 25 Septembre audit an; le Roi veut que la recette du Domaine soit faite par le Changeur du Trésor, mais par décharge de ses Trésoriers.

(230). Cette autorité cessa vers le milieu du siecle suivant. Le Roi par la Déclaration du 31 Décembre 1534, ordonna la diminution des gages des Trésoriers, & elle portoit aussi révocation du pouvoir qu'ils avoient d'ordonner la distribution des deniers du Roi. Depuis cette époque, ils n'ont plus fait que préparer les états du Roi par des états par estimation de la valeur des Domaines qu'ils étoient tenus d'envoyer au Confeil ; mais c'étoit dès-lors ; & c'eft encore le Confeil qui forme les états du Roi pour la diftribution des revenus du Domaine. Les Tréforiers de France n'y ont aucune part.

(231). Ces états de la valeur, envoyés au Confeil, avoient été établis dès l'an 1531, par l'Ordonnance du 7 Février audit an, qui enjoint à tous les Tréforiers d'envoyer par chacun an un état au vrai de tous les deniers qui fe doivent recevoir. C'eft ce qui préparoit la révocation du pouvoir qu'ils ont eu jufqu'en 1534, d'ordonner des revenus du Domaine : ce même envoi d'état de la valeur des Finances leur eft prefcrit par l'Edit d'Octobre 1556, par l'Ordonnance de Janvier 1629, & même affez récemment par le Réglement du Confeil du 21 Juin 1711. C'étoit à cette fin que l'Ordonnance de Janvier 1551, art. IX, leur prefcrivoit de faire des chevauchées pour connoître la plus value des Domaines.

(232). Aujourd'hui le Confeil ne s'adreffe pas même à eux pour avoir cet état par eftimation. La plupart des droits cafuels font entrés dans le bail des Fermes-Générales. D'ailleurs tous les emplois font conformes aux comptes précédens, à moins qu'il n'y ait des Lettres Patentes qui ordonnent de nouvelles rentes en indemnité, ou de nouvelles penfions à prendre fur les Domaines.

(233). La puiffance des Tréforiers Ordonnateurs des dépenfes du Domaine, eft donc entiérement évanouie, & elle ne peut en rien contribuer à établir leur prétendue fupériorité, fi vantée dans tout le volume de M. de Gironcourt.

N°. 2.

(234). *Ces Tréforiers Ordonnateurs avoient différentes parties d'adminiftration. Dégradation à cet égard.*

(235). JUSQU'EN 1635, on parloit encore de l'entiere adminiftration, direction, intendance & jurifdiction du Domaine, par les Bureaux des Finances. Ces titres pompeux, qui leur étoient donnés pour confolation, dans un moment où le Roi défuniffoit de leurs Offices les quatre Charges de Préfidens , avoient eu autrefois plus de réalité. Le 28 Novembre 1349, c'étoit aux Trésoriers seuls que furent adressées des Lettres, pour faire remettre dans la main du Roi les Domaines aliénés dans la Prévôté de Paris. — Par l'Ordonnance du 28 Février 1378, ils doivent, avec les quatre Personnes du Conseil, faire les réponses, compositions & accords de toutes les dépendances du Domaine. — L'Ordonnance du 17 Décembre 1390, prescrit que les affaires du Domaine seront traitées en la Chambre avec les Trésoriers : le Roi déclare que cela vaut mieux que par les Trésoriers seulement ; mais ils feront seuls la distribution des deniers. — Quand les Domaines étoient aliénés par partie, il falloit régler la portion des Charges domaniales, qui devoit être portée par chacun des Acquéreurs en proportion de son acquisition : les Trésoriers furent chargés de cette fonction ; cela fut ainsi ordonné le 29 Novembre 1600. — Le 2 Juin 1606, la Chambre envoya à cet effet aux Trésoriers de France la Requête d'un Acquéreur, & de même le 7 Février 1608. Depuis cette époque, les charges sont portées par les affiches, & c'est le Conseil qui les détermine. — Les Trésoriers avoient une grande inspection sur les bâtimens royaux ; l'Ordonnance du 28 Février 1378, art. III, porte « qu'il n'y ait que trois Trésoriers, desquels l'un sera continuel- » lement, par un an, résident au Bureau du Trésor, & les deux » autres iront voir & visiter les choses du Domaine qui sont » en ruine, tous châteaux, hôtels, maisons, fermes, mou- » lins, étangs, & toutes autres choses appartenans au Do- » maine, & les feront relever le mieux qu'ils pourront ». Aujourd'hui ce pouvoir est en entier entre les mains du Directeur Général des bâtimens, qui a des Inspecteurs sous lui, & qui est seul Ordonnateur sous l'autorité du Roi. Les Trésoriers n'ont plus d'autre autorité à cet égard, que les commissions que le Directeur Général des bâtimens peut leur donner, sans qu'il leur appartienne aucune jurisdiction. Nouvelle dégradation. —Les Trésoriers de France ont eu aussi très-long-temps le pouvoir de faire des baux du Domaine. Quoique ce fussent d'abord les Receveurs mêmes du Domaine qui les faisoient, ainsi qu'il paroît par l'Ordonnance du 27 Mars 1320, qui autorisoit les

Receveurs à vendre les marchés & fermes & les châteaux à un an ou plusieurs ; que dans la suite les Baillis eussent joui du même pouvoir ; il est cependant certain que dès l'an 1492, l'Ordonnance du 14 Juin porte que « les Trésoriers baillent à » Ferme les Greffes, Prévôtés, &c. au plus offrant ». Cette autorité a encore disparu ; c'est le Conseil qui en jouit ; le Roi s'étant réservé la direction des cinq grosses Fermes, dans laquelle entrent les Fermes des droits casuels des Domaines, de même que celle des Aides.

N°. 3.

(236). *Les Trésoriers de France ont encore eu par attribution la* jurisdiction contentieuse *à l'égard du* **Domaine** ; *mais ils se trouvent dégradés, parce que c'est à la charge de l'appel, sauf jusqu'à 250 liv. de fonds ou 10 liv. de rente, sur lesquelles ils peuvent prononcer au Souverain.*

CETTE puissance les tenteroit de s'assimiler aux Cours Supérieures, parce qu'ils exercent au moins une petite partie de leurs fonctions, sans être sujette à l'appel ; mais comme ce privilege de juger jusqu'à 250 liv. sans appel, appartient également aux Officiers des Présidiaux, ils insistent peu sur cette preuve.

(237). Au reste, cette Jurisdiction contentieuse a beaucoup varié entre les mains des Tréforiers de Frances ; ils ne l'ont eue d'abord que par attribution, & ils la perdirent plusieurs fois. M. de Gironcourt dit assez plaisamment que pendant ces intervalles les Trésoriers ne s'occuperent que des *fonctions pures auxquelles la supériorité étoit attachée.* C'est apparemment de la direction de la Voierie dont il veut parler.

(238). La puissance des Trésoriers de France à l'égard de la Jurisdiction contentieuse, est cependant ancienne ; ils l'avoient avec la Chambre dès l'an 1378. Le 4 Mars, le Roi mande aux Gens des Comptes de « procéder à l'expédition des » Causes, besognes & Procès pardevant eux commencés, & » d'appeller avec eux les Trésoriers, pour être présens à ce » qui sera déterminé ». L'autorité paroît à la vérité en ce moment être plus entre les mains de la Chambre qu'en celles des Trésoriers ; mais par l'Ordonnance du 11 Avril 1390, suivant Gironcourt, p. 54, ou 2 dudit mois, suivant Fournival, il devoit y avoir trois Officiers de la Chambre du Trésor pour l'expédition des Causes du Domaine. Ces Trésoriers sur la Justice subsisterent peu d'années ; ils furent supprimés par Ordonnance du 7 Avril 1400. Il fut dit que « lorsqu'il survien- » dra quelque difficulté dans la Chambre du Trésor, les Tré- » soriers appelleront des Gens du Parlement & de la Chambre » des Comptes ». Cela fut encore prescrit par les Lettres du 3 Janvier 1407. Leur Jurisdiction contentieuse prit un état plus stable par les Ordonnances du 27 Avril & 11 Mai 1408. Les Trésoriers sur le fait de la Justice furent rétablis, & cette Ordonnance, dit Gironcourt, est regardée comme la vraie origine de la Chambre du Trésor. Ils furent cependant encore supprimés par la fameuse Ordonnance du 25 Mai 1413, qui, sur la plainte des Etats contre les Trésoriers, avoit établi des Commissaires pour le Domaine ; mais le 25 Juin 1416, le Roi rendit aux Trésoriers l'administration de toutes les Finances & de la Justice du Domaine. Quoique Pasquier ait traité cette Jurisdiction contentieuse comme une espece de rêverie, & qu'il l'ait appellée un éclair d'histoire, il paroît certain que les Trésoriers en ont joui jusqu'en 1536, époque à laquelle, par l'Edit de Cremieu, du mois de Juin audit an, la connoissance des affaires domaniales fut entiérement rendue aux Officiers des Bailliages dans les Provinces. La seule Chambre du Trésor resta en possession de cette connoissance pour la Généralité de Paris ; mais les Trésoriers de France la perdirent pour toutes les autres parties du Royaume. Cela fut encore confirmé en 1542 ; la décharge générale du contentieux fut encore prononcée contre les Trésoriers. La partie de cette Jurisdiction subsista entre les mains des Officiers des Bailliages pendant plus de 90 ans, jusqu'en Avril 1627, où par un Edit de Création de Trésoriers de France, tous les Officiers qui connoissoient du Domaine, furent supprimés, & attribution fut faite aux Trésoriers sur les objets contentieux en dernier ressort, jusqu'à 250 liv. ou 10 liv. de rente. Depuis cette époque, ils ont joui conſtamment de la Juriſdiction contentieuſe, à la charge toutefois de l'appel dont eſt fait mention dans l'Edit de Septembre 1691, lors de la création du Bureau des Finances de Lille. Ce même droit a encore été attribué aux Tréſoriers de France par l'Edit de Mars 1693, lors de l'union au Corps deſdits Tréſoriers de la Chambre du Tréſor, en fixant deux ſemeſtres, l'un pour le Bureau des Finances, l'autre pour la Chambre du Domaine. Enfin par l'Edit de Juin 1771, le Bureau des Finances & Chambre du Tréſor étant unis, les Tréſoriers, dit Gironcourt, ſont à l'égard du contentieux, comme ont été établis ceux des Provinces par l'Edit d'Avril 1627, c'eſt-à-dire, à la charge de l'appel, ſauf juſqu'à 250 liv.

(239). Il n'y a, ſans doute, rien de moins propre à établir la ſupériorité des Tréſoriers de France, que toutes ces alternatives de compétences données & ôtées. Pendant cette longue privation les Bailliages ont joui de ce pouvoir d'une maniere plus utile, étant plus à portée de veiller à la conſervation du Domaine dans leur reſſort, que les Bureaux des Finances, dont le reſſort eſt beaucoup trop étendu pour l'exactitude & la vigilance néceſſaires ſur les différentes parties du Domaine. Auſſi ce pouvoir n'a-t-il été rendu aux Tréſoriers que pour des motifs burſaux dans un moment de création d'Offices, par l'Edit de 1627, qui ne fut regiſtré qu'avec la plus grande répugnance des Cours.

(240). La Juriſdiction contentieuſe du Domaine, mais à la charge de l'appel, unie & incorporée aux Bureaux des Finances, a beaucoup tourmenté M. de Gironcourt pour le maintien de la prétendue ſupériorité des Tréſoriers, qui ſe concilie mal avec ces appels; mais il a prétendu que cette jonction ne pouvoit nuire à la qualité de Juges Supérieurs dans les parties de direction qu'ils exerçoient au Souverain : & cela eſt vrai, mais il eſt également vrai & il ſera prouvé ci-après No 316, que les parties de direction dont ils prétendent jouir au Souverain, ſont tout auſſi ſujettes à l'appel, que leur Juriſdiction contentieuſe.

N°.

N°. 4.

(241). *La supériorité des Trésoriers de France est encore moins vraisemblable, si on la considere à l'égard de la* Comptabilité *du Domaine, dans laquelle ils se sont ingérés.*

(242). En effet de tout tems les Baillis & autres Receveurs du Domaine, comptoient directement en la Chambre, sans être assujettis à aucune comptabilité devant les Trésoriers de France. L'Ordonnance de Juillet 1309, art. V. leur ôte toute prétention d'être Juges ; elle porte que les Trésoriers *ne sont pas du Conseil de la Chambre :* cependant ils assistoient aux comptes, mais sans voix délibérative, & seulement pour voir si les Receveurs faisoient bonne recette, & si les Payeurs ne faisoient pas d'emplois qui ne fussent autorisés par eux. C'est ce qui résulte de différentes Ordonnances. Celle du 28 Février 1378, porte qu'aucun compte du Domaine ne sera clos, sans que l'un des quatre Conseillers [du Conseil du Roi] y soit *présent*, ou au moins l'un d'iceux trois Trésoriers, *pour qu'ils voient comment les deniers auront été distribués, & aussi pour savoir le reste des comptes.* Voir la distribution des deniers par les Receveurs, voir ce qui reste entre leurs mains : voilà les deux seuls objets de la présence des Trésoriers non Jugeurs avec la Chambre. Le premier Mars 1388, autre Ordonnance que la Chambre ne close aucun compte sans la présence de l'un des Trésoriers ou des Généraux des Aides, & qu'il *ait oui tout au long la dépense.* « Pourront les Trésoriers voir les états des » Receveurs, toutefois que bon leur semblera ». Ceci prouve encore que les Trésoriers avoient une inspection, mais nul droit à la comptabilité. Aussi le 20 Mars 1395, on voit une Ordonnance de *juger les comptes en leur absence*, nonobstant celle de 1388 ; mais à la charge de les leur communiquer, quand ils le demanderont. Leur présence fut cependant encore rétablie ; car dans les Lettres de Provisions, du 19 Mai 1403, pour un Conseiller sur le fait des Finances, il est dit qu'aucun compte ne doit être clos, *sans la présence ou consentement* desdits Conseillers, ou de trois, ou de deux. Le 10 Février 1444, Ordonnance que « tant qu'il y aura à Paris aucun de nos

» trois Généraux, noſdits Gens des Comptes ne doivent pro» céder en aucune maniere que ce ſoit à la clôture des comp» tes des Receveurs, *ſans la préſence* deſdits Tréſoriers pour » le Domaine, & des Généraux des Finances pour les Aides ». — Même Ordonnance, du 26 Novembre 1447. — Ils en avoient ſans doute perdu l'uſage, faute de voix délibérative; mais la Chambre les *mandoit pour y aſſiſter*, quand elle avoit beſoin de quelque éclairciſſement. On a vu quelques objets de ces mandés dans la premiere queſtion. Il ſuffit de dire ici que le 29 Juillet 1610, la Chambre leur ordonna d'aſſiſter à l'audition du compte d'un Receveur, dont ils retenoient l'état; « ont dit qu'ils obéiront au commandement de la Chambre ».

(243). Ces faits expliquent aſſez clairement l'état encore actuel des Tréſoriers de France lors de leur réception à la Chambre: ils y prennent ſéance pour faire voir le lieu où ils doivent *écouter*, mais ſur le champ on les avertit de ſe lever & de ſe retirer, parce qu'ils n'y ont pas voix délibérative.

(244). Il faut également conclure de-là que les *états au vrai* des Tréſoriers de France, ne ſont pas de véritables comptes dans l'origine, mais une ſimple inſpection ſur le maniement des Comptables, qu'ils ont enfin obtenu de faire changer en une eſpece de comptabilité.

(245). En effet, quelque préciſes que ſoient les Loix qui obligent les Receveurs de compter devant les Tréſoriers, notamment l'Arrêt du Conſeil du 9 Mars 1644, perſonne n'ignore l'inutilité des comptes qu'ils arrêtent ſous le titre d'état au vrai; les Comptables ſavent très-bien que ce n'eſt pas l'état au vrai qui fixe leur état à l'égard du Roi, & ils font ſi peu de cas du Jugement des Tréſoriers de France, qu'à peine leur fourniſſent-ils la moitié des pieces; peu inquiets de Jugemens qui ne prononcent autre choſe ſur les Chapitres où il n'y a point de pieces, que ces mots, *paſſé à la charge de rapporter les pieces.* Lors au contraire que les comptables ſe préſentent à la Chambre, ils connoiſſent la valeur de cette comptabilité. Ils rapportent toutes les pieces qu'ils peuvent raſſembler, étant bien aſſurés que, faute de pieces, les Chapitres ſeront tenus en ſouffrance, & qu'ils seront exposés aux poursuites du Contrôleur Général des Restes, & aux frais des apuremens qui en sont la suite. Nous verrons dans la suite, N°. 653, comment les Trésoriers de France se sont ingerés dans cette comptabilité.

(246). Ce n'est donc pas encore là que les Trésoriers de France peuvent fonder leur prétendue supériorité, puisque leurs opérations sont l'objet de la dérision des Comptables.

(247). Dans ces derniers tems, pour être quelque chose dans le Domaine, les Trésoriers de France ont voulu contraindre les Parties, qui avoient des droits sur le Domaine, à leur justifier de leurs titres & à les faire regiftrer dans leurs Bureaux, quoiqu'ils eussent été déja présentés devant les Commissaires du Roi. C'est ce qui se voit par l'Arrêt du Conseil du 29 Avril 1768, qui casse & annulle plusieurs Ordonnances du Bureau des Finances d'Amiens, la Rochelle, Moulins & Limoges, qui avoient voulu contraindre à cet enregistrement les Parties prenantes sur le Domaine; & par l'Arrêt du Conseil du 24 Février 1772, rendu pour même cause contre les Trésoriers de France de la Généralité de Paris.

(248). Les Trésoriers de France ne sont donc plus ni Administrateurs du Domaine, ni Ordonnateurs de la distribution des deniers domaniaux; & il ne leur reste, à l'égard du Domaine, que la Jurisdiction contentieuse; encore est-ce à la charge de l'appel. Il faut y joindre un droit d'état au vrai qui est devenu une comptabilité dérisoire.

§. II.

(249). *Trésoriers de France sont une Jurisdiction dégradée à l'égard des Finances extraordinaires.*

Les Trésoriers exerçoient autrefois des fonctions fort importantes à l'égard des Finances extraordinaires; ils en faisoient la distribution suivant les besoins de l'Etat, & les ordres de nos Rois; ils faisoient la répartition des impositions de ces deniers extraordinaires sur les Provinces de leurs Généralités. Rien de tout cela ne subsiste; c'est le Conseil qui répartit les impositions

tions, & qui distribue les Finances. Enfin, la comptabilité de ces deniers extraordinaires devant eux, n'est pas moins illusoire que celle des deniers du Domaine.

N°. 1.

(250). *Les Généraux des Finances étoient autrefois Ordonnateurs de la distribution des Finances extraordinaires.*

(251). Les Généraux des Finances, auxquels les Trésoriers de France ont succédé avec le même titre, avoient dans l'origine des fonctions très-honorables. Non seulement les Généraux faisoient venir les deniers extraordinaires de toutes les Provinces du Royaume, mais même c'étoient eux qui ordonnoient la distribution de ces Finances, comme les Trésoriers faisoient la distribution des deniers du Domaine.

(252). Personne n'ignore que les premieres Aides furent accordées par les Etats du Royaume, & que dès leur concession il fut établi des Elus pour faire recueillir ces deniers qui étoient destinés au seul emploi de la guerre.

(253). Les Généraux des Finances étoient au dessus des Elus; ils avoient soin de faire venir de toutes les Provinces les deniers des Aides; &, sous le bon plaisir de nos Rois, ils avoient le pouvoir d'en ordonner la distribution d'une maniere conforme à leur destination. Par Lettres du 5 Septembre 1363, il paroît qu'ils avoient droit de faire même des *remises sur les subsides, sans mandement du Roi.* Par celle du 9 Février 1387, il fut fait défenses d'allouer dans les Comptes ce qui auroit été payé par Lettres patentes, *non vérifiées par les Généraux des Finances.* On voit par ces mêmes Lettres qu'il y avoit alors des Généraux pour la Justice des Aides, & les Généraux des Finances en connoissoient aussi; mais les Généraux pour la Justice ne connoissoient pas des Finances. Par Ordonnance du premier Mars 1388, il ne pouvoit être alloué dans les comptes aucune décharge pour les Finances, sans le *consentement des Généraux des Finances.* — Le 25 Septembre 1443, il fut fait défenses à tous Secrétaires de signer aucunes Lettres de Finances, qui *n'eussent été vues par les Trésoriers, pour le Domaine, & par les Généraux, pour la Finance.* Ils étoient même en partie dépositaires de ces Finances extraordinaires. — Par les Lettres du 13 Janvier 1567, les Généraux des Finances devoient avoir une clef d'un coffre à part pour la Gendarmerie dans la Recette générale des Finances de leur Généralité.

(254). C'étoit cette puissance sur les Finances qui donnoit alors aux Généraux une très-grande autorité sur les Elus, quoique ces Officiers, dans l'origine, fussent les représentans des Etats eux-mêmes qui avoient accordé les subsides. Aussi voit-on une Ordonnance du 7 Janvier 1400, sur les fonctions & gages des Officiers de Justice, dans lesquelles le Roi dit: « qu'il y a des Elus qui ne sont suffisans, & veut qu'il y soit » pourvu d'autres *par les trois Généraux*, par l'avis & conseil » des Gens des Comptes ».

(255). Rien de tout cela n'existe aujourd'hui: les Trésoriers de France & Généraux des Finances ne sont ni Gardes du Trésor ni Ordonnateurs des dépenses des deniers extraordinaires; un reste de respect ordonné aux Elus pour les Trésoriers, & l'enregistrement de leurs Provisions, c'est tout ce qui reste à ces Tribunaux de leur ancienne autorité sur les Elus.

(256). A l'égard de la distribution des Finances, chacun sçait le peu d'influence des Trésoriers sur l'emploi de ces deniers aux dépenses de la guerre, suivant leur destination originaire; & lors de leur fixation vers le milieu du 16e siecle, l'Ordonnance du 2 Décembre 1534, en diminuant leurs gages, *révoqua aussi le pouvoir* qu'ils avoient de *distribuer les deniers du Roi.*

(257). Dès que leur nombre s'est accru, comme il a été observé à l'égard du Domaine, & que leur dispersion fut ordonnée dans les Provinces par l'Edit de Janvier 1551, ils n'eurent plus l'unité des vues d'administration, ils ne furent plus le centre de la réunion des Finances & de leur emploi. C'est aujourd'hui le Contrôleur Général seul & le Ministre de la Guerre, qui reçoivent les ordres du Roi, & qui pourvoyent à leur exécution sans aucune relation avec les Généraux des Finances.

N°. 2.

(258). *Les Généraux des Finances faiſoient autrefois la répartition des Impoſitions.*

(259). Un des pouvoirs les plus intéreſſans dont ayent joui les Généraux des Finances, eſt ſans doute celui de la *répartition des Impoſitions*. Cette fonction demande de l'équité, des lumieres, la confiance de nos Rois. Les Généraux des Finances en furent honorés pendant long-tems; mais ils l'ont également perdue. — Par des Lettres du 8 Août 1597, les Généraux des Finances en Languedoc devoient tenir des états particuliers & aſſiettes des Diocèſes pour y *faire le département*. — Le 20 Novembre 1597, Déclaration pour qu'ils *faſſent le département* des Tailles, en préſence de deux Elus. — L'Arrêt du Conſeil du 18 Février 1610, leur preſcrivoit d'être au nombre de *ſept Juges pour ces departemens*. — Le Réglement du 21 Juin 1611, exige leurs Procès-verbaux de Chevauchées, & parle de ceux qui préſideront au département des Tailles. Suivant l'Ordonnance de 1629, ils devoient recevoir le Brevet de la Taille avec une Lettre de Cachet pour procéder au département; ils ſe tranſportoient dans les Elections pour voir l'*état des Provinces*, & ſi les recouvremens étoient difficiles; ils rapportoient leurs Procès-verbaux à leurs Bureaux, y faiſoient *un projet d'aſſiette ſur les Elections*; les Elus les faiſoient ſur les Paroiſſes. — Par l'Edit de Février 1634, les Généraux qui avoient fait la diſtribution générale ſur les Elections, avoient *inſpection même ſur l'aſſiette faite* dans les Paroiſſes *par les Elus*; s'ils reconnoiſſoient que les Elus favoriſaſſent la Ville de leur demeure, ils devoient, « aſſemblés en leur Bureau, la taxer au ſoulagement » des autres Paroiſſes de l'Election ». — On les voit encore *préſider les Elus*, lors de l'Edit de Mai 1635, pour ce qu'ils les fiſſent avertir du jour où ils vouloient ſe trouver à l'Election. L'Edit de Mai 1636, parle de l'*entiere direction de l'impoſition* & levée des Tailles, comme appartenant à leurs Offices. — Par Edit de 1637, ils *pouvoient faire entre eux le département des Elections*.

(260). A cette époque, on voit la chute du pouvoir des Elus des Généraux des Finances, & le commencement de celui des Intendans, qui étoit déja très-grand au tems de la minorité de Louis XIV, ainsi qu'il paroît par la fameuse Déclaration que les Cours obtinrent le 22 Octobre 1648, qui recula un peu l'aggrandissement de leur autorité. Mais elle ne tarda pas à reprendre le dessus. On ne voit presque plus de départemens sur les Elections, faits par les Généraux des Finances ; & l'Edit d'Avril 1694 ne fait plus mention que des Officiers pris dans les Bureaux des Finances, & recevant du Roi des Commissions particulieres pour, suivant le texte de cet Edit, *faire avec nos Commissaires départis dans nos Généralités, les départemens de nos Tailles.* Ce ne sont donc plus les Bureaux des Finances qui font les départemens, mais des Commissaires nommés par le Roi qui assistent aux départemens faits par les Intendans. En Mai 1703, il fut crée des Trésoriers pour *assister à ces départemens*; mais ce n'étoit plus pour les faire. — Le 19 Mai 1703, ils furent maintenus dans le droit de cette *assistance* qui répugnoit déja aux Intendans, & qu'ils avoient sçu rendre très-inutile. — On ne voit désormais que des Commissions accordées à différens membres de Bureaux des Finances, pour travailler conjointement ou séparément avec le Commissaire départi à l'assiette des Tailles. Mais personne n'ignore que ce travail fait séparément seroit très-inutile avant ou après celui de l'Intendant, & qu'il n'a aucun égard à celui qui peut être fait conjointement avec lui.

(261). Tel est le pouvoir actuel & idéal des Généraux des Finances, à l'égard du département des Impositions sur les Elections.

No. 3.

(262). *Jurisdiction dégradée à l'égard de la Comptabilité des Finances.*

(263). Reste à examiner le pouvoir des Généraux des Finances sur la *Comptabilité* des Finances. Il a été usurpé dans les commencemens, comme on le verra No. 653, & dans son état actuel, il n'eſt pas moins dériſoire que le droit d'Etat au vrai des Tréſoriers de France à l'égard du Domaine.

(264). Ce ſont les mêmes Loix, & il eſt inutile de les remettre ſous les yeux. On ſe rappelle que comme *les Tréſoriers de France* avoient droit d'*aſſiſter* aux comptes qui étoient rendus pour le Domaine, les *Généraux des Finances* avoient droit d'*aſſiſter* à ceux qui étoient rendus des Finances extraordinaires; que ni les uns ni les autres n'y aſſiſtoient avec voix délibérative, mais ſeulement *pour connoître ſi les Receveurs faiſoient entiere recette*, s'ils employoient des dépenſes qui n'euſſent pas été vues & ordonnées par eux Généraux, & enfin pour connoître les reſtes des Comptes & les faire pourſuivre contre les Comptables.

(265). Ce qui n'étoit qu'une inſpection dans l'origine, ils ont obtenu d'en faire une comptabilité néceſſaire; mais on a vu comment les Comptables ſatisfaiſoient à cette comptabilité & qu'ils la traitoient d'une maniere auſſi légere, qu'elle eſt inutile, ne mettant pas ſous les yeux des Généraux des Finances la moitié des pieces néceſſaires pour faire allouer leur dépenſe; & n'attendant leur ſort que des Arrêts définitifs rendus par la Chambre.

(266). Les Tréſoriers n'ont donc plus de ſupériorité pour être Ordonnateurs de la diſtribution des Finances, elle eſt purement entre les mains du Conſeil & des Miniſtres, ils n'en ont plus pour le département des Tailles qui eſt entre les mains des Intendans. Enfin le peu d'influence qu'ils ont ſur la comptabilité, ne forme plus qu'un embarras, ſans objet, dans la manutention des Comptables.

§. III.

(267). *Les Tréſoriers de France ſont une Juriſdiction dégradée à l'égard de la Féodalité.*

(268). Les Tréſoriers de France ont uſurpé, dans l'origine, le droit dont ils jouiſſent, de recevoir les foi & hommages des Vaſſaux; ils l'ont enſuite obtenu par attribution, mais avec de modification modifications. Il leur a depuis été ôté pour le rendre aux Officiers qui l'avoient avant eux; ils l'ont recouvré de nouveau, mais encore avec des modifications & des conditions qui font voir que c'est une fonction qui leur est étrangere, & qu'ils ne doivent l'exercer qu'avec subordination.

N°. 1.

(269). *Usurpation des Trésoriers, suivie d'attribution.*

(270). Dans l'origine, & dès l'an 1353, par Ordonnance du 23 Janvier, *c'étoient les Baillis* qui recevoient les aveux, à la charge de les envoyer en la Chambre, qui a toujours été le dépôt naturel de toutes les pieces du Domaine. — Les Lettres du 21 Novembre 1371, portent que tous ceux qui ne donneront, dans un certain tems, le dénombrement des Fiefs qu'ils tiennent du Roi, en seront privés, & lesdits Fiefs mis en la main du Roi. Ces Lettres furent adressées à la Chambre, qui a toujours connu du Domaine, & elles furent envoyées, non aux Trésoriers, mais au Bailli de Vermandois. — Le 11 Février 1386, Lettres pareilles à celles du 23 Janvier 1353, pour faire donner les aveux aux *Baillis*, à la charge de les envoyer en la Chambre. — Le 16 Juillet 1439, même Ordonnance. — Pendant long-tems, les foi & hommages devoient être portés à la personne même de nos Rois, mais par condescendance pour les Vassaux, & pour leur épargner des frais de voyages, Louis XI, par les Ordonnances du 5 Août 1457, & du 3 Novembre 1460, permit aux Juges des lieux de recevoir les foi & hommages des terres de 50 livres de revenu, & à la Chambre, les hommages des terres de 100 livres de revenu.

(273). Jusqu'à cette époque, les Trésoriers de France n'avoient, à l'égard des Fiefs, d'autres fonctions que de poursuivre les Vassaux pour payer les droits dûs au Roi; aucune fonction à l'égard des droits honorifiques. Insensiblement cette autorité leur a donné le desir de recevoir eux-mêmes les foi & hommages, aveux & dénombremens. Le premier moment où ce pouvoir, de recevoir les foi & hommages par les Trésoriers, paroît être devenu légal par l'attribution à eux faite, est celui du Réglement de Février 1566, près de cent ans après la réception des foi & hommages par les Baillis & par la Chambre. L'art. VII porte qu'il appartiendra auxdits Tréforiers *la superintendance du Domaine*, *avec pouvoir de recevoir les foi & hommages* des Vassaux qui surviendront, desquels ils seront tenus d'envoyer les lettres d'hommages & aveux en ladite Chambre des Comptes à Paris. Il est porté, par ce même Edit, que les Vassaux du ressort de la Chambre des Comptes de Paris seront tenus de faire leurs foi & hommages en la Chambre des Comptes de Paris. Il paroît, par ce Reglement que quoique les Trésoriers de France eussent perdu, par l'Edit de Cremieu de 1536, la Jurisdiction contentieuse sur le Domaine, qui fut par cet Edit rendue aux Officiers des Bailliages; cependant les Trésoriers conserverent l'inspection & superintendance du Domaine, & que c'est à ce titre qu'ils reçurent les foi & hommages des Vassaux dans les Provinces où ils venoient d'être placés par l'Edit de 1551; mais ce n'étoit que pour les Terres de vingt-cinq livres de revenu, comme en jouissoient les Baillis avant eux, ce qui se voit par le texte du Plumitif du premier Avril 1604; lors du rapport d'un compte du Domaine au Chapitre des Fiefs & rachapts pour foi & hommages reçus par les Trésoriers d'Orléans, il leur fut fait défenses par la Chambre « de recevoir à l'avenir aucuns Vassaux du Roi » à foi & hommage; ains les renvoyer pardevers S. M., le » Chancelier, ou ladite Chambre, sinon des Fiefs de vingt- » cinq livres de revenu & au-dessous ». Par l'Edit Bursal d'Avril 1627, portant création d'Offices de Trésoriers de France, le Roi voulut leur donner toutes sortes de faveurs : non-seulement il ôta aux Baillis la Jurisdiction contentieuse sur le Domaine, pour la donner aux Bureaux des Finances; mais il donna même aux Trésoriers le droit de recevoir les foi & hommages des Fiefs, sans distinction de revenu. — Le 21 Février 1628, le Procureur Général du Roi en la Chambre fit, selon la forme de ces temps, son opposition à la réception des nouveaux Officiers, à cause de l'attribution illimitée de la réception des foi & hommages. Le 27 Septembre suivant, il y eut Edit, portant révocation de l'attribution faite aux Officiers des Bureaux des Finances de la réception des foi & hommages, qui leur avoit été donnée indiſtinctement à l'égard de toutes les terres mouvantes du Domaine. Ils furent remis dans l'ancien état ; ils eurent ſeulement le droit de réception de foi & hommages des terres de vingt-cinq liv. de revenu. — Le 14 Février 1629, ſur Requête du Procureur Général, la Chambre ordonne que l'Edit de révocation de l'attribution auxdits Tréſoriers des foi & hommages leur ſera ſignifié. — Cet état a duré juſqu'en 1668 ; ce qui paroît par différens Arrêts de la Chambre, qui donnoient main-levée des ſaiſies faites par les Tréſoriers, pour Fiefs au-deſſus de vingt-cinq livres de revenu, notamment par les Arrêts de la Chambre des 11 Mai, 14 Juin, 2 & 3 Mars 1634, &c.

(274). Par le Réglement du 19 Janvier 1668, les Tréſoriers de France obtinrent un accroiſſement de pouvoir à l'égard de ces réceptions de foi & hommages. Ce ne fut plus pour les ſeules terres de vingt-cinq livres de revenu ; ils eurent droit ſur toutes terres mouvantes du Roi, de quelque revenu qu'elles fuſſent ; la ſeule prohibition qui leur fut faite, regarde les terres titrées ; ils ne peuvent en recevoir les foi & hommages. Il leur fut au reſte également enjoint d'envoyer en la Chambre les actes de foi & hommages qui ſeroient reçus par eux, comme étant, la Chambre, le dépôt naturel de tous les titres du Domaine. Ce même Réglement, qui avoit été fait pour les Tréſoriers de France de Châlons & Bourges, fut étendu aux Tréſoriers de France de Bordeaux, par autre Réglement du 26 Juin 1688.

N°. 2.

(275). *Réforme de leurs Jugemens ſur les Actes féodaux.*

(276). L'ETAT d'infériorité qui réſulte de ces Réglemens, déplaît aux Tréſoriers de France ; au moins voudroient-ils que cet envoi des actes, reçus par eux, & par eux envoyés en la Chambre, ne fût expoſé à aucune critique de la part de la Chambre. Cet envoi preſcrit de tout temps, même aux Baillis, comme il a été dit plus haut par l'Ordonnance du 20 Novembre 1371, preſcrit à eux-mêmes par les Réglemens des 19 Janvier 1668 & 26 Juin 1688, ne doit, ſelon eux, être aſſujetti à aucune réviſion, & contre le texte de la Déclaration du 18 Juillet 1702, art. VI, ils veulent que la Chambre reçoive leurs actes, ſans examiner s'ils ſont conformes aux Réglemens, & que la Chambre les admette également, ſoit qu'ils ſoient en forme, ſoit qu'ils manquent de formalités les plus ſtrictement preſcrites par les Déclarations. On verra par la ſuite, alinéa 404 & ſuivans, combien il ſeroit dangereux d'accorder aux Tréſoriers de France à cet égard, cette indépendance qu'ils veulent affecter dans toutes les parties de leur Juriſdiction, quoiqu'ils ne l'aient en aucune. On verra de combien de fautes ſe trouvent couverts ces actes qu'ils envoyent de toutes les Provinces, & combien il eſt eſſentiel qu'une même Compagnie ramene à une même exécution conſtante de la Loi toutes les variétés irrégulieres qui ſont admiſes par tous les différens Bureaux des Finances. Ils regardent cet état comme une dégradation de leurs Offices; ils ont une répugnance invincible à toute réformation de leurs Jugemens; mais le bien du ſervice du Roi exige le maintien de la Déclaration du 18 Juillet 1702, & ſi elle étoit retirée, ce ſeroit perdre tout le fruit d'une multitude d'actes féodaux. Cela ſera prouvé de la maniere la plus évidente.

(277). Ce qui eſt ſingulier, c'eſt que ces Juges inférieurs, qui ſont ſi délicats ſur les Jugemens que la Chambre peut prononcer à l'égard de leurs actes, veulent ſe rendre les arbitres de ceux qui ſont donnés en la Chambre. Ils ont ſurpris le Conſeil, juſqu'à faire ordonner, par un Arrêt ſur Requête du 29 Mars 1740, que les Vaſſaux ſeroient tenus de leur préſenter Requête, pour recevoir les actes faits devant le Roi, le Chancelier, ou la Chambre. Ils font donner des concluſions du Procureur du Roi, & ils ne reconnoiſſent ces actes que dans le cas où ils les jugent en bonne forme; comme ſi ces Juges inférieurs pouvoient opiner ſur des actes reçus en main ſouveraine.

(278). Cet Arrêt ſi extraordinaire, & non contradictoirement rendu, n'aidera jamais les Tréſoriers de France à devenir une Juriſdiction ſupérieure, contre l'intérêt du Roi & des Vaſſaux

§. IV.

(279). *Les Trésoriers de France sont une Jurisdiction dégradée à l'égard de la Voyerie.*

(280). C'EST ici le grand fondement de la supériorité des Trésoriers de France ; ils sont Ordonnateurs ; ils ont, disent-ils, une direction sans appel ; & cependant il va être établi que c'est une Jurisdiction dégradée & sujette à l'appel, même dans les cas de direction de Voyerie.

N°. 1.

(281). *Idée fabuleuse de l'antiquité de ce droit des Trésoriers.*

(282). LE Sieur de Gironcourt, page 124, dit que l'on trouve dès l'an 1270 deux Lettres, qui manifestent que cette année il y avoit un Voyer de France, *qui*, dit-il, *pour la dépense que la grande Voyerie occasionnoit, devoit être subordonné au grand Trésorier de France.* Avouons qu'il faut bien aimer son Office, pour en croire la grandeur solidement établie par une conséquence aussi legere. L'assertion de cet Auteur n'est pas moins extraordinaire : il n'y a, dit-il, que des Compagnies supérieures qui puissent *faire des Réglemens*; nous en trouvons plusieurs sur le fait de la Voyerie, rendus par les Trésoriers de France. Cette preuve ne vaut pas mieux que la précédente. Le Prévôt des Marchands, le Lieutenant Général de Police, &c. sont-ils donc aussi des Juges supérieurs ? Ils font des Réglemens de Police pour les ports, pour les halles. Cependant si le Public se trouve incommodé de leurs Réglemens, & que des Particuliers ne veuillent pas y satisfaire, ils appellent de la Sentence qui les a condamnés ; & si elle n'est pas juste, le Parlement la réforme. Sont-ce là des Officiers supérieurs, quoiqu'ils fassent des Réglemens ?

N°. 2.

(283). *Leur Jurisdiction contentieuse sur la Voierie est partagée avec un grand nombre d'Officiers Royaux.*

(284). ENCORE si cette partie même de Jurisdiction, exercée

par les Tréforiers, & dont ils font si jaloux, étoit attachée à leur Tribunal d'une maniere spéciale; mais il n'est peut-être pas de Jurisdiction plus partagée entre différens Officiers: ce sont les Lieutenans Généraux de Police, ou autres Officiers Royaux, qui en jouissent dans les Provinces; ce sont des Maires & Echevins dans plusieurs Villes; ce sont les Hauts-Justiciers, en vertu des Coutumes, dans leurs Terres; ce sont ou du moins ç'ont été des Officiers particuliers, créés par des Edits pour la grande & petite Voyerie; enfin, à l'égard de la Jurisdiction contentieuse en matiere de Voyerie, elle est entre les mains des Tréforiers de France, notamment sujette à l'appel. Nous verrons par la suite aussi que leur direction en Voyerie elle-même y est également sujette. Prouvons.

(285). La Voyerie, dit Jousse, tit. 1, pag. 127, appartient même aux Seigneurs sur les grands chemins; c'est ce qui résulte clairement de l'Edit d'Avril 1627, & de la Déclaration du 8 Mai 1635, qui ne donne aux Tréforiers, que la Voyerie des lieux dépendans de la Justice Royale en premiere Instance. Après avoir rapporté les textes de plusieurs Auteurs, il cite les établissemens de Saint Louis, qui portent que la réparation des chemins est de haute Justice. Ce très-ancien monument, du milieu du treizieme siecle, est confirmé dans Jousse par le texte de plusieurs Coutumes & de plusieurs autres Réglemens. Les Tréforiers de France, dit cet Auteur, ont prétendu le contraire; mais ils ont été réprimés, notamment par Arrêt du premier Septembre 1760. Si les Seigneurs Hauts-Justiciers n'ont pas de titre précis pour jouir de ce droit de Voyerie, c'est, dit Jousse, pag. 144, aux Juges Royaux dans l'étendue d'icelles hautes Justices à l'exercer, & non aux Tréforiers; ce qui résulte des Edits de Décembre 1607, Avril 1627, Mai 1635, &c.

(286). Si donc les Tréforiers de France jouissent d'une partie de cette Jurisdiction, c'est par *attribution*, & aux dépens de l'ancien droit des Officiers Royaux. C'étoit à eux qu'appartenoit autrefois la Voyerie; Jousse, pag. 125, cite une Ordonnance de Mai 1493, art. VII, & la Déclaration de Juin 1559, art. V, en interprétation de l'Edit de Crémieu.

(287). Cette attribution fut confirmée en faveur des Trésoriers dans toutes les Villes du Royaume, contre les Officiers des Bailliages, par un Arrêt du 5 Août 1589, qui leur a adjugé contre les Présidiaux le droit de grande & petite Voyerie.

(288). Cependant les Maires & Echevins dans plusieurs Villes, & le Lieutenant de Police, jouissent aussi concurremment avec les Trésoriers de plusieurs parties de Voyerie. Le Lieutenant de Police, dit Jousse, pag. 113, connoît des saillies & avances dans les places publiques, donne les permissions d'étaux, boucheries, boutiques & bancs portatifs des Artisans, suivant l'Arrêt du Conseil du premier Décembre 1693. Par Arrêt du Parlement du 4 Mars 1701, les alignemens des murs de face, des encoignures dans les Villes royales appartiennent à la Police. La Déclaration du 18 Juillet 1729, attache au Lieutenant de Police la connoissance des maisons qui tombent en ruine. — Le 18 Août 1730, Déclaration qui regle les fonctions des Trésoriers sur le péril imminent; la leur donne *concurremment* avec la Police; si les assignations sont du même jour, la Police en connoîtra *par préférence*. Que de retranchemens à la Jurisdiction supérieure des Trésoriers de France en matiere de Voyerie!

(289). Il y a même des Villes, dit Jousse, pag. 116, où les Maires & Echevins connoissent de la petite Voyerie dans leurs Villes, Fauxbourgs & Banlieues, à l'exclusion des Trésoriers, notamment en vertu de l'Arrêt du Conseil du 7 Décembre 1700, rendu en faveur du Présidial, Maires & Echevins de Poitiers: le Prévôt des Marchands à Paris exerce la Police sur les ports.

(290). D'autres Officiers que les Trésoriers de France ont eu la direction de la grande Voyerie. Par l'Edit de Mai 1599, il fut créé un Office de Grand Voyer, pour la surintendance des grands chemins, avec pouvoir de commettre des Lieutenans pour exécuter les ordres du Conseil. Dès-lors cesserent toutes les fonctions de direction de Voyerie des Trésoriers de France. Le grand Voyer n'avoit pas de Jurisdiction contentieuse; il dirigeoit ses poursuites devant les Juges Royaux,

C'est ce qui résulte des art. I, II, III & V de l'Edit de Décembre 1607. C'étoit donc purement la direction de Voyerie, sous les ordres du Conseil, qui appartenoit à cet Office ; & pendant qu'il a subsisté, les Trésoriers de France ont perdu entiérement le grand prétexte de leur prétendue supériorité. Cet Office, au reste, fut supprimé vingt-sept ans après sa création, par l'Edit de Février 1626, qui en rendit les fonctions aux Trésoriers. Par l'Edit de Mai 1635, les Trésoriers de France eurent même le pouvoir de commettre des Voyers dans leurs ressorts. — Mais l'Office de Grand Voyer fut encore créé en 1701, & il fut registré par la Chambre sur jussion, le 30 Juin audit an, à la charge que le Pourvu feroit serment en la Chambre; les Trésoriers perdirent donc encore une fois leur direction, & leur supériorité, jusqu'à ce qu'ils aient réuni cet Office.

N°. 3.

(291). *Leur direction des Ponts & Chaussées, Turcies & Levées, est presqu'entiérement perdue.*

(292). ENFIN, une des grandes fonctions de la Voyerie est sans doute celle qui concerne les Ponts & Chaussées, & les Turcies & Levées; mais aujourd'hui à peine y voit-on les Trésoriers de France.

(293). Gironcourt lui-même, pag. 235, en parlant du bail des Turcies & Levées, fait par les Trésoriers de France d'Orléans, en vertu d'un Arrêt du Conseil du 7 Juillet 1588, ajoute : c'est à présent le Contrôleur Général qui a la connoissance des Turcies & Levées. Ils n'en jouirent pas long-temps après la fin du seizieme siecle; car il paroît, par les registres de la Chambre, que, dès le 20 Mars 1601, ils se rendirent opposans à la vérification des Lettres de provisions de l'Office de Surintendant des Turcies & Levées sur les Rivieres de Cher & Loire; & de même le 12 Décembre 1603, sur l'Edit de création de deux Intendans des Turcies & Levées. Ce pouvoir retourna entre leurs mains, par l'Edit de création des Trésoriers de France, du mois d'Août 1621, avec pouvoir d'ordonner des Ponts & Chaussées. — L'Office de Surintendant, qui avoit la véritable direction des grandes routes, paroît encore

core en 1628 ; car le 17 Juillet audit an, la Chambre reçut jussion sur l'Edit de création de l'Office triennal de Surintendant des Turcies & Levées.

(294). Louis XIV, dit Jousse, page 120, commit au commencement de son regne un Directeur Général pour connoître de tout ce qui regarde les Ponts & Chaussées ; il y avoit sous lui un Directeur Particulier, quatre Inspecteurs, vingt-quatre Ingénieurs. Ces Inspecteurs subsistent encore actuellement, & ce sont eux qui examinent les mémoires & les ouvrages ; le Directeur Général en réfère au Roi, qui ordonne. A Paris, les Trésoriers de France ont conservé une partie de cette attribution, par un de leurs Membres, désigné, par le Roi, Commissaire pour l'inspection des Ponts & Chaussées, & en rendre compte à l'Intendant des Finances, qui a cette partie dans son Département. Mais dans les Provinces, cette Jurisdiction a été donnée aux Intendans, au préjudice des Trésoriers de France, notamment par Arrêt du 14 Mars 1741 ; le Roi choisit seulement un Trésorier de France Commissaire, qui signe les baux au rabais avec les Intendans. Depuis la mort des derniers Directeurs en 1740, le Contrôleur Général est resté en possession de tout ce qui regarde les Ponts & Chaussées des Provinces, & les Turcies & Levées.

N°. 4.

(295). *Leur prétendue supériorité pour la direction des grandes Routes est réduite à recevoir les ordres du Conseil, avec appel de leurs Ordonnances, si l'on se plaint de la maniere dont ils exécutent ces ordres.*

(296). Le droit de direction des Trésoriers de France pour les grandes Routes, est le même que pour les Ponts & Chaussées, & l'on ne peut trop s'étonner qu'une autorité si foible, si partagée, toute entiere sujette à l'appel pour le contentieux, ait pu devenir, entre les mains du sieur de Gironcourt, un fondement apparent d'une prétendue *supériorité*, sous prétexte de quelques ordres de la Cour qui leur sont adressés pour être publiés dans les Provinces, & de quelques Ordonnances en direction, qu'ils affectent de rendre sur le moindre objet, & qui sont elles-même sujettes à l'appel, non au Parlement ou autres Tribunaux ordinaires, mais au Conseil, qui est lui-même le Tribunal ordinaire, supérieur à tout ce qui regarde la pure administration. Le Conseil en effet ne regarde pas les Ordonnances des Trésoriers comme des Arrêts de Cour Supérieure, mais il juge lui-même les appels de leurs Sentences données en direction; c'est ce qui paroît notamment par l'Arrêt du Conseil du 1er Octobre 1737, qui décharge le Procureur du Roi du Bureau des Finances de Rouen de l'assignation qui lui avoit été donnée au Parlement pour raison du fait de Voierie; ordonne que sur l'appel de l'Ordonnance dudit Bureau, les Parties se pourvoiront au Conseil. Par autre Arrêt du Conseil du 22 Décembre 1738, fut fait défenses de procéder ailleurs qu'au Conseil sur l'appel d'une Ordonnance du Bureau des Finances d'Orléans, rendue en direction de Voierie. Nous verrons plus amplement ce droit d'appel exercé contre leurs jugemens, en toute matiere de direction, *infra*, alinea 316. Il n'y a donc rien de moins exact que de dire que les Trésoriers de France sont Juges supérieurs en matiere de Voierie.

No. 5.

(297). *Abus des Trésoriers dans la direction de la Voierie.*

(298). Si la Jurisdiction des Trésoriers de France, en fait de Voierie, est petite & sujette à l'appel au Conseil, ils essayent au moins de la faire valoir autant qu'il leur est possible, & trop souvent le Public est vexé par leurs Ordonnances.

(299). Il faut, avant de finir cet article de leur dégradation, entendre M. Jousse sur tous les abus à réformer dans ces Tribunaux. Il forme dans son premier volume un article VI du chapitre IV, qui concerne la Voierie; cet article est ainsi intitulé: Des moyens nécessaires pour remédier aux contestations qui ont souvent lieu entre les Trésoriers de France & les Seigneurs de Justice, touchant la Voierie, & pour renfermer leur Jurisdiction dans ses justes bornes. L'article VII porte pour titre: Observations sur les entreprises de quelques

Bureaux des Finances, auxquelles il eſt néceſſaire de remédier.

(300). « La premiere de ces entrepriſes à laquelle il eſt de la derniere importance de remédier, & qui eſt extrêmement préjudiciable au bien de la Juſtice, au droit naturel & à la liberté des Citoyens, c'eſt la prétention où ſont les Officiers de quelques Bureaux des Finances, que, dans tous les cas de petite Voierie, ils ont une autorité ſouveraine, & qu'ils peuvent changer ou ſupprimer les objets de cette petite Voierie, & accorder ou refuſer des permiſſions à leur gré; ce qui eſt une prétention inſoutenable & entierement contraire à la juſtice & au bon ordre qui doit régner dans les Villes ».

(301). « Pour le prouver, il ſuffit d'apporter quelques exemples de ces entrepriſes. 1°. Si un particulier veut faire baiſſer une fenêtre de ſa maiſon ou raccommoder ſa porte, quoique cette fenêtre ou cette porte ne s'ouvrent point en dehors, & n'excedent point le niveau du mur, ils prétendent que cela ne ſe peut faire ſans leur permiſſion; & ils pouſſent leurs prétentions juſqu'à dire que, quand il tombe une petite partie, même une pierre de mur d'une maiſon ayant face ſur la rue, ou quand il faut recrépir ce mur, en tout ou partie, on ne peut faire ce rétabliſſement ſans leur permiſſion; ce qui eſt abſurde & également contraire à la juſtice & à la raiſon, rien n'étant plus naturel que d'avoir la liberté de conſerver & entretenir ce que l'on poſſede tant qu'il n'en réſulte aucun inconvénient, & que cela ne cauſe aucun préjudice à la décoration des bâtimens ».

(302). 2°. « Ils prétendent par la même raiſon que, ſi une maiſon ne leur convient pas, & qu'ils prévoyent qu'elle ſoit dans le cas d'être détruite quelque jour, il n'eſt pas permis à celui qui la poſſede de la garantir des voitures, en demandant permiſſion d'y mettre une borne ou chaſſe-roues, & qu'ils peuvent refuſer cette permiſſion, ſans d'autre motif que celui de voir bien-tôt cette maiſon détruite, & ainſi des autres ».

(303). « Cependant on ne doit point ignorer que leur autorité n'eſt ni arbitraire ni indéfinie, & que c'eſt une regle générale en matiere de petite Voierie, que l'on n'a beſoin de permiſſion des Tréſoriers ou Commiſſaires de la Voierie, & autres perſonnes qui les repréſentent, que pour les choſes qui font avance ſur la voie publique , & qui excedent le niveau des maisons dont la face donne sur les rues, ainsi qu'il résulte clairement des termes de la Déclaration du Roi du 16 Juin 1693, de l'Edit de Novembre 1697, de l'Ordonnance des Trésoriers de Paris du 4 Juillet 1705, art. VIII, de celle du 8 Juillet 1735, & de l'Arrêt du Parlement du 11 Mai 1735, art. XXXVI ».

(204). « D'un autre côté rien ne seroit si dangereux que de laisser aux Officiers des Bureaux des Finances la liberté de refuser des permissions quand elles sont légitimes, & ce seroit donner atteinte aux premieres regles de la justice, & à la liberté que tous les hommes ont de faire tout ce qui est permis par les Loix divines & humaines ».

(305). « A quoi il faut encore ajouter que, suivant la prétention de quelques Bureaux, ces cas étant de direction de Voierie, & les Parties ne pouvant alors, suivant eux, se pourvoir qu'au Conseil en cas de refus de permission, ces Officiers auroient une autorité souveraine, & que les Particuliers ne pourroient plus avoir justice qu'avec beaucoup de difficulté. Ce qui est d'autant plus vrai, que les Particuliers le plus souvent ne veulent pas, ou n'ont pas la faculté de soutenir un procès contre le Procureur du Roi, qui ne plaide pas à ses dépens, & dont le Bureau ne manque jamais de prendre le fait & cause. Il est donc absolument nécessaire de remédier à un systême & à une prétention aussi injustes ».

(306). « 3°. Un autre abus dans lequel tombent quelquefois les Bureaux des Finances, est de rendre d'Office, & sur la simple requisition du Procureur du Roi de leur Siege, des Reglemens généraux, le plus souvent préjudiciables au bien public & à l'intérêt des Particuliers, & cela sans y être auorisés par des Lettres Patentes ou Arrêts du Conseil, comme, par exemple, en ordonnant que toutes les goutieres ou auvents d'une Ville seroient détruits & supprimés, ainsi qu'il a été fait par une Ordonnance du Bureau des Finances du 26 Janvier 1774, qui au reste est demeurée sans exécution. — Ces sortes de Reglemens ne doivent être faits que pour avoir lieu à l'avenir, & pour des cas particuliers, à mesure que les Propriétaires des maisons & bâtimens voudront les faire raccommoder, & sur les Requêtes qu'ils présenteront à cet effet ».

(307). « Il en est de même des changemens que les Trésoriers veulent faire quelquefois dans les chemins & fossés, soit pour en augmenter la largeur & profondeur, ou pour les transporter & en faire de nouveaux ; car ces changemens ne peuvent être faits qu'en vertu de Lettres Patentes, Arrêts du Conseil, & autres Mandemens royaux ; ainsi qu'il a été observé ».

(308). Voilà donc la grande Jurisdiction des Trésoriers de France en matiere de Voierie. Tout contentieux sujet à l'appel au Parlement, toute direction exercée par les ordres du Ministre, les Ordonnances sujettes aux plaintes, portées au Conseil & réformées par ce Tribunal ; Jurisdiction qui est à charge au Public par les vexations continuelles des Trésoriers de France ; ce qui est l'effet naturel d'une Jurisdiction médiocre qui veut donner une grande idée de son autorité, parce qu'elle refuse d'appercevoir sa dégradation journaliere.

IIe Section.

(309). *Les Trésoriers de France sont une Jurisdiction dégradée, qui n'exerce aucune fonction qu'à la charge de l'appel.*

§. Ier.

(310). *Etendue prodigieuse donnée par le sieur de Gironcourt à la Jurisdiction prétendue souveraine des Trésoriers de France.*

(311). Il semble, à entendre M. de Gironcourt, que les tems de l'ancienne puissance des Trésoriers, unique pour tout le Royaume, subsistent encore ; il ne peut s'accoutumer à en parler comme d'un tems qui n'est plus. Les Trésoriers de France, dit-il, *pag.* 5, « *sont* Juges Supérieurs & Directeurs du Do-» maine ; ils en *sont* les Conservateurs, ils sont Juges Sou-» verains des Finances ; ils *en ont* l'administration, comme » celle de la Voierie non contentieuse, ils *en ont* l'intendance » & l'inspection. Le Domaine, la Voierie & Direction des » Finances furent le fonds de la supériorité de ces Officiers, » l'appel de leurs Ordonnances n'ayant été porté en aucune » Cour ». On sait maintenant apprécier la valeur de ces prétentions outrées ; mais il ſuffiroit pour être détrompé d'achever cette phraſe du ſieur de Gironcourt, après ces mots, *l'appel de leurs Ordonnances à cet égard n'ayant été porté en aucune Cour*, il eſt obligé de finir par ceux-ci : *le Conſeil réforme leurs déciſions*. Cette réforme par le Conſeil ne l'ébranle cependant pas dans ſon idée de ſupériorité ; le ſeul appel des Sentences, qu'ils rendent en matiere contentieuſe, & qui ſont portées au Parlement, l'arrête un moment ; mais bien-tôt il s'écrie : « Non, jamais l'appel en matieres contentieuſes ſur la » Voierie, nous le répétons, n'a fait aucun obſtacle à la qua- » lification d'Officiers Supérieurs, dont les Tréſoriers de France » ſont décorés. Si leurs Ordonnances préſentoient des griefs » ſur la Voierie en direction, *le Conſeil ſeul les corrige* ; ſi » l'Ordonnance rendue eſt juſte & bien fondée, le Conſeil la » confirme ».

(312). Cet enthouſiaſme pour la ſupériorité des Tréſoriers de France ne devroit-il pas être appaiſé par une ſimple réflexion ? Si le Conſeil réformoit les Arrêts des Cours dans les Cauſes ordinaires, les Cours ſeroient-elles Juges Supérieurs ?

(213). Il eſt bon de s'arrêter un moment à voir toute l'étendue que le Sr de Gironcourt a donnée à cette Direction Souveraine, qui ne doit compte qu'au Conſeil, *page* 106 ; il y enveloppe une foule d'objets, dont la connoiſſance appartient au Souverain, au Parlement ou à la Chambre. Cette Direction, ſelon lui, « s'étend ſur tous les droits royaux, comme de » régale, ennobliſſement, les foi & hommages, lorſqu'il ne » s'agit pas de Terres titrées, les aveux & dénombremens, » amortiſſemens, francs Fiefs & indemnités, nouveaux acquêts » ſur les mines & minages, la conceſſion des Foires & Marchés, » les droits de péages, barrages, les droits de jauge, poids & » meſures, les viſites, les réparations des Forteréſſes & autres » édifices dépendans du Domaine, les droits de débris ſur mer, » les dîmes inféodées, les pâturages, les greffes, les cenſives, » lods & ventes, quints, requints, reliefs, rachats, champarts, » terrages & agriers, les droits de Juſtice, de Voierie, de » Tabellions, le ſcel de contrats, la bannalité, main-morte, » les ſaiſies féodales, la main-levée de ces mêmes ſaiſies, & la

» retenue des héritages sous la main du Roi, donnent lieu à des » poursuites & à des Ordonnances, qui dans les *cas de plaintes* » *sont portées directement au Conseil* : les Bureaux des Finances » donnent, *à titre de supériorité*, des Ordonnances, pour faire » regiſtrer des Lettres d'Octrois, celles d'érection des Terres & » d'ennobliſſement, » — *pag.* 319. M. de Gironcour, pour étayer son énorme Jurisdiction, argumente des « adresses » des Lettres qui leur sont faites, dit-il, directement, & qui » prouvent *leur supériorité par un premier enregiſtrement* ». Au nombre de ces adresses, qui prouvent la supériorité des Tréſoriers, il met les Lettres de naturalité & de légitimation. Cependant personne n'ignore que ces Lettres ont dans tous les tems été adressées directement en la Chambre, pour y obtempérer ou les rejetter, s'il y a lieu, sans que les Tréſoriers puiſſent rien changer à ses Arrêts.

(314). Que sont donc devenues toutes les Cours Supérieures & Inférieures, si les Tréſoriers de France ont tous ces pouvoirs au Souverain ; mais au contraire, que resteroit-il à ces Officiers, si le Parlement, la Chambre des Comptes, la Cour des Aides, les Bailliages, les Elections, l'Amirauté, s'aſſembloient pour réclamer chacun ce qui est le plus précisément l'objet de sa compétence, & si les Cours Supérieures & Inférieures reprenoient chacune les parties de leur Jurisdiction sur les Tréſoriers de France du sieur de Gironcourt? Il leur resteroit la néceſſité de regiſtrer sans délibération les Lettres Patentes regiſtrées par les Cours Supérieures ; il leur resteroit un droit de juger le contentieux sur quelques-uns de ces objets, détaillés avec tant d'emphase, mais à la charge très-expreſſe de l'appel aux Cours Supérieures ordinaires; enfin il leur resteroit une Direction de Voierie, fort limitée, sous l'inspection toutefois du Conseil, & sous la condition du recours à ce même Tribunal, en cas de plaintes, pour y être leurs Ordonnances & Jugemens réformés s'il y a lieu : voilà les Officiers Supérieurs du sieur de Gironcourt.

(315). Que conclure de quelques adresses faites aux Tréſoriers ? elles n'ont jamais pour objet que l'exécution momentanée des volontés royales; jamais elles n'ont eu lieu à l'égard des objets généraux du Domaine ni ſur les Finances, dont les Reglemens, ſuivant la Loi générale du Royaume, ne peuvent avoir force de loi, que par leur enregiſtrement dans les Cours Supérieures, qui les envoient aux Tréſoriers de France, avec des modifications qui font partie de la Loi, & auxquelles les Tréſoriers ſont obligés de ſe ſoumettre.

§. I I.

(316). *Même dans les cas de ſimple Direction, ils ſont en toute matiere ſoumis à l'appel au Conſeil, chef de l'Adminiſtration, aux termes des Arrêts & Reglemens.*

(317). La dépendance où les Tréſoriers ſont du Conſeil, qui réforme leurs Sentences, ne choque point leur ſupériorité; cependant il eſt aſſez curieux de connoître plus amplement les textes des Reglemens & Arrêts qui portent au Conſeil les matieres de Direction. Beaucoup de ces Arrêts & Reglemens ſe ſervent du mot même d'*appel au Conſeil*, comme chef de l'Adminiſtration & Juriſdiction ordinaire en matiere de Direction.

(318). Les plus anciens diſent ſimplement qu'il faut ſe pourvoir au Conſeil; c'eſt ce qui eſt porté par l'art. XXX du Reglement du 12 Avril 1445, qui ordonne aux Tréſoriers de contraindre les non Nobles à mettre hors de leurs mains les Fiefs nobles, s'il y a lieu de ſe plaindre, la plainte ne pouvant être portée qu'au Conſeil. Mais, dès l'an 1595, on voit le mot d'appel dans un Arrêt du Conſeil, qui caſſe un Arrêt du Parlement de Rouen, & qui défend aux Receveurs de ſe pourvoir ailleurs que devant les Tréſoriers de France, *ſauf l'appel au Conſeil.* Gir. *pag.* 111. — L'Edit de Décembre 1704, qui attribue aux Tréſoriers la Juriſdiction ſur le contrôle des actes, porte expreſſément, *ſauf l'appel en notre Conſeil*; l'Arrêt du Conſeil du 6 Février 1734, ſans avoir égard à l'Arrêt du Parlement d'Aix, porte que *l'appel* interjetté des Ordonnances du Bureau de Provence *ſera porté au Conſeil*: il en rapporte beaucoup d'autres. Le 25 Mars 1735, décide de même que les *appellations*

appellations des Tréforiers d'Auvergne, concernant la Direction du Domaine ne *feront portées qu'au Confeil.* —*Idem*, le 21 Décembre 1738, le 5 Mai 1739. Le 16 Juillet 1743, Arrêt du Confeil qui caffe un Arrêt du Parlement de Dauphiné, rendu en matiere de Finances: il confirme une Ordonnance du Bureau des Finances, *fauf l'appel au Confeil.* Il eft inutile de rapporter un plus grand nombre de ces Arrêts.

(319). Ce qui eft certain, c'eft que la Chambre n'a jamais voulu reconnoître cette prétendue fupériorité, & dès le 13 Juin 1582, en recevant un Préfident des Tréforiers de France, elle fit réformer dans fes Lettres de provifions, ces mots qui s'y étoient gliffés par erreur, prononcera les Arrêts; & au lieu d'Arrêts, elle y fit mettre le mot Jugemens. On a vu dans la premiere Queftion, combien de fois la Chambre a confirmé, infirmé ou caffé leurs Sentences, comme Cour fupérieure dans les matieres de fa compétence; on le verra encore par la fuite à l'égard de la matiere des Fiefs, fur la deuxieme Propofition de cette troifieme Queftion. Concluons qu'il n'eft aucune partie de leur Jurifdiction, qui ne foit fujette à l'appel, & qu'ils font dans le même degré d'infériorité que les autres Cours fubalternes.

(320). Le Sieur de Gironcourt a cependant encore une reffource pour fauver la fupériorité de ces Tribunaux. » Les » appels, dit-il, Tome 2, page 6, ne font d'aucun obfta- » cle à leur fupériorité; la Direction en fera la gardienne, & » delà il réfulte que leurs Jugemens font fubalternes, fans que » leurs perfonnes le foient ». Cela eft fans doute difficile à croire; car quoiqu'ils foient encore réputés Membres des Cours fupérieures, il y a différens dégrés de dignité dans une même Cour, & il eft très-poffible que quelques Membres aient perdu la fupériorité, lors fur-tout qu'ils n'y ont point & n'y ont jamais eu voix délibérative, & qu'à l'égard des matieres dont ils connoiffent, ils ne rendent aucun Jugement qu'à la charge de l'appel.

IIIe SECTION.

(321). *Les Tréforiers de France font une Jurifdiction dégradée par la perte de plufieurs de leurs privileges, & par la foumiffion aux taxes qui ne font pas portées par les Cours fupérieures.*

(322). L'EDIT de Mai 1635, en créant des Offices de Préfidens & Intendans Généraux, en chacun des Bureaux des Finances, dit que « les Charges de Tréforiers de France font » d'autant plus honorables & relevées qu'elles font du corps » des Compagnies Souveraines, des Chambres des Comptes & » des Cours des Aides; qu'elles y ont entrée, féance & voix » délibérative, & ont été, dès leur origine, tenues par des per- » fonnes de grande qualité, & honorées de grands pouvoirs ».

(323). On voit affez que tous ces éloges ont été donnés à la circonftance d'une création d'Office, qui devoit coûter des Finances aux Tréforiers; car s'il eft vrai que les Tréforiers avoient eu autrefois de grands pouvoirs, & que leurs Offices avoient été occupés par des Perfonnes de grande qualité, il n'en eft pas moins vrai que, dès cette même époque de 1635, on ne regardoit plus de même œil les Tréforiers alors fubfiftans; au refte, les faits vont décider de la valeur de ces éloges.

§. Ier.

(324). *Taxes des annuel, prêt, & centieme denier, & pour confirmation de Nobleffe, impofées fur les Tréforiers de France.*

(325). M. DE GIRONCOURT, T. II, p. 73, avant de donner le détail des atteintes qui ont été portées à leurs prétentions par ces différentes taxes, en rejette la caufe fur les écrits de Pafquiers & les États de Blois.

(326). Cette caufe fut cependant fans effet pendant le refte du feizieme fiecle, & jufques bien avant dans le dix-feptieme, puifque, par la Déclaration du 31 Mars 1621, les Tréforiers furent exemps du prêt pour payer l'annuel, comme étant du

Corps des Chambres des Comptes & Cours des Aides. En 1643, ils furent encore exemps de taxes pour le joyeux avénement; mais à mesure que les Intendans ont envahi leur autorité sur les Finances, ils n'ont plus été regardés à l'égard des taxes, comme Officiers des Cours supérieures.

(327). Dès l'année 1665, les Trésoriers de France furent mis dans une classe à part pour le paiement de l'annuel; les Compagnies supérieures ne furent tenues à aucun prêt ni annuel; mais les Trésoriers de France ne furent admis à l'annuel qu'en payant un sixieme du prix de leurs Offices, sur le pied de l'évaluation de 1638; le reste des Officiers de Finances, Justice & autres, furent taxés au cinquieme. (Recherches sur les Finances, Tome II, page 238).

(328). Le même Auteur (Forbonnaye) dit que les Trésoriers furent obligés de payer, pour l'hérédité de leurs Offices, en 1684, 2,154,000 livres, dont il entra net dans les coffres du Roi 1,795,000 livres.

(329). Gironcourt, Tome II, page 73 & suivantes, en parlant de la Déclaration du 9 Août 1722, qui n'avoit pas compris les Trésoriers dans l'exemption du rétablissement du prêt & annuel, dit que les Trésoriers de France, mal conseillés, demanderent s'ils étoient compris sous le nom commun des Cours supérieures; il rappelle ensuite avec regret toutes les anciennes Loix favorables à leurs prétentions; enfin, il avoue que sur la Requête de ces Trésoriers, il y eut Arrêt du Conseil le 19 Janvier 1723, qui portoit qu'*ils n'étoient point compris dans l'exemption du prêt & annuel accordé aux Cours supérieures;* Il rejette la faute sur les Députés des Bureaux des Finances à Paris; les Bureaux unis firent des remontrances, mais il intervint Arrêt du Conseil, le 27 Avril 1723, qui, sans avoir égard à la demande des Trésoriers, ordonne qu'ils seront admis au paiement de l'annuel, sans toutefois aucun prêt. Par les baux d'annuel, depuis 1723 jusqu'à présent, les Trésoriers ont continué de payer l'annuel; ils n'en furent pas encore exemptés par la Déclaration du 22 Juillet 1731, qui en exemptoit les Cours supérieures. L'Edit de Décembre 1743 leur accorda la survivance, mais en rachetant l'annuel, &

payant les sommes fixées par les rôles arrêtés au Conseil. Il est certain que tous les Officiers des Cours supérieures avoient été exemptés de payer l'annuel, par le rachat qui en fut fait en 1709. Cet impôt fut retabli dans la suite, malgré ce rachat, & les Cours souveraines en furent exemptées ; mais les Trésoriers de France au contraire furent obligés de payer. Non seulement ils furent obligés de payer cet annuel qu'ils avoient racheté, mais ce ne fut même qu'à titre de grace qu'ils furent déchargés du prêt. Ce même Edit porte qu'on auroit pu leur demander le prêt, faute par eux d'avoir levé des augmentations de gages, qu'ils devoient acquérir pour en obtenir la dispense ; l'Édit ajoute qu'ils en sont déchargés par grace, & sans tirer à conséquence. Il fut regiftré par la Chambre le 14 Janvier 1744, & fut envoyé par elle dans tous les Bureaux des Finances de son ressort.

(330). En 1770, les Trésoriers ont même essuyé une taxe commune avec plusieurs Officiers Comptables, sous le titre d'augmentation de gages. Par l'Edit de Février audit an, le Roi avoit créé 400,000 l. de ces augmentations de gages, & les Trésoriers de France furent obligés d'en prendre pour 200,000 liv. les autres 200,000 livres furent réparties sur les Trésoriers des offrandes & aumônes, de la Maison du Roi, de la Chambre aux deniers, de l'argenterie, &c. & par Lettres Patentes du 11 Juin 1771, régistrées en la Chambre le 5 Juillet suivant, les Trésoriers furent tenus de payer les sommes auxquelles ils avoient été taxés par les rôles arrêtés au Conseil pour chacun de leurs Offices.

(331). Le dernier coup porté à la supériorité des Trésoriers de France, à l'égard de ces taxes, est celle du droit de survivance, à laquelle ils ont été soumis en vertu de l'Edit de Février de cette même année 1771. L'annuel avoit été changé en un droit de Centieme denier pour tous les Offices qui etoient assujettis à l'annuel ; les Officiers des Cours supérieures en furent expressément exemptés par l'art. XX de cet Edit. Les Trésoriers de France firent encore une tentative pour se faire comprendre dans cette exemption accordée aux Cours supérieures ; ils rappellerent les anciens Edits qui leur avoient donné ce titre ; mais quatre mois après l'Edit, il y eut Arrêt du Conseil, qui ordonne que les Trésoriers payeront le prêt & annuel jusqu'à l'ouverture du centieme denier, & faute de paiement, leurs Offices tomberont aux parties casuelles. Le Sieur de Gironcourt, en déplorant ce dernier état de leurs Offices ; dit que » c'est une » suite de vieilles erreurs, occasionnées par des Mémoires & » par des Requêtes mal digérées ». Mais n'est-ce pas plutôt une suite de la décadence de leurs Offices, dont les fonctions honorables d'Ordonnateurs des Finances ont entiérement disparu, sauf la Jurisdiction de Voierie, exercée sous les ordres du Conseil à la charge de l'appel ?

§. II.

(332). *Taxes portant atteinte à leur privilege de Noblesse.*

(333). Les Trésoriers de France ont encore été éloignés des Cours supérieures par une autre espece de taxe, plus mortifiante encore que celle du centieme denier. Gironcourt, page 137, rappelle la qualification de Chevaliers, qui, selon lui, étoit donnée dans les premiers temps aux Trésoriers de France. (Ces Chevaliers ne sont pas sans doute ceux dont il est parlé dans la Déclaration du 24 Mars 1744, qui dispense les Acquéreurs des Offices de Chevaliers d'honneur aux Bureaux des Finances, de faire preuve de noblesse). Gironcourt ajoute que l'on n'imaginera jamais que ces Offices pourroient être rangés dans la classe des Ennoblis, qui se trouvent dans le cas de payer taxe. Tome II, page 146, il argumente de ce que les Trésoriers registrent les Lettres de noblesse, & qu'ils n'auroient jamais dû avoir ce droit, s'ils pouvoient être compris dans la classe des Ennoblis ; (il ne prend pas garde que leur enregistrement des Lettres de noblesse ne se fait pas avec délibération ; qu'ils n'en sont pas Juges ; mais qu'il est forcé par la présentation des Lettres de noblesse, registrées en la Chambre). Enfin, tom. II, page 153, il est obligé de convenir que, par l'Edit d'Avril 1771, le Roi a assujetti leurs descendans, veuves & vétérans à une taxe, & que, faute de paiement, ils seront imposés à la Taille. Il dit que son traité est une chaîne de preuves multipliées, que les Offices de Tréſoriers ne ſont expoſés à aucune taxe, non ſeulement leurs titulaires, mais leurs deſcendans; il inſiſte ſur l'article qui exempte du droit de confirmation ceux qui ont rendu des ſervices à l'État, & dit que rien n'égale le zele & la promptitude des Tréſoriers, à donner les ſommes conſidérables qui leur ont été demandées.

(334). Il faut avouer que le Sieur de Gironcourt a donné la chaîne de tous les ſuffrages honorables qui ont été donnés aux Offices des Tréſoriers; mais il auroit dû y joindre celles de toutes les fonctions qui leur ont été enlevées ſucceſſivement pour les tranſporter aux Intendans, & avouer que par la privation de ces fonctions, ils ont perdu les droits de Cours ſupérieures, dont il n'eſt plus temps de réclamer les effets honorables.

§. III.

(335). *Perte de leurs privileges à l'égard des taxes de voyages.*

(336). UNE Déclaration du 2 Octobre 1706, (Table des Mémoires d'Orléans, page 214) rendue pour les Tréſoriers de France de Rouen, ordonne qu'ils auront pour leur voyage & ſéjour la même taxe qui avoit été attribuée aux Officiers des Chambres des Comptes & Cours des Aides, par le Réglement du Conſeil du 17 Juin 1687. Par ce Réglement, les voyages & ſéjours des Officiers des Cours ſupérieurs, qui ont des procès au Conſeil, avoient été taxés à 10 l. par jour; mais le Réglement du Parlement du 10 Avril 1691, qui porte de même 10 livres pour les Conſeillers des Cours ſupérieures, n'attribue aux Tréſoriers de France, Avocats & Procureurs du Roi, que 6 livres dix ſols; l'Edit du mois de Juin 1771, malheureuſement pour les Tréſoriers de France, a ſuivi la même taxe. A cette occaſion, le Sieur de Gironcourt, tome II, page 159, ſe répand en plaintes, & dit que la taxe qui a été aſſignée aux Officiers des Bureaux des Finances, par le même Edit de Juin 1771, donne la plus grande atteinte à leur état, & les retranche du nombre des Cours, & cela eſt très-vraiſemblable.

IVe SECTION.

(337). *Les Trésoriers de France exercent une Jurisdiction dégradée, par la perte qu'ils ont faite de leurs fonctions dans les Cours supérieures, & de leur préséance dans quelques Sieges inférieurs.*

(338). LES Trésoriers avoient des séances honorables dans toutes les Cours, même au Conseil du Roi, lorsqu'ils étoient Ordonnateurs; aujourd'hui les Présidiaux mêmes leur disputent la préséance, & plusieurs ont obtenu des Réglemens contre les Trésoriers.

(339). Le Sieur de Gironcourt emploie tout le Chapitre XII de son premier tome, à donner différentes anecdotes sur leurs entrées au Conseil des Finances, aux États du Royaume, sur leurs rangs dans les cérémonies publiques. Il cite les Mémoires d'Orléans, qui disent que rien n'est mieux fondé que la séance qu'avoient *autrefois* les Trésoriers aux Conseils de nos Rois; il ajoute que la qualification de Conseillers du Roi en ses Conseils, qu'ils avoient *autrefois*, provient de cette séance. Mais qu'est-ce que prouvent toutes ces anecdotes, sinon que les Offices des Trésoriers de France sont tombés dans une profonde dégradation depuis qu'ils ne sont plus Ordonnateurs ni des revenus du Domaine, ni d'aucune Finance extraordinaire?

(340). Ils font encore aujourd'hui serment ès mains du Chancelier, par une suite de cette ancienne autorité d'Ordonnateurs; la Chambre y répugnoit & vouloit que l'on se contentât de celui prêté devant elle; & le 16 Janvier 1606, sur Lettres Patentes, qui mandoient à la Chambre de ne procéder à la réception d'aucun Trésorier de France, qu'il n'ait fait le serment pardevant M. le Chancelier, la Chambre ordonna que ces Lettres seroient rendues sans Arrêt. Il paroît cependant que depuis cette époque la Chambre a consenti à ce serment; car le 20 Mai 1656 sur Lettres de provisions d'un Trésorier de France de Poitiers, elle ordonna qu'après qu'il auroit fait serment ès mains de M. le Chancelier, & qu'il sera apparu de l'acte d'icelui, sera fait ce que de raison. Aujourd'hui ce serment, quoique d'uſage, n'a plus d'objet; les Tréſoriers n'étant plus en relation avec le Conſeil pour donner les états de la valeur des Finances, qui préparoient les états du Roi; il ne peut plus guère avoir d'autre motif que la partie de Juriſdiction de Voierie, qu'ils exercent en direction ſous les ordres du Conſeil, & à la charge de l'appel à ce Tribunal d'adminiſtration.

§. Ier.

(341). *Les Tréſoriers de France n'ont plus d'entrée au Parlement.*

(342). VOYONS d'abord comment ils ont pu en jouir; nous verrons enſuite l'époque de leur excluſion.

(343). Les Séances des Tréſoriers au Parlement, ſelon le Sieur de Gironcourt, ſont très-bien établies.

(344). Il cite d'abord, page 173, l'autorité des Mémoires d'Orléans; page 45, « Avant que le Parlement fût ſédentaire, » dit l'Auteur, il étoit compoſé des Pairs du Royaume, des » Perſonnes les plus diſtinguées, & des principaux Officiers de » la Couronne; le Grand Tréſorier de France, en cette derniere » qualité, y avoit rang, ſéance & voix délibérative, ſelon la » remarque des du Tillet, Girard, Fournival, & pluſieurs au- » tres Auteurs, tant anciens que modernes ». Après quelques citations plus concluantes, le Sieur de Gironcourt ajoute celles des Lettres Patentes de Février & Juillet 1547, 29 & 16 Septembre 1551, & il y trouve l'adreſſe de ces Lettres aux Tréſoriers de France avant les Conſeillers au Parlement; il y trouve le même rang dans les Lettres de commiſſion pour la vente de l'Hôtel des Tournelles; le 28 Janvier 1563, le Tréſorier eſt nommé avant le Conſeiller au Parlement. Page 231, il cite des Lettres Patentes du 28 Juin 1573, par leſquelles les Tréſoriers ſont déclarés avoir la préſéance, non ſur les Conſeillers de Grand'Chambre du Parlement de Rouen, mais ſur les autres Conſeillers du Parlement. Après d'autres citations peu importantes, il rapporte des Extraits du Greffe du Bureau des Finances, en date des 17 Août 1620, 20 Juin 1652, 15 Décembre

cembre 1660, 24 Février 1667, 22 Août 1675, 5 Juillet 1681, 3 Mai 1697, & autres.

(345). Cette collection de faits, en donnant toute la foi possible à ces extraits des Greffes du Bureau des Finances, prouve assez bien que les fonctions des Trésoriers de France ont été très-honorables, & que le Parlement leur a donné des séances distinguées; mais que dès l'an 1652, leur autorité étant déjà passée en partie dans les mains des Intendans, Messieurs des Enquêtes murmurèrent de les voir mêler avec eux; que par la suite ils étoient à côté des Conseillers & non au milieu; que cependant en 1680, ils jouirent encore une fois de cette séance mêlée; mais qu'enfin le Parlement s'est lassé de cette association, qui, suivant les citations même du sieur de Gironcourt, paroît terminée en 1697, trois ans après l'Edit de 1694. En effet, cet Edit en réunissant les Trésoriers de France à la Chambre du Domaine, qui ne juge qu'à la charge de l'appel, les a mis manifestement au nombre des Juges inférieurs à l'égard de cette Cour.

§. II.

(346). *Les Trésoriers n'ont en la Chambre qu'une séance momentanée, le jour de leur réception, & sans voix délibérative.*

(347). Les prétentions des Trésoriers sur la séance en la Chambre ne sont pas moins grandes. Selon le sieur de Gironcourt, ils l'ont même présidée, parce que l'un des premiers Présidens de la Chambre, un Sully, qui vivoit trois cens ans avant celui d'Henri IV, étoit en même temps Président de la Chambre & Ordonnateur sur le Trésor. Qui doute que si cette Charge étoit encore telle qu'elle étoit alors, qu'elle réunît la confiance de nos Rois dans toute l'étendue de leur Domaine, la Chambre ne pût être présidée par un Officier revêtu d'une dignité si importante? Mais quelle distance de Sully Ordonnateur des Finances, jusqu'à un Trésorier de France qui n'a ni trésor ni puissance pour en disposer, & qui est devenu en toute matière un Juge sujet à l'appel! Si les hommes pouvoient ainsi remonter à leur plus ancienne origine, il n'y en a point qui ne prétendît être le premier homme du monde.

(348). Au reste les séances des Trésoriers dans les Chambres des Comptes est réelle, & il en subsiste encore un léger vestige au moment de leurs réceptions.

(349). Dans les commencemens, il y eut quelques objets d'administration sur lesquels les avis des Gens des Comptes & des Trésoriers étoient donnés au Roi, tels que pour les Lettres de réunion au Domaine, du 15 Juin 1405, qui porte: *Nos ex deliberatione dictarum Gentium Compotorum & Tresaurariorum nostrorum Parisiis... approbamus*, &c. On voit la même clause dans les Lettres du 9 Juillet 1407, pour défendre de prendre possession des biens mouvans du Roi, sans avoir payé les lods & ventes. Dans cette même année, par l'Ordonnance de Janvier 1407, les Receveurs étoient élus par les Gens des Comptes & Trésoriers.

(350). Il y a une assez grande quantité de séances communes avec les Trésoriers dans le Conseil étant en la Chambre des Comptes, principalement pour les Réglemens des Monnoies, tels que ceux du 11 Octobre, 14 Juillet, 18 Décembre & 2 Janvier 1382, & le 11 Mai 1403, dans l'assemblée tenue à l'occasion de la convalescence du Roi Charles VI, étoient d'un côté les Grands Seigneurs, & de l'autre les Maîtres des Comptes & les Trésoriers; il y a même eu, lors de la création des Offices des Trésoriers de France, plusieurs Edits bursaux, dont les rédacteurs, oubliant que les Trésoriers n'avoient plus de part à l'administration, ont cependant déclaré que les Trésoriers avoient voix délibérative en la Chambre. Tels sont l'Edit de Janvier 1551, lorsqu'ils furent dispersés dans les Provinces, & qu'il en fut créé un pour chaque Généralité; l'Edit de Septembre 1552, portant réglement sur leurs fonctions, après l'Edit de 1551; celui de Juillet 1577, lors de la création d'un cinquieme Officier dans chaque Bureau; & celui de Mai 1635, qui y crée de nouveaux Présidens. Tous ces Edits bursaux parlent de la voix délibérative des Trésoriers de France en la Chambre; mais c'est toujours *comme en ont joui leurs Prédécesseurs*. Examinons cette jouissance.

(351). Dans le fait, même dans les temps les plus anciens, les Trésoriers n'avoient séance ordinaire dans la Chambre, que pour assister aux comptes des Receveurs, *pour les ouïr*, & voir s'ils faisoient la recette entière, telle qu'elle leur avoit été ordonnée ; *mais ils n'étoient pas du Conseil ordinaire de la Chambre*, & ils n'y entroient qu'avec permission d'icelle pour venir faire des remontrances, ou y étant mandés ; c'est ce qui va être établi de la manière la plus évidente.

(352). L'Ordonnance du 10 Juillet 1419, art. V, porte expressément que les trois Trésoriers seront toujours au Trésor, & qu'*ils ne seront pas du Conseil de la Chambre des Comptes.* L'Ordonnance de Décembre 1320 ne parle encore que d'ouïr : Un Clerc & un Laïc du Parlement, avec un Maître des Comptes & notre Trésorier, tous ensemble, oyront la relation des Baillis, (dont une partie de leurs fonctions étoit alors d'être Receveurs du Domaine).— Lors des Lettres patentes du 26 Août 1405, pour ordonner que les Monnoies seroient décriées & fondues, la Cédule fut signée des Gens des Comptes & Trésoriers; mais l'*Enregistrement ne fut fait que par les gens des Comptes* seulement, (Ordonnances du Louvre, T. IX, p. 87). — Le 27 Juillet 1536, la Chambre ordonna que les Trésoriers *ne seront reçus à opiner* sur les réceptions des Officiers d'icelle. = L'Edit de Janvier 1551, portant création des Bureaux des Finances, art. XIV, donne, comme nous l'avons dit, voix délibérative aux Trésoriers en la Chambre des Comptes, & en la Cour des Aides : l'art. XVI leur accorde les mêmes priviléges qu'aux Trésoriers de France & aux Généraux des Finances anciennement créés ; mais le Parlement regiſtra cet Edit avec cette modification, *quantum attinet ad Domanium Regis duntaxat.* La Chambre, *prout in Regiſtro cautum eſt*, & l'Auteur p. 178 & suivantes, convient que ce Regiſtre excluoit les prérogatives accordées à ces Trésoriers ; mais il dit que l'Edit du 7 Septembre 1552, leur donna encore une augmentation de pouvoirs : en effet, il leur donnoit le pas même sur les Officiers de la Chambre & de la Cour des Aides, lorsqu'ils n'étoient pas assemblés en Collége ; il leur donnoit aussi une séance honorable au Parlement ; mais le Parlement, la Chambre des Comptes & la Cour des Aides refusèrent les articles de l'Edit qui leur donnoient ces prérogatives. La Cour des Aides leur accorda cependant séance & opinion, lors des remontrances qu'ils faisoient en icelle ; elle confentit que les quatre anciens Tréforiers & les quatre anciens Généraux continueroient de jouir de leurs priviléges, mais non leurs fucceffeurs. — On voit, dit le fieur de Gironcourt, que cette augmentation du nombre des Tréforiers par l'Edit de Janvier 1551 a été pour eux une fource de difgraces, (fi cela eft vrai à l'égard d'une époque, lors de laquelle ils n'étoient que dix-fept, un dans chaque Généralité, combien la multitude effrénée de ces Offices ne doit-elle pas contribuer encore davantage à ce que cet Auteur appelle *leurs difgraces*)? Ce même Edit de 1551, art. IX, parle de remontrances des Tréforiers de France; ils y difent que « les Gens de nos Comptes & Généraux » de la juftice de nos aides refpectivement, ne leur baillent rang » & places honorables à leurs Bureaux, & ne leur permettent y » avoir voix délibérative & opinions ainfi que nofdits Tréforiers » Généraux *le prétendent*, que les quatre anciens Tréforiers de » France & Généraux de nos Finances, à l'inftar defquels ils font » créés, ont eues par ci-devant ». (N^a. que c'eft feulement une prétention des Tréforiers & non une affertion du Roi). — Le 11 Novembre 1555, la Chambre n'avoit pas encore confenti à l'Edit de Janvier 1551. L'Auteur parle des Lettres de juffion, fans dire quelle en fut l'iffue, qui fans doute ne fut pas plus avantageufe aux Tréforiers.

(353). Lorfque les Tréforiers de France étoient mandés, ils ne prenoient pas leur rang de réception, comme étant du Corps; mais ils avoient feulement féance à la derniere place du côté de la porte, quelques anciens qu'ils fuffent dans leurs Offices; c'eft ce qui paroît notamment par celles qui leur furent données en la Chambre les 19 Mai 1632, 18 Mai 1663, 27 Février 1665, 29 Mars 1691, 8 Mars 1717, 7 Juillet 1727, & dans toutes les autres occafions où ils ont été mandés par la Chambre pour les différens objets mentionnés dans la premiere queftion de cet écrit.

(354.) Cette place étoit réglée très-anciennement, puifque le Plumitif du 20 Mars 1597 porte qu'un ancien Tréforier de France de Tours mandé, demanda féance au-deffous de Mesfieurs les Préfidens & au-deffus des Confeillers-Maîtres; la Chambre lui enjoignit de prendre place comme les autres Tréforiers, fes compagnons, pour rendre raifon de fa charge:

le Tréforier refufa & demanda délai jufqu'au lendemain pour s'inftruire du fait pourquoi il a été mandé, & qu'on ne procédât pas contre lui extraordinairement, n'étant pas de ces Tréforiers à la douzaine, étant homme d'honneur ..... lui a été dit de fe retirer; après délibération, il eft mandé une troifième fois, les Bureaux affemblés; la Chambre lui ordonne de prendre la place où lefdits Tréforiers ont accoutumé, à peine d'être conftitué prifonnier, & s'il n'obéiffoit, qu'il fera blâmé de fes paroles infolentes au préalable que de prendre ladite place; a obéi, & pris place au-deffous de Meffieurs les Maîtres.

(355). Les Tréforiers de France aujourd'hui ne paroiffent plus pour l'ordinaire en la Chambre, que le jour de leur réception, & cette féance eft fort courte. On ne fait aucune délibération en leur préfence, & à peine font-ils affis, que le Greffier au plumitif vient les avertir de faluer la Chambre & de fe retirer.

(356). Ces Officiers quoique réputés membres de la Chambre ne font cependant pas admis à faire fociété d'intérêts. Le 19 Décembre 1604, ils vinrent fupplier la Chambre, fi elle trouveroit bon qu'ils fe joigniffent avec elle pour les Remontrances fur la continuation du droit annuel; la Chambre arrêta qu'ils les feroient à part.

(357). Dans les cérémonies publiques ils ne font plus corps avec la Chambre; & dès le 18 Novembre 1551, lorfqu'ils vinrent à une Proceffion où le Roi, la Cour, & les Compagnies affiftoient, ils marchoient à gauche de la Chambre.

(358). Les Tréforiers de France, Membres de toutes les Cours Supérieures, n'exercent donc plus aucunes fonctions ni au Confeil, ni au Parlement, ni à la Chambre. Refte à voir ce qu'ils ont été & ce qu'ils font à l'égard de la Cour des Aides.

§. III.

(359). *Les Tréforiers de France n'ont plus de Séance en la Cour des Aides.*

(360). Les Tréforiers de France comme Généraux des Finances, Ordonnateurs de toutes les Finances extraordinaires, étoient, dès la fin du quatorzième siécle, des Officiers de grande importance dans l'Etat, & quand les Généraux sur la justice des Aides demanderent d'être séparés d'avec eux, ils conservèrent le droit d'entrer dans les Chambres des Généraux pour la justice, & ceux-ci n'eurent aucune influence dans l'administration confiée aux Généraux des Finances.

(361). C'est de-là que viennent ces adresses nombreuses d'Edits, Déclarations, Lettres-patentes qui étoient faites aux Généraux des Finances avant la Cour des Aides, notamment celles du 8 Octobre 1401, 18 Avril 1402, Janvier 1446, Novembre 1465, Octobre 1468, 11 Février 1470, Novembre 1482, 4 Décembre 1500, Avril 1508, Novembre 1545, Mars 1546, Décembre 1553, 27 Décembre 1593. La tradition de ces adresses avant la Cour des Aides paroît finir ici.

(362). L'honneur des séances dura plus long-temps & avec une distinction plus marquée.

(363). Par l'Edit de réunion des Trésoriers avec les Généraux en Juillet 1577, ils eurent séance dans la Cour des Aides, & de même par le Réglement du 17 Septembre 1581, & par l'Arrêt du Conseil du 14 Décembre 1610, en faveur des Trésoriers de France de Picardie.

(364). A l'égard du rang, ils ont quelquefois, au moins dans les Provinces, été placés parmi même les Présidens de ces Cours; cest ce qui paroît par le Réglement du 18 Mai 1600, entre la Cour des Aides de Montpellier & les Trésoriers de France de la même ville.

(365). Leurs places les plus fréquentes dans les temps anciens étoient après les Présidens; l'Arrêt du Conseil du 30 Juin 1579, ordonne la séance en la Cour des Aides au-dessus du plus ancien Conseiller; l'Arrêt du Conseil du 25 Octobre 1611 leur donne séance après les Présidens & avant les Conseillers. Le Réglement du 19 Octobre 1636, avec la Cour des Aides de Guyenne, leur donne séance après les Présidens; celui du 19 Octobre 1638, dit aussi, après les Présidens & avant les Conseillers. Le Réglement du 10 Octobre 1644, pour Montauban, les place au-dessous des Présidens; le 18 Mai 1646, nouvel Arrêt pour Montauban, & cet Arrêt ayant encore été inutile, le Premier

Président, le Doyen des Conseillers & le Procureur Général de la Cour des Aides furent ajournés personnellement par Arrêt du 15 Février 1647; & jusques-là interdits pour refus de donner la séance due aux Trésoriers; ce même Réglement fut encore renouvellé pour la même Cour des Aides, le 10 Octobre 1664.

(366). Le 3 Mai 1578, la Cour des Aides de Paris avoit au moins voulu qu'ils ne prissent place que parmi les Conseillers, & à leur rang de réception; mais ledit jour, cette modification à l'Edit de 1577 fut levée en vertu des Lettres de jussion.

(367). Ce même rang de dignité qu'ils avoient dans l'intérieur de la Cour des Aides, leur étoit accordé dans les cérémonies publiques.

(368). Le 26 Juin 1610, Arrêt du Conseil, par lequel sur la requête des Trésoriers de France & Généraux des Finances de Paris, pour tenir le rang à eux attribué par les Edits, aux obsèques & funérailles du Roi Henry IV, & y assister avec la Cour des Aides, vu les Edits, Déclarations, Ordonnances & autres titres concernant leurs séances, ordre & rang, & après que le Premier Président de ladite Cour & l'un des Avocats Généraux ont été mandés, le Roi a ordonné que deux Trésoriers de France en la Généralité de Paris, reçus en ladite Cour, auront rang audit enterrement, & marcheront immédiatement après les Présidens de ladite Cour, & avant tous les Conseillers en icelle, & ordonne en outre que le présent Arrêt sera mis ès mains du Grand Maître des cérémonies, pour le faire garder & observer, comme il a été fait par le passé. (Le sieur de Gironcourt cite Chen. T. II, f° 484, & Descorbiac, T. II, f° 724).

(369). Il paroît que ce Réglement honorable pour les Trésoriers eut le sort de toutes les Loix données en leur faveur; à mesure que leurs fonctions honorables cessoient, les Cours refusoient de leur rendre les honneurs anciens. En effet, aux funérailles de Louis XIII, le 22 Juin 1643, leurs Députés furent empêchés pour la premiere fois de prendre leurs places dans l'Eglise de St Denis, entre les Présidens de la Cour des Aides & les Conseillers de cette même Cour. Le Grand-Maître des Cérémonies représenta inutilement aux Officiers de la Cour des Aides l'usage & le droit des Trésoriers de France de Paris, confirmés par le Réglement du 26 Juin 1610; ils refuserent tous tumultuairement d'y obéir; on avoit déjà menacé de violence les Députés du Bureau des Finances, qui aimerent mieux de leur part se retirer, que d'engager un scandale dans l'Eglise. Tous ces faits, dit le sieur de Gironcourt, sont justifiés par des Procès-verbaux authentiques, & par le certificat même que le Grand Maître des Cérémonies en délivra à ces Députés, ledit jour 22 Juin 1643. Cette premiere entreprise de la Cour des Aides, n'empêcha pas que les Trésoriers de France de Paris ne fussent toujours regardés sur le même pied par le Conseil, & l'Arrêt du 26 Juin 1610, n'y a jamais reçu la moindre atteinte. Au mois d'Août 1660, ils furent pareillement invités par Lettres de cachet de S. M. d'assister à l'entrée du Roi Louis XIV, de glorieuse mémoire, & de la Reine son Epouse, dans Paris; en voici la teneur: « De par le Roi — Nos Amés » & Féaux, après une paix glorieuse, le bonheur de notre » mariage, & notre retour en ce lieu, nous avons résolu de » signaler ces heureux événemens par notre entrée avec la » Reine, notre très-chere Epouse, dans notre bonne Ville de » Paris, au 26 de ce mois, & de perpétuer la mémoire de » cette action par la magnificence dont nous entendons qu'elle » soit accompagnée. C'est pourquoi nous vous mandons & » ordonnons que vous ayez à vous tenir prêts pour y assister, » ainsi qu'il a été observé en pareilles Cérémonies, même aux » entrées des Rois nos prédécesseurs, Henri II & Charles IX, ce » que le Grand Maître, ou le Maître des Cérémonies, vous dira » plus particuliérement de notre part, & Nous remettant à lui » de vous avertir de l'heure du départ, du jour de l'entrée, & » de tout ce que vous aurez à faire au surplus en cette occa- » sion. Nous ne vous ferons cette Lettre plus expresse, que » pour vous exhorter d'avoir une entiere créance en lui; car » tel est notre plaisir. Donné à Vincennes, le douzieme jour » d'Août 1660. *Signé* Louis; & plus bas, de Guenegaud; » & sur la suscription est écrit: A nos Amés & Féaux Con- » seillers les Présidens, Trésoriers Généraux de France, au » Bureau de nos Finances établi à Paris ». Mais la Cour des Aides

Aides qui fut auffitôt informée de cette Lettre, & qui preffentit bien que les Tréforiers de France, n'étant point retenus en cette occafion comme en 1643, ne manqueroient pas de vouloir prendre leur rang après les Préfidens & avant tous les Confeillers, en éluda l'exécution; & fes follicitations furent fi fecretes & fi vives, qu'elle fit adreffer une feconde lettre aux Tréforiers de France de Paris, pour les difpenfer de fe trouver à cette cérémonie. La teneur de cette lettre, dit le Sr de Gironcourt, en apprendra encore mieux la furprife, & avec quelle adreffe elle fut ménagée par la Cour des Aides; elle eft du 22 Août, en ces termes: « De par le Roi — Nos » Amés & Féaux, notre Cour des Aides, nous ayant fait en- » tendre que vous n'avez pas accoutumé de vous trouver avec » elle aux Cérémonies où elle a eu ordre d'affifter depuis quel- » ques années, & le tems ne nous permettant pas de régler le » différend qui eft entre vous fur ce fujet, avant le jour de » notre entrée, nous vous faifons cette Lettre pour vous dire » que nous vous difpenfons d'y affifter, nonobftant l'ordre » que vous en avez reçu de notre part, plutôt pour empêcher » qu'il n'arrive aucun trouble entre vous à cette occafion, » que pour faire aucun préjudice à vos droits, remettant à » les régler, lorfque nous en ferons plus amplement informés; » car tel eft notre plaifir. Donné à Vincennes, le vingt- » deuxieme jour d'Août 1660. *Signé* Louis; & plus bas, de » Guenegaud, avec paraphe; & fur la Lettre eft écrit: A nos » Amés & Féaux Confeillers, les Préfidens, Tréforiers Gé- » néraux de France au Bureau de nos Finances établi à » Paris ».

(370). En cet état, fous le feu Roi de glorieufe mémoire, les Tréforiers de France de Paris préfenterent leur Requête en 1772 à Sa Majefté: comme le Roi, dit Gironcourt, eft feul le maître & l'arbitre des rangs, auffi bien que des dignités de fon Royaume, ils lui ont expofé leur droit & l'ufage confirmé par le Réglement de 1610, & l'ont en même tems fupplié de vouloir bien les régler, en leur affignant tel rang & telle marche convenable qu'il lui plaira de leur accorder dans les affemblées & cérémonies publiques.

(371). Les prétentions des Tréſoriers de France contre la Cour des Aides, ſont encore les mêmes, ainſi qu'il paroît par le texte de cet Auteur, qui conſerve toujours une grande eſpérance. « Comme, dit-il, ce Mémoire ne tend principale-» ment qu'à juſtifier par les Edits, Déclarations, Arrêts & » Réglemens qui y ſont rapportés, que les Tréſoriers de » France de Paris ont toujours eu les mêmes droits & pré-» rogatives d'honneur ou de nobleſſe, que les Officiers de la » Chambre des Comptes & Cour des Aides de Paris, ſans » aucune diſtinction, ils n'entreront point ici dans les moyens » particuliers de leur Requête pour ces rangs ou ſéances. Il » ſuffit que le feu Roi (Louis XV) l'ait trouvée juſte, & que » ſur le rapport qui lui en a été fait, Sa Majeſté ait ordonné » par Arrêt donné en commandement, le 12 Mai 1772, » que cette Requête ſeroit communiquée à la Cour des Aides » & aux Compagnies qui peuvent y avoir intérêt; lorſqu'elles » auront donné leurs Mémoires, & que tout ſera éclairci, Sa » Majeſté en ſon Conſeil ſera en état de prononcer ».

(372). Cette eſpérance des Tréſoriers de France eſt ſans doute très-légere, depuis que leur autorité s'eſt encore plus éclipſée, & qu'ils ne ſont plus en état de ſoutenir par leurs fonctions le parallele des Cours Supérieures.

§. IV.

(373). *Les Tréſoriers de France n'ont plus la préſéance ſur pluſieurs Bailliages.*

(374). Les Tréſoriers de France éloignés du Conſeil, du Parlement, de la Chambre des Comptes, de la Cour des Aides, n'avoient plus qu'une mortification à eſſuyer pour ſe convaincre de la dégradation de leurs Charges; les Préſidiaux eux-mêmes ont prétendu avoir le pas avant eux dans les Cérémonies publiques; il y a eu de longues conteſtations au Conſeil, & pluſieurs des Préſidiaux ont déjà obtenu la victoire ſur les Tréſoriers: on verra dans la IIIe Propoſition, premiere Section, l'hiſtoire de ces conteſtations & les doléances du ſieur de

Gironcourt sur cette catastrophe affreuse pour les Offices des Trésoriers.

Ve Section.

(375). *Réfutation des Moyens dont le sieur de Gironcourt se sert pour appuyer la supériorité prétendue des Trésoriers, & aussi les aveux de cet Auteur sur la dégradation successive de leurs Offices.*

(376). Voyons d'abord comment le Sr de Gironcourt, en faisant l'histoire la plus honorable qu'il peut de l'état des Trésoriers de France, essaye d'atténuer les causes qui ont entraîné la dégradation de ces Tribunaux ; comme aussi de donner des motifs de leur attribuer l'état de supériorité, qu'il revendique en leur faveur : nous verrons ensuite ses aveux sur la dégradation de ces Offices.

(377). L'Auteur trouve deux causes principales qui ont servi de moyens pour attaquer la dignité des Trésoriers de France : 1°. leur séparation dans les différentes Généralités ; 2°. la multiplication de leurs Offices.

(378). 1°. Le sieur de Gironcourt en parlant de la préséance prétendue par les Présidiaux contre les Trésoriers de France, cherche à atténuer la premiere cause de leur dégradation ; la séparation de leurs Officiers, & leur répartition dans les Provinces ; soutient que cette fixation des Trésoriers de France dans leurs Généralités en 1551, n'a pu leur nuire, « Ceux, dit-il, qui par » cette séparation apparente en concluroient une séparation » d'état & de privilége, tomberoient dans une grande errreur qui » les induiroit à jetter d'épais nuages sur la préséance due aux Tré» soriers de France en quelque lieu où le Roi les auroit fixés. Cette » séparation cependant a été un des plus forts motifs des mou» vemens & des violences exercées par certains Présidiaux pour » s'emparer de cette préséance. Des Compagnies supérieures, » qui se séparent par la volonté de leur Maître Souverain, & pour » le bien de son service, celles même qui dans les mêmes séances » ou dans une même Chambre n'auroient jamais été unies, mais » que le Roi uniroit, ces Compagnies emportent & rapportent

» avec elles tous leurs droits & leurs privileges ; le fond de leur » état n'a pu ſouffrir, ni être diminué par la diviſion.

(379). L'Auteur ne s'apperçoit pas ſans doute que ce qui conſtitue les Cours inférieures, c'eſt d'être exclus de l'univerſalité des connoiſſances ſur un objet de juriſdiction, & de n'avoir qu'une autorité limitée dans certains lieux, tandis que la Cour Supérieure a l'univerſalité de juriſdiction, & qu'elle l'a dans toute l'étendue de ſon reſſort.

(380). Il auroit dû d'ailleurs avouer que, dès 1551, cette prétendue union des Tréſoriers de France avec les Cours des Finances étoit déja très-légère, puiſque, comme nous l'avons vu plus haut, l'Edit de Janvier audit an 1551, viſe l'art. IX des Remontrances des Tréſoriers de France, qui portoient que les » Gens des Comptes & les Généraux de la juſtice de nos Aides » reſpectivement, ne leur baillent rang & place honorable à leurs » Bureaux, & ne leur permettent avoir voix délibérative & » opinion, ainſi que noſdits Tréſoriers Généraux prétendent que » les quatre anciens Tréſoriers de France & Généraux de nos Fi» nances, à l'inſtar deſquels ils ſont créés, ont eues par ci-devant ». *N^a*. Ce n'eſt qu'une prétention des Tréſoriers ; & non une aſſertion du Roi. Il eſt donc vrai que, en remontant plus de deux cens ans, on n'avoit déja aucune notice certaine ſur la prétendue voix délibérative des quatre anciens Tréſoriers de France & des quatre anciens Généraux des Finances, & ce n'eſt plus ſur cet objet que doivent tomber les regrets des Tréſoriers de France, d'avoir été envoyés dans les Généralités du Royaume ; jamais ils n'avoient été *du Conſeil de la Chambre*, comme il eſt porté dans l'Ordonnance du 10 Juillet 1319, art. V.

(381). 2°. La multiplication des Offices a été encore une autre cauſe de dégradation ; mais le ſieur de Gironcourt dit que cette cauſe eſt bien étrangere à des Officiers quelconques : « les Rois, » dit-il, ſont nos Maîtres ſuprêmes ; ils créent & ſuppriment » les Offices par les raiſons d'État ; les profondeurs du Gouver» nement ne veulent que notre vénération ». Au ſurplus, moyennant le droit de repréſentation des anciens Tréſoriers qui vivent en la perſonne de chacun de leurs ſucceſſeurs, cette multiplication d'Office n'embaraſſe pas le Sr de Gironcourt.

» Il est certain, dit-il, que les quatre Trésoriers de France qui » existoient en 1550, représentoient le Trésorier de France, » Grand Officier de la Couronne; que les Trésoriers de France » d'aujourd'hui représentent les quatre qui exerçoient ces » Charges à l'époque dont nous venons de parler; ils représentent » encore les quatre Généraux qui jugeoient souverainement sur la » matiere des Finances». Ce qui confirme le sieur de Gironcourt dans cette opinion, c'est que toutes les créations de ces Offices ont toujours été faites à l'*instar des anciens Trésoriers.* Mais il faut observer que ce mot est équivoque. Quelles modifications en effet ne doit-on pas y donner? Les Trésoriers de France ont-ils droit comme un de leurs anciens, de présider la Chambre des Comptes? Ont-ils le droit de faire les fonctions de Contrôleur Général? Ont-ils la direction totale des Finances? Font-ils le département des Tailles? &c. Mais d'ailleurs il y a un mot dans ces créations qui explique cet *instar*; c'est qu'ils sont créés pour en jouir comme en jouissent nosdits Trésoriers & Chambre du Domaine. Ainsi toute cette prétendue ancienne autorité se trouve réduite à la puissance actuelle & très-petite, dont jouissent les Trésoriers actuels.

(382). L'Auteur met sa confiance dans plusieurs petits moyens, qui sont de beaucoup trop foibles, pour étayer l'état de Juges supérieurs.

(383). « On ne crée, dit-il, des Offices de Payeurs des » gages, que pour des Officiers de Cours supérieures. Or il » parut, au mois de Juillet de l'année 1689, un Edit, qui » établissoit deux Payeurs des gages des Officiers des Bureaux». Cette conséquence est de nulle valeur, & l'assertion est entiérement fausse. Jusqu'à nos jours, il y a eu des Payeurs des gages de Justices inférieures; ceux du Châtelet, du Présidial de Crepy, subsistoient en 1771. Plus anciennement, il y avoit des Payeurs des gages pour chacun des Présidiaux, pour chacune des Elections, des Payeurs des gages des Ambassadeurs, &c.

(384). Il s'appuye encore sur le titre de Président, dont jouissent les Trésoriers, & qui a été ôté aux Présidiaux & réservé aux Cours supérieures, par l'Edit d'Août 1765; mais il doit avouer que cette réserve ne tomboit certainement pas en ce moment sur les Bureaux des Finances, puisqu'ils ne sont mis par aucune Ordonnance au nombre des Cours supérieures, mais seulement regardés comme en étant Membres quelconques : du reste, leur autorité pour juger au souverain, n'a rien de plus étendu que celle des Bailliages. On pourroit, en toute rigueur, les mettre au niveau de ces Officiers.

(385). En se plaignant de l'atteinte portée aux Offices des Trésoriers de France, par la taxe imposée sur eux pour la conservation de la Noblesse, l'Auteur dit : « Ces Officiers sont » mis dans la même classe que des Ennoblis par Lettres, quant » au droit de révoquer ces derniers. De tels Officiers n'auroient » jamais eu le pouvoir de recevoir l'enregistrement des Lettres » de Noblesse ». Cette preuve du Sieur de Gironcourt, pour étayer la supériorité, est encore de nulle valeur, puisque les Trésoriers de France ne peuvent opiner sur les Lettres de Noblesse, & en refuser l'enregistrement, quand il a été fait préalablement par la Chambre des Comptes. Ils ne les régistrent donc que comme le font les Officiers inférieurs, par nécessité d'obéir aux Arrêts des Jurisdictions supérieures, qui seules doivent connoître des Lettres de la volonté du Roi.

(386). Faute de meilleures preuves de supériorité, l'Auteur dit, page 107 : « En Magistrats supérieurs, ils peuvent com» poser sur le fait des légitimations, affranchissemens, reliefs, » rachats, quints, épaves, &c. modérer lesdites composi» tions, suivant les circonstances, &c ». Comment donner pour preuve de supériorité, des fonctions journellement exercées par les Commis des Fermes ?

(387). Le Sieur de Gironcourt, malgré toutes ces preuves de supériorité, n'en a pas moins senti l'état de dégradation de ces Offices ; il faut maintenant l'entendre seul porter ses doléances sur toutes les atteintes qu'ils ont reçues.

(388). Sur la taxe, pour conserver leur Noblesse, il s'écrie, tom. 2. p. 164 : « Depuis que la Monarchie Françoise fait l'ad» miration des autres Etats de l'Europe, les Trésoriers de » France ne se sont jamais trouvés dans une situation plus » critique : celle de leur suppression en 1580, n'a rien même

» de comparable. Qu'est-ce qu'un être, lorsque l'existence » contristée perd ses priviléges les plus chers, & quand la No- » blesse même, attachée à un Office, tombe sous le joug d'une » taxe ou d'une trop humiliante révocation ».

(389). Sur la taxe du Centieme denier, tom. 2, p. 93, il dit: « Qu'ils ont dû être compris dans l'exemption de cet Impôt qui » a été accordé aux Cours Supérieures, dont on ne peut les dis- » traire sans détruire la constitution primordiale de leur état ». Que dire de cet aveu du sieur de Gironcourt, quand il est certain qu'ils ont été exclus de l'exemption du Centieme Denier? N'est-il pas évident que le Roi a reconnu que leur Jurisdiction étoit dégradée, & n'avoit presque plus rien de commun avec les Cours Supérieures? Faisons ici une observation importante: le sieur de Gironcourt, ainsi qu'on va le voir, fait ce même aveu sur chacune des décisions qui ont été rendues contre eux: il dit que, si elles subsistoient, leurs Offices seroient dégradés & déchus de leur ancienne splendeur; cependant elles subsistent ces décisions, & l'Auteur est obligé de convenir que c'est l'état actuel auquel ils n'ont pu échapper, & que malgré leurs remontrances & leurs plus vives sollicitations, ils n'ont pu conserver aucune des distinctions qu'ils réclamoient. Le sieur de Gironcourt avoue donc pleinement la dégradation des Offices des Trésoriers.

(390). Il entre ensuite dans le détail de l'évenement qui les a assujettis à cette taxe du Centieme Denier. « Des faits mo- » dernes, dit-il, n'ont pas été aussi favorables aux Trésoriers » de France, que le droit leur est avantageux. D'anciennes opi- » nions, funestes à leur état, se sont réveillées. On a surpris » le Ministre qui, en 1772, tenoit les rênes des Finances. Est- » on donc parvenu à lui persuader que l'Edit de Février 1771 » & l'Arrêt du Conseil du 6 Juillet 1772, portoient sur les » Trésoriers de France, & les obligeoient au Centieme Denier? » *On n'a pu le faire, qu'autant que ces Officiers ont été représen-* » *tés comme des Juges inférieurs.* — Au milieu d'une immen- » sité d'affaires, il est facile de perdre de vue l'histoire législa- » tive d'un Etat, & d'être surpris. Ces circonstances produi- » sirent aussi une lettre du 4 Décembre de la même année

» 1772, adreſſée au Bureau des Finances de Metz, ſignée de » M. le Contrôleur Général, qui portoit en ſubſtance que les » Bureaux des Finances étoient aſſujettis au Centieme Denier, » en vertu de l'Edit de Février 1771, & de l'Arrêt du 6 Juillet » 1772 ».

(391). « Comme la ſurpriſe faite à la religion du Miniſtre » étoit grande, les Tréſoriers de France ont pris la liberté de » faire leurs repréſentations; la matiere, les moyens qui les » appuyoient étoient immenſes: nous les avons développés » dans ce Traité. Pour des cauſes que nous nous interdiſons » d'approfondir, elles n'ont pas réuſſi; mais un bon droit in- » vinciblement démontré ne peut manquer de déterminer S. » M. à rendre aux Tréſoriers de France leurs prérogatives ori- » ginaires & de conſtitution, & par une aſſimilation légale de » priviléges, *les remettre* au nombre des Officiers des Cours » Supérieures en affranchiſſant les Bureaux des Finances du » Centieme Denier, avec d'autant plus de juſtice & de bonté, » que ces Corps n'ont jamais été ſoumis au prêt, & que par les » diſpoſitions de l'Arrêt, le Centieme Denier n'eſt établi que » pour tenir lieu de prêt & d'annuel ».

(392). « C'eſt par une ſuite de cette fatalité qui, en certains » momens, a affligé l'état des Tréſoriers de France, que nous » voyons dans une Requête préſentée au Conſeil en 1773, au » nom de pluſieurs Bureaux des Finances, un énoncé qui » ſe trouve ſi fort en contradiction avec les Loix: il eſt dit dans » cette Requête, qu'ils ſont aſſujettis au Centieme Denier. Par » cette conſidération & les autres réflexions qui étoient jointes, » on demandoit la diminution du droit de marc d'or ſur les » Lettres de Vétérance. De quelque part que ſoit venu cet » énoncé, il eſt certain que perſonne, de quelqu'état qu'il puiſſe » être, l'Officier même revêtu, n'étant que ſimple uſufruitier, » ne peut altérer ni dénaturer une Charge dont la propriété » reſte dans la main du Roi ». Voilà de grandes expreſſions; mais comment replacer dans le rang des Cours Supérieures, des Offices qui ſont tombés dans un état d'abaiſſement ſi profond?

(393). Autre objet de dégradation avoué par le ſieur de Gi- roncourt ſur la préſéance qui leur a été refuſée à l'égard de pluſieurs

plusieurs Présidiaux. Avant que d'en donner l'histoire, il débute ainsi : « Dans le tableau affligeant que nous allons tracer, on » aura peine à concevoir de combien de désagrémens ces dis- » cussions de préséances ont été suivies. S'il ne s'agissoit que » d'une vaine cérémonie, de l'objet stérile d'une marche, d'un » pas ou d'une entrée, d'une droite ou d'une séance plus ho- » norable, qui formât la matiere des combats des Bailliages & » Sieges Présidiaux, les Bureaux des Finances pourroient y » être très-indifférens, quoique dans tous les Corps de l'Etat, » suivant les diverses gradations, il faille de l'ordre ; & les » choses déterminées fixent l'imagination & assurent la tran- » quillité publique ; mais les Trésoriers de France, *privés de* » *la préséance sur les Présidiaux*, *n'ont plus de titre pour sou-* » *tenir leur qualification d'Officiers ou de Membres de Cours* » *Supérieures* : s'ils cessent de la conserver, à l'instant leurs pri- » vileges cessent & tombent ». — Plus loin, il dit : « La pré- » tention de préséance formée, tantôt contre l'une, tantôt con- » tre l'autre de ces Compagnies, entraînoit insensiblement la » ruine de leurs distinctions & de leurs privileges : l'aggréga- » tion de ces Offices avec les Cours devenoit une belle chi- » mère & une pure illusion ». Quels aveux !

(394). Sur la diminution des taxes pour leurs voyages, aujourd'hui inférieures à celles des Officiers des Cours Souveraines, il s'exprime ainsi : « La taxe qui a été assignée aux Offi- » ciers des Bureaux des Finances, par l'Edit du mois de Juin » 1771, donne la plus grande atteinte à leur état, & *les re-* » *tranche du nombre des Cours*, les sépare en particulier des » Chambres des Comptes où ils continuent néanmoins d'être » reçus au rang des Maîtres ». Cette place prétendue au rang des Maîtres, est, comme il a été dit, la derniere place du côté de la porte, & ce n'est pas là le rang des Conseillers-Maîtres lors de leur réception. Cette derniere place, au reste, est tellement affectée aux Trésoriers de France, que quelques années de service qu'ils aient, ils n'ont pas d'autres séances, lorsqu'ils viennent étant mandés par la Chambre. Ainsi ce n'est pas pour le seul moment de leur réception, qu'ils sont mis à la derniere place ; c'est par la nature de leurs Offices.

(395). Sur le pas que les Tréſoriers de France n'ont qu'après la Cour des Monnoyes, l'Auteur, tom. 2. p. 238, dit: « Quoique les Tréſoriers de France ſoient Membres de la » Chambre des Comptes où ils ſont inſtalés, il n'eſt cependant » pas reçu qu'ils aient le pas ſur la Cour des Monnoies. La » connoiſſance du Domaine contentieux qui, *ſous l'appel* au » Parlement, avoit été donnée à la Chambre du Tréſor, a em» pêché les Rois de déclarer purement & ſimplement les Bu» reaux des Finances, Cours Supérieures, comme ils ont fait » à l'égard des Officiers des Aides & des Monnoies, qui » avoient une Juriſdiction & des compétences moins compli» quées, les unions, les déſunions même qui n'ont jamais nui » à la qualité des Offices des Tréſoriers de France dans l'appa» rence, leur ont fait tort dans le fait ».

(396). L'Auteur impute le malheur des Tréſoriers à deux grands Hommes, Paſquier & Sully. — « La doctrine de Paſ» quier, dit-il, tom. 2. p. 34, a trop influé ſur le Public; la » ſource du bien tarit; le mal ſuit les âges & afflige toutes les » générations. Si Paſquier eſt indiſpoſé contre l'état des Tré» ſoriers de France dans le Chapitre où il traite de la Chambre, » où il ne donne à ces Officiers qu'une police ſur les matieres » dont il parle, il eſt encore moins indulgent dans le Chapitre » qu'il a deſtiné aux Tréſoriers de France, dont l'extinction » forme toujours l'objet de ſes vœux ». — P. 39, l'Auteur rejette l'éloignement que Sully avoit pour les Tréſoriers de France ſur des mécontentemens particuliers contre quelques-uns de leurs Membres.

(397). Outre les plaintes particulieres du ſieur de Gironcourt, ſur les différens événemens fâcheux pour les Tréſoriers de France, il forme quelquefois des plaintes générales qui ne renferment pas moins l'aveu de leur dégradation. « Le ſort des » Tréſoriers de France, dit-il, p. 221, toujours aggrégés à » des Corps nombreux, dans des temps où ces Officiers étoient » en petit nombre dans leurs diverſes Généralités, leur ſort a » été en contradiction perpétuelle; le choc & la variété des » opinions formeront toujours chez les hommes un chaos » dont jamais on ne verra l'iſſue ». Il y a apparence qu'en effet les Bureaux des Finances ne verront jamais le retour de cette Adminiſtration ſi honorable qui eſt paſſée dans des mains plus fortes que celles des Bureaux des Finances.

IIe PROPOSITION.

(398). *Il n'y a aucun motif de retirer les Tréſoriers de France de la ſubordination dans laquelle ils ont été placés par les Ordonnances, à l'égard de la Chambre, pour celles de leurs fonctions qui ſont relatives à ſa Juriſdiction. Il y a au contraire toutes ſortes de raiſons de maintenir cette ſubordination.*

(399). En 1730, quinze Bureaux des Finances, ainſi que nous l'avons annoncé, formerent au Conſeil du Roi, des demandes très-inſtantes pour parvenir à cette ſupériorité dont le deſir les agite depuis ſi long-tems. C'étoient les Tréſoriers de France des Généralités d'Amiens, Soiſſons, Bourges, Orléans, Châlons, Tours, Limoges, Lyon, Poitiers, Riom, Moulins, la Rochelle, Bordeaux, Montauban & Auch.

(400). La Chambre fit imprimer alors un Mémoire, pour ſervir de Réponſe à la Requête préſentée au Roi par tous les Tréſoriers réunis; il commence par ces mots:

(401). « Les idées ambitieuſes des Tréſoriers de France, » leur paſſion de devenir Cours Supérieures, leur font re- » nouveller aujourd'hui des conteſtations, dont la plupart ont » été auſſi ſouvent proſcrites, qu'ils ont oſé les mettre au » jour. Le mauvais ſuccès de pluſieurs tentatives ne les re- » bute point; les ménagemens dont la Chambre a uſé à leur » égard dans tous les tems, ne ſont point pour eux des mo- » tifs d'union & de reconnoiſſance. Ils ſont ſi peu d'accord » avec eux-mêmes, que s'avouant Membres de cette Com- » pagnie, parce qu'effectivement ils ont l'honneur de l'être & » qu'ils en tirent leur plus grand luſtre, ils refuſent de garder » la ſubordination à laquelle ils ſe ſoumettent par le ſerment » qu'ils prêtent en la Chambre des Comptes, lorſqu'ils y ſont » reçus, quoique tous les Officiers qui compoſent le Corps de

» la Chambre des Comptes reconnoiſſent cette ſubordination
» légitime, & ne s'en ſoient jamais écartés. Ils veulent preſ-
» crire des bornes à ſa Juriſdiction, s'en former une indépen-
» dante. Les plus anciennes Loix, les plus ſolemnelles Or-
» donnances ne les retiennent point, ils ceſſent de les reſpec-
» ter ſitôt quelles bleſſent leur idée d'égalité & d'indépendance
» qu'ils veulent ſe procurer ».

(402). Les demandes formées alors par tous ces Bureaux des Finances conſiſtoient en huit chefs, dont ils pourſuivent encore actuellement l'attribution. Par le premier, ils demandoient à n'être pas tenus d'envoyer en la Chambre, pour y être réformés, les originaux des actes de foi & hommages reçus dans leurs Bureaux. Le deuxieme avoit deux objets; l'un, de s'oppoſer à ce que la Chambre juge les oppoſitions formées en icelle aux aveux & dénombremens par le Procureur Général ou par les Receveurs & Contrôleurs du Domaine; l'autre, pour avoir le blâme des déclarations du temporel des Eccléſiaſtiques. Le troiſieme chef de demande, tendoit à empêcher la Chambre de donner des main-levées de ſaiſies féodales. Le quatrieme chef, avoit pour objet de faire défendre à la Chambre de nommer Subſtitut du Procureur Général du Roi en icelle, l'Officier qui, dans leurs Bureaux, exerce le miniſtere public. Le cinquieme, pour avoir un droit excluſif pour l'enregiſtrement de toutes eſpeces de dons & de graces du Roi, telles qu'annobliſſemens, Erections de terres, Lettres de naturalité, de légitimation, &c. Le ſixieme avoit trois objets; l'un, pour être exempté d'envoyer en la Chambre les actes de cautionnement par eux reçus; le deuxieme, pour empêcher la Chambre de mettre ou faire mettre, ſur des Commiſſions données par Arrêts, les ſcellés dans les Provinces par ſuite de ceux qu'elle met à Paris; le troiſieme objet étoit d'empêcher la Chambre d'admettre des Emplois qui auroient été rayés par les Tréſoriers de France dans leurs états au vrai. Les ſeptieme & huitieme chefs tendoient a empêcher la Chambre de prononcer des ſouffrances ſur leurs gages, lorſqu'ils ne ſatisfont pas aux Ordonnances qui leur preſcrivent de juſtifier de leurs chevauchées dans les Provinces, & de leur réſidence en leurs Bureaux.

(403). Toutes ces demandes n'ont d'autre fondement, comme le disoit la Chambre, que le desir de l'indépendance; mais elles sont entierement contraires aux textes des Ordonnances, & il n'y a aucun motif de changer leurs dispositions. Suivons toutes ces demandes dans le désordre où elles sont présentées par les Trésoriers. Nous verrons de plus en plus qu'il n'existe aucun motif de retirer ces Officiers d'aucune des parties de cette subordination à laquelle ils veulent échapper.

(404). Iere Section. Contre le premier chef des demandes formées au Conseil contre la Chambre par les Trésoriers de France, en 1730.

(405). *Il est utile que la Chambre veille à la réforme des actes féodaux reçus par les Trésoriers de France.*

(406). L'autorité des Trésoriers de France à l'égard de la réception des foi & hommages, aveux & dénombremens, ne remonte pas, à beaucoup près, aussi haut que celle qu'ils ont eue sur le Domaine, & elle n'en est nullement une dépendance nécessaire. Il est bon de rappeller un peu en détail l'histoire de cette Jurisdiction & de leur pouvoir sur les actes féodaux.

(407). Dans les commencemens & pendant plusieurs siecles, c'étoit au Roi seul que se faisoit la foi par les Vassaux de la Couronne, &, à ce qui paroît, au Chancelier, en l'absence du Roi; mais la Chambre en faisoit expédier les actes aux Vassaux. Cet usage subsistoit encore lors de l'Ordonnance du 14 Mars 1453, qui porte: « Qu'il sera délivré au possesseur des Fiefs » un *duplicata* des Lettres de leurs hommages, signées & scel- » lées, pour en suivre l'expédition en la Chambre des » Comptes ». A peu près dans ce même tems, cela parut au Roi, fatiguant pour ses Vassaux, & par l'Ordonnance du 5 Août 1457, il donna à la Chambre, pour trois ans, le pouvoir de recevoir les foi & hommages dans Paris, & aux Baillis dans les Provinces, pour le même espace de tems. Cette faculté fut renouvellée au bout de trois ans par l'Ordonnance du 3 Novembre 1460. Le 8 Juin 1507, la Chambre, en présence de deux des Tréſoriers, ordonna par Arrêt qu'à la fin de chaque compte ſeront écrits les Fiefs pour connoître les mutations & devoirs, & qu'à la Requête du *Procureur du Roi*, les Receveurs contraindront les Vaſſaux d'exhiber leur foi & hommages avec les attaches de la Chambre, faute de quoi, ſaiſie avec établiſſement de Commiſſaires. Loffroi, f°. 153. On ne ſe trompera pas, ſans doute, ſur cette préſence des Tréſoriers de France, qui n'aſſiſtoient à cet Arrêt, qu'à cauſe des précautions qu'il étoit intéreſſant pour eux de prendre, pour connoître avec exactitude ces mutations, & en faire payer les droits, les Tréſoriers étant alors chargés de faire recevoir tous les deniers du Domaine, & d'en ordonner la diſtribution. Les Tréſoriers n'avoient, à cette époque de 1507, aucune autre inſpection ſur les Fiefs, & ils ne l'eurent encore que long-tems après. On ne ſe trompera pas non plus ſur ce *Procureur du Roi* qui eſt manifeſtement celui des Bailliages, & non celui des Bureaux des Finances, puiſque ce n'eſt qu'en 1551, que les Tréſoriers de France ont été établis, un ſeul pour chaque Généralité; & que ce n'eſt qu'en 1557, qu'ils ont été formés en Bureau avec un Procureur du Roi dans chacun d'iceux. Or cette date eſt poſtérieure de plus de cinquante ans à l'Arrêt de 1507, dont il s'agit.

(408). C'étoient donc les Baillis qui jouiſſoient alors de cette autorité; ils en jouiſſoient encore en 1538, lors de l'Ordonnance du 18 Décembre audit an, par laquelle le Roi voulut que l'on apportât à la Chambre les foi & hommages, aveux & dénombremens reçus par le Procureur du Roi de Poitou. La Chambre regiſtra cette Ordonnance, « à la charge que » ledit Procureur & Clerc des Fiefs ſera tenu envoyer en icelle, » dans un an, le double des regiſtres de tous les Fiefs de ladite » Sénéchauſſée, ſigné dudit Sénéchal, ou de ſes Lieutenans, » & des Avocat & Procureur du Roi, Receveur ordinaire » audit Siege de Poitiers, & dudit Clerc ».

(409). On voit ici un veſtige bien manifeſte & très-ancien de l'obligation des Juges de Provinces, d'envoyer en la Chambre les actes de foi & hommage qu'ils recevoient des Vaſſaux; & c'eſt à cette obligation que les Tréſoriers de France ont ſuccédé, lorsque le pouvoir de recevoir les hommages des Provinces leur a été accordé.

(410). C'est l'Edit de Février 1566 sur les Finances, qui le premier a attribué aux Trésoriers de France la réception des foi & hommages. Par l'art. XII, le Roi ordonne que « la » Superintendance du Domaine appartiendra aux Trésoriers, » avec pouvoir de recevoir les foi & hommages ». Dès ce même instant, ils furent tenus d'envoyer leurs actes en la Chambre, comme le dépôt naturel de tous les titres du Domaine, « desquels, porte cet article, ils seront tenus d'envoyer les » lettres desdits hommages & aveux en ladite Chambre des » Comptes à Paris, par chacun an, pour la conservation » de nos droits, excepté toutefois, quant à ladite Charge » de Paris, de laquelle les Vassaux feront leurs hommages » en notredite Chambre des Comptes ».

(411). Par l'Edit d'Avril 1627, le Roi, en rendant aux Trésoriers le pouvoir de la Jurisdiction contentieuse à l'égard du Domaine qui leur avoit été ôté par l'Edit de Cremieu, en 1536, leur accorde celui de recevoir les foi & hommages des Vassaux, sans distinction. Jusques-là ils ne les avoient reçus que pour les Fiefs qui n'avoient que 25 liv. de revenu, le surplus réservé au Roi, à M. le Chancelier, ou à la Chambre. Cet Edit bursal n'avoit accordé ce droit, que pour avoir un plus prompt débit des Offices qu'il créoit; la Chambre fit une longue résistance à l'enregistrement. On transporta même la réception des Trésoriers de France au Grand Conseil; mais enfin la Chambre obtint la révocation de l'Edit, par autre Edit de l'année suivante, en Avril 1628. Le Roi déclare que son intention « n'a pu être d'ôter, diminuer, ni changer en aucune » maniere par l'Edit de création & attribution, les connois» sances d'hommages & sermens de fidélité dus à notre per» sonne pour les Fiefs relevans de notre Couronne, Terres & » Seigneuries de notre Domaine & obéissance, ou pour Nous » à nos très-chers & féaux Chancelier-Garde des Sceaux de » France & Gens de notre Chambre des Comptes, *Juges* » *Souverains*, qui ont les dépôts des livres, registres, titres » & enseignemens des droits de cette Couronne & revenus

» Royaux, avec pouvoir, de toute ancienneté, de recevoir, » vérifier & garder les aveux & dénombremens, user de » main-mise, faute de devoirs non faits; donner souffrances & » main-levées pour raison desdits Fiefs; & ce, sans qu'aucuns » autres nos Juges & Cours en puissent connoître, réservé pour » les Fiefs de 25 livres de revenu »; & le registre du 27 Septembre 1628, porte : « La Chambre, les Semestres assem- » blés, procédant aux Lettres d'Edit d'Avril dernier, portant » révocation de la clause insérée en l'Edit d'Avril 1627, d'at- » tribution aux Officiers des Bureaux des Finances, des foi & » hommages des Fiefs relevant de la Couronne, a arrêté que » sur toutes Lettres de provisions de Trésoriers de France qui » se présenteront, il sera procédé à la maniere accoutumée à » leur réception ». Depuis cet enregistrement, la Chambre les reçut, à la charge de jouir, conformément à l'Edit d'Avril 1628, concernant les foi & hommages.

(412). Les Trésoriers n'étoient pas contens de se trouver bornés à la réception des foi & hommages de Fiefs si modiques; ils entreprirent souvent de les recevoir tous indistinctement, & la Chambre cassoit leurs actes, & faisoit poursuivre les Vassaux, comme on l'a vu sur la Iere Question, IVe Propoposition. Elles les réduisoit toujours à ne recevoir les actes féodaux, que des Fiefs de 25 livres de revenu : enfin les Trésoriers introduisirent une Instance au Conseil, contradictoire avec la Chambre; & le Réglement du 19 Janvier 1668, leur accorda la réception de tous les Fiefs indistinctement, quant au revenu, à l'exception seulement des Terres titrées. La querelle fut élevée de nouveau, vingt ans après, par d'autres Bureaux des Finances; mais ils furent également exclus de la réception des foi & hommages des Terres titrées, par le Réglement contradictoire rendu avec eux le 26 Juin 1688.

(414). Quant à l'envoi en la Chambre des actes par eux reçus dans les Provinces, il a fallu pour les y contraindre, user de saisie de leurs gages; & quoique tout concourût à en établir la nécessité, ils vouloient priver le dépôt de la Chambre de ces titres domaniaux, & parvenir à une autorité exclusive sur la réception de tous ces actes.

(415).

(415). Mais ce qui les portoit encore plus vivement à violer cette regle si ancienne, puisque l'envoi se faisoit dès le tems même que les actes étoient reçus par les Baillis, c'est que ces actes des Trésoriers étoient souvent remplis de défauts contraires à l'Ordonnance, & ils ne pouvoient souffrir que la Chambre les leur renvoyât pour les réformer. Cette réforme fut cependant prescrite textuellement par la Déclaration du 18 Juillet 1702, qui porte, art. VI, « & où il y aura quelque » nullité ou défectuosité dans lesdits actes, ils seront renvoyés » par notre Procureur Général auxdits Trésoriers de France, » pour être par eux réformés dans le délai qui leur aura été » prescrit par la Chambre des Comptes ». Quelques-uns formerent opposition à cette Déclaration, malgré les défenses de l'Ordonnance de 1669, qui proscrit toute opposition aux Réglemens émanés de l'autorité Royale.

(416). Les Trésoriers de France se sont en effet abstenus de s'opposer directement à la Déclaration de 1702, mais bien résolus d'en éluder les dispositions; & si la Chambre leur renvoie quelques-uns de leurs actes à réformer, *ils les gardent;* & le Roi se trouve privé des actes réguliers qu'il devroit attendre du ministere des Trésoriers, & de l'inspection de la Chambre.

(417). Pour connoître cependant combien la surveillance de la Chambre est utile en cette partie, & combien il seroit dangereux de détruire la subordination maintenue par la Déclaration du 18 Juillet 1702, il est nécessaire de placer ici un extrait de l'Arrêt de la Chambre, du 29 Janvier 1750: on verra dans quel désordre les actes féodaux sont envoyés par les Trésoriers de France des Provinces.

(418). Ces actes venoient du Bureau des Finances de Montauban. Il y avoit cent soixante-deux *foi & hommages*, dont les originaux de procurations étoient avec signatures de Notaires non contrôlées, & quatre qui n'étoient ni contrôlées, ni légalisées. Contre l'Arrêt de réglement du 26 Juin 1688, il y en avoit trente-quatre, dont les originaux n'étoient pas rapportés: les trente-quatre copies de procurations étoient collationnées seulement par des Secrétaires ou Greffiers de Communautés; elles n'étoient ni légaliſées, ni contrôlées. Il y avoit neuf actes, dont les procurations n'étoient rapportées ni en originaux, ni en expédition, quoique par les Lettres-Patentes de 1736 il ait été ordonné que les procurations ſeroient faites devant Notaires, & qu'il en reſteroit minute. Il y avoit 2 procurations, dans leſquelles le nom du fondé n'étoit pas rempli; 53 actes où l'on n'avoit point exprimé les titres en vertu deſquels les Vaſſaux ſe prétendoient propriétaires. Dans trente autres, on ignoroit les lieux de la Juſtice ſur leſquels les Fiefs ſont placés, faute de déclaration de la Châtellenie, Bailliage & Sénéchauſſée. Dans huit actes, on avoit oublié d'exprimer même la mouvance; dans vingt-cinq autres, on n'avoit pas même mis le lieu de la ſituation des biens. Dix autres actes avoient reçu, par une même formule, la foi de pluſieurs Terres de mouvances différentes, les unes, à cauſe du Comté de Rouergue, les autres, à cauſe du Comté de Quercy. Il y avoit ſeize actes non ſignés du Procureur du Roi, contre la diſpoſition du Réglement du 26 Juin 1688. Un acte non ſigné du fondé de procuration; trois actes non ſignés des Vaſſaux. Une procuration ſignée d'un autre nom que de celui du Vaſſal; la foi étoit rendue par Meſſire Jean Pechpeyrou, Seigneur de Montbarlat; elle étoit ſignée Beaucaire; pluſieurs actes dont les noms étoient confondus, tels que celui qui eſt écrit dans la procuration Aubeirac, & dans l'acte de foi Cauvairac, & enſuite Envairac. — Il y avoit auſſi pluſieurs *défauts dans les aveux*, des prononciations par avant faire droit non exécutées; des fauſſes dates de Sentences de vérifications avant les dates de publications. A l'égard des formalités d'écritures, des ratures ſans approbation. Des Engagiſtes reçus à donner aveux & dénombremens. Des exemptions données par les Tréſoriers de France de rendre aveux, ſous prétexte de modicité de Fiefs, & qu'ils en avoient été rendus par les prédéceſſeurs. Des déclarations de temporel reçues par les Tréſoriers, contre la Déclaration du 18 Juillet 1702. Vingt-deux aveux où la mouvance n'étoit point exprimée; trois aveux, chacun pour pluſieurs foi & hommages de différentes Terres; trente-cinq aveux affirmés ſeulement par procuration. Des publications faites dans une partie ſeulement des Paroiſſes ſur leſquelles le Fief s'étend. Point de certificats de publications par les Curés ou Huissiers; certificats de publications à l'issue des Messes Paroissiales, non transcrits en fin des aveux. Onze actes sans expression de Châtellenie, Bailliage & Sénéchaussée. Des aveux de Terres titrées, qu'il ne leur appartient point de recevoir. — Il y avoit même plusieurs *défauts de formalités dans l'envoi*; Sentences de vérification non transcrites au pied des aveux; Sentences envoyées sans les aveux; défauts d'inventaires de pieces envoyées. Depuis 1733 jusqu'en 1745, il n'y avoit pas un seul aveu. — Tous ces vices des actes féodaux avoient été jugés par le susdit Arrêt; mais parce que les Trésoriers de France ne veulent pas reconnoître l'autorité de la Déclaration du 18 Juillet 1702, & que les protections particulieres qu'ils se sont ménagées contre les Chambres des Comptes, ont suspendu les poursuites que cette Compagnie étoit en droit de faire contr'eux, il en est résulté que cet Arrêt, & autres semblables, sont demeurés sans exécution, & ont été infructueux pour le service du Roi.

(419). Actuellement que par la suppression des privileges, dans la mouvance du Roi, les droits féodaux doivent être d'un produit plus considérable pour les revenus de Sa Majesté, il paroîtroit bien important de prendre les précautions les plus efficaces pour lui en conserver les titres. Celles qui y contribueroient davantage, seroient de ne plus faire éprouver de contradiction aux Officiers de la Chambre, lorsqu'ils exercent l'autorité que les Ordonnances leur ont donnée sur les Trésoriers de France, afin qu'ils les obligeassent d'envoyer exactement les foi & hommages, aveux & dénombremens, & qu'ils les rectifiassent ensuite, conformément aux dispositions des Arrêts intervenus avant leur dépôt au Greffe. Sans cela les Officiers de la Chambre des Comptes ont nécessairement une répugnance insurmontable à se livrer à un travail très-long & très-pénible, quand ils sont presque assurés qu'il n'en résultera aucun avantage pour la conservation des mouvances du Roi, par la révolte des Tresoriers contre des Réglemens si précis.

(420). Ce sont ces mêmes Trésoriers de France de Montauban, qui eurent la témérité de former opposition à la Déclaration du 18 Juillet 1702; mais par Arrêt du Conseil, du 3

Octobre 1705, il leur fut fait défenſes de former à l'avenir aucune oppoſition aux Edits & Déclarations. Le Roi ordonna de nouveau l'exécution de la Déclarations de 1702. Il eſt bon de lire le texte entier de cet Arrêt. « Le Roi étant informé que les » Tréſoriers de France du Montauban refuſoient d'obéir à la » Déclaration du 18 Juillet 1702, qui ordonne que les actes de » foi & hommages, aveux & dénombremens reçus par tous les » Bureaux des Finances ſeront envoyés au Procureur Général » en la Chambre des Comptes de Paris, pour, *après avoir été* » *examinés par ladite Chambre*, être remis au dépôt des Con- » ſeillers Auditeurs ; & ce, ſous prétexte d'une oppoſition » par eux formée à ladite Déclaration ; même que le ſieur » Favrie, Tréſorier de France audit Bureau, avoit été, le 22 » Août dernier, au Greffe de ladite Chambre, faire une ſom- » mation au Greffier de recevoir les actes de foi & hommages, » d'aveux & dénombremens qu'il apportoit, & avoit fait dreſ- » ſer acte de cette ſommation par deux Notaires ; ce qui avoit » donné lieu à ladite Chambre, après avoir ouï les Gens du » Roi, de rendre Arrêt, le 22 Août dernier, portant décret » d'ajournement perſonnel contre les deux Notaires qui ont » reçu ledit acte, & radiation des gages des Tréſoriers de » France de Montauban, juſqu'à ce qu'ils aient ſatisfait à » ladite Déclaration ; & depuis, ſur l'oppoſition deſdits deux » Notaires, ladite Chambre auroit rendu un ſecond Arrêt » portant décharge à l'égard du Notaire qui a ſigné en ſecond, » avec injonction à lui d'avoir plus d'attention à l'avenir aux » actes qu'il ſignera en ſecond ; & à l'égard de celui qui avoit » ſigné en premier, qu'après qu'il auroit ſubi l'interrogatoire, » il ſeroit fait droit ſur ſon oppoſition, ainſi qu'il appartiendroit ; » & l'intention de Sa Majeſte étant de maintenir les Compa- » gnies Supérieures dans le pouvoir qu'elle lui a confié de faire » exécuter ſes Ordonnances, Edits & Déclarations ; & afin » que, ſous prétexte d'oppoſitions ou autres empêchemens, » l'exécution n'en ſoit point retardée : ouï le rapport du ſieur » Chamillart, Conſeiller Ordinaire au Conſeil Royal, Con- » trôleur Général des Finances, Sa Majeſté en ſon Conſeil, a » fait défenſes aux Tréſoriers de France de Montauban, de

» former à l'avenir aucune opposition à ses Edits & Déclara-» tions ; ordonne que celle du 18 Juillet sera exécutée ; & en » conséquence que les Trésoriers de France dudit Bureau seront » tenus d'envoyer incessamment au Procureur Général de la » Chambre des Comptes de Paris, les actes de foi & hommages, » aveux & dénombremens par eux reçus ; & jusqu'à ce qu'ils » y aient satisfait, que leurs gages demeureront rayés, confor-» mément à l'Arrêt de ladite Chambre, du 22 Août ; lequel, » ensemble celui du 9 Septembre aussi dernier, seront exécutés » selon leur forme & teneur. Fait au Conseil d'Etat du Roi, » tenu à Fontainebleau le troisieme jour d'Octobre mil sept » cinq. *Signé*, DE LAITRE.

(421). Ce ne sont pas au reste les seuls Trésoriers de France de Montauban dont les actes aient été infectés de tant de vices ; & puisque les Trésoriers de France mettent une si grande résistance à la réforme de leurs actes, & à l'exécution de la Déclaration de 1702, il est bon de donner ici le détail des différens défauts qui ont été trouvés dans les actes des différentes Provinces, des Arrêts rendus par la Chambre, & des Ordonnances sur lesquelles ces Arrêts sont fondés. On verra dans ces Arrêts la Jurisprudence de la Chambre en cette matiere : on y verra la modération avec laquelle elle a usé de l'autorité qui lui étoit confiée, & qu'elle n'a exigé la réforme que de ceux de ces actes qui étoient attaqués de vices, qui altéroient leur nature même, & qui les rendoient entierement inutiles au service du Roi.

(422). Défauts dans les actes, défauts dans les envois ; défauts à raison d'incompétence.

(423). Défauts dans les actes eux-mêmes. Dans plusieurs de ces actes, *la mouvance n'est point exprimée*, quoique cela soit prescrit par le Réglement du 26 Juin 1688, & que cette expression de mouvance soit essentielle pour empêcher la confusion des Fiefs de même nom, & pour mettre de l'ordre dans les différentes mouvances. La Chambre, dans ces cas, s'est déterminée à renvoyer aux Trésoriers de France ces actes pour y exprimer la mouvance, notamment à Châlons & à Montauban le 4 Février 1706 ; à la Chambre du Domaine de Bourbonnois, le 13 Avril ſuivant; à la Rochelle, le 9 Novembre 1741; à Riom, le 7 Juillet 1742; à Soiſſons, le 31 Décembre ſuivant; à Bourges, le 31 Août 1743; à Amiens, le 3 Septembre 1746 & 31 Janvier 1747; à Tours, le 21 Août 1749; à Montauban, le 16 Avril 1761.

(424). Le même Réglement du 26 Juin 1688 porte que *le nom des Sénéchauſſées, dans le reſſort deſquelles les Fiefs ſont ſitués*, ſera exprimé dans les actes de foi & hommages, aveux & dénombremens. La Chambre a été obligée de le preſcrire de nouveau aux Tréſoriers, qui l'avoient omis. Elle l'a fait, par ſes Arrêts du 9 Novembre 1741, aux Tréſoriers de la Rochelle; du 11 Mai 1742, à Lyon; 7 Juillet 1742, à Riom; 31 Décembre 1742, à Soiſſons; 31 Mai 1743, 10 Décembre 1746, 12 Août 1751, à Bourges; 21 Janvier 1744, 6 Novembre 1746, à Amiens; 14 Décembre 1745, à Limoges; 3 Décembre 1746, & 9 Juillet 1748, à Orléans; 20 Décembre 1747, à Soiſſons; 15 Mars 1748, à Châlons; 21 Août 1749, à Tours; 3 Juin 1751, à Moulins. La Chambre a reçu tous ces actes pour une fois ſeulement, & ſans tirer à conſéquence; elle ne les a pas renvoyés, comme étant cette formalité moins intéreſſante que l'expreſſion de mouvance, quoiqu'également preſcrite par le Réglement.

(425). Comme les actes de vaſſalité ne peuvent être faits que par les Propriétaires des Fiefs, & que ce ne ſont pas des actes dériſoires, il faut que le Vaſſal juſtifie de la *propriété du Fief*, dont il veut rendre la foi. Le 20 Novembre 1705, la Chambre fit injonction à ceux de Riom d'envoyer dans trois mois une tranſaction, qui étoit mentionnée dans l'acte, & non rapportée. Le 7 Juillet 1742, elle renvoya à ces mêmes Tréſoriers un de leurs actes, pour y reſtreindre un droit de juſtice, conformément au conſentement du Vaſſal, parce qu'ils l'avoient reçu pour la totalité du Fief. Le 12 Décembre 1745, elle ſe contenta d'enjoindre à ceux de Limoges l'envoi des titres de propriété; le 16 Mars 1761, elle en admit dans le dépôt des Fiefs qui avoient été envoyés par ceux de Riom, ſans titre de propriété; mais elle ne les y admit que pour ſervir de renſeignement.

(426). Les Trésoriers ont si peu d'attention à faire connoître les Fiefs dont ils reçoivent les hommages, que la Chambre a été obligée de déclarer nuls leurs actes, & de faire poursuivre les Vassaux de qui les Trésoriers avoient reçu les foi & hommages, sous le titre singulier des terres qu'ils possédent, *sans désigner les noms de ces terres.* Par son Arrêt du 14 Juillet 1725, pour Montauban, la Chambre cassa les actes dans lesquels se trouvoit cette énonciation vague ; elle leur enjoignit de n'en plus recevoir à l'avenir, sous le terme général des terres que le Vassal posséde dans la mouvance du Roi, mais d'y faire énoncer les noms & qualités desdites terres mouvantes du Roi. Pareil Arrêt pour Lyon, du 11 Mai 1742; les actes furent déposés au Greffe, seulement pour Mémoire.

(427). Le 31 Décembre 1742, la Chambre en renvoya aux Trésoriers de Soissons, pour réformer de *fausses dates.* Le 22 Août 1749, elle a renvoyé à Tours des actes qui n'étoient pas conformes aux procurations données pour faire les foi & hommages, ou rendre les aveux ; elle ordonna que les Vassaux seroient tenus d'y satisfaire, sinon leurs actes déclarés nuls, & lesdits Vassaux poursuivis pour rendre de nouveau leurs foi & hommages, aveux & dénombremens. Le même jour, la Chambre renvoya d'autres actes aux mêmes Trésoriers, parce que les Sentences de blâme n'étoient pas conformes aux procurations des Vassaux. Il est impossible d'admettre dans le dépôt de la Chambre des actes qui sont contredits par les pieces mêmes qui leur sont annexées.

(428). Le Réglement du 26 Juin 1688, ordonne que les actes féodaux seront *communiqués au Procureur du Roi* du Bureau des Finances. Plusieurs omettoient cette formalité ; la Chambre ne renvoye pas ces actes, mais elle se contente d'enjoindre aux Trésoriers d'observer le Réglement. Tels sont les Arrêts du 18 Août 1708, pour Bourges, & du même jour, pour la Rochelle, &c.

(429). Ce même Réglement prescrit la *communication des actes féodaux aux Receveurs & Contrôleurs du Domaine*, pour avoir leur consentement. Beaucoup l'omettent, ou n'en font pas mention, quoique ces Officiers soient les légitimes contradicteurs des Vaſſaux, pour réclamer contre leurs omiſſions, & s'oppoſer à leurs uſurpations, qui ſont plus connues par ceux qui ſont établis pour veiller à la perception des droits domaniaux. La Chambre alors fait injonction aux Tréſoriers d'ordonner cette communication, & de rapporter leurs conſentemens ou leurs dires & oppoſitions. C'eſt ce qu'elle a fait, notamment par ſes Arrêts du 29 Février 1708, pour Montauban ; 3 Avril ſuivant, pour Lyon ; 5 Mai 1707, pour la Rochelle ; 5 Septembre 1720, pour Tours ; 3 Juin 1751, pour Moulins.

(430). Une des formalités les plus intéreſſantes pour l'authenticité & la validité des aveux au profit du Roi, eſt ſans doute leur publication. Les *publications* doivent être faites aux Paroiſſes des lieux, ſur leſquels les Fiefs s'étendent ; à l'audience des Bailliages, dans le reſſort deſquels les Fiefs ſont ſitués ; enfin, à l'audience des Bureaux des Finances, qui ſont chargés de blâmer ou vérifier leſdits aveux ; ſouvent ces formalités ſi néceſſaires, ſont omiſes, ou les publications ne ſont pas rapportées.

(431). Les *publications aux Paroiſſes* manquent ſouvent ſur pluſieurs actes ; quelques-unes ne paroiſſent pas faites, d'autres ne ſont pas ſignées des Curés ou Huiſſiers qui les ont faites. Lorſque les publications ne paroiſſent pas faites, la Chambre fait injonction de les faire ; c'eſt ce qui a été preſcrit par ſes Arrets du 18 Juillet 1708, aux Tréſoriers de Riom ; du 8 Août 1708, à ceux de Bordeaux ; le 9 Juillet 1748, elle y a joint une injonction à ceux d'Orléans, de ne recevoir aucun aveu qu'après les publications dans toutes les Paroiſſes. Faute de ces publications, la Chambre a quelquefois renvoyé les actes pour les y joindre ; Arrêts du 9 Novembre 1751, pour Amiens ; 31 Décembre 1742, pour Soiſſons ; 14 Décembre 1745, pour Limoges, avec injonction de renvoyer les certificats des publications, ſignés par les Curés ou Huiſſiers. Lorſque les publications paroiſſent faites, mais non rapportées, la Chambre ſe contente de les demander par des injonctions ; Arrêts des 9 Novembre 1741, pour la Rochelle ; 31 Décembre 1742, pour Soiſſons. Elle demande les originaux des certificats des publications ; Arrêts des 15 Mars 1748, pour Châlons ;

lons ; 22 Aout 1749, pour Tours : enfin, pour parvenir à connoître les Paroisses sur lesquelles les Fiefs s'étendent, & savoir si les publications ont été faites dans toutes les Paroisses, la Chambre enjoint aux Trésoriers de France de faire énoncer les Paroisses par les Vassaux dans leurs Actes de foi & hommages, aveux & dénombremens ; Arrêt du 7 Mars 1757, pour Soissons, &c.

(432). Les aveux doivent *être publiés aux Audiences des Bureaux des Finances*, après l'avoir été aux Jurisdictions royales des lieux de la situation des Fiefs ; mais tantôt il n'en est pas même fait mention ; d'autres fois elles sont seulement mentionnées sans être rapportées ni transcrites aux pieds des aveux, ou elles n'ont reçu aucune authenticité par la signature du Greffier. C'est à tous ces défauts que les Arrêts de la Chambre ont opposé, tantôt de simples injonctions de remplir cette formalité, tantôt des menaces de radiation, ou même d'interdiction contre les Greffiers qui négligeront de signer les publications.

(433). Les injonctions de faire publier aux Audiences des Bureaux des Finances se trouvent dans les Arrêts de la Chambre du 18 Juillet 1708, pour Riom ; 8 Août 1708, pour Bordeaux ; 31 Décembre 1742, pour Soissons ; 9 Juillet 1748, pour Orléans : celui du 22 Août 1749, fit défenses à ceux de Tours d'admettre aucun aveu, qu'après publication dans leur Bureau pendant trois jours d'Audience. Quelquefois ces publications sont faites, mais seulement mentionnées dans les Sentences de blâmes. La Chambre, en recevant les actes pour cette fois, enjoint aux Trésoriers de rapporter à l'avenir les publications ; Arrêts du 9 Novembre 1741, pour la Rochelle ; & du 21 Janvier 1744, pour Amiens. — La Chambre exige que ces publications soient comme celles des Paroisses & des Bailliages, transcrites aux pieds des aveux ; Arrêt du 14 Décembre 1745, pour Limoges : elle les a même quelquefois renvoyés aux Trésoriers, pour rétablir cette formalité de transcrit, afin que chaque aveu soit garni de toutes les preuves de son authenticité, 9 Novembre 1751, pour Amiens : elles les renvoie encore plus décidément, quand rien n'annonce que ces publications aient été faites, 8 Mars 1743, pour Soissons. —

Lorsque les transcrits sont faits, mais qu'ils ne sont pas signés du Greffier, la Chambre se contente de lui en faire injonction; Arrêts du 31 Décembre 1742, pour Soissons; du 14 Décembre 1745, pour Limoges; du 9 Novembre 1746, pour Amiens: à l'égard des actes, elle les reçoit sans tirer à conséquence. Quelquefois elle menace le Greffier de privation de ses gages; Arrêt du 12 Août 1754; quelquefois même d'interdiction, 23 Juin 1761, pour Bourges.

(434). Des fautes plus importantes demandent des Jugemens plus rigides; ce ne sont pas seulement les *publications qui manquent de signatures*; ce sont les actes eux-mêmes; ceux des Vassaux ne sont signés ni d'eux ni de leurs fondés de procuration, & dès-lors ils sont inutiles; les Sentences de blâmes, qui émanent des Juges, ne sont quelquefois signées ni d'eux, ni du Procureur du Roi.

(435). Les *actes qui ne sont signés ni des Vassaux, ni de leurs fondés de procuration*, sont nécessairement renvoyés aux Bureaux des Finances; aussi l'ont-ils été les 11 Décembre 1692, à Moulins; 6 Juillet 1702, à Poitiers; 20 Février 1706, à Châlons; 7 Juillet 1742, à Riom; 31 Mai 1743, à Bourges; 31 Janvier 1744, & 9 Novembre 1746, à Amiens; 10 Décembre 1746, & 12 Août 1751, à Bourges. — Quelques-uns de ces actes sont signés seulement des noms des terres des Vassaux, & non de leurs noms propres. Ces actes alors sont reçus, sans tirer à conséquence; & de même un acte signé d'un Notaire, sans signature du Vassal, 9 Novembre 1741, pour la Rochelle.

(436). Les Sentences expédiées par le Greffier, ont une certaine authenticité, mais les Réglemens enjoignent en outre qu'elles soient *signées par les Juges* & par le Procureur du Roi; la Chambre s'est contentée de leur faire des injonctions de souscrire ces Actes, par ses Arrêts du 18 Juillet 1708, pour Riom; & 8 Août audit an, pour la Rochelle & Bordeaux.

(437). La *signature du Procureur du Roi* est expressément exigée par le Réglement du 26 Juin 1688. « Le Procureur de » S. M. audit Bureau, porte le Réglement, ou l'Officier qui

» signera pour son absence les actes de réception d'hommages, sera tenu de marquer sa qualité au bas de son nom ». Cet Officier, en effet, étant légitime contradicteur de ces actes féodaux, il faut qu'il soit certain qu'il a eu connoissance de l'acte; ce qui ne seroit pas assez évident, si son nom étoit confondu avec celui des Juges, sans désignation de sa qualité; la Chambre cependant a admis plusieurs fois ces actes, en s'opposant toutefois à cette omission par des injonctions, des improbations, & suppléant cette formalité par le consentement du Procureur Général du Roi, lorsqu'il apporte ces actes à la Chambre.

(438). On voit plusieurs injonctions sur cette signature dans les Arrêts des 31 Décembre 1742, pour Soissons; 9 Novembre 1746, pour Amiens; 3 Décembre 1746, & 9 Juillet 1748, pour Orléans; 16 Décembre 1746, 20 Décembre 1747 & 12 Août 1751, pour Bourges; 21 Juillet 1749, pour Tours; 7 Mars 1757, pour Soissons. — Dans celui pour Lyon, le 3 Décembre 1746, elle prononça sans approbation du défaut de signature; elle suppléa cette formalité par le consentement du Procureur Général du Roi, dans ses Arrêts des 9 Septembre 1741, pour la Rochelle; 11 Mai 1742, pour Lyon; 7 Juillet 1742, pour Riom; 31 Mai 1743, pour Bourges; 21 Janvier 1744, pour Amiens.

(439). La Chambre a écarté, par ses Arrêts, d'autres vices moins importans, des aveux non contrôlés, non écrits en parchemin, la jonction d'expédition de différens Fiefs dans un même cahier.

(440). Elle a reçu, pour cette fois seulement, les *actes non contrôlés*, avec injonction de satisfaire à ces formalités; Arrêt du 7 Juin 1748, & du 16 Mars 1761, pour Riom.

(441). La rédaction des actes sur parchemin fut confirmée par le Réglement du 26 Juin 1688. Pour donner plus de stabilité à des actes si importans, la Chambre avoit dès auparavant fait des défenses aux Trésoriers de Montauban de recevoir ces actes autrement qu'*en parchemin*; elle en avoit fait injonction aux Trésoriers de Tours, dès le 3 Septembre 1674; pareilles injonctions furent faites le 17 Février 1728, à Bourges; le 22 Août 1749, à Bourges.

(442). A l'égard des *expéditions cumulées* pour les aveux des terres de différentes mouvances, ou différentes Sénéchaussées, la Chambre exige des expéditions séparées, pour conserver l'ordre dans le dépôt des Fiefs; elle en fit injonction aux Trésoriers de Bordeaux, le 15 Septembre 1717.

(443). Les Trésoriers s'ingerent quelquefois de donner des *dispenses de faire des actes féodaux*, tantôt en admettant les hommages pour tenir lieu d'aveux, ou sous prétexte d'aveux rendus par un Co-propriétaire, & de modicité du Fief, ou parce qu'il n'y a pas eu de changement depuis le précédent aveu. Toutes dispenses contraires au Droit général, qui assujettit tout nouveau Vassal à rendre aveu détaillé de son Fief.

(444). Les Trésoriers de Soissons sont ceux qui ont entrepris plus souvent de donner ces dispenses: ce sont eux qui ont introduit les prétextes d'un hommage qui tient lieu d'aveu, de modicité de Fief, d'aveux rendus par les Co-propriétaires, de non changemens dans les Fiefs depuis les précédens aveux; tous prétextes qui furent proscrits par les Arrêts rendus pour ce Bureau, les 31 Décembre 1742, & 20 Décembre 1747. Lyon & Amiens avoient aussi admis plusieurs dispenses; la Chambre, par les Arrêts du 11 Mai 1742, & du 9 Novembre 1746, pour Amiens, leur fit défenses d'en accorder sous quelque prétexte que ce soit. Les dispenses accordées par Amiens, furent déclarées nulles par l'Arrêt du 21 Janvier 1744; & la Chambre ordonna nouvelle saisie des Fiefs des Vassaux, à qui ces Trésoriers avoient accordé dispense de rendre leurs aveux. Par l'Arrêt du 16 Mars 1748, la Chambre défendit ces dispenses aux Trésoriers de Châlons, comme « contraires » aux droits du Roi & des particuliers, qui pourroient avoir » intérêt de former opposition à la vérification desdits aveux ». Elle ordonna également nouvelle saisie des Fiefs dispensés. Pareils Arrêts des 9 Juillet 1748, pour Orléans; des 29 Novembre 1748, 4 Mai 1754, & 7 Mars 1757, pour Soissons.

(445). Quelquefois les actes envoyés par les Trésoriers ont été faits avec tant de négligence, qu'ils sont *remplis de ratures, d'interlignes non approuvées, écrits de façon à ne pouvoir être lus*. La Chambre fit défenses à ceux de Bourges « d'en recevoir

» qui ne fussent en forme lisible, sans ratures, ni renvois qui » ne fussent approuvés ». Le 31 Décembre 1742, elle en reçut pour cette fois seulement de ceux de Soissons, dans lesquels le nom du Procureur fondé étoit surchargé; mais elle fut obligée de casser, comme tout-à-fait inutiles, ceux de Lyon, dont les noms étoient entiérement surchargés; & elle ordonna, par ses Arrêts du 11 Mai 1742, qu'ils seroient refaits aux dépens des Trésoriers, qui les avoient envoyés dans un si grand désordre.

(446). Tels sont les principaux vices qui ont infecté la nature même des actes envoyés par les Trésoriers. Il y a d'autres défauts dans les envois de ces actes.

(447). Ils doivent envoyer les originaux; ils n'envoient quelquefois que des expéditions; quelquefois ils n'envoient ni originaux ni expéditions; & la Chambre est obligée d'user de saisie de leurs gages pour les y contraindre : leurs envois souvent ne contiennent qu'une partie des actes : ils envoient des aveux sans leurs foi & hommages; d'autres sans procurations ni exoines; d'autres sans publications ni certificats qu'elles ont été faites; dans d'autres les publications ont été suivies d'oppositions; mais les Jugemens de ces oppositions ne sont pas envoyés dans les transcrits qui doivent être au pied des aveux; souvent on n'y trouve mention ni des publications ni des Sentences de blâmes. Voyons les réformes ordonnées par la Chambre.

(448). *L'envoi des originaux* des actes de foi & hommages, aveux & dénombremens, est prescrit par l'Arrêt de Réglement du 19 Janvier 1668 : celui du 26 Juin 1688, leur permet seulement d'en retenir copie en papier. La Déclaration du 18 Juillet 1702 ordonne que les originaux seront envoyés trois mois après chacune année finie. Le 3 Octobre 1705, Arrêt du Conseil contre ceux de Montauban; leur prescrit de les envoyer incessamment; le 14 Janvier 1727, pareil Arrêt du Conseil contre les mêmes Trésoriers. Malgré des dispositions si précises, souvent les originaux n'ont pas été envoyés, la Chambre s'est contentée de faire des injonctions de cet envoi, & de fixer des délais dans lesquels les Trésoriers étoient tenus d'envoyer ces originaux; Arrêts des 28 Mai 1674 & 22 Août 1749, pour Tours; 6 Juin 1708 & 9 Juillet 1748, pour Orléans; 26 Mai

1713 & 29 Juillet 1738, pour la Chambre du Domaine de Bourbonnois; 12 Mars 1716, pour Moulins; 28 Novembre 1726, pour Auch; 15 Mai 1727 & 14 Décembre 1745, pour Lyon; 30 Juillet 1727, pour Bourges; du 22 Août 1749, pour Tours; 24 Mai 1754, pour Soiſſons; 16 Mai 1761, pour Riom. Pour avoir auſſi des originaux dans leurs Greffes, les Tréſoriers de France faiſoient faire trois expéditions en parchemin, & parce que c'étoit une augmentation inutile de dépenſe pour les Vaſſaux, la Chambre leur fit défenſes d'exiger plus de deux expéditions en parchemin, dont l'une pour le Vaſſal, ſauf à en retenir une copie en papier aux termes du Réglement. Tels ſont ſes Arrêts des 9 Novembre 1741, pour la Rochelle; 3 Novembre 1746, pour Amiens.

(449). Lorſque les Tréſoriers n'envoient ni originaux ni copies, la Chambre leur fait des injonctions de les envoyer; Arrêts des 20 Janvier 1651, 7 Janvier 1669, pour Châlons; le même jour pour Poitiers, Moulins, Riom, Soiſſons & Montauban; le 11 Mars 1671, pour Poitiers; le 18 Septembre 1673, pour Châlons, Riom, Moulins, Soiſſons, Tours, Montauban & Amiens; le même jour Arrêts contre Poitiers, Bourges, Orléans, Limoges & Bordeaux; le 3 Septembre 1674, contre Tours; le 20 Octobre 1675, contre Tours, Châlons, Bourges, Montauban, Soiſſons, Limoges, Poitiers & Moulins; le 5 Septembre 1679, contre Bordeaux. Tous ces Bureaux ne vouloient pas ſe conformer à l'Arrêt du 19 Janvier 1668, quoiqu'il eût été rendu contradictoirement avec la plupart d'entr'eux. On pourroit fournir une collection conſidérable de pareils Arrêts depuis même le Réglement du 26 Juin 1688, qui étoit également contradictoire avec eux.

(450). Auſſi la Chambre a-t-elle été obligée quelquefois d'uſer de rigueur, & d'ordonner la ſaiſie de leurs gages juſqu'à ce qu'ils envoyaſſent les actes de foi, aveux & dénombremens qu'ils avoient reçus. Le 11 Mai 1671, elle fit ſaiſir les gages de ceux de Poitiers; le 3 Septembre 1674, ceux de Tours. Il y a un grand nombre de pareils Arrêts; c'eſt une eſpece de coaction que la Chambre eſt obligée d'employer pour forcer les Tréſoriers à exécuter les Réglemens; ſans cela, le dépôt légal de toute la féodalité du ressort de la Chambre seroit privé de ces actes importans.

(451). Il semble que tous les Trésoriers fassent tous leurs efforts pour ruiner ce dépôt si précieux au Domaine : ils envoient souvent des *aveux sans foi* ; d'autres ne sont étayés ni *de publications* si nécessaires pour donner l'authenticité, ni *de Sentences de blâme*, qui assurent qu'il n'y a pas eu d'oppositions ; & s'il y a eu des oppositions, ils n'envoient pas leurs Sentences qui ont fixé l'état de la mouvance.

(452). Il faut leur faire des injonctions d'envoyer les foi & hommages de ces aveux qui sans doute en ont été précédés, mais qui n'ont pas été envoyés ; Arrêts du 3 Septembre 1746, pour Lyon ; du 9 Juillet 1748, pour Orléans. La Chambre leur fixe des délais pour ces envois ; mais sans saisie de leur gages, ils n'y satisfont pas.

(453). Il faut également lutter pour avoir les *procurations* données à ceux qui ont fait les actes féodaux, & les exoines de ceux qui les ont rendus par procurations. Le 30 Août 1689, la Chambre ne voulut donner aucune authenticité à des actes privés d'une piece si essentielle, & fit un Réglement de recevoir pour Mémoire seulement, ceux qui lui seroient envoyés sans procuration : tantôt elle a usé de cette juste rigueur ; tantôt elle s'est contentée d'enjoindre l'envoi de ces procurations, par ses Arrêts des 13 Août 1706 & 18 Août 1729, pour la Chambre du Domaine de Bourbonnois ; 8 Août 1708 & 11 Août 1713, pour la Rochelle ; du 8 Août & premier Février 1724, pour Montauban ; 11 Février 1714 & 12 Mai 1716, pour Limoges ; 11 Février 1714, 4 Juin 1723 & 6 Mai 1724, pour Bourges ; 11 Août 1713 & 12 Mars 1716, pour Moulins ; du 7 Septembre 1718, 17 Juin 1721, premier Février 1724, 17 Septembre 1725, & 4 Mai 1754, pour Soissons ; 9 Juillet 1748 & 22 Août 1749, pour Orléans ; 16 Mars 1761, pour Riom. Plusieurs de ces actes féodaux sont restés déposés au Greffe, jusqu'à ce que les procurations aient été envoyées ; & souvent elles ne l'ont pas été, ce qui rend ces actes inutiles pour le Roi.

(454). Un *aveu sans Sentence de vérification* est encore privé d'authenticité; & la Chambre a été obligée d'en rejetter plusieurs, & de les renvoyer aux Trésoriers de France pour faire prononcer ces Sentences, & les faire transcrire aux pieds des aveux. Quelquefois même elle a ordonné que la saisie resteroit jusqu'à ce que les Sentences eussent été rendues; d'autres fois elle a renvoyé ces actes; c'est ce qui paroît par ses Arrêts du 28 Février 1670, pour Châlons; 5 Juillet 1674, pour Moulins; 15 Mai 1688, pour Lyon; 6 Juillet 1702, pour Poitiers. Quand les Sentences paroissoient avoir été rendues, mais qu'elles n'avoient pas été transcrites aux pieds des aveux, comme elles le doivent être pour en être inséparables, la Chambre s'est contentée d'enjoindre cette formalité. Tels sont les Arrêts des 7 Janvier 1669, pour Bourges; 8 Août 1728 & 9 Septembre 1741, pour la Rochelle; 18 Août 1729, pour la Chambre du Domaine de Bourbonnois; 10 Mai 1742, pour Tours; 4 Mai 1754, pour Soissons.

Une *opposition non jugée* ôte toute la foi d'un aveu, à l'égard de la partie de cet aveu, qui est attaquée par l'opposition: cependant ceux de Tours en avoient envoyé dénuée de Jugemens; & la Chambre, le 22 Août 1749, ordonna « les quatre » aveux énoncés en l'Arrêt, à la réception desquels il a été » formé opposition, être retirés des liasses & déposés au Greffe, » & que dans six mois les Trésoriers envoieront les Sentences » qui ont dû intervenir sur lesdites oppositions, ou les actes de « désistement de ceux qui les ont formées ».

(456). Tous ces vices qui alterent la nature des actes & qui les privent de leur utilité, parce qu'ils leur ôtent leur authenticité, sont encore accompagnés d'autres qui rendent les actes nuls à raison de l'incompétence des Trésoriers. Non seulement, comme on l'a vu, ils ne font point de difficultés de recevoir des *actes féodaux des Terres titrées*, contre la défense positive des Arrêts de Réglemens de 1668 & de 1688, qui les réservent aux Chambres des Comptes exclusivement, & dès-lors ces actes sont nuls; mais ils recoivent même des actes de foi & hommages, aveux & dénombremens des Engagistes qui ne doivent pas y être admis, n'étant pas propriétaires incommutables: ils recoivent aussi celles des Ecclésiastiques qui, par la

Déclaration

Déclaration du 29 Décembre 1674, sont réservés également à la Chambre. Enfin de leur propre autorité, ils n'hésitent pas à décharger les Vassaux négligens, de la perte qu'ils ont encourue par la saisie de leurs fruits.

(457). La Chambre pour raison de défaut de pouvoir de la part des *Engagistes*, a cassé leurs hommages par Arrêts des 31 Décembre 1742, pour Soissons; 21 Janvier 1744, pour Amiens; 15 Mars 1748, pour Châlons, comme préjudiciables, porte cet Arrêt, aux droits de propriété du Roi. L'Arrêt du 14 Décembre 1745 en a ordonné la remise au dépôt des Terriers pour y servir seulement de renseignement, & sans que les Engagistes puissent s'en aider, ni se prétendre propriétaires incommutables.

(458). Lorsque les Trésoriers de France ont usurpé le droit de recevoir les *foi & hommages des Ecclésiastiques*, quelquefois la Chambre s'est contentée de défendre aux Trésoriers de recevoir aucuns de ces actes; Arrêts des 31 Décembre 1742, pour Soissons; 31 Mai 1743, pour Bourges; 21 Janvier 1744, pour Amiens. Elle faisoit aussi également défenses aux Bénéficiers de rendre leurs foi & hommages ailleurs qu'en la Chambre; Arrêts des 9 Janvier 1741, pour la Rochelle; 11 Mai 1742, pour Lyon, avec injonction de se conformer aux Déclarations des 29 Décembre 1674 & 20 Novembre 1725. Autres défenses du 7 Juillet 1742, pour les Ecclésiastiques de Riom; 23 Août 1742, pour Bordeaux; 9 Juillet 1748, pour Orléans; 22 Août 1749, pour Tours, &c.

(459). Quelquefois la Chambre regardant de plus près les conséquences des entreprises des Trésoriers à cet égard, s'est portée à casser ces actes & à ordonner de nouvelles saisies: elle a cassé ceux de la Rochelle par Arrêt du 9 Novembre 1741, & par les Arrêts des 15 Mars 1748, ceux de Châlons, avec renouvellement de saisie féodale; & le 7 Mars 1757, elle a déclaré nuls ceux de Soissons. Quand les Ecclésiastiques ont été forcés à rendre même leurs aveux, & que les Trésoriers en ont fait faire les publications, la Chambre a cassé ces publications & les Sentences de blâmes, par ses Arrêts des 9 Novembre 1741, pour la Rochelle; 31 Mars 1743, pour Bourges: elle ordonna que les publications seroient faites de nouveau, devant le Lieutenant-Général du Bailliage, à la Requête du Bénéficier, & diligence du Procureur-Général du Roi.

(460). A l'égard de la *remiſe de la perte des fruits* par les Vaſſaux négligens, on ne voit gueres que Lyon qui ait fait cette entrepriſe, & la Chambre le leur défendit par ſon Arrêt du 3 Septembre 1746.

(461). Enfin la derniere utilité dont la Chambre peut être pour le ſervice des Fiefs, c'eſt en ordonnant la *ſaiſie de tous ceux qui ont rendu leurs hommages, & qui n'ont pas fourni leurs aveux*. La Chambre dans les Arrêts qu'elle rend en cette matiere, ordonne aux Tréſoriers de France la ſaiſie nommément de tous ces Fiefs, & ſi les Tréſoriers de France ne s'étoient pas toujours révoltés contre les Arrêts de la Chambre, le ſervice du Roi en auroit tiré un très-grand avantage. On met à la fin de chaque Arrêt ces ordres de ſaiſir les Fiefs à la Requête du Procureur Général du Roi, pourſuites & diligence de ſon Subſtitut audit Bureau des Finances; ils portent qu'il ſera inceſſamment procédé à la ſaiſie, faute d'aveu & dénombrement des terres énoncées audit Arrêt, lequel ſera ſignifié aux Tréſoriers de France à la Requête du Procureur-Général du Roi; Arrêts des 7 Juillet & 31 Décembre 1742, pour Riom; 31 Mai 1742 & 10 Décembre 1746, pour Bourges; 21 Janvier 1744 & 9 Novembre 1746, pour Amiens; 14 Décembre 1745, pour Limoges; 20 Décembre 1747 & 29 Novembre 1748, pour Soiſſons; 19 Octobre 1748, pour Châlons; 29 Janvier 1750, pour Montauban, &c.

(462). C'eſt donc ainſi que par un abus étrange que les Tréſoriers de France font de leurs fonctions, les titres les plus précieux du Roi pour aſſurer ſa mouvance ſur tous les vaſſaux de la Couronne, ſont épars dans les Bureaux des Finances qui n'envoient qu'une partie des actes qu'ils reçoivent, & que ces actes ſont privés des preuves authentiques, qui ſeules peuvent faire tirer au Roi tout l'avantage qu'il a droit d'en attendre. De quelle utilité peuvent être des foi & hommages ſans noms de terres, non ſignés des Vaſſaux, des aveux ſans publications, attaqués par des oppoſitions non jugées, &c. &c.?

(463). Il eſt inutile de rentrer dans le détail de cette foule de vices dont ces actes ſont couverts : diſons qu'il en réſulte évidemment qu'il n'y a rien de si intéressant pour le Roi & le service de ses Fiefs, que de maintenir la Déclaration du 18 Juillet 1702, afin que (de même que pour toute autre nature de législation) une Compagnie Supérieure soit le CENTRE de l'autorité à l'égard des actes féodaux, & qu'elle préside à l'exécution constante & *uniforme* des Réglemens, dont les Bureaux des Finances s'écartent tous arbitrairement & chacun selon sa fantaisie.

(464). Si les Trésoriers de France sont encore Membres de la Chambre, ils doivent lui être soumis pour la partie du service qui la concerne, comme ils l'ont été dans tous les tems où leurs fonctions les plus honorables étoient, comme nous l'avons vu, exercées par eux avec subordination à la Chambre.

(465). Que si au contraire les Trésoriers veulent devenir des Membres indépendans de la Chambre, ils lui sont dès-lors inutiles; & il n'y a rien de plus instant pour le service du Roi, que de transporter cette autorité secondaire dont ils sont inutilement revêtus, à des *Commissaires pour la féodalité* qui seront créés dans chaque Bailliage, & qui pourront veiller plus facilement par eux-mêmes, & sous les ordres de la Chambre, à la saisie des Fiefs des Vassaux qui ne font pas le service; & aux publications des aveux sur les lieux, dans les Paroisses & dans les Bailliages où sont situés les Fiefs; qui soient chargés de poursuivre le Jugement des oppositions qui interviendront, de pourvoir à l'envoi complet & intégral en la Chambre, de toutes les pieces qui sont nécessaires à l'authenticité des actes, & de veiller à leur réforme, quand ils leur seront renvoyés comme défectueux. Ceci sera développé par la suite, Nos. 639, 640, 641, 642.

(466). Au refus des Trésoriers de France, dont la prétendue supériorité répugne si fortement à toute subordination, ces Commissaires pour la féodalité seroient une excellente ressource pour procurer l'exécution totale de la Déclaration du 18 Juillet 1702. Il est fâcheux d'être dans la nécessité de proposer un pareil expédient. Mais combien n'est-il pas instant d'y avoir recours, puisque la résistance des Trésoriers est invincible?

IIe Sect. Contre le second Chef.

(467). *La Chambre a droit de juger les oppositions à la publication des aveux, & les blâmes des déclarations du temporel.*

(468). On ne dira qu'un mot de la prétention élevée par les Trésoriers de France, pour avoir la connoissance des oppositions formées en la Chambre des Comptes à la réception des aveux & dénombremens, quoiqu'elle ait été confirmée en faveur de la Chambre par la Déclaration du 18 Juillet 1702.

(469). Les publications des aveux ne sont pas faites en la Chambre; elle les renvoie toujours aux Bailliages & Sénéchaussées, dans l'étendue de la Généralité de Paris, & aux Trésoriers de France dans l'étendue des autres Généralités. Ce n'est donc pour l'ordinaire que dans ces Tribunaux que peuvent avoir lieu les oppositions qui sont formées par les particuliers aux publications des aveux; & si quelques oppositions sont formées en la Chambre des Comptes par le Procureur Général du Roi, son opposition équivaut à une demande en poursuite contre un Vassal qui n'aura pas compris dans son aveu des parties de Domaine ou de mouvance: or, qui est-ce qui peut contester à la Chambre des Comptes, & au Procureur Général du Roi en icelle, le droit de faire servir le Roi par tous les Vassaux de la Couronne, & Fiefs en dépendans?

(470). A l'égard des oppositions qui sont formées devant les Bailliages ou devant les Trésoriers de France, la Chambre en laisse la connoissance aux Juges ordinaires, quoiqu'il fût beaucoup plus utile pour le service du Roi que la Chambre, qui a tous les titres de féodalité, fût Juge de ces oppositions.

(471). Il y a donc lieu de maintenir en son entier l'usage confirmé par l'art. X de la Déclaration du 18 Juillet 1702, dont voici les termes:

(472). « Les *oppositions* qui seront formées à la réception des » aveux en notre Chambre des Comptes, *par notre Procureur* » *Général, Receveur & Contrôleur de nos Domaines, seront* » *jugées en notredite Chambre* en la maniere ordinaire; & où

» il seroit formé aucunes oppositions par des Particuliers à la » réception, soit des hommages ou des aveux qui se rendent » en notredite Chambre, auxquelles nous n'aurions aucun in- » térêt, elles seront renvoyées par notredite Chambre pardevant » les Juges ordinaires, pour y être jugées ».

(473). Par le même second chef de leurs demandes, en 1730, les Trésoriers vouloient aussi avoir les blâmes des déclarations du temporel, qui servent aussi d'aveux aux Ecclésiastiques pour leurs Fiefs; prétention diamétralement contredite par le texte positif de la Déclaration du 18 Juillet 1702, qui prescrit de les faire publier devant les Officiers des Bailliages. « La déclara- » tion, porte cette Loi, sera renvoyée devant les Baillis & » Sénéchaux des lieux où seront situés les Bénéfices, confor- » mément à notre Déclaration du 29 Décembre 1674, & aux » Arrêts de notre Conseil rendus en conséquence; à l'effet de » quoi l'attache de notredite Chambre sera délivrée en la » maniere ordinaire ».

(474). Cette Déclaration du 29 Décembre 1674, citée dans l'article VIII de celle du 18 Juillet 1702, porte en effet, « les- » quelles déclarations serviront d'aveux & dénombremens » pour ce qui concerne les Fiefs mouvans de Nous; à cette fin » seront envoyées pardevant les plus prochains Juges Royaux » des lieux, pour être lues, publiées & vérifiées en la maniere » accoutumée, pour la justification desquelles, en cas qu'elles » soient *contestées par nos Procureurs Généraux esdites Chambres* » *des Comptes*, ou leurs Substituts dans nos Sieges royaux, » lesdits Bénéficiers ne seront tenus de rapporter à l'égard des » biens & droits qui ont été amortis, &c. ».

(475). Les Lettres Patentes du 25 Janvier 1724, & la Déclaration du 20 Novembre 1725, y sont entierement conformes. Comment les Trésoriers de France veulent-ils donc s'efforcer de détruire quatre Loix aussi précises? Quoi d'ailleurs de plus naturel que des publications faites sur les lieux mêmes où sont situés les Bénéfices, au lieu de publications faites à grands frais par les Huissiers des Trésoriers de France, souvent très-éloignés des lieux où ces publications doivent être faites!

(476). Est-il utile aux Trésoriers de France de former une

demande ſi inconſidérée, qui en s'écartant des vues de ſageſſe du Légiſlateur, laiſſe aſſez appercevoir, à l'égard des aveux ordinaires, l'inutilité des publications faites dans les Bureaux des Finances, à une ſi grande diſtance des Fiefs où ſont rendus les aveux, & les frais qu'occaſionnent les envois des Huiſſiers des Bureaux des Finances, à trente ou quarante lieues de diſtance de ces Bureaux, tandis que les Officiers des Bailliages feroient faire ces publications ſi facilement & à moindres frais ?

IIIe Sect. Contre le IIIe Chef.

(477). *La Chambre a droit de donner main-levée des ſaiſies féodales des Tréſoriers de France dans certains cas.*

(478). La conteſtation élevée en 1730 par les Bureaux des Finances, à l'égard des main-levées des ſaiſies féodales, a deux objets.

(479). Le premier regarde les main-levées de ſaiſies féodales après les foi & hommages reçus par la Chambre des Comptes : le ſecond, les mains-levées des ſaiſies, faute de foi & hommages à rendre aux Bureaux des Finances, ou faute d'aveux & dénombremens à rendre auxdits Bureaux.

(480). Sur le premier objet les Tréſoriers de France prétendent que la main-levée ordonnée par la Chambre, après la foi & hommage faite en icelle, pour raiſon des Fiefs ſitués dans l'étendue de leurs Bureaux, ne doit pas leur être ſignifiée ; mais que le Vaſſal doit leur préſenter Requête pour enregiſtrer l'Arrêt de main-levée.

(481). Les Tréſoriers de France ſont ils plus délicats que le Procureur Général du Roi en la Chambre, à qui les Vaſſaux font ſignifier les Arrêts qui ont prononcé ces main-levées ? Ou veulent-ils opiner ſur la Requête qu'ils exigent des Vaſſaux, & juger ſi la Chambre a bien ou mal accordé ces main-levées ? Depuis quand ſont-ils devenus Juges Supérieurs de ſes Arrêts ? Il eſt vrai que le Bureau des Finances de Limoges vient en effet d'ordonner que l'Arrêt de la Chambre feroit mis au Greffe, ſeulement pour y avoir recours, & que ſans s'arrêter à l'Arrêt de la Chambre, ils ont ordonné que le Vassal justifieroit de la qualité de Baronnie, quoique la Chambre l'eût reçu à ce titre; mais cette entreprise étoit inouie jusqu'alors, & elle n'est pas faite pour servir de modele.

(482). Cette prétention est d'autant plus déraisonnable, que le fait seul de la foi & hommage fait cesser la saisie féodale de droit, & que c'est une vexation que de prétendre délibérer si la main-levée doit avoir lieu quand l'acte de foi a constaté qu'elle a été rendue au Roi.

(483). Sur le second objet de la contestation, les Trésoriers de France veulent que la Chambre ne puisse accorder main-levée des saisies féodales par eux ordonnées, faute de foi à rendre, soit en la Chambre, soit dans les Bureaux des Finances, ou faute d'y fournir les aveux & dénombremens.

(484). Il faut observer d'abord que les Vassaux du Roi peuvent TOUS venir rendre en son Tribunal leur foi & hommages & y fournir leurs aveux & dénombremens : c'est la disposition textuelle des Arrêts & Reglemens des 19 Janvier 1668 & 26 Juin 1688, rendus contradictoirement en faveur de la Chambre contre les Trésoriers de France: « sera loisible auxdits Vassaux, » pour *leur plus grande commodité*, de rendre leurs aveux & » dénombremens à ladite Chambre, *quoiqu'ils soient d'autres* » *ressorts que de la Généralité de Paris* ». 2°. Qu'il est des cas où les Juges de la féodalité ne peuvent exercer la rigueur de la Loi, & dans lesquels ils doivent accorder souffrance pour la foi; qu'il en est d'autres où l'équité demande qu'il soit accordé délai aux Vassaux pour fournir leurs aveux & dénombremens, les délais prescrits par les Coutumes étant manifestement trop courts pour les aveux des grandes Terres.

(485). Cela seul devroit décider le droit de la Chambre d'accorder des main-levées & des délais, puisque les délais sont une main-levée provisoire. Mais écoutons les anciennes Ordonnances; l'Edit de Mars 1408, & celui de Mars 1460, portent.... « Et avec ce ait été ordonné & accoutumé & » gardé en notre Chambre des Comptes, que à nosdits Gens des » Comptes appartient toute connoissance de cause, en cas » de refuser ou obtempérer à Lettres de dons, rémissions ou

» quittance, refus, répis ou *délais de nous faire devoirs de foi » & hommages & feaultés, bailler aveux & dénombremens*, &c. ». Une Loi contradictoire avec les Trésoriers de France, constate ce même droit de donner souffrance & d'accorder main-levée de saisies pour foi & hommages ; c'est l'Edit d'Avril 1628. Par un Edit d'avril 1627, le Roi, après avoir créé des Offices dans les Bureaux des Finances, & leur avoir attribué la réception de tous les actes féodaux, voulut vaincre le refus que la Chambre avoit fait de regîtrer cet Edit. Il envoya au Grand Conseil la réception de ces nouveaux Officiers ; mais tout fut rétabli l'année suivante, & l'Edit d'Avril 1628 porte textuellement à l'égard de la féodalité. « Toutefois notre intention n'a » point été d'ôter, diminuer ni changer en aucune maniere par » lesdites créations & attributions, les connoissances d'hom- » mages, & fermens de fidélité dus à notre personne pour les » Fiefs relevans de notre Couronne, Terres & Seigneuries de » notre Domaine & obéissance, & pour Nous, à nos très- » chers & féaux Chancelier, Garde des Sceaux de France, & » *Gens de notre Chambre des Comptes, Juges Souverains*, qui » ont les dépôts des livres, regîtres, titres & enseignemens » des droits de cette Couronne & Domaines royaux, avec » pouvoir de toute ancienneté, de recevoir, vérifier & garder » les aveux & dénombremens, user de main-mise faute de » devoirs non faits, *donner souffrance & main-levée pour raison » desdits Fiefs & hommages*, sans qu'aucuns autres nos Juges » & Cours en puissent connoître, réservé pour les Fiefs de » 25 liv. de revenu ; & afin que les Trésoriers, Présidens de » France & Généraux de nos Finances, sous prétexte des » clauses insérées en notre Edit du mois d'Avril 1627, con- » cernant lesdits foi & hommages, Lettres de souffrance & de » confortemain, pour raison desdits Fiefs, ne contreviennent & » ne puissent contrevenir à notre intention, &c. ».

(486). Observons 1°. que *la saisie d'un Fief faite par un Tribunal n'est pas un acte attributif de Jurisdiction.* — Les Trésoriers de France peuvent & doivent même saisir les terres en dignité faute de foi & d'aveu, & néanmoins ils ne peuvent en recevoir ni les foi & hommages, ni les aveux & dénombremens ; ils n'ont donc pas été

été saisis de la Jurisdiction sur ces Terres par les saisies qu'ils en ont faites; les foi & hommages des Terres titrées ne pouvant être faites qu'au Roi, au Chancelier ou en la Chambre. Aussi après la saisie des Trésoriers de France, la Chambre reçoit la foi, ou les aveux, & donne main-levée de leurs saisies. En général les saisies sont faites pour forcer les Vassaux de faire les devoirs féodaux sans égard à tel ou tel Tribunal : c'est la Loi qui décide le Tribunal, & non pas la saisie. —— 2°. *La foi & hommage rendue devant un Bureau des Finances ne le saisit pas du droit de recevoir l'aveu & dénombrement de la même Terre.* — C'est la nature des Fiefs qui saisit le Tribunal ; mais avec une distinction très-considérable entre la Chambre de Comptes & les Bureaux des Finances. Les Trésoriers de France ne reçoivent les hommages que de simples Fiefs : la Chambre des Comptes au contraire a la grande main ; elle reçoit les hommages de toutes Terres titrées & de tous Fiefs de quelque nature qu'ils soient, & dans quelque Province que ce soit de son ressort (voy. alin. 484). Le choix du Tribunal à l'égard des simples Fiefs est donc entierement à la disposition des Vassaux ; c'est leur seule *commodité* & volonté qui les décident à présenter leurs actes féodaux en la Chambre ou aux Bureaux des Finances : la prestation de foi aux Bureaux des Finances, ne détruit pas la liberté du Vassal à l'égard de l'aveu & dénombrement d'un simple Fief, dont elle auroit pu recevoir la foi ; seulement le Vassal qui présente à la Chambre son aveu, doit justifier de la foi faite au Bureau des Finances. S'il peut présenter son aveu à la Chambre, il peut y obtenir délai, s'il y a lieu, & par conséquent main-levée provisoire. Ce délai avec main-levée provisoire n'est pas même un acte de Jurisdiction de la Chambre sur les Trésoriers de France ; c'est une facilité accordée au nom du Roi à un Vassal qui en a besoin, & qui le requiert dans un Tribunal qui est aussi compétent pour recevoir son aveu, que l'eût été le Bureau des Finances.

(487). Outre un grand nombre de délais pour faire la foi, on voit beaucoup d'Arrêts de la Chambre pour accorder délais de fournir aveux ; notamment les 12 Juin & 14 Septembre 1582 ; premier Août 1583 ; 3 Mai, 2 Novembre, 13 Décembre 1603; 15 Mars, 11 Avril, 20 Août 1605; 16 Septembre 1606; premier Octobre 1607; 3 Mai 1612; 3 Juillet; 7 Août 1617; 12 Décembre 1618; 31 Juillet 1619; 6 Mars 1620; 18 Juillet 1627; 11 Septembre 1628; 12 Juin 1629; 12 Juin 1654; 4 Avril 1669; 8 Février 1716; 20 Mai 1738; 17 Août 1750; 8 Juillet 1755; 27 Septembre 1772; 16 Juillet, 10 Novembre, premier & 2 Decembre 1773.

(487 *bis*). Ces délais sont toujours les plus courts qu'il est possible & toutefois proportionnés aux besoins des Vassaux. Cela a lieu sur-tout pour les grandes Terres dont le détail entraîne de très-grandes, longues & dispendieuses opérations. En accordant ces délais, il est bien nécessaire que la Chambre accorde aussi la main-levée de la saisie, puisque la concession du délai seroit inutile si la main du Roi restoit sur les fruits des Fiefs, & que le Vassal fût privé de ses récoltes.

IVe Sect. Contre le quatrieme Chef.

(488). *La Chambre a droit de nommer Substituts du Procureur Général, les Procureurs du Roi des Bureaux des Finances.*

(489). Les Trésoriers de France de Limoges se sont élevés contre cette dénomination de Substitut, donnée par la Chambre au Procureur du Roi de leur Bureau; c'étoit aussi la prétention de tous les Bureaux des Finances, & le quatrieme Chef de leurs demandes en 1730. On a vû dans cet Ecrit, alinéa 176, que les Trésoriers de France de différens Bureaux, ont porté leurs entreprises jusqu'à essayer de mettre les Gens du Roi de leurs Bureaux au niveau des Cours Supérieures, en les qualifiant de Procureurs-Généraux.

(490). Cette prétention des Trésoriers de France devroit être anéantie, par la seule considération de l'infériorité de ces Tribunaux à l'égard de la Chambre; elle a d'ailleurs été constatée dans cet Ouvrage par des preuves de toute espece. On a vu que, pendant tout le tems que les Trésoriers de France ont exercé des fonctions importantes, ils ne l'ont fait qu'avec subordination à l'égard de son Tribunal; & c'est une conséquence nécessaire que l'Officier qui dans les Tribunaux inférieurs exerce le Ministère public, soit appellé Substitut des Procureurs Généraux dans toutes les Cours où leur Ministere répond. Aussi a-t-on vu que la Chambre de tems immémorial a usé de cette qualification à l'égard des Procureurs du Roi des Bureaux des Finances. Il est inutile de rappeller ici tous les objets pour lesquels la Chambre a employé leur ministere pour le service du Roi ; ce qui a été traité en détail dans la Ve Proposition, sur la Ire Question, N°. 161 & suivans.

(491). Cependant le sieur de Gironcourt appuie de toutes ses forces l'entreprise des Bureaux des Finances ; & on ne doit pas en être étonné dans un Ecrit qui d'un bout à l'autre ne parle que de la supériorité des Trésoriers de France. Il est plus suprenant que le Conseiller au Présidial d'Orléans se soit laissé entraîner au même préjugé contre la Chambre des Comptes, en avouant toutefois que le Parlement ne donne pas d'autre dénomination que celle de Substituts, aux Procureurs du Roi des Bureaux des Finances.

(492). Ces deux Auteurs sans doute ne trouveront plus de motifs de leurs opinions dans la Supériorité des Bureaux des Finances ; mais il est bon de rappeller ici que ce n'est pas la Chambre seule qui a nommé ces Officiers Substituts du Procureur Général en la Chambre des Comptes. Ils sont ainsi désignés par le Roi lui-même, notamment dans la Déclaration du 29 Décembre 1674 : « Nous voulons, dit le Roi, que » tous les Archevêques & Evêques, &c. soient & demeurent » déchargés de toutes instances & poursuites à l'encontre d'eux, » tant à la Requête de nos Procureurs Généraux desdites » Chambres des Comptes, pour raison des aveux & dénom- » mens de leurs Fiefs, Terres & Seigneuries, qu'à la Requête » *de leurs Substituts ès Bureaux des Finances & Chambre du* » *Trésor*, &c. ».

Ve Sect. Contre le même quatrieme Chef.

(493). *Ils n'ont pas droit d'avoir les adresses des Loix générales.*

(494). Les Trésoriers de France rejettent les envois que le

Parlement ou la Chambre leur font des Loix qu'ils ont regiſtrées, & à l'exécution deſquelles ils doivent concourir : ils veulent que toutes les Lettres de la volonté du Roi leur ſoient envoyées directement.

(495). Il eſt certain que quand ils étoient ordonnateurs, ils devoient vérifier tous les emplois, & la Chambre ne pouvoit allouer que ce qu'ils avoient vérifié, comme Généraux des Finances ; c'eſt la diſpoſition textuelle des Lettres Patentes du 3 Février 1387 ; mais nous avons vu toute cette autorité diſparoître. Plus tard les Commiſſions ordinaires & extraordinaires des Finances devoient encore leur être adreſſées, Edit de Mai 1635. Il n'en eſt pas moins certain qu'ils ont encore aujourd'hui droit à l'adreſſe des Lettres qui émanent de la ſeule adminiſtration, telles que celles qu'ils ont reçues en 1765 & 1766, ſur les limites de la Ville de Paris, ou celles citées par le ſieur de Gironcourt, de Mars 1727, pour le plan d'un nouveau quartier dans Paris ; du 25 Mars 1721, pour le rétabliſſement du quai de l'Ecole ; en un mot, pour tous objets de Voierie, parce que les Tréſoriers ſont ſeuls exécuteurs des volontés du Roi en cette partie ; mais en vain ils confondent par un ſophiſme ces ordres paſſagers de l'adminiſtration avec l'adreſſe des Loix.

(496). Ils doivent en effet reconnoître qu'ils ne peuvent modifier les Edits de nos Rois; c'eſt un droit qui eſt réſervé aux Cours Supérieures; les modifications des Cours, ſous le bon plaiſir du Roi, font partie de la Loi.

(497). Cela ſuffit pour démontrer l'inutilité de l'envoi direct des Loix aux Tréſoriers de France, qui ne peuvent y ajouter ni diminuer. Par une conſéquence évidente, cela établit également la néceſſité de l'envoi des Edits par les Cours Supérieures à ces Officiers, pour leur faire connoître les modifications qu'elles y ont appoſées & qui font partie de la Loi, lors ſur-tout que les Tréſoriers de France doivent contribuer à en procurer l'exécution.

(498). Le Conſeil ne ſe chargera pas de leur notifier les modifications des Cours, parce qu'elles ne font ordinairement partie de la Loi que par l'acquieſcement tacite de nos Rois. Il eſt donc évident que les Cours Supérieures peuvent ſeules notifier aux Trésoriers de France les Loix générales dans toute leur intégralité.

(499). Aussi le Parlement n'a-t-il jamais interrompu cet usage à l'égard des Bureaux des Finances ; ces envois sont également d'un usage immémorial en la Chambre.

(500). Il suffit d'en rapporter quelques exemples qui, chemin faisant, rappelleront encore utilement le droit de la Chambre, de nommer Substituts du Procureur Général les Officiers qui, dans les Bureaux des Finances, exercent le Ministere public, & qui sont ordinairement chargés par la Chambre de faire exécuter les Loix que la Chambre leur adresse.

(501). Tous ces témoignages contribueront aussi à détruire la prétendue supériorité des Trésoriers de France, qui les engage si souvent à former des entreprises nuisibles au service du Roi.

(502). Nous ne remonterons qu'à l'Edit d'Avril 1628, qui confirme l'autorité de la Chambre à l'égard des matieres féodales ; l'Arrêt d'enregistrement porte que copies collationnées *seront envoyées* aux Substituts du Procureur Général du Roi, Receveurs & Contrôleurs du Domaine du ressort de la Chambre, pour tenir la main à l'exécution dudit Edit. — Celui intervenu à l'enregistrement de la Déclaration du Roi, du 13 Juillet 1648, qui ordonne qu'il ne sera fait aucune Imposition sur les Peuples sans Edits vérifiés, porte que copie collationnée de ladite Déclaration & Arrêt de la Chambre *sera envoyée* aux Bureaux des Trésoriers Généraux de France du ressort d'icelle, pour tenir la main à l'exécution desdites Lettres & Arrêt, dont ils certifieront la Chambre dans le mois. — Celui intervenu à l'enregistrement de l'Edit du 22 Octobre 1648, portant Réglement sur le fait de la Justice, Police & Finances, porte, entre autres choses, qu'à la diligence du Procureur Général du Roi en ladite Chambre, copies collationnées dudit Edit & Arrêt *seront envoyées* aux Bureaux des Trésoriers Généraux de France du ressort d'icelle, pour tenir la main à l'exécution, dont les Substituts du Procureur Général seront tenus de certifier la Chambre au mois. — Celui intervenu à l'enregistrement de la Déclaration du Roi, du 31 Mai 1650, portant révocation de tous-dons généraux des Droits Seigneuriaux, porte que copies collationnées par le Greffier de la Chambre *seront envoyées* aux Substituts du Procureur Général du Roi des Bureaux des Finances du ressort de la Chambre, pour y être registrées à leur diligence, & signifiées aux Receveurs du Domaine. — L'Arrêt d'enregistrement en la Chambre des Comptes, des Arrêts du Conseil des 27 Novembre 1658, 6 Février & 2 Avril 1659, concernant les cautions qui doivent être fournies par les Comptables, porte que copies collationnées en *seront envoyées* ès Généralités & Elections du ressort de la Chambre, pour y être registrées à la Requête du Procureur Général du Roi, poursuite & diligence de ses Substituts qui en certifieront la Chambre au mois. — Celui intervenu à l'enregistrement du Traité de paix & contrat de mariage avec l'Infante d'Espagne, porte que copies collationnées dudit Traité de paix *seront envoyées* aux Bureaux des Finances des Généralités du ressort de la Chambre, pour y être aussi publiées & registrées. — Celui intervenu à l'enregistrement de la Déclaration du Roi, du 6 Mai 1662, portant remise des restes de Tailles & autres Impositions dues, jusques & compris 1656, ordonne qu'à la Requête du Procureur Général & diligence de ses Substituts, autant desdites Déclaration & Arrêt *seront envoyés* ès Bureaux des Finances & Sieges des Elections, pour y être publiées & registrées. — Celui intervenu à l'enregistrement de la Déclaration du Roi, du 10 Décembre 1669, portant que tous débets seront ordonnés & payés au Trésor Royal, ordonne que copies collationnées d'icelle *seront envoyées* aux Trésoriers de France des Bureaux du ressort de ladite Chambre, pour les y faire pareillement lire, publier & exécuter, à la diligence des Substituts dudit Procureur Général esdits Bureaux, qui en certifieront la Chambre au mois. — L'Arrêt d'enregistrement en la Chambre des Comptes de l'Edit du mois de Mars 1691, portant création d'un premier Président en chacun Bureau des Finances, ordonne que copies collationnées dudit Edit *seront envoyées* aux Bureaux des Finances du ressort de la Chambre, pour y être lues & publiées à la diligence des Substituts du Procureur Général esdits Bureaux, qui seront tenus d'en certifier la Chambre au mois.

Celui intervenu à l'enregistrement de l'Edit du mois de Nov. 1691, qui unit lesdites Charges de premiers Présidens au Corps des Bureaux des Finances, est conçu dans les mêmes termes.

Celui intervenu à l'enregistrement de la Déclaration du Roi, du 1 Septembre 1693, portant Réglement pour les comptes des Receveurs Généraux des Domaines & Bois, ordonne que copies collationnées en *seront envoyées* aux Bureaux des Finances du ressort de la Chambre, pour y être lues, publiées & registrées; enjoint aux Substituts du Procureur Général esdits Bureaux d'y tenir la main, & d'en certifier la Chambre au mois.

Celui intervenu à l'enregistrement de l'Edit du mois d'Avril 1698, portant création d'un Trésorier de France en chacun des Bureaux des Finances, ordonne copies collationnées d'icelui *être envoyées* dans les Bureaux des Finances du ressort de la Chambre, pour, à la Requête du Procureur Général & diligence de ses Substituts esdits Bureaux, être lues, publiées & registrées, dont lesdits Substituts certifieront la Chambre au mois.

(503). La Déclaration du 10 Novembre 1725, concernant les foi & hommages, aveux & dénombremens, déclarations du temporel du Clergé & Gens de main-morte, fut registrée en la Chambre le 12 Mars 1726. L'Arrêt d'enregistrement porte & copies collationnées d'icelle *être envoyées* aux Bureaux des Finances, Bailliages, Sénéchaussées & Elections du ressort de la Chambre, pour y être pareillement lues, publiées & registrées, même publiées aux prônes des Paroisses & autres lieux, & affichées partout où besoin sera; enjoint aux Substituts du Procureur Général du Roi aux Bureaux des Finances, Bailliages, Sénéchaussées & Elections d'y tenir la main, & d'en certifier la Chambre au mois.

(504). Quelques Lettres Patentes prescrivent même expressément cet envoi aux Trésoriers de France, de Lettres adressées à la Chambre; telles que celles du 20 Avril 1364, portant qu'on ne donnera à aucune personne des deniers Royaux, si ce n'est en vertu des Lettres qui seront données dans la suite par le Roi. Ces Lettres sont adressées aux Gens des Comptes & finissent ainsi: Si voulons & vous mandons & commandons, tant expressément, comme plus pouvons, que notre présente Ordonnance *vous fassiez savoir à nos Amés & Féaux les Trésoriers Généraux* des Aides de notre très cher Seigneur & pere dont Dieu ait l'ame, à nos Amés & Féaux Trésoriers, & à tous les Receveurs ordinaires de notre Royaume & à chacun d'eux, si que nul ne se puisse excuser d'ignorance, &c. (*Ordonnance du Louvre*, T. IV. p. 416).

(505). Les Loix, l'usage & les motifs les plus évidens se réunissent donc pour obliger les Trésoriers de France de recevoir de la main des Cours les Ordonnances qu'elles ont modifiées, parce qu'il n'y a qu'elles, comme il a été dit, qui puissent leur notifier les Loix dans toute leur intégralité.

(506). Il ne faut donc pas que les Trésoriers de France disent, comme ceux de Paris, dans leur arrêté du 17 Juin 1771, que les Loix leur sont adressées directement; mais il faut qu'ils avouent que ces Loix, à eux adressées, se réduisent à quelques Arrêts du Conseil rendus en direction & sur les objets dont l'exécution les regarde seuls: tout ce qui a nature de Loi générale ne leur a jamais été envoyé directement par le Conseil, & s'il y a quelqu'adresse commune avec les Cours, même dans de moindres objets, c'est à la charge tacite, mais certaine & évidente, qu'ils *les registreront telles qu'elles auront été vérifiées par les Cours*, n'étant nullement chargés de la vérification, mais seulement de l'exécution après la vérification en la Chambre. L'Edit de Juin 1556, en fait la preuve; cet Edit porte création en titre d'Office formé de la charge de Payeur des Bâtimens du Château de Vincennes, Hôtel des Tournelles, de St. Leger & de la Sépulture du Roi François Ier, & union dudit Office à celui de Payeur des Bâtimens de Fontainebleau, Boullogne-lès-Paris, Villers-Cotterets, &c. créé par Edit de Janvier 1555, pour être exercé alternatif en exécution de l'Edit d'Octobre 1554: « Donnons en *mandement auxdits Gens* de » nos Comptes de Paris, *Trésoriers de France*, Généraux de » nos Finances & Trésoriers de notre Epargne, présens & à » venir, & à chacun d'eux si, comme il appartiendra, que cesdites Présentes ils *fassent lire & enregistrer en notredite* » *Chambre des Comptes*, & du contenu en icelles fassent ou » souffrent & laissent ledit Picard, & celui qui sera par Nous pourvu

» pourvu alternatif dudit Office de Trésorier de nosdits Bâti-» mens, & leurs successeurs en icelui, jouir & user pleinement » & paisiblement ». On voit manifestement dans ces Lettres que l'exécution en est ordonnée aux Trésoriers de France & autres, mais l'enregistrement n'est ordonné qu'en la Chambre des Comptes. — Les Trésoriers de France ignorent-ils que par la Déclaration du 24 Février 1673, il est établi que les Edits, Déclarations ou Lettres patentes ne peuvent être envoyés qu'aux Cours Supérieures, avec les ordres du Roi, pour les y regiftrer, portés par trois Lettres de Cachet; l'une, pour la Compagnie; la seconde, pour le Premier Président; & la troisieme, pour le Procureur Général? Qu'ils rapportent des exemples où les Ministres leur aient adressé des Edits ou Déclarations en parchemin, scellés du Grand Sceau, avec des Lettres de Cachet.

(507). C'est, au reste, un faux point de vue qui fait desirer par les Trésoriers ces adresses directes. Ils se croyent dès-lors des Juges évidemment Supérieurs; cependant combien n'a-t-on pas vu, sur-tout dans les tems anciens, d'adresses faites aux Officiers des Bailliages & Sénéchaussées, aux Elus, aux Prévôts des Marchands & Echevins, &c. sans qu'aucune de ces Compagnies ait prétendu à la Jurisdiction Souveraine, parce qu'elles ne pouvoient modifier les Loix, ce qui n'appartient qu'aux Cours Supérieures, sous le bon plaisir du Roi!

(508). Enfin rien ne prouve mieux l'usage où est la Chambre d'envoyer aux Trésoriers de France les Edits qu'elle a regiftrés, que les improbations données par les Ministres, aux refus faits par les Trésoriers de recevoir ces loix des mains de la Chambre. On pourroit citer les Lettres des 15 Mai 1691, 3 Août 1699. Nous nous contenterons de rapporter la Lettre de M. de Chamillart, écrite de Marly le 13 Janvier 1703, au Procureur du Roi du Bureau des Finances de Poitiers.

(509). « M. de Fourqueux, Procureur Général en la Cham-» bre des Comptes de Paris, m'a mandé que le Bureau des » Finances de Poitiers avoit fait difficulté d'enregistrer la der-» niere Déclaration du Roi, servant de Réglement pour la ré-» ception des foi & hommages, & que le Président avoit dit

» qu'il falloit attendre qu'elle fût adreſſée aux Bureaux des Fi-
» nances, comme aux autres Cours Supérieures : cette préten-
» tion m'a paru d'autant plus nouvelle, que *je n'ai vu juſqu'à
» préſent aucune adreſſe d'Edits & Déclarations faites directe-
» ment aux Bureaux des Finances ;* que toutes les fois qu'on a
» voulu faire pareilles difficultés dans d'autres Bureaux, le Roi,
» par ſon autorité, y a pourvu : il y en a des exemples récens
» à Lyon & à Riom, & *vous ferez connoître à votre Compa-
» gnie qu'elle doit enregiſtrer les Edits & Déclarations qui lui
» ſeront envoyés par M. le Procureur Général en ſa Chambre
» des Comptes de Paris*, lorſque les matieres dont il s'agira, ſe-
» ront de la compétence de la Chambre & du Bureau des
» Finances ».

VIe. Section. Contre leur cinquieme chef.

(510). *Les Tréſoriers de France ne peuvent vérifier les dons & graces honorifiques ou utiles, mais ſeulement les enregiſtrer après la verification faite en la Chambre, & ſuivant ſes modifications.*

(511). L'ambition des Tréſoriers de France en 1730, ne leur permit pas de reſter même au niveau des Cours Supérieures à l'égard des enregiſtremens des dons faits par nos Rois : ils vouloient l'autorité ſur les Cours pour connoître de ces dons avant la Chambre. Ils aſpiroient à la réformation même des Arrêts d'enregiſtrement, & ſans doute les Tréſoriers de France de ce tems-ci n'ont pas renoncé à ces exorbitantes prétentions. Développons-les pour faire voir qu'elles n'ont aucun fondement.

(512). Les Tréſoriers de France connoiſſent du Domaine en premiere inſtance. En conſéquence s'il exiſte quelque confiſcation, épaves, ſucceſſion de Bâtards ou Aubains, ou autres cauſes de perception au profit du Domaine, il faut que les Tréſoriers rendent une Sentence pour les adjuger au profit du Roi.

(513). Quand ces objets ſont dans la main du Roi, il peut les réunir à ſon Domaine, ou les donner à ceux qui ont bien mérité de l'Etat : ces dons ſe font par des Lettres patentes, qui font adreffées à la Chambre; mais avant ces dons, le Roi fait délivrer *un Brevet* qui affure le don au donataire, en attendant que les Lettres patentes foient expédiées.

(515). Ce Brevet de don ne doit pas être de longue durée, il doit être éteint dans le cours d'un mois; il faut dans ce court délai prendre des Lettres patentes. L'Ordonnance de Moulins en 1556, art. LXXX, porte textuellement: « Suivant l'Or» donnance de nos prédéceffeurs & icelle renouvellée, avons » ordonné que les Brevets de dons, congé & difpenfe, pour » quelque caufe que ce foit, n'auront aucun effet *un mois* après » la date d'iceux ». L'Ordonnance de Janvier 1629, article CCCLXXXI. n'eft pas moins claire: « Déclarons, dit le Roi, » tous Brevets obtenus de Nous, de dons, congé, réferve ou » difpenfe, ou pour autre caufe que ce foit, nuls & de nul effet, » fi, *dans un mois*, à compter du jour & date d'iceux, ils ne » font confirmés par Lettres patentes fignées d'un Secrétaire » d'Etat, & fcellées de notre grand Sceau, même lefdites Let» tres patentes nulles après l'an de leur date ».

(516). Ces Lettres font regiftrées par la Chambre, & c'eft alors qu'elles doivent avoir toute leur exécution. On ne voit jufqu'ici aucun miniftere des Tréforiers de France; le Brevet ne leur eft point adreffé; les Lettres patentes font adreffées à la Chambre, & il eft difficile de voir d'où peut naître à cet égard une prétention de la part des Tréforiers de France; mais voici fon incroyable fondement.

(517). Le Brevet de don eft quelquefois accordé pour des confifcations, épaves, bâtardifes, qui ne font point encore adjugées au Domaine; la promptitude avec laquelle la demande en eft faite au Roi, précede fouvent la Sentence des Tréforiers prépofés à veiller fur le Domaine. Cependant on ne peut efpérer l'enregiftrement des Lettres patentes de don d'objets qui ne font pas encore dans la main du Roi; en conféquence le donataire qui n'a encore qu'un Brevet, s'empreffe de le porter fur le champ aux Tréforiers de France, & d'y promouvoir l'adjudication de l'épave, ou autres objets, au profit du Roi, afin d'obtenir dans le mois les Lettres patentes néceffaires fur le Brevet.

(518). Dès-lors les Tréforiers de France fe croient Juges du don dont on leur préſente le Brevet. C'eſt ſans doute un pur ſophiſme: la demande qui leur eſt faite, eſt de mettre l'objet donné entre les mains du Roi, & nullement de ſçavoir s'il y a lieu d'admettre le don que le Roi veut être fait. C'eſt la Chambre à qui il eſt réſervé d'en juger lors du rapport en icelle des Lettres patentes ſur ce don.

(519). Cependant c'eſt ce prétexte ſi frivole qui fait croire aux Tréſoriers de France, qu'ils ſont transformés en Juges des dons; & quoique ce ſoit un cas aſſez rare que le Roi donne des biens qui n'ont pas encore été mis en ſa main par les Juges du Domaine, cependant c'eſt un prétexte pour ces Officiers, qui ne ſont Juges que de la propriété du Domaine, de prétendre être les Juges de tous les dons Royaux.

(520). En 1730, les Tréſoriers concluoient modeſtement à la néceſſité de faire regiſtrer en leur Bureau tous les Brevets ou Lettres, à *peine de 300 liv. d'amende*, non ſeulement, diſoient-ils, contre les impétrans, mais même *contre les Juges* qui auront connu d'aucune demande deſdits impétrans, avant qu'ils leur aient fait apparoir de l'enregiſtrement deſdits Tréſoriers.

(521). 1°. Il eſt certain que, lorſque l'adjudication des épaves, confiſcations, &c. eſt faite au profit du Roi, avant le Brevet de don, il n'y a aucune raiſon pour les donataires d'aller montrer aux Tréſoriers leurs Brevets de don. Tout ce qui doit les occuper, c'eſt de pourſuivre dans le mois l'obtention des Lettres qui doivent être regiſtrées en la Chambre. 2°. Si l'adjudication n'eſt pas encore faite, ils n'ont, comme il vient d'être dit, d'autre motif de montrer leur Brevet de don aux Tréſoriers, que de les engager à procéder à cette adjudication, ſans laquelle ils ne peuvent obtenir les Lettres qui doivent être regiſtrées en la Chambre.

(522). Enfin les Tréſoriers ne pouvant plus mettre de bornes à leur déſir de ſupériorité, ont oſé ſoumettre à un nouvel examen les Lettres mêmes regiſtrées par la Chambre, & y appoſer des reſtrictions & des modifications. Le ſieur de Gironcourt, pag. 107, n'héſite pas à dire : Il appartient à ces mêmes Officiers d'examiner toutes Lettres & Mandemens du Roi, touchant le Domaine, les *reſtreindre*, faire des repréſentations, ou les *modifier.*

(523). Pour connoître la frivolité & le danger de ces prétentions, il suffit de savoir que la Chambre, avant de procéder à l'enregistrement des Lettres de don, en discute la valeur & la qualité des choses données, elle examine si le don n'est point onéreux ou préjudiciable au Roi, s'il n'y a point quelques biens qui ne peuvent faire partie du don, tels que sont les Domaines, les rentes, redevances ou sommes dues par Sa Majesté.

(524). Ce n'est qu'après toutes ces vérifications, que la Chambre des Comptes met le donataire en possession par son Arrêt d'enregistrement: elle prononce même, lorsque dans les choses données il se trouve quelque portion de biens confisqués par contumace, que le donataire n'en sera propriétaire qu'après les cinq années expirées, parce que dans ce terme on peut purger la contumace. — Les Trésoriers de France, au contraire, en permettant aux donataires de saisir les objets donnés, s'en rapportent à ces donataires de constater la valeur du don, la nature & la qualité des choses données. En mettant en possession sur le simple Brevet, il est arrivé que ces donataires ont joui de parties de rentes dues par le Roi qui doivent toujours être retranchées des dons; quelques donataires ont même reçu des remboursemens au Trésor Royal très-indûment; ce qui ne peut arriver, lorsque, conformément aux Ordonnances, le donataire ne se met en possession qu'après l'enregistement en la Chambre des Comptes, des Lettres confirmatives de leur Brevet.

(525). Il y a donc toutes sortes de raisons de maintenir la Chambre dans le droit de registrer, comme elle l'a fait de toute ancienneté, les Lettres de don, & d'interdire aux Trésoriers de France les permissions de saisir, qu'ils accordent aux donataires sur de simples Brevets non revêtus de Lettres registrées.

(526). Si après l'enregistrement de ces Lettres il s'éleve quelques contestations contre le donataire, c'est aux Trésoriers à procurer l'exécution des Lettres registrées par la Chambre, sans toutefois pouvoir y ajouter aucune modification.

(527). Ce n'est pas d'aujourd'hui que les Trésoriers de France ont commencé à vouloir registrer ces dons. Le 19 Décembre 1588, deux Trésoriers Généraux de France à Paris, sont venus à la Chambre, & séans au Bureau, ont dit qu'ils avoient en leurs mains un don & remise de droits Seigneuriaux faits par le Roi à un nommé Girardeau, qui étoit vérifié par la Chambre, laquelle avoit été surprise par ledit Girardeau, pour ce que dès le mois d'Août dernier ils avoient découvert la fraude qu'il avoit faite en contractant pour l'achat de la maison, des droits Seigneuriaux de laquelle lui a été fait don, & l'avoient trouvé parjure, & dès-lors avoient fait état desdits droits Seigneuriaux (pour la réfection d'une réparation nécessaire à faire au Châtelet), qu'ils avoient baillé à recouvrer; de sorte qu'aujourd'hui ils se trouvoient empêchés après la vérification de la Chambre, laquelle ils voudroient supplier quand il se présenteroit quelque don dépendant de leurs Charges, il lui plût les leur renvoyer avant de délibérer, afin de voir par après les difficultés qui y seroient, desquelles la Chambre n'avoit si particuliere connoissance, qu'eux; *& après restreindre ou augmenter ce qu'elle trouveroit à propos, comme le Parlement faisoit aux Sentences des Juges Subalternes*, &c. Ces dernieres expressions sont modestes, mais il eût été dangereux de leur accorder une connoissance préliminaire aussi générale qu'ils la demandoient. — Le 12 Janvier 1612, la Chambre mande deux Trésoriers de France de Paris, sur ce qu'ils ont procédé à la vérification de Lettres de don adressantes à la Chambre & auxdits Trésoriers : disent qu'il leur a semblé que ce n'étoit que confirmation, & qu'*ils n'auroient fait cette expédition par envie, mais par mégarde*, & ont reconnu qu'il eût été bon qu'elles eussent été préalablement vérifiées en la Chambre. — Le 7 Septembre 1622, les Trésoriers de France de Bordeaux ayant donné leur attache avant la Chambre sur un don de terrein fait aux Récollets de Bergerac, la Chambre leur fait défenses de plus user de telles voies, à peine de radiation de leurs gages, & de 200 liv. d'amende contre chacun desdits Trésoriers qui auroient signé en telles expéditions; que l'Arrêt leur sera signifié à la diligence & Requête du Procureur Général. Voyez au surplus sur la 1ere Question, Nos 134 & suivans, leurs entreprises sur les enregistremens, & comment elles ont été réprimées.

(528). On voit par l'Ordonnance du 24 Juin 1492, que ces Officiers n'avoient point de part aux enregistremens : « Toutes

» Lettres de dons, dit le Roi, & aliénations du Domaine;
» Aides, &c. seront adressées à la Chambre, excepté les dons
» de nos droits Seigneuriaux, & amendes au-dessous de 100 l.
» parisis pour une fois, dont nosdits Trésoriers & Généraux
» des Finances pourront faire expédition sur les Lettres que en
» octroierons, & que voulons être à eux adressées: & si au-
» cunes Lettres de dons, excédant la somme de 100 liv. étoient
» adressées ou présentées auxdits Trésoriers, voulons, dit le
» Roi, que *par eux elles soient refusées & renvoyées à nosdits*
» *Gens des Comptes*, pour y procéder entr'eux, ainsi qu'ils
» verront être à faire par raison, ou icelles *faire réformer*, &
» si ainsi étoit que, par lesdits Trésoriers ou Généraux aucune
» expédition fût faite sur nosdites Lettres, autres que celles
» des susdites, par précipitation ou autrement, avant que par
» nosdits Gens des Comptes, Nous voulons & déclarons par
» cesdites présentes que *l'expédition desdites Lettres soit nulle*
» & de nul effet, & que les deniers venant, au moyen des-
» dites Lettres & expédition, soient reprins sur lesdits impétrans
» comme induement prins, &c. ». Cela est sans doute péremp-
toire contre la prétention des Trésoriers de France. Il est
clair par cette Ordonnance que les Trésoriers ne recevoient
les volontés du Roi que pour ordonner l'emploi de petites
sommes dans les comptes, à titre de simple dépense ordinaire; mais que, dès que la somme, quoique foible, étoit
assez forte pour prendre la nature de don, les Trésoriers
n'en avoient plus aucune connoissance ».

(529). Ce ne sont pas seulement les dons d'objets Domaniaux sur lesquels les Trésoriers de France veulent exercer l'autorité des enregistremens, ils l'étendent jusques sur les Lettres de naturalité, légitimation, ennoblissement, érections de terres. Tout donc suivant eux est de leur Ressort.

(530). S'ils se contentoient de la notification qui leur est faite par les Vassaux, par les légitimés, naturalisés, &c. ils ne sortiroient pas en effet de leur sphere. Il est juste qu'ils aient connoissance des Lettres d'érection, pour laisser au Roi l'hommage de ces terres, ou à M. le Chancelier ou aux Chambres des Comptes, comme il a été jugé par Arrêt du

Confeil du 7 Juin 1740, contre la Dame de Bourdeuil, pour fa terre de Hambourg. Elle a été tenue de faire regiftrer par les Tréforiers de France, fes Lettres d'érection en Comté, à peine de 20 livres d'amende : il eft jufte également que les Tréforiers aient connoiffance des Lettres de naturalité & de légitimation, pour ne pas prendre les fucceffions des légitimés & naturalifés.

(531). C'eft fur ce fondement que font appuyées les difpofitions de l'Edit de Mars 1693, portant union de la jurifdiction de la Chambre du Tréfor, au Corps des Tréforiers de la Généralité de Paris. Ces enregiftremens de Lettres d'aubaine, bâtardife, déshérénce, confifcations, & autres droits cafuels, leur font accordés par cet Edit, pour en jouir comme en jouiffoit la Chambre du Tréfor ; mais certainement ce n'étoit pas pour faire une vérification de ce qui avoit été vérifié par la Chambre; c'étoit feulement pour les mettre dans leurs Regiftres & y avoir recours au befoin. Ce n'eft pas là où fe bornent les prétentions desTréforiers; il faut que les impétrans leur préfentent Requête, & qu'ils offrent encore leurs Lettres à un nouvel enregiftrement. Gironcourt, comme nous venons de le voir, veut qu'ils puiffent *reftreindre les Lettres*, faire des *repréfentations* ou *modifier*. Les enregiftremens des Cours fupérieurs feroient donc nuls aux yeux des Tréforiers !

(532). Ils ne peuvent cependant ignorer le texte fi précis des Lettres Patentes d'Henri III, du 17 Décembre 1582, dont la Chambre du Tréfor tenoit fon pouvoir. « Ceux, dit le Roi, » qui obtiendront des Lettres de naturalité, légitimation, » &c. les feront regiftrer en la Chambre du Tréfor, *un mois » après la vérification faite en la Chambre* ». Gironcourt luimême le cite pag. 65. C'eft donc la Chambre qui *vérifie* les Lettres, & les Tréforiers les mettent dans leurs *Regiftres* pour les connoître, mais fans pouvoir changer les modifications appofées par la Chambre lors de la vérification.

(533). Si les Tréforiers de France veulent juger fainement de l'ancienneté des droits de la Chambre des Comptes fur les dons, qu'ils jettent les yeux fur les anciennes Ordonnances, & notamment fur celle du 13 Mars 1339; ils verront qu'elle part

part la Chambre a eue dans tous les tems à la vérification des dons, puisqu'en l'absence de Philippe de Valois, ce fut elle qui fut dépositaire, non seulement du droit d'enregistrer les Lettres de don, mais même de les accorder au nom du Roi, voici les termes:

(534). « Philippes par la grace de Dieu, Roi de France, à » nos amez & féaulx les Gens de nos Comptes à Paris, » salut & dilection : Nous sommes au tems à présent moult » occupés de entendre au fait de nos guerres, à la défense » de notre Royaume & de notre Peuple, & pour ce ne pou- » vons pas bonnement entendre aux Requêtes délivrer, tant » de grace que de justice que plusieurs tant d'Eglise que de » Religion, que autresnos sujets nous ont souvent a requerré; » pourquoi Nous qui avons grande & pleine confiance de vos » loyautez, vous commettons par ces présentes Lettres ple- » nier pouvoir à durer jusqu'à la fête de la Toussaint pro- » chaine avenir, de octroyer de par nous à tous gens, tant » d'Eglise, de Religion, comme séculiers, graces sur acquêts » tant faits comme à faire à perpétuité ; de octroyer graces, » privileges perpétuels à tems & à personnes singulieres, » Eglises, communes, Habitans des Villes & impositions » assises & maltotes pour leur profict & du commun des » liey ; de faire grace de rappel à bannis de notre Royaume ; » de recevoir à traittié & composition quelques personnes » & communautez en causes, tant civiles que criminelles, » qui encore n'auront été jugées, & sur quelconques autres » choses que vous verrez que seront à octroyer ; de nobi- » liter Bourgeois & quelconques autres personnes non nobles; » de légitimer personnes nées hors mariage quant au temporel, » & d'avoir succession de pere & de mere ; de confirmer & » renouveller privileges & de donner nos Lettres en cire » verte sur toutes les choses devant dites, & chacune d'i- » celle à valoir perpétuellement & fermement sans révocation » & sans empêchement ; & aurons ferme & stable tout ce que » vous aurez fait esd. choses dessus dites & chacune d'icelles ; » en témoin de laquelle chose nous avons fait mettre notre

» ſcel à ces préſentes lettres. Donné au bois de Vincennes, le » treizieme jour de Mars, l'an de grace 1339 ».

(535). Telle eſt la juriſdiction ſur laquelle les Tréſoriers de France veulent entreprendre le droit des enregiſtremens.

VIIe Sect. Contre leur sixieme Chef.

(536). *Ils doivent envoyer les Actes de cautionnement par eux reçus.*

(537). L'Ordonnance du 11 Juin 1510, après avoir preſcrit aux Tréſoriers de France & aux Généraux des Finances, de prendre des cautions des Comptables, chacun en ſon endroit de ſa Charge, ajoute « leſquelles cautions ſeront » par eux envoyées en ladite Chambre des Comptes à Paris, » en la maniere accoutumée ».

(538.) L'Ordonnance du mois d'Août 1669, art. II, s'exprime ainſi : « Ordonnons aux Tréſoriers de France d'en- » voyer par chacun an aux Greffes de nos Chambres des » Comptes l'inventaire des actes de cautions fournies pen- » dant l'année par les Comptables, dans l'étendue de leur » Généralité ». — Le 17 Septembre 1674, la Chambre ordonna qu'à l'avenir les états des cautions & Certificateurs contiendront leurs noms & ſur-noms, les demeures, biens & facultés. — L'Arrêt du Conſeil du 15 Septembre 1685 porte que les Tréſoriers de France ſeront tenus de remettre au Greffier de la Chambre les actes de cautionnement des Comptables, ſur la peine portée par les Ordonnances. (*Jouſſe, pag.* 79).

(539). Malgré des Réglemens ſi précis, les Tréſoriers de France ont formé un 6e Chef de demandes en 1730, pour ne point envoyer en la Chambre les actes de cautions fournies par les Comptables; & la Chambre a été obligée pluſieurs fois d'uſer de ſaiſie de leurs gages, pour forcer le refus des Tréſoriers. Ce refus eſt auſſi contraire aux principes qu'à toutes les Loix.

(540). Le droit de prendre caution des Comptables, appartient ſans doute éminemment à la Cour qui les admet à manier les deniers du Roi; & parce que tous ſont reçus dans les Chambres des Comptes, tous y doivent fournir leurs cautions; mais parce que toutes les cautions qui doivent être fournies par les Comptables, ont pour objet principal d'opérer la certitude d'un prompt paiement aux Parties prenantes, sur-tout dans les Provinces, par ce qu'à défaut de paiement par les Comptables, on peut exécuter la caution; il est juste que ces cautions soient demeurantes sur les lieux de la demeure des Comptables; & par ce que les particuliers qui s'obligent à être caution, sur les lieux y sont plus connus; qu'ils peuvent plus facilement trouver des Certificateurs, que les Juges des lieux peuvent en avoir une plus parfaite connoissance, soit par eux-mêmes, soit par l'attestation des citoyens de la même Ville, la Chambre a admis avec grande raison de faire recevoir les cautions par les Juges des lieux; & c'est par ce motif seul, que les Réglemens ont prescrit aux Trésoriers de France de faire à la décharge des Juges Supérieurs qui reçoivent les Comptables, la discussion des cautions par eux fournies dans les Provinces.

(541). Si les Trésoriers de France hésitoient sur le droit que la Chambre a eu de toute ancienneté, de faire par elle même fournir les cautions des Comptables, il faut qu'ils jettent les yeux sur les Ordonnances, notamment celle du 9 Décembre 1335 : elle est adressée à nos amés & féaulx les Gens de nos Comptes: le Roi après s'être plaint de ce que quelques Comptables s'étoient immiscés, sans avoir fourni de cautions, ordonne qu'ils en fourniront, & ajoute : « Pourquoi » nous vous mandons qu'ainsy le gardez doresnavant & avec » tous ceux qui à présent y sont, prenez bonne caution en » la maniere dessus dite, ou s'ils ne veulent donner caution, si » les ôtez de leurs Offices, les baillez à suffisantes & bonnes » personnes qui en baudront caution, si comme dit est ». — L'Ordonnance du 4 Mars 1348, également adressée aux Gens des Comptes, porte: « Nous vous mandons & enjoi» gnons étroitement sur les sermens à quoi vous êtes astreints » & tenus à Nous, que toutes faveurs cessans, vous fassiez tous » nos Receveurs, qui applegiez ne sont, suffisamment applegiez, » chacun d'autant comme monte sa recette d'un an, ou de ce

» que vous verrez qu'il devra ſouffrire, & ainſy le faites doreſ-
» navant de chacun Receveur, quand il ſera établi en aucune
» recette, ſans nul déport ».

(542). Obſervons qu'à cette même époque de 1335, il n'y avoit qu'un ſeul Tréſorier pour tout le Royaume; que ce ne fut que plus de deux cens ans après, & ſeulement en 1551, qu'il fut créé des Bureaux des Finances dans les Généralités, & que par conſéquent toutes les cautions étoient fournies en la Chambre; les cautions tombant alors plus ſur la ſûreté des deniers du Roi, que ſur la promptitude du paiement des Parties prenantes.

(543). Que les Tréſoriers de France liſent les Déclarations des 23 Octobre 1400, 9 Avril 1437, & une multitude d'autres Ordonnances, & qu'ils demeurent convaincus que ce n'eſt qu'à la décharge des Chambres des Comptes, qu'ils reçoivent les cautions des Comptables; qu'ils jettent les yeux ſur les exemples qui ont été placés à la tête de cet écrit, n.° 65, qui établiſſent qu'ils n'exerçoient même cette partie d'autorité, qu'avec ſubordination à la Chambre, & que pluſieurs fois elle les a obligés de recevoir des cautions qu'ils avoient eu tort de rejetter.

(544). Mais ſi les Tréſoriers de France ont été admis à partager avec la Chambre cette fonction intéreſſante, la Chambre n'a pas moins le droit confirmé par l'Ordonnance, d'exiger de ces Officiers d'envoyer chaque année en ſon Greffe, l'inventaire des actes de cautionnement par eux reçus.

(545). Ce droit n'eſt pas ſimplement honorifique à l'égard de la Chambre, & pour reconnoître la Juriſdiction ſupérieure à qui il appartient éminemment de recevoir les cautions; ce droit eſt appuyé ſur un motif très-ſolide, c'eſt en effet à la Chambre après l'année d'exercice du Comptable, qui termine tout droit des Tréſoriers de France à leur égard; c'eſt à elle à pourſuivre les Comptables pour rendre leurs comptes, pour les appurer, pour les corriger; & ſi quelques-unes de ces obligations n'eſt pas remplie par les Comptables, c'eſt aux cautions que la Chambre doit s'en prendre pour la ſûreté des deniers du Roi; il faut donc qu'elle les connoiſſe.

(546). Les Tréforiers de France ne peuvent avoir d'autres motifs de se refuser contre l'intérêt du Roi, à l'envoi des inventaires des cautionnemens, que le desir inutile de rejetter toute subordination à l'égard de la Chambre.

(547.) Quelquefois les Comptables sont frappés de taxes seches, moyennant lesquelles ils sont exemptés de donner cautions; il faut alors, conformément aux Arrêts de la Chambre, qu'ils fournissent aux Tréforiers de France les quittances de la finance qu'ils ont payée pour obtenir cette exemption. Ces quittances ne sont pas sujettes à être envoyées en la Chambre par les Tréforiers, ne pouvant par elles-mêmes indiquer de nouvelles sûretés pour le Roi, qui puissent être discutées dans le cas d'insolvabilité du Comptable. C'est alors au Comptable, quand il rend son compte en la Chambre, à faire apparoir de la quittance de finance qui l'exempte de fournir des cautions.

(548). Le droit de recevoir des cautions appartient tellement à la Chambre, qu'elle ne manque pas de l'exercer par elle-même, quand l'intérêt du Roi le demande. Quand c'est un Mineur qui est pourvu d'une charge Comptable, ce sont ordinairement ses pere & mere qui se rendent sa caution, & c'est au Greffe de la Chambre qu'ils se soumettent à être cautions. Il en est de même quand une personne est simplement commise au maniement des deniers du Roi, & qu'elle n'a aucun office, ni biens à hypothéquer pour sûreté de son maniement; c'est alors la Veuve ou les Héritiers qui se rendent garants, & c'est au Greffe de la Chambre qu'ils font leurs soumissions.

(548). Les Tréforiers de France n'ont pas même un droit exclusif pour recevoir des cautionnemens : la Chambre dans l'étendue de la Généralité de Paris, a souvent renvoyé devant les Juges Royaux ordinaires, pour recevoir ces cautions; souvent le Conseil du Roi en a reçu, & tous ces cautionnemens sont déposés en la Chambre. Il est donc incroyable que les Tréforiers de France veuillent nuire au service du Roi, en privant la Chambre de la connoissance des cautions, qui seules peuvent donner lieu aux poursuites trop souvent nécessaires à la reddition, appurement & correction des comptes.

VIIIe Sect. Contre le même sixieme Chef.

(549). *La Chambre a droit de continuer ſes ſcellés dans les Provinces, par ſuite de ceux de Paris.*

(550). Les conteſtations ſur les ſcellés ne roulent plus ſur la concurrence que les Tréſoriers de France vouloient avoir avec la Chambre pour leur appoſition, au moins dans Paris; ils lui laiſſent mettre ſes ſcellés tranquillement, & ils ne s'y préſentent plus pour y appoſer les leurs.

(551). Mais ils ont élevé deux nouvelles conteſtations dès 1730. Ils refuſent d'une part les commiſſions qui leur ſont adreſſées par la Chambre, pour appoſer les ſcellés dans leurs Généralités, lorſque par ſuite de ſcellés par elle appoſés dans Paris, il y a lieu de les appoſer ſur quelques biens des Comptables dans les Provinces. Ils refuſent également d'envoyer en la Chambre les inventaires des meubles, titres & effets des Comptables. Peu leur importe que le ſervice du Roi en ſouffre, pourvu qu'ils évitent toute apparence de ſubordination.

(552). I. Leur refus d'accepter les commiſſions à eux données par la Chambre, pour faire les inventaires des biens des Comptables dans les Provinces, lorſque la Chambre en vertu de leurs domiciles dans Paris a commencé l'inventaire, & que par droit de ſuite elle doit également faire celui des biens ſitués dans les Provinces; ce refus eſt entiérement irrégulier, & l'on va voir qu'en effet il n'a d'autre fondement que le deſir d'anéantir toute idée de ſupériorité de la part de la Chambre.

(553). La Chambre reconnoît que les Tréſoriers de France, comme Officiers de ſon Corps, ſont établis dans les Provinces en partie pour exercer ſur les lieux, ſubſidiairement, quelque portion de Juriſdiction en matiere de Finances, que l'éloignement des lieux ne permet pas à la Chambre des Comptes d'exercer par elle-même. — C'eſt en cette qualité d'Officiers du Corps de la Chambre des Comptes, que les Tréſoriers de France ont droit privativement à tous autres Juges, d'appoſer des ſcellés chez les Comptables, qui ſont leur demeure dans les Provinces. La

Chambre des Comptes ne leur a jamais disputé ce droit; il est même du bien du service du Roi qu'ils exercent cette Jurisdiction avec soin.

(554). Mais lorsque par suite d'inventaire, la Chambre des Comptes doit faire celui des biens situés dans les Provinces, comme appartenans à la succession des Comptables, domiciliés à Paris, & non dans le ressort des Bureaux des Finances, il est bien juste que les Trésoriers de France acceptent les commissions de la Chambre, ou ils la mettroient dans la nécessité d'adresser ses commissions aux Juges ordinaires.

(555). Les Trésoriers de France voudroient-ils exiger de la Chambre qu'elle les priât, comme les Cours supérieures le font réciproquement, en s'adressant des commissions *rogatoires*, quoiqu'ils soient ses membres, & que, comme on l'a vu, la Chambre ait exercé son autorité à leur égard, dans toutes les parties de leurs fonctions? La Chambre ne leur a jamais envoyé de commissions rogatoires, elle ne l'a jamais fait, & elle ne le fera jamais.

(556). « Si les Trésoriers de France, disoit la Chambre en
» 1730, veulent, comme Officiers du Corps de la Chambre
» des Comptes, conserver le droit dans les Provinces, d'apposer
» des scellés sur les effets des Comptables, décédés absens ou
» fugitifs, il est de toute nécessité qu'ils acceptent les commis-
» sions de la Chambre; alors la Chambre aura une attention
» singuliere à leur conserver cette Jurisdiction, & à leur
» adresser cette commission, sur le fait des scellés, & sur toutes
» autres matieres, privativement à tous autres Juges, pourvu
» qu'ils exécutent avec soin ses Arrêts ».

(557). « Si au contraire ils ne veulent pas accepter de com-
» missions de la Chambre qui ne soient rogatoires, la Cham-
» bre les adressera dans la forme ordinaire aux Juges Royaux ».

(558). II. A l'égard de la partie de leur demande, qui tend à ne point être tenus d'envoyer les doubles des inventaires par eux faits dans leurs Généralités, & les soumissions des veuves, enfans & héritiers des Comptables, il est nécessaire que l'autorité du Roi intervienne pour les y contraindre. La connoissance de ces inventaires & soumissions étant absolument nécessaire à la Chambre pour connoître les biens des veuves, enfans & héritiers des Comptables, dont les Tréforiers de France font les inventaires dans les Provinces ; pour que le Procureur Général du Roi en la Chambre puiffe diriger contre eux les pourfuites, & les obliger de compter, corriger & appurer les comptes des Comptables, dons ils font héritiers, & auffi les forcer de payer les débets dont ils font réliquataires envers le Roi, même les y contraindre par faifie de leurs biens.

IXe. SECT. CONTRE LE MEME SIXIEME CHEF.

(559). *La Chambre n'eft pas tenue de fuivre leurs états au vrai.*

(560). C'EST encore l'amour de la fupériorité & la crainte de tout ce qui la bleffe, qui ont pouffé les Tréforiers de France à former cette demande en 1730 ; elle n'en eft pas moins inconcevable.

(561). Les Tréforiers de France arrêtent des états au vrai, c'eft-à-dire, que les Comptables comptent fort inutilement devant eux avant de compter en la Chambre ; les Tréforiers de France prononcent fur toutes les parties des comptes, mais feulement par ces mots *paffé* ou *rayé* ; ils ne tiennent jamais aucune partie en fouffrance, faute de rapporter des pieces, parce que jamais les Comptables ne paroiffent dans leur Tribunal après l'arrêté des état au vrai, pour leur rapporter les pieces qui manquoient. Les Tréforiers prononcent donc feulement *paffé*, en rapportant les pieces ; auffi ne reçoivent-ils qu'un très-petit nombre de pieces, parce que les Comptables font très-inftruits que ces prononciations ne leur nuifent point ; que c'eft la Chambre qui, lors du compte à elle rendu, forme fur ce l'Arrêt qui fixe leur état final. Ils font peu d'état de ces Jugemens d'états au vrai ; ils ne cherchent pas même à les éviter. Les Tréforiers de France, de leur côté, favent également le prix de leurs états au vrai : pour l'ordinaire, un feul les arrête prefque fans pieces, les autres les fignent avec lui pour la forme.

(562). C'eft cependant cette piece, qui, au defir des Tréforiers de France, doit être irréformable, de peur de bleffer leur état de Juges fupérieurs.

(563). Quel-eft dont l'objet de cette prétention ? Eft-ce d'obliger d'obliger la Chambre de passer comme eux des articles, pour l'allocation desquels on ne lui rapporte pas cependant toutes les pieces nécessaires ; & parce que ces articles auront été passés lors du premier Jugement, il faut que la Cour supérieure s'en tienne à cette prononciation du premier Juge, & qu'elle laisse le Roi exposé à payer deux fois la même somme, faute d'avoir fait rapporter pieces suffisantes !

(564). Cet intérêt du Roi touche encore très-peu les Trésoriers de France, pourvu que leur supériorité ne reçoive point d'atteinte, mais la Chambre ne cessera point de veiller aux intérêts du Roi, & lors même que les Trésoriers de France auront alloué quelques parties, sur lesquelles la Chambre trouveroit que la sûreté des paiemens au nom du Roi n'est pas assez établie par les pieces rapportées, elle ne passera la partie qu'à la charge de rapporter les pieces qui lui paroîtront nécessaires; cela est prescrit même à l'égard des états arrêtés au Conseil. L'article CCCXL de l'Ordonnance de Janvier 1629, après avoir ordonné aux Comptables d'apporter un état de toutes leurs parties au Surintendant des Finances, pour en disposer suivant les ordres du Roi, fait défenses à la Chambre d'en disposer par elle-même, & de rayer purement ou tenir en souffrance les parties qui auront été employées & passées dans les rôles & états des Comptables, arrêtés en notre Conseil ; mais il ajoute : « Si ce n'est que les acquits » nécessaires à notredite charge, en bonne & due forme, ne » fussent rapportés, ou autre cause juste & raisonnable » Les Trésoriers veulent-ils avoir plus de privilege que le Roi ne s'en est réservé en son Conseil ?

(565). Les Trésoriers de France opposent cependant à la Chambre le texte même d'une Ordonnance plus moderne, mais mal entendue, & par un pur sophisme : il s'agit de l'article XVI de l'Ordonnance du mois d'Août 1669 ; aucunes parties ne seront employées dans les comptes, que celles qui seront passées dans les états, à peine de nullité de l'emploi, & du quadruple contre les Comptables. Cette Ordonnance défend à la Chambre de passer dans les comptes l'emploi des parties qui ne sont pas passées dans les états ; mais de quels états s'agit-il dans cet article ? C'est manifestement des états du Roi, & non des états au vrai des Tréforiers de France. Les états du Roi établiffent la dépenfe que le Roi entend être faite dans chaque comptabilité, & la Chambre, conformément aux volontés du Roi, n'en admet point d'autres que les parties comprifes dans les états du Roi; mais les états au vrai des Tréforiers de France, qui font le compte de la dépenfe faite, ne font pas fa regle pour la paffer & la rejetter. La Chambre doit autorifer toute dépenfe faite conformément aux états du Roi, quand même il auroit plu aux Tréforiers de France de la rayer dans leurs états au vrai: elle doit auffi mettre en fouffrance les parties qui auront été paffées dans les états au vrai des Tréforiers de France, fans avoir fourni les pieces fuffifantes pour la fûreté du Roi. Voilà comment elle doit fe conformer aux états au vrai des Tréforiers de France.

(566). Ainfi cette demande eft appuyée fur un pur fophifme, par lequel les Tréforiers de France, fans aucun fondement, ont mal interpreté la Loi.

(567). On verra, par la fuite, la véritable nature de ces états au vrai, comment ils fe font introduits; que ces arrêtés étoient dans l'origine un pur objet d'adminiftration, pour avertir le Confeil des deniers qui étoient entre les mains des Comptables, & pour mettre les Tréforiers en état de pourfuivre la rentrée des reftes; que ces états n'avoient aucun trait à la comptabilité; que les Tréforiers s'y font ingérés, & l'ont enfin obtenu fans aucune utilité pour le fervice du Roi. Tout cela fera amplement prouvé dans la IIIe Section, §. II, alinéa 652 & fuivans. Et c'eft de cette ufurpation, qui depuis a été légitimée, d'un pouvoir cependant très-inutile, que les Tréforiers de France veulent aujourd'hui s'appuyer, pour contrebalancer & énerver le pouvoir le plus ancien de la Cour des Finances.

Xe Sect. Contre le VIIe et VIIIe chefs.

(568) *La Chambre a droit de mettre des fouffrances fur leurs gages.*

(569). Les fouffrances que la Chambre prononce fur le

gages des Tréforiers de France, faute par eux de remplir les fonctions dont ils font chargés, font textuellement prefcrites par les Ordonnances ; mais cette furveillance de la Chambre ne fuppofe pas la fupériorité des Tribunaux des Bureaux des Finances, qui tient tant à cœur aux Tréforiers de France. Il faut donc qu'ils la rejettent.

(570). 1°. La Chambre prononce des fouffrances fur les gages des Tréforiers, faute par eux de faire les vifites ou chevauchées dans leurs généralités, & d'en rapporter les procès-verbaux.

(571). C'eft l'Ordonnance même d'établiffement des Tréforiers de France, en Janvier 1551, qui porte, art. XXII, « qu'ils jouiffent de leurs gages fur leurs fimples quittances, » rapportant lefquelles avec les procès-verbaux dont ils font » chargés, Nous voulons lefdits gages être paffés & alloués » ès comptes des Receveurs Généraux, par nos amés & féaux » les Gens de nos Comptes ». Les gages ne doivent donc pas être paffés aux Tréforiers, fans rapporter les procès verbaux de chevauchées. — L'Edit du mois d'Août 1557, portant création de dix-fept Offices de Tréforiers de France, ordonne que « les gages des Treforiers de France leur feront payés par » les Receveurs Généraux, fur leurs fimples quittances, rap- » portant lefquelles avec leurs procès-verbaux de chevauchées, » dont ils font chargés par les Edits & Ordonnances, lefdits » gages & chevauchées feront paffés & alloués, &c ». — L'Edit de Mai 1635, qui leur donne le titre de Préfidens, Intendans & Généraux des Finances, ne leur accorde des taxations qu'autant qu'ils auront fait leurs chevauchées : elle en difpenfe feulement ceux qui feront de fervice actuel aux Bureaux.

(572). 2°. La Chambre prononce des fouffrances fur les gages des Tréforiers, faute par eux de juftifier de leur réfidence par les certificats des Procureurs du Roi.

(573). Cela eft encore conforme à l'Ordonnance du 31 Mars 1551, qui porte; « mande & enjoint expreffément à la Chambre » des Comptes de ne paffer ci-après ès comptes des Receveurs » Généraux, les gages, penfions, chevauchées & bienfaits

» des Tréforiers, finon qu'ils réfident continuellement & ac-
» tuellement ès fieges des recettes générales, faffent & exécu-
» tent les chofes dont ils font chargés.... fans que des chofes
» deffus dites, confiftant tant en réfidence qu'en exécution,
» ils faffent apparoir à la Chambre des Comptes & au Roi,
» par la confection de leurs procès verbaux, qu'ils feront tenus
» par chacune année & à la fin d'icelle, en envoyer deux, l'un
» au Roi ou Gens de fon Confeil, & l'autre à la Chambre
» des Comptes ». L'art. VIII de l'Édit de Septembre 1552, fervant de Réglement pour les Tréforiers de France, en parlant de la réfidence de ces Officiers & des procès-verbaux de chevauchées, porte qu'ils « en feront apparoir aux Gens des
» Comptes, *lefquels autrement n'alloueront leurs gages*,
» chevauchées & bienfaits, en quelque façon & maniere que
» ce foit, quelque difpenfe qu'ils aient ou puiffent obtenir de
» Nous ». La Déclaration du Roi, du 29 Décembre 1663, s'exprime dans des termes auffi formels; elle ordonne que « tous
» les Officiers des Bureaux des Finances & autres, feront tenus
» de réfider ès lieux de leur établiffement, incontinent après
» la publication de ladite Déclaration, à peine d'être privés de
» leurs exemptions, gages & droits; enjoint aux Procureurs
» du Roi efdites Jurifdictions, de tenir regiftre du temps de la
» réfidence defdits Officiers, & d'en fournir des extraits aux
» Commiffaires départis, & aux Greffes des Bureaux des Fi-
» nances, pour être envoyés au Confeil, & pareillement aux
» Procureurs Généraux des Chambres des Comptes. Défend
» aux Payeurs des gages, de faire aucun paiement à ceux qui
» n'auront fervi & réfidé, à peine de radiation, & aux Gens
» des Comptes d'allouer aucunes dépenfes defdits gages, taxa-
» tions & droits, qu'en rapportant par les Comptables les cer-
» tificats des Procureurs du Roi, vifés par les Commiffaires
» départis, avec les procès-verbaux de chevauchées des Offi-
» ciers, qui y font obligés pour le dû de leurs charges ».

(574). Il eft évident que tant que les Ordonnances affujettiront les Tréforiers à faire réfidence & à parcourir leurs Généralités, la Chambre ne peut fans manquer à la confiance dont nos Rois l'ont honorée, omettre de veiller fur la conduite de ces Officiers, & leur allouer des gages contre la défense positive de la Loi.

(575). 3°. La Chambre prononce des souffrances sur les gages des Trésoriers de France, faute par eux de remettre au dépôt de la Chambre les originaux des actes de foi & hommages qu'ils ont reçus dans leurs Bureaux.

(576). Cela est aussi textuellement porté par le Réglement contradictoire, rendu le 19 Janvier 1668, après que les Trésoriers ont été entendus long-temps au Conseil du Roi, & qu'ils ont fourni toutes leurs productions ; ce Réglement s'exprime ainsi : « Les originaux des foi & hommages, aveux & » dénombremens, seront envoyés par les Trésoriers de France, » en la Chambre des Comptes, trois mois après chacune an- » née finie, *à peine de radiation de leurs gages* ».

(577). L'inspection de la Chambre sur la conduite des Trésoriers, peut être appuyée d'une maniere plus générale par la Commission du 27 Mai 1554, rapportée ci-dessus sur la Iere Question, IIe Proposition, alinéa 91. Il faut donc que la prétendue supériorité des Trésoriers de France se soumette à des Ordonnances si formelles.

(578). La Chambre est encore tellement en droit de prononcer ces radiations de gages, que le Roi ayant bien voulu décharger les Receveurs Généraux des souffrances qui étoient mises sur les gages des Trésoriers, faute par eux d'avoir rapporté les procès-verbaux de chevauchées, les certificats de résidence, les actes de remise en la Chambre des foi & hommages, n'a pas fait de difficulté par les Lettres Patentes du 20 Janvier 1733, registrées en la Chambre le 21 Février, d'ordonner que les souffrances levées pour les Receveurs, seroient *continuées sur les Trésoriers de France.*

(579). Les Trésoriers de France opposent à la vérité, quelques Arrêts qu'ils ont surpris au Conseil, mais ils n'ont osé les produire ni obtenir des Lettres Patentes sur ces Arrêts. Ils ont préféré de les tenir enfermés dans leurs Greffes, & de présenter Requête à la Chambre, pour obtenir la main-levée des saisies de leurs gages qu'elle auroit ordonnées faute de ces envois, & de satisfaire aux Arrêts de la Chambre, en rapportant les procès-verbaux de chevauchées, les certificats de résidence, les actes de foi & hommages. Il ne peuvent en douter, puisque le fait est justifié par les actes de remise qui leur ont été expédiés, par les Comptes, & par les Arrêts de la Chambre qui leur en ont accordé les décharges. Si la Chambre des Comptes avoit eu la connoissance de ces Arrêts du Conseil, elle n'auroit pas manqué de faire au Roi à ce sujet ses très-humbles remontrances; & la Chambre ne peut douter que si elle se fût présentée au Roi, sa justice & sa bonté l'autoient maintenue dans un droit utile à son service, & qu'elle auroit obtenu l'entiere exécution d'Arrêts si conformes à toutes les Ordonnances.

CONCLUSIONS GÉNÉRALES

(580). *Sur les Contestations élevées par les Trésoriers de France.*

(581). La Chambre des Comptes doit aujourd'hui reprendre les Conclusions qui terminent son Mémoire imprimé en 1730, contre les demandes des quinze Bureaux des Finances, & supplier le Roi d'ordonner :

(582). « 1°. Que les art. IV, V & VI de la Déclaration du 18 Juillet 1702, seront exécutés selon leur forme & teneur; ce faisant, que les originaux des actes de foi & hommages, aveux & dénombremens, qui auront été reçus par les Trésoriers de France, seront par eux envoyés, comme par le passé, en la Chambre des Comptes, ès mains du Procureur Général de ladite Chambre, trois mois après chacune année finie, sous les peines portées par les Arrêts du Conseil des 19 Janvier 1668, & 5 Août 1679; desquels actes de foi & hommages, aveux & dénombremens, la remise sera ordonnée par la Chambre des Comptes, sur la Requête du Procureur Général de ladite Chambre, au dépôt des Fiefs, à la garde des Conseillers Auditeurs qui en donneront auxdits Trésoriers de France des reçus & décharges en la maniere accoutumée, sans frais, au pied des inventaires desdits actes : & où il s'y trouveroit quelque nullité & défectuosité, qu'ils seront renvoyés par ledit Procureur Général auxdits Trésoriers de France, pour être réformés dans le délai qui leur aura été prescrit par la Chambre des Comptes, fous les mêmes peines : Que, conformément aux offres des Tréforiers de France, les actes de réception de cautions feront par eux envoyés trois mois après chacune année expirée, au Greffe de la Chambre des Comptes, dont leur sera donnée décharge par le Greffier en Chef de ladite Chambre, aux pieds des inventaires d'iceux, fans frais ; en conféquence, débouter les Officiers defdits Bureaux des Finances du furplus de leur premier Chef de demande ».

(583). « 2°. Que les art. VIII & X de la Déclaration du 18 Juillet 1702, les Déclarations & Lettres-Patentes des 29 Décembre 1674, 25 Janvier 1724 & 20 Novembre 1725, feront exécutés felon leur forme & teneur ; ce faifant, que les aveux & dénombremens, & déclarations du temporel des Eccléfiaftiques qui auront été fournis en la Chambre des Comptes, feront renvoyés, comme par le paffé, pour être publiés & vérifiés ; fçavoir, les aveux & dénombremens des Fiefs fitués dans la Généralité de Paris, devant les Baillis & Sénéchaux des lieux ; & pour ceux fitués dans les autres Généralités, devant les Tréforiers de France ; & les Déclarations du temporel, devant les Baillis & Sénéchaux des lieux où font fitués les bénéfices, & l'attache de la Chambre des Comptes délivrée en la maniere accoutumée : Que les oppofitions qui feront formées en la Chambre des Comptes par le Procureur Général en ladite Chambre, ou par les Infpecteurs, Receveurs & Contrôleurs du Domaine, feront jugées en ladite Chambre des Comptes en la maniere accoutumée, fauf à être, les oppofitions qui pourroient être formées par des Particuliers, à la réception des aveux & dénombremens auxquels Sa Majefté n'aura aucun droit, renvoyées par la Chambre des Comptes aux Juges qui en doivent connoître ; en conféquence débouter les Tréforiers de France de leur deuxieme Chef de demande ».

(584). « 3°. Que l'Edit du mois d'Avril 1628 fera exécuté felon fa forme & teneur ; ce faifant, maintenir & garder la Chambre des Comptes dans le droit & la poffeffion de recevoir les foi & hommages dûs au Roi pour les Fiefs relevans de la Couronne, Terres & Seigneuries de fon Domaine, recevoir, vérifier & blâmer les aveux & dénombremens, ufer de main-mife faute de devoirs non faits, donner fouffrance & main-levée pour raison desdites foi & hommages : Que l'art. X de l'Edit du mois de Mars 1693 sera pareillement exécuté selon sa forme & teneur ; ce faisant, que les saisies féodales, faute de foi & hommages, aveux & dénombremens, seront faites à la requête des Procureurs du Roi des Bureaux des Finances ; sauf au Procureur Général de la Chambre des Comptes de faire faire lesdites saisies féodales à sa requête, en cas de négligence desdits Procureurs du Roi des Bureaux des Finances, & lorsqu'il le jugera à propos pour le bien du service de Sa Majesté ; auquel Procureur Général de la Chambre des Comptes, lesdits Procureurs du Roi des Bureaux des Finances seront tenus de remettre de trois mois en trois mois autant des saisies féodales & liquidations de fruits qui seront faites à leur requête ; faire défenses aux Officiers des Bureaux des Finances de faire aucune poursuite ou procédure, ni faire saisir féodalement les Terres & Fiefs des Vassaux du Roi qui leur auront notifié les foi & hommages, aveux & dénombremens par eux rendus & fournis en la Chambre des Comptes ; ensemble les quittances des droits par eux payés aux Fermiers ou Receveurs du Domaine, si aucuns sont par eux dûs, & des frais de saisie ; comme aussi leur faire défenses d'obliger les Vassaux du Roi de se pourvoir auxdits Bureaux des Finances, pour y faire registrer les actes de foi & hommages, aveux & dénombremens rendus en la Chambre des Comptes, & d'obtenir des Sentences portant main-levée des saisies féodales, le tout à peine de cassation des procédures, nullité des jugemens, & de tous dépens, dommages & intérêts envers les Vassaux du Roi ; en conséquence débouter les Trésoriers de France du surplus de leur troisieme Chef de demandes ».

(585). « 4°. Que les Officiers des Bureaux des Finances seront tenus de se conformer aux Edits, Ordonnances & Réglemens, & aux Arrêts de la Chambre des Comptes ; ce faisant, maintenir & garder la Chambre des Comptes dans le droit & possession d'envoyer aux Bureaux des Finances copies collationnées des Edits, Déclarations & Lettres-Patentes adressées par le Roi à la Chambre des Comptes, sur des matieres qui sont de sa compétence, pour être registrées dans lesdits Bureaux des Finances,

Finances, dont lesdits Procureurs du Roi seront tenus de certifier la Chambre au mois ; comme aussi, maintenir & garder la Chambre des Comptes dans le droit & possession de qualifier dans ses Arrêts les Procureurs du Roi des Bureaux des Finances de Substituts du Procureur Général en la Chambre des Comptes ; en conséquence, débouter lesdits Officiers desdits Bureaux des Finances de leur quatrieme Chef de demandes ».

(586). « 5°. Faire défenses aux Tresoriers de France de mettre les Donataires du Roi en possession des biens donnés, qu'en vertu de Lettres Patentes bien & dûment régistrées en la Chambre des Comptes, & de mettre aucunes modifications ou restrictions à toutes Lettres Patentes dont l'exécution leur est confiée, & aux Arrêts d'enregistrement de ces mêmes Lettres Patentes en la Chambre des Comptes ; en conséquence les débouter de leur cinquieme Chef de demandes ».

(587). « 6°. Que les parties de gages, augmentations de gages & autres employées dans les états du Roi, quoique rayées dans les états au vrai arrêtés, tant au Conseil qu'aux Bureaux des Finances, continueront d'être passées & allouées lors du Jugement des Comptes, ou par Requête de rétablissement, lorsque les quittances des Parties prenantes, Lettres de provisions, quittances de Finances, titres de propriété & autres pieces justificatives du droit des Parties seront rapportées ; maintenir & garder la Chambre des Comptes dans le droit d'apposer les scellés sur les effets des Comptables décédés, absens ou fugitifs, sauf aux Trésoriers de France à apposer les scellés sur les effets desdits Comptables dans les Provinces, & qui y ont leur principal domicile ; à la charge par les Trésoriers de France d'envoyer, de trois mois en trois mois, au Greffe de la Chambre des Comptes, autant des soumissions qui auront été faites en leurs Bureaux, par les veuves, enfans ou héritiers desdits Comptables, pour obtenir la main-levée desdits scellés, ou autant des inventaires qui auront été faits par lesdits Trésoriers de France ».

(588). « Que les Trésoriers de France continueront de recevoir les actes de cautions ordinaires, qui auront été ordonnés par la Chambre des Comptes être fournis par les Comptables, lors de leurs receptions ou de l'enregistrement de leurs commisſions à la Chambre des Comptes; à la charge par les Tréſoriers de France d'envoyer, trois mois après chacune année expirée, au Greffe de la Chambre des Comptes, autant deſdits actes de cautionnement, ſans préjudice néanmoins du droit de la Chambre des Comptes, de faire donner en icelle par les Comptables, pour sûreté de leurs maniemens, plus ample caution, lorſqu'elle le jugera à propos, & que le bien du ſervice du Roi le requerra, en conſéquence déboutés de leur ſixieme Chef de demandes ».

(589). « 7°. Que les Édits, Ordonnances, Déclarations & Lettres Patentes des mois de Janvier & 31 Mars 1551, 7 Août 1552 & Décembre 1557, 15 Janvier 1629 & 29 Décembre 1663, ſeront pareillement exécutés ſelon leurs forme & teneur; ce faiſant, que les Officiers des Bureaux des Finances ſeront tenus de rapporter en la Chambre des Comptes pour la paſſation de leurs gages, leurs procès-verbaux de chevauchées & certificats de réſidence; en conſéquence débouter les Officiers des Bureaux des Finances de leur ſeptieme Chef de demandes ».

(590). « 8°. Enjoindre aux Officiers des Bureaux des Finances de ſe conformer aux Edits, Arrêts & Réglemens concernant les matieres féodales, la remiſe des originaux des actes de foi & hommages, aveux & dénombremens, actes de cautions, certificats de réſidence, procès-verbaux de chevauchées, & autant des ſaiſies féodales, pourſuites & liquidations de fruits qui ſeront faites à la requête des Procureurs du Roi des Bureaux des Finances, ſous les peines de radiation de leurs gages, prononcées par ces mêmes Edits, Ordonnances & Réglemens; en conſéquence débouter les Officiers des Bureaux des Finances de leur huitieme Chef de demandes ».

IIIe PROPOSITION.

(591). *Les Tréforiers de France ont à craindre que le Gouvernement, voyant le danger de Tribunaux, qui, fous de faux prétextes, attaquent tous les Corps de l'Etat, les privileges nombreux dont ils jouiffent, & qui font à charge aux Peuples, le peu d'utilité de leurs fonctions, & la facilité de les fuppléer plus avantageufement, par les Officiers des Bailliages & des Elections, ne veuille rétablir la paix en attaquant leur exiftence.*

(592). TOUTES les parties de cette Propofition fi fâcheufe & fi effrayante pour les Tréforiers de France, vont être établies fucceffivement par autant de Sections.

Iere SECTION.

(593). *Les Tréforiers de France, par le préjugé de leur Supériorité, attaquent tous les Corps de l'Etat.*

(594) « De toutes les différentes Jurifdictions établies dans » le Royaume, dit M. Jouffe, Préface, page XI, il n'en » eft prefque point dont l'étendue & les bornes foient plus con- » teftées que celle des Tréforiers de France ». Sur le Droit de Voierie, il dit : « Les Tréforiers même, au moins une grande » partie d'entr'eux, ne paroiffent pas avoir eu jufqu'ici une » connoiffance bien exacte de l'autorité qui leur a été confiée » à cet égard : fi on leur demande là deffus des éclairciffemens, ils y répondent d'une maniere peu fatisfaifante ; & » ils font de leur Jurifdiction une efpece de myftere, que j'ai » même entendu dire à quelques-uns d'entr'eux être fondé fur » des délibérations prifes & arrêtées dans leurs Compagnies. » Cette incertitude & le défaut de recours, dans une matiere » auffi intéreffante pour le Public, eft fans doute fujette à beau- » coup d'inconvéniens ; mais le grand mal qui en réfulte, eft » que cela donne lieu à des entreprifes fréquentes, de la part

» de quelques Bureaux des Finances, qui, voulant donner une » étendue indéfinie à cette partie de leur Jurisdiction, causent » le plus souvent des préjudices très-considérables aux particuliers par le trouble que ces entreprises jettent dans la possession & jouissance de leurs biens ; ce qui occasionne des » frais & des dépenses considérables, auxquels il n'est presque » pas possible à ces particuliers de remédier, dans la crainte » d'être obligés de soutenir des procès, soit au Parlement, soit » au Conseil de Sa Majesté contre le Corps des Officiers des » Bureaux des Finances, qui ne manquent presque jamais, dans » ces cas, de les traduire à ce dernier Tribunal, où ils prétendent que leurs Causes doivent être portées, ou du moins » de les en menacer ».

(595). De ce texte, il suit que la Jurisdiction des Trésoriers de France ne porte pas moins d'atteinte à la tranquillité des Sujets du Roi, qu'à celle des Tribunaux.

(596). Nous avons fait voir dans la IVe Section, leur prétentions exorbitantes contre toutes les Cours, pour leurs Séances, & comment le *Parlement* & la *Cour des Aides* les ont éliminés successivement, parce qu'ils ne vouloient pas se désister de leurs prétentions.

(597. Les Trésoriers, dit M. Jousse, p. 382, ont aussi « prétendu que les Edits, Déclarations, qui les concernoient, de- » voient leur être adressés pour les faire enregistrer dans leurs » Bureaux », & nous l'avons vu en effet dans la discussion qui vient d'être faite du quatrieme Chef de leurs demandes contre la Chambre en 1730, même Question, IIe Proposition, Ve Section, Alinea 493 ; mais, dit cet Auteur, ils ont été déboutés de cette prétention par une décision du Conseil, du mois de Novembre 1757 ; Lettre semblable, écrite par M. le Chancelier d'Aguesseau aux Trésoriers de Lille, le 4 Mai 1758.

(598). Le sieur de Gironcourt, T. II, p. 299, en rejettant l'autorité du Parlement, dit : « nous avons même cité une » quantité d'Arrêts de ce Tribunal Suprême (le Conseil du Roi), » qui défend au Parlement de rendre des Arrêts ou prendre » connoissance par appel des Ordonnances ou Jugemens des » Bureaux des Finances, en matiere de Finances, ou lorsqu'il

» s'agit du Domaine, ou de la grande ou petite Voierie en » direction ».

(599). En s'élevant contre la *Chambre des Comptes*, les Trésoriers de France ont formé, en 1730, au Conseil les huit Chefs de demandes qui ont été réfutés dans cette même Question, IIe Proposition, & leurs prétentions à cet égard sont toujours les mêmes.

(600). Les contestations qu'ils ont avec les *Présidiaux*, sur la Voierie, sont encore aujourd'hui très-multipliées, & celles qu'ils ont avec eux, sur la préséance, ont été cause de frais immenses pour des procédures nombreuses qui avoient été précédées de violences. Il faut nous arrêter sur cet objet.

(601). Le sieur de Gironcourt prétend « que jusqu'en 1599, » les Présidiaux ne leur disputoient pas la préséance. Leur plan » néanmoins, dit-il, T. II, p. 217, a pu commencer après » la publicité des Ouvrages de Pasquier, en 1577, & la tenue » des Etats de Blois, en 1580; mais insensiblement quand les » Présidiaux virent ces divers événemens, & qu'ils conçurent » la plus haute opinion de l'attribution d'un dernier ressort, » qu'ils crurent pouvoir prononcer comme les Cours (quoique » seulement jusqu'à 250 liv. ou 10 liv. de rente), non-seulement plusieurs Présidiaux ne reconnurent plus d'égalité » entr'eux & les Trésoriers de France, mais ils prétendirent » même à la supériorité dans les marches ».

(602). Les Procès pour les Présidiaux de Caen & Amiens ont occasionné une quantité prodigieuse de Procédures.

(603). Gironcourt, T. II, p. 223, « le Procès commencé » entre les Trésoriers de France & le Présidial d'Amiens, en » 1669, a duré treize ans; il a fourni des volumes d'écritures, » des productions immenses ». En parlant de celui de Caen, il dit: « Dans le cours de cette affaire enflammée, qui a fourni » un vû considérable d'un nombre infini de pieces, on trouve » beaucoup de procès-verbaux: on rédigeoit des dires des » contestations; tantôt on faisoit des enquêtes, d'autres fois des » informations; des interrogatoires se prêtoient; on emprisonnoit des Laquais des Trésoriers de France; on en élargissoit.... Cependant le rapport ouï, & l'affaire commu-

» niquée à trois Conseillers Ordinaires de Sa Majesté, il fut » ordonné définitivement, le 19 Mai 1650, qu'ès assemblées » publiques, où les Officiers du Présidial de Caen iront en » Corps, ils précéderont & marcheront devant les Trésoriers » de France; & sur le surplus des autres demandes, pour être » le Procès fait pour raison des voies de fait commises le 13 » Mars dernier, a mis & met les Parties hors de Cour & de » Procès, sans dépens entre les Parties ».

(604). « Ces longues procédures avoient été souvent pré- » cédées de violences; le sieur de Gironcourt, T. II, p. 258, » après avoir parlé de contestations élevées en 1615 & 1637, » ajoute: Mais en 1650, la carriere s'ouvrit; les Parties se » plaignirent au Conseil; les Officiers du Bailliage & Siege » Présidial conclurent à ce qu'il fût ordonné par tel Juge qu'il » plaira à Sa Majesté, qu'il seroit continué à l'instruction, per- » fection & Jugement du Procès criminel, commencé à l'en- » contre desdits Trésoriers, leurs Laquais, Cochers, Valets- » de-Chambre, pour raison de certaines violences & voies de » fait ». — En parlant du Présidial de Châlons, le 25 Juin » 1654, il dit : qu'il y avoit eu des violences pour une Pro- « cession, & que l'Evêque avoit déclaré que, pour prévenir un » plus grand scandale, le Clergé ne se mettroit pas en marche ».

(605). Dans d'autres endroits, le sieur de Gironcourt, T. II, fait des peintures très-vives de ces scandales publics, pour avoir leur préséance, « Qu'il est donc, dit-il, entré de chaleur dans » les combats des Présidiaux, pour cueillir les lauriers de la » préséance! Les scenes ont été très-fréquentes; la Fête de » l'Assomption devenoit un jour fatal; des Processions étoient » interrompues; d'autres fois il n'étoit pas possible de les faire. » L'Evêque renvoyoit son Peuple; l'assemblée pieuse se dis- » persoit en tumulte: ces éclats, ces disputes, quelquefois » sanglantes, font connoître combien il seroit intéressant au » bonheur des Charges respectives, d'affermir une Jurisprudence » qui, sur des fondemens aussi justes qu'ils sont solides, assurent » la préséance en faveur des Trésoriers de France. On a vu » entre les deux Corps belligérans, dit cet Auteur, des procès- » verbaux respectifs, des excès, des informations, des décrets,

» des Laquais de Tréforiers emprifonnés, des Procès enfin » ruineux & de longue haleine. La joie des *Te Deum* étoit » altérée; le trouble & la colere fufpendoient les chants d'allé- » greffe voués à l'adoration, & les actions de graces adreffées » au Dieu de la paix : des efprits ardens, de fimples Membres » des Bailliages & Sieges Préfidiaux, commençoient prefque » toujours ces attaques ; le refte de la Compagnie entamoit » les Procès ou les continuoit. Une étincelle caufoit un incendie. » On couroit au Confeil pour l'éteindre. Les Préfidiaux, dans » la vivacité de leurs follicitations, ne voyoient dans les Tré- » foriers de France que des Officiers qui étoient bien inférieurs » aux Compagnies Préfidiales ; ils avoient oublié l'Edit de » Septembre 1552, celui de 1635, & tant d'autres. Il eft arrivé » cependant, mais *toujours par un effet de la furprife des Com- » miffaires*, que les Tréforiers de France, qui ont la préféance » fur tous les Correcteurs, les Auditeurs des Comptes & fur » les Confeillers de la Cour des Aides, ont vu rendre contr'eux » divers Arrêts, fouvent provifionnels, & en attendant un » Réglement général ».

(606). Ces derniers mots font voir que les prétentions des Tréforiers contre les Cours font toujours également fubfif- tantes, notamment contre la Cour des Aides.

(607). Il y eut plufieurs Arrêts du Confeil rendus contre les Tréforiers, en faveur des Préfidiaux; mais il foutient qu'ils font contraires à leurs anciens droits : « Cette domination forte- » ment recherchée, dit-il, T. II, page 76, étonnera ceux qui » connoîtront à fonds l'état des Tréforiers de France, & qui » en liront le Code & les Loix. Un tel fyftême a eu de quoi » furprendre les âges qui nous ont précédé, & en connoiffance » de caufe, furprendra le fiecle où nous vivons (*à moins qu'ils » n'aient lu l'*ÉTAT VÉRITABLE DES TRÉSORIERS DE FRANCE); » peinera les perfonnes qui peuvent être intéreffées à des » conteftations d'une fi longue durée ».

(608). Il dit que « dans quelques Villes les Tréforiers de » France s'abftiennent de paroître dans les cérémonies pu- » bliques; mais on ne peut, dit-il, T. II, p. 227, l'imputer » qu'à l'amour de la paix & à la modération : ces vertus ne » pourront jamais nuire légalement à la dignité des Offices;

» le droit des Successeurs aux Charges ne peut en souffrir.

(609). L'Auteur cependant se console de ce que la préséance n'est décidée que de Corps à Corps, & non de Particulier à Particulier ; ce qui lui donne une espérance de retour pour sa Compagnie.

(610). Que conclure de tout ceci? C'est qu'il existe encore un feu qui peut se rallumer à chaque instant, & produire de grands incendies entre un très-grand nombre de Tribunaux dans la France, par la volonté insurmontable des Trésoriers de France qui, tout occupés de leurs ancêtres, ne veulent pas reconnoître que toute leur autorité s'est anéantie, & que toute direction est passée entre les mains du Conseil, & dans celle des Intendans des Provinces, sous l'administration & direction du Conseil.

(611). Qui est-ce donc qui donneroit des regrets à une pareille Jurisdiction qui attaque tous les Corps? Ce ne seroit ni le Parlement, ni la Chambre des Comptes, ni la Cour des Aides, ni les Présidiaux, encore moins les Elections qui rongent avec peine leur frein, & donnent avec impatience, du respect à cette Jurisdiction dégradée.

IIe SECTION.

(612). *Les Trésoriers de France jouissent de nombreux privileges, dont quelques-uns sont à charge à l'Etat.*

(613). M. JOUSSE forme un article exprès, pour faire connoître ces privileges. C'est l'art. IV du chapitre VI, tom. I, p. 273. Cet article est intitulé, *des privileges des Trésoriers de France.* Comme il y en a quelques-uns dont ils ne jouissent plus ou qui leur sont contestés, nous ne réunirons ici que ceux dont ils sont en possession.

(614). Ils sont exemps des Tailles, & ils peuvent faire valoir jusqu'à quatre charrues, (Déclaration du 18 Janvier 1641; Arrêt du Conseil du 23 Février 1734; autre du 29 Décembre 1740). — Ils sont exempts des droits d'Aides. V. G. du quatrieme du vin & autres boissons de leur crû, (Arrêt du Conseil du 4 Août 1635), ainsi que du droit de subvention. (Arrêt du du Conseil du 21 Août 1661 ; autre du 13 Août 1715), & aussi du droit d'Octrois pour les denrées venant, de leur crû & pour leur consommation (Arrêt du Conseil du 16 Juillet 1697, pour Châlons) ; des droits de péage & barrage tant par eau que par terre (Edit du mois d'Avril 1519, art. VII ; autre du mois d'Avril 1694). — De guet & garde (même Edit d'Avril 1519, art. VIII, & d'Avril 1694). D'ustencile & logemens de Gens de guerre (Edit d'Avril 1519, art II ; Ordonnance du 30 Janvier 1687 ; Edit d'Avril 1694). — De ban & d'arriere ban (Edit d'Avril 1519, art. X ; Arrêt du Conseil du 2 Septembre 1645 ; Edit d'Avril 1694). — De francs-fiefs & nouveaux acquêts (Edits d'Avril 1519, art. IX ; de Juillet 1646 ; & d'Avril 1694). — De tutelle & curatelle (Edit d'Avril 1694 ; Arrêt du Conseil du 20 Mai 1730). — De Charges de Mairie & Echevinage, & de toutes Commissions publiques (Edit d'Avril 1519 ; Arrêts du Conseil des 3 Février 1699, & 26 Février 1732, pour Limoges). De fonctions de Marguilliers Comptables dans les Paroisses (Arrêts du Grand Conseil, des 14 Juillet 1702, pour la Paroisse de Saint-Paul d'Orléans ; du 18 Juin 1739, pour Alençon ; du 18 Septembre 1743, pour Amiens). — Du droit de confirmation & de joyeux avénement à la Couronne (Edit d'Avril 1519, art. XIII ; Déclaration du 24 Octobre 1643 ; Edit de Mars 1644 ; Arrêt du Conseil du 14 Mai 1726). — Ils jouissent du privilege de Noblesse au second degré, comme les Officiers des Cours supérieures autres que dans la Capitale (Edits de Mars 1644 ; Août 1707, & Décembre 1709, ci-dessus cités). — Ils jouissent aussi du droit d'avoir leur franc-salé (Arrêt du Conseil du 25 Janvier 1726,) jusqu'à la concurrence de deux minots, (Arrêt du Grand Conseil, du 27 Juin 1739) sans être obligés de faire enregistrer leurs provisions aux greniers à sel (Arrêt du Conseil, du 19 Décembre 1746, pour Paris). — Les veuves de ces Officiers ne jouissent des mêmes privileges qu'autant qu'elles restent en viduité (Edit du mois d'Avril 1694). — Les Trésoriers, après vingt ans d'exercice, jouissent des mêmes honneurs, rangs, privileges & prérogatives, & ont les mêmes droits d'entrée, séance, opinion & voix délibérative que les autres Tréſoriers, en obtenant des Lettres de vétérance à cet effet, ſans pouvoir néanmoins avoir aucuns gages ni épices.

(615). Si l'on en croyoit le ſieur de Gironcourt, les privileges des Tréſoriers de France ſeroient encore bien plus étendus. De quelque maniere, dit-il, tom. I, page 99, « que l'on envi-» ſage les Officiers unis en corps de Bureau, depuis 1577, » qui furent une Magiſtrature, ayant à ſa ſuite des Officiers » ſubalternes, les Tréſoriers de France *ſont rentrés dès-lors* » *dans tous les privileges, honneurs, autorité & diſtinction,* » *dont avoient joui* Jean de Montaigu, Grand Maître de » France, & Général des Finances, ſous Philippe le Bel; » Guerin de Montigny, en 1300; Guy de Florence, en 1311; » & Pierre de Chevreuſe, en 1362. Ces trois perſonnages » ont fait en ces ſiecles les fonctions de Tréſoriers de France ».

(616). Il a cité Loiſeau, qui, dans ſon Traité des Offices, dit: Les Tréſoriers de France, *lorſqu'il n'y en avoit qu'un,* puis deux, trois, quatre, étoient Conſeillers d'État, comme étant chefs des Finances. Il cite auſſi une note du Rédacteur du code d'Henri III : L'autorité des Tréſoriers de France, dit cet Auteur, *étoit anciennement* très-grande, tant parce qu'ils étoient ordinairement perſonnages de nobles & honorables Maiſons, que pour le grand pouvoir qu'ils avoient. *Nota.* 1°. Quand on veut voir quelque choſe de grand dans les Tréſoriers de France, il faut toujours parler de l'ancien tems; 2°. quand les Edits portent qu'ils ſont créés à l'inſtar des anciens Tréſoriers, ces mots ſont équivoques; & quelle modification ne doit-on pas y donner? Ces Tréſoriers ont-ils droit, comme l'un des anciens Tréſoriers, de préſider à la Chambre des Comptes, faire les fonctions de Contrôleur Général, avoir la direction totale des Finances, même dans les tems plus modernes, aſſeoir les Tailles, &c. &c.

(617). Si cette grande puiſſance avoit pu ſe tranſmettre à tous les Succeſſeurs de ces grands Offices, il faudroit conclurre que chacun des Tréſoriers de France de nos jours, ſoit de Paris ou des Provinces, ſeroient autant de Contrôleurs Généraux, Directeurs des Finances. On ſait maintenant encore mieux qu'avant cet Ecrit, ce que l'on doit penſer d'une ſi étonnante aſſertion.

618). Mais on ne peut se dissimuler que le grand nombre des Trésoriers, répandus dans toutes les Généralités, marchant vers la Noblesse, transmissible à leur seconde génération, & jouissant dès actuellement pour eux-mêmes de tous ces privileges, ne fassent retomber dans tout le Royaume le fardeau des impôts sur le Peuple, pour récompense de services peu intéressans dans des Charges, dont les fonctions sont dégradées dans toutes les parties de leur Jurisdiction.

IIIe Section.

(619). *La Jurisdiction des Trésoriers de France peut être suppléée plus avantageusement.*

(620). Les fonctions des Trésoriers de France, comme nous l'avons dit, même Question, premiere Proposition, premiere Section, regardent le Domaine, les Finances, la Féodalité & la Voierie. Nous avons vu l'état de dégradation dans lequel sont ces Officiers à l'égard de chacune des parties de leur Jurisdiction; n'étant plus Ordonnateurs des revenus ni des Domaines, ni des Finances; jugeant quelques affaires du Domaine, à la charge de l'appel; faisant compter les Comptables, qui tournent leurs états au vrai en dérision; recevant les hommages des Vassaux, dont les Terres ne sont pas titrées, & sous l'inspection de la Chambre pour la réforme de ceux de leurs actes qui sont vicieux; enfin partageant avec les Juges Royaux des Provinces la Jurisdiction de la Voierie; n'ayant presqu'aucune part dans l'administration des Ponts & Chaussées, Turcies & Levées, & n'exerçant la direction de la Voierie que dans un petit nombre de circonstances, à l'égard desquelles ils fatiguent sans cesse les Sujets du Roi par des vexations qui devroient être réprimées.

(621). Nous dirons maintenant que dans le cas où ces Tribunaux seroient supprimés, il seroit facile de les remplacer d'une maniere plus avantageuse, en remettant ce reste d'autorité entre les mains des Juges Royaux des Bailliages, Sénéchaussées & Elections.

(622). Il faut d'abord obſerver que les Bureaux des Finances ſont beaucoup trop étendus pour des Juges en premier reſſort, que quelques-uns d'entr'eux, comme celui de *Paris*, exercent leur Juriſdiction à plus de quarante lieues de la Ville de leur réſidence ; celui de *Tours* à plus de trente lieues, les autres à proportion : or il eſt contre le bon ordre que les Sujets du Roi ne trouvent pas des Juges à leur portée pour y être jugés en premiere Inſtance, & qu'il faille des frais énormes pour obtenir un premier Jugement ; car, autant qu'il eſt utile que des Cours Souveraines aient un grand reſſort paur procurer l'uniformité de Juriſprudence dans tous les Sieges ſubalternes, autant eſt-il juſte que le Propriétaire léſé trouve près de lui, & à peu de frais, un premier Juge qui lui conſerve ſes droits. Cette étendue prodigieuſe des Bureaux des Finances, Juges en premiere Inſtance, eſt donc un monſtre dans l'ordre judiciaire.

(623). Faut-il faire une deſcente pour conſtater les bornes d'une partie du Domaine, qui eſt éloignée du Bureau des Finances ; mettre les ſcellés ſur les effets d'un Aubain ou d'un Bâtard, qui eſt à grande diſtance ; faire publier des aveux dans les Paroiſſes qui ſont à l'extrémité de la Généralité ; faire rétablir des chemins, & faire préalablement des viſites pour reconnoître l'état des lieux ; que de dépenſes inutiles & vexatoires pour les Sujets du Roi ! Combien ne ſeroient-elles pas diminuées, ſi ces procédures étoient faites par les Juges des lieux ?

§. Ier.

(624). *Il eſt très-utile de donner aux Bailliages une partie de cette Juriſdiction.*

(625). Ces Officiers des Bailliages ſont à portée de connoître tout ce qui intéreſſe le Roi dans leur reſſort, & de rendre juſtice à peu de frais aux Sujets du Roi, renfermés dans l'enceinte de leur Juriſdiction. Il y a deux cens quarante Bailliages dans l'étendue du reſſort de la Chambre des Comptes de Paris, au lieu qu'il n'y a que dix-huit Bureaux des Finances dans ce même reſſort. Combien cette multiplicité de Sieges des

Bailliages ne rapprocheroit-elle pas les Juges de leurs justiciables & du sol qui est l'objet des Jugemens !

N°. 1.

(626). *Les Officiers des Bailliages peuvent, comme autrefois, connoître des Domaines plus utilement que les Bureaux des Finances.*

(627). Il est certain que dans l'origine, lorsqu'il n'y avoit qu'un seul Trésorier pour l'administration du Domaine & pour veiller à la recette, & ordonner l'emploi des revenus, ou même lorsqu'il n'y en avoit que deux, dont l'un faisoit les chevauchées dans tout le Royaume, pour visiter les Domaines & faire apporter les deniers des revenus du Domaine, & l'autre résidoit au Trésor ; ni l'un ni l'autre n'étoient chargés de la Jurisdiction contentieuse pour le Domaine dans tout le Royaume. Pasquier donne une autre raison de la connoissance tardive que les Trésoriers ont eue du contentieux : « & » qui, dit-il, en voudra savoir la raison, il est aisé de la ren- » dre ; car d'un côté la Cour du Parlement, d'un autre la » Chambre des Comptes prétendoient diversement chacun en » droit soi cette charge leur appartenir ; d'ailleurs les Sénéchaux » & Baillis, sans foule & oppression des Sujets, connoissoient » dedans leurs détroits des matieres domaniales en premiere » Instance, & par appel au Parlement ».

(628). Cette opinion de Pasquier est conforme aux Lettres du dernier Mars 1394, qui portent que « les Sénéchaux con- » noîtront des oppositions formées par les Parties aux pro- » cédures faites contre elles par rapport au Domaine du Roi ». Ordonnance du Louvre, tom. VII, page 702.

(629). Cependant les Trésoriers ont commencé à en connoître à Paris, dès la création de la Chambre du Trésor en 1390.

(630). Pasquier semble douter que les Trésoriers ayent réussi à avoir la Jurisdiction contentieuse ; il parle de l'autorité qu'ils eurent comme d'un *éclair d'histoire* : il y eut en effet, ainsi qu'il paroit par l'Ordonnance du 4 Janvier 1404, des Tréſoriers ſur la juſtice, dont le regne fut de courte durée,& il y a apparence même qu'ils n'eurent lieu qu'à Paris, dans la Chambre du Domaine; c'eſt ce qui réſulte de l'Edit de 1407, cité par Paſquier. Par cet Edit, il fut ordonné « que nul ne ſeroit » plus Tréſorier ſur le fait de la juſtice; mais bien que s'il » ſurvenoit en leur Chambre quelques différens ſur le Do- » maine, ils pourroient prendre deux Maîtres de la Cour de » Parlement ou de la Chambre des Comptes pour les réſoudre » enſemblement ».

(632). La poſſeſſion du droit de Juriſdiction contentieuſe ſur le Domaine dura près d'un ſiecle ſans aucune altération entre les mains des Officiers des Bailliages; mais le beſoin de finances ayant fait faire en 1627 une ample création de Tréſoriers, la Juriſdiction contentieuſe, qui étoit ſi bien entre les mains des Officiers des Bailliages, fut de nouveau attribuée aux Tréſoriers de France, & depuis cette époque, elle y eſt toujours reſtée.

(633). Il eſt donc évident que la Juriſdiction contentieuſe ſur le Domaine n'a rien d'étranger aux Officiers des Bailliages qui en ont joui dès l'origine & pendant tant d'années, & cette Juriſdiction pourroit leur être rendue avec beaucoup d'utilité pour le Roi & pour ſes Sujets; ces Officiers étant plus à portée de veiller ſur le Domaine, de faire ſans frais les deſcentes ſur les lieux, qui ſont l'objet des litiges, de veiller à faire recueillir les ſucceſſions des Aubains, faire rentrer au Domaine les biens uſurpés dans l'enceinte de leurs Bailliages, faire ſaiſir au profit du Roi les biens confiſqués.

N°. 2.

(634). *Les Officiers des Bailliages peuvent auſſi beaucoup plus utilement que les Tréſoriers veiller à la féodalité.*

(635). Le pouvoir de recevoir les foi & hommages n'eſt pas plus étranger aux Officiers des Bailliages, que la connoiſſance du contentieux des matieres Domaniales; c'eſt encore une partie de Juriſdiction qui leur a été enlevée, pour l'attribuer aux Tréſoriers de France. Rappellons quelques faits ſur cette attribution.

(636). Dans l'origine, il n'y avoit que nos Rois à qui les foi & hommages des Vassaux étoient portées directement ; la Chambre des Comptes seulement en faisoit expédier les actes, & les conservoit comme dépositaire de tous les titres de la Couronne ; c'est ce qui a eu lieu, même jusqu'à l'Ordonnance de Mars 1443, qui le prescrit expressément. — Par celle de Janvier 1457, l'autorité de recevoir les foi & hommages fut donnée à la Chambre & aux Officiers des Bailliages pour trois ans. — Ce droit de la Chambre & des Baillis fut prorogé par l'Ordonnance du 3 Novembre 1460. — Le 8 Juillet 1507, la Chambre, en présence de deux Trésoriers, ordonna qu'à la fin de chaque compte seront écrits les Fiefs pour connoître les mutations & devoirs, & qu'à la requête du Procureur du Roi (aux Bailliages) les Receveurs contraindront les Vassaux d'exhiber leur foi & hommages, avec les attaches de la Chambre, faute de quoi ils saisiront, avec établissement de Commissaires, Loff. *M. S. fol.* 153. Nous avons déja observé sur ce Réglement, que les Trésoriers de France n'y furent présens que pour connoître l'argent que ce Reglement devoit produire pour le Domaine. 2°. Que le Procureur du Roi dont il est parlé dans cet Arrêt, ne pouvoit être celui des Bureaux des Finances, qui ne furent créés que plus de quarante ans après cet Arrêt. — Le 18 Décembre 1538, Ordonnance pour faire apporter à la Chambre les foi & hommages, aveux & dénombremens des Vassaux par le Procureur du Roi de la Sénéchaussée de Poitou. — Observons encore que l'on ne voit dans cette Ordonnance que le Sénéchal, chargé de recevoir les foi & hommages dans son Siege Présidial, avec communication au Procureur du Roi, appellé *Clerc des Fiefs* dudit pays : nulle mention des Trésoriers de France, qui n'existoient point alors dans les Provinces, & qui n'y furent placés que par Edit de Janvier 1551. — Les Officiers des Bailliages, à ce qu'observe Loffroi sur cette Ordonnance, ne devoient recevoir les foi & hommages que pour les Fiefs non excédens 100 liv. de revenu ; le surplus, dit-il, réservé au Roi, à M. le Chancelier, ou à la Chambre. Ce ne fut en effet que par l'Edit de Février 1566, art. XII, que le Roi ordonna que la superintendance du Domaine appartiendroit aux Trésoriers, avec le pouvoir de recevoir les foi &

hommages, dont les Officiers des Bailliages avoient joui depuis 1457.

(637). C'eſt donc depuis cette époque que les Tréſoriers de France connoiſſent de la féodalité; mais combien eſt étroit le cercle de leur pouvoir à cet égard! & d'ailleurs ils ne s'en ſervent que pour le détriment de cette partie intéreſſante du ſervice du Roi.

(638). I. Les Tréſoriers de France n'ont pas le pouvoir intégral de recevoir les foi & hommages. Car 1°. les Tréſoriers de France dans toute l'étendue du Royaume ne reçoivent pas les foi & hommages des Terres titrées; c'eſt au Roi, à M. le Chancelier ou à la Chambre, qu'elles ſont portées, aux termes du Réglement des 19 Janvier 1668 & 26 Juin 1688. 2°. Ils ne recoivent pas les foi & hommages même de ſimples Terres, dans l'étendue de la Généralité de Paris, c'eſt la Chambre des Comptes ſeule qui les reçoit, ſuivant l'art. XII de l'Edit de Février 1566. 3°. A l'égard des publications des aveux, ils ſont obligés de les envoyer faire dans les Sieges des Bailliages, leſdits Bureaux étant à trop grande diſtance de la plus grande partie des Fiefs, pour que les publications faites dans leurs Bureaux puiſſent être de quelque utilité. C'eſt la diſpoſition préciſe de l'Edit de Septembre 1690, portant création du Bureau des Finances de Lille; ils ont pouvoir de recevoir les aveux & dénombremens « après néanmoins, porte l'Edit, qu'ils auront » été blâmés par nos Procureurs ès Bailliages ou Baillis ». Ce même Réglement s'exécute dans toute la France.

(639). II. Les Tréſoriers de France font de ce pouvoir circonſcrit qui leur reſte, un uſage contraire aux intérêts du Roi. Nous avons vu que, dès le premier moment où ils ont été admis à recevoir les actes féodaux par l'Edit de Février 1566, ils ont été obligés d'envoyer les originaux en la Chambre : cela a été également ordonné dans le Réglement, rendu contradictoirement avec eux au Conſeil, le 18 Janvier 1668, & aſſez récemment par la Déclaration du 18 Juillet 1702, qui preſcrit la réforme de ceux de leurs actes qui ſont vicieux; mais quelle réſiſtance les Tréſoriers de France n'apportent-ils pas à l'exécution de cette Loi qui paroîtra d'autant plus précieuſe;

cieuſe, & leur refus d'y concourir d'autant plus dangereux, que l'on a vu la foule prodigieuſe de vices dont leurs actes ſont infectés?

(640). On peut donc dire que la féodalité n'eſt entre leurs mains, que pour le malheur de cette partie importante du Domaine, & des Vaſſaux qui ſe repoſent ſur des actes ſouvent nuls; & qui reſtent dans cet état, parce que les Tréſoriers ne veulent pas conſentir à l'exécution des Arrêts de la Chambre qui en preſcrivent la réforme.

(641). En cet état, n'eſt-il pas évident qu'il eſt eſſentiel de retirer cette portion de Juriſdiction des mains des Tréſoriers de France, & de donner à la Chambre, dépoſitaire depuis plus de cinq ſiecles des actes originaux de la féodalité, des Officiers qui ſoient ſoumis à ſes Arrêts pour la réforme des actes féodaux.

(642). *Nota.* Il eſt difficile de donner cette autorité à tous les Officiers des Bailliages; mais il ſeroit bon que dans chacun il y eût un *Conſeiller Commiſſaire du Roi pour la féodalité*, qui ſeroit reçu en la Chambre, & qui ſeroit chargé par elle de ſaiſir les Fiefs, de faire publier & blâmer les aveux, de pourſuivre devant les Bailliages les Jugemens des oppoſitions qui interviendront ſur les publications, d'envoyer en la Chambre les aveux & les blâmes, & de les faire réformer ſuivant ſes Arrêts, loſqu'il y auroit lieu.

(643). A l'égard de la réception des foi & hommages, elle peut être faite en la Chambre dans toute l'étendue de ſon reſſort, comme elle l'eſt même pour les ſimples Fiefs dans toute l'étendue de la Généralité de Paris, ſur-tout depuis les Lettres Patentes du 25 Avril 1736, qui permettent aux Vaſſaux de faire la foi par Procureur, loſqu'ils ſont diſtans de cinq lieues de l'endroit où elles doivent être portées.

(644). Reſte un dernier objet dont les Tréſoriers de France ſont en poſſeſſion à l'égard de la féodalité, & qu'il ſeroit beaucoup plus utile de confier aux Officiers des Bailliages; ce ſont les *liquidations des Droits Seigneuriaux.*

(645). La Chambre elle-même a eu cette connoiſſance par la Déclaration du 14 Décembre 1665; mais on reconnut qu'il valoit mieux que ce fuſſent des Juges plus proches des lieux où les biens à évaluer ſont ſitués, qui fixaſſent la valeur de ces biens, & la quotité de droits qu'ils devoient produire au Roi. Auſſi le Réglement du 19 Janvier 1668, a-t-il attribué cette connoiſſance aux Tréſoriers de France, plus proches de ces lieux dans les Provinces; mais l'Auteur de ce Réglement n'a été entraîné à cette attribution, que par celle dont jouiſſoient les Tréſoriers à l'égard de la réception des foi & hommages de ces Terres dont il falloit fixer les Droits Seigneuriaux; & ſi les foi & hommages étoient rendus aux Bailliages, ils auroient également la connoiſſance de la liquidation des Droits Seigneuriaux.

(646). *Nota.* Avec combien plus d'utilité en effet cette attribution ſeroit-elle faite aux Officiers des Bailliages, plus inſtruits des coutumes des lieux, que les Tréſoriers de France qui ont ſouvent pluſieurs Coutumes dans leurs Généralités; plus inſtruits des meſures de leurs Pays & de la valeur des héritages, bons, médiocres ou mauvais, prés, vignes, bois & autres connoiſſances qui doivent neceſſairement entrer dans l'évaluation, ſur-tout quand elle eſt conteſtée par d'autres Seigneurs pour une partie des biens acquis dans leur mouvance, par le même contrat que celui qui contient l'acquiſition faite dans la mouvance du Roi.

(647). Il paroît donc évident que les Tréſoriers de France ne ſont nullement néceſſaires au ſervice des Fiefs; que toutes leurs fonctions à cet égard ſeroient beaucoup plus utilement remplies par les Officiers des Bailliages; que les Tréſoriers de France y ſont au contraires nuiſibles, & y ſont un tort irréparable par leur réſiſtance invincible à l'exécution de la Déclaration du 18 Juillet 1702; réſiſtance qui laiſſe dans toute leur défectuoſité une multitude d'actes féodaux. Le bien ne s'opérera jamais en cette partie, que par un Officier dans chaque Bailliage, abſolument dépendant de la Chambre, & y prêtant ſerment, qui ſera, comme on vient de le dire, nommé *Conſeiller Commiſſaire du Roi pour la féodalité.*

No. 3.

(648). *Il seroit très bon de remettre aux Officiers des Bailliages tout le reste de la Jurisdiction contentieuse sur la Voierie.*

(649). Nous avons vu que les Officiers des Bailliages connoissent déjà d'une grande partie des contestations élevées à l'occasion de la Voierie ; qu'ils exercent leur autorité concurremment avec les Trésoriers sur plusieurs objets ; qu'ils sont en litige avec eux sur d'autres ; qu'il faut souvent des Arrêts du Conseil pour appaiser leurs querelles (même Quest. 1ere Proposition, 1ere Sect. §. IV. alin. 283); & sans doute il est plus utile qu'une seule nature de Jurisdiction soit réunie dans les mêmes mains. On a vu d'ailleurs toutes les vexations que les Trésoriers de France exercent sur les Sujets du Roi, par la maniere arbitraire & despotique dont ils usent de leur petite Direction de Voierie ; c'est-là où ils tentent de faire voir dans tout son éclat leur prétendue supériorité.

(650). N'est-il pas évident qu'il seroit plus utile de remettre ce peu de fonctions aux Officiers des Bailliages ; les opérations des grandes routes demeurant réservées à l'administration, qui exercera cette autorité par les Directeurs des Ponts & Chaussées, Turcies & Levées, Commissaires départis dans les Généralités & leurs Subdélégués ?

§. II.

(651). *Il est utile de donner aux Officiers des Elections, la portion de la Jurisdiction des Trésoriers de France, qui regarde les Finances.*

(652). On se rappelle qu'il ne s'agit pas de remplacer les Trésoriers de France, comme Ordonnateurs des Finances, ni dans les répartitions des Impositions qu'ils ne font plus, & qui sont passées entierement dans les mains des Commissaires départis ; nous pouvons ajouter qu'il ne s'agit pas même de les remplacer en ce qui concerne la Comptabilité.

(653). Pour s'en convaincre, il faut connoître en détail la nature de ces états au vrai, aujourd'hui rendus devant les Trésoriers de France, dont nous avons déjà donné quelque notion sommaire. On verra qu'il est très facile de supprimer les états des Trésoriers, comme entierement inutils.

(654). Ces états dans l'origine n'étoient rien moins qu'une Comptabilité : les Trésoriers devoient connoître la situation des Comptables, mais ce n'étoit que pour poursuivre les restes de leur gestion, & faire rentrer les deniers dans les coffres du Roi ; leur seconde obligation étoit d'avertir le Conseil du Roi, des fonds qui étoient actuellement dans les mains des Comptables, & dont le Roi pouvoit disposer.

(655). Ce motif de poursuivre les restes des Comptables qui étoient connus aux Trésoriers pour les états des restes, est prouvé par l'Ordonnance du premier Mars 1388 : la Chambre elle-même fût chargée par l'art. XVIII, de « faire savoir chacun mois à nos Trésoriers, le reste des comptes de nos » Vicomtes & Receveurs qui comptent du fait de notre Do- » maine, afin que par iceux Trésoriers les restes soient exé- » cutés & non par autres, & que lesdits Trésoriers les voisent » en la Chambre de nos Comptes ». Les Trésoriers de France étoient alors chargés de faire mettre dans les coffres du Roi, les restes qui étoient entre les mains des Comptables.

(656). L'Ordonnance du 25 Décembre 1443, porte, art. IX : « Voulons que dorénavant tous nos Receveurs, tant Généraux » que Particuliers, & tous autres nos Officiers ayant Charge de » recette, soient tenus de montrer & envoyer au commencement » & à la fin de chacune année, leurs états desdites recettes » signés de leurs mains ; c'est à savoir ceux du Domaine à un » des Trésoriers, & les autres à ceux qui auront le gouver- » nement de nosdites Finances & de notredite recette générale ; » c'est à savoir au commencement de ladite année le plus près » de la vérité que faire se pourra, & à la fin d'icelle en la juste » valeur, & si en rendant par lesdits Receveurs leurs comptes » en notredite Chambre des Comptes, ils étoient trouvés avoir » fait le contraire, & avoir aucune chose recelée par leursdits états, » nous voulons & ordonnons qu'ils soient contraints restituer

» à notredit Receveur Général tous les restes, avec autant » qu'ils monteroient, & punis d'amende arbitraire, desquelles » amendes & restes, notre Receveur Général sera tenu de faire » recette; & en tant que touche le fait de la valeur des Aides, » nous voulons que les Receveurs en certifient tous leurs » signets manuels, nos Généraux ou autres, qui auront le » gouvernement de nos Finances, trois fois l'an; c'est à savoir » au commencement de l'année après le bail des Fermes, après » aussi le tiercement, & pour la tierce-fois après les doublemens, » afin de tout faire enregistrer devers Nous, & si lesdits Elus y » font faute, qu'ils soient privés de leurs Offices ».

(657). On voit dans cet article le véritable objet des états au vrai: le Roi vouloit à chaque instant être à portée de connoître la recette entiere des deniers dont il pouvoit disposer. Il veut donc que tous les Comptables fassent connoître leur état actuel aux Trésoriers de France pour le Domaine, aux Généraux des Finances pour les deniers extraordinaires & pour les Aides; & cela dans différentes époques, les uns au commencement de l'année, les autres trois fois par an; si la Chambre y trouve du faux, ils seront punis.

(658). Il faut observer que tous ces états au vrai sont simples déclarations des Comptables sans pieces, il paroît même que c'est sans dépense; tout ce qui leur est demandé, c'est la recette de chacune année, pour qu'il en soit disposé par le Roi.

(659). Ces états au vrai fournis par les Comptables aux Trésoriers, étoient de rigueur dès le commencement, & ils devoient être apportés en la Chambre lors du compte: il paroît qu'ils continrent d'assez bonne heure les recettes & dépenses; mais il ne paroît pas qu'ils rapportassent des pieces. Par l'Ordonnance du 3 Décembre 1454, art. XLVII, il est dit: « Que si aucun Officier qui a accoutumé compter par état, vient en la » Chambre pour rendre son compte, & qu'il n'apporte aucun » état fait par les Trésoriers & Généraux, il ne sera reçu à clorre, » & pendant le tems qu'il mettra à avoir ledit état, ne prendra » gages ni voyages sur le Roi ». *N^a*. Suspendre un compte en la Chambre pour avoir un état des Trésoriers, n'étoit pas sans doute pour compter par pieces devant ces Officiers, puisqu'elles étoient en la Chambre pour y compter; mais il étoit néceſſaire de maintenir ces états de recette & dépenſe devant les Tréſoriers, pour qu'ils puſſent inſtruire le Conſeil de l'état des Comptables.

(660). Ce motif d'avertir le Conſeil, paroît encore dans l'Ordonnance du 7 Février 1531; l'art. XV. porte: « Que les » Tréſoriers & Généraux enverront aux Prud'hommes & Con- » trôleurs, au commencement & enfin de l'année, ce qui doit » ſe recevoir de net de tous les deniers de leurs Charges, par » états abregés ſignés de leurs mains ». Ces Prud'hommes & Contrôleurs repréſentoient, à cette époque, nos Gardes du Tréſor Royal.

(661). L'Ordonnance du 7 Décembre 1542, art. IX. porte: « Que les Tréſoriers de France & Généraux des Finances ſe- » ront tenus Nous envoyer, ou à notre Conſeil privé, & pa- » reillement à notredit Tréſorier de notre Epargne, état des » valeurs de leurs Charges au commencement de l'année; c'eſt » à ſavoir au vrai de ce qui peut être certain, & par eſtima- » tion de ce qui peut être muable; dont après l'année échue, » ils bailleront autres *états au vrai de ce qu'ils auront eſtimé*, » & contiendront, leſdits états, reſpectivement & ſéparément » ce qui devra être reçu en chacune recette générale, dont » ſemblables états ſeront auſſi baillés par leſdits Tréſoriers de » France & Généraux, à chacun Receveur général reſpective- » ment; & autres pareils états ſeront par eux envoyés aux » Gens de nos Comptes, ſans que le Tréſorier de notre Epargne » ſoit tenu leur porter ni envoyer ceux qu'il aura eus, leſquels » nous voulons demeurer toujours en ſes mains pour ſervir à » juſtifier les aſſignations qu'il levera ſur leſdits Receveurs Gé- » néraux, vérifier les reſtes par eux dus, & vuider les différens » qui, ſur ce, pourroient advenir entre leſdits Tréſoriers de » l'Epargne & Receveurs Généraux. Art. X: Et ſi, durant la- » dite année, ſe trouvoient autres deniers à recouvrer, comme » plus valeur, reſtes & autres parties, dont n'auroit été baillé » état, en ſeront auſſi envoyés & baillés autres états en la ma- » niere deſſuſdite, tous leſquels états ſeront faits & baillés les » plus clairs qu'il ſera poſſible ».

(662). Cette Ordonnance n'offre encore aucune idée de

comptabilité sur pieces. Les états au vrai sont un résultat de toutes les connoissances que les Trésoriers & Généraux ont pu avoir sur les recettes du Domaine & des Finances extraordinaires; ils sont même appellés états des Trésoriers de France & des Généraux des Finances, & non états des Comptables. Ces Trésoriers & Généraux sont tenus envoyer leurs états au Conseil, à la Chambre & au Trésorier de l'Epargne, pour que le Conseil puisse ordonner les dépenses, & que le Trésorier puisse justifier les assignations qu'il délivre pour l'exécution desdites dépenses; qu'il puisse faire voir qu'il n'a pas donné les assignations sur des Comptables qui n'avoient pas de fonds; quelques-uns de ces états envoyés par les Trésoriers ne sont même faits que par estimation; l'envoi en est fait à la Chambre pour prévenir les obmissions de recette, & punir les Comptables s'ils ne déclarent l'intégralité de leur recette.

(663). L'Ordonnance du 12 Avril 1547 porte, art. XIX: « Voulons que les Trésoriers de France & Généraux de nos » Finances, dès le commencement de l'année, envoyent à » notre Conseil, Commissaires du Louvre, Trésorier de notre » Epargne, & aux Receveurs Généraux de nos Finances, leurs » états par estimation de leurs Charges *au plus près de la vérité* » *qu'ils pourront*, de si bonne heure, que lesdits Receveur » Généraux aient tems suffisant pour recouvrer nos deniers par » les termes & quartiers qui nous sont dûs, & en la fin de » l'année les états de leurs Charges au vrai; & néanmoins à » mesure que lesdits Trésoriers de France feront, comme ils » sont tenus, les états particuliers des Receveurs de leurs Char- » ges, s'ils y trouvent aucuns restes, ou plus valeurs à nous » dûs, en feront briefs états qu'ils enverront incontinent en » notredit Conseil, Commissaires du Louvre, Trésorier de notre » Epargne, & Receveurs Généraux respectivement. Et quant » auxdits Généraux, &c. ».

(664). Cette Ordonnance prescrit encore aux Trésoriers & Généraux d'instruire le Conseil, & d'envoyer les états aux Receveurs Généraux des Finances, des recettes des deniers qu'ils avoient reconnu être actuellement dans les mains des Receveurs particuliers des Domaines & des Finances extraordinaires, afin qu'ils puissent les percevoir quartier par quartier. Ces états des Trésoriers ne sont nullement Comptabilité.

(665). Peu après que les Trésoriers de France ont été répandus dans les Provinces & établis dans chaque Généralité par l'Edit de Janvier 1551, ces états au vrai ont commencé à prendre quelqu'apparence de Comptabilité ; l'Edit de Septembre 1552 porte, art. III : « A la fin de chacun quartier, chacun de » nosdits Receveurs particuliers baillera à chacun de nosdits » Receveurs généraux l'état de sa recette & dépense dudit quar- » tier échu, & avertira notredit Trésorier Général des mande- » mens portans quittances, levés sur lui par le Trésorier de notre » Epargne, ou autres mandemens, acquis & rescriptions dudit » Trésorier de notre Epargne, & à la fin dudit état, fera dé- » claration séparément en un chapitre distinct, des restes qui lui » sont dûs, & par qui, afin que notredit Trésorier Général y » puisse pourvoir ».

(665). Cet article ne montre encore que des déclarations faites par les Comptables aux Trésoriers & Généraux, de tout ce qui doit être connu par l'administration ; point de pieces de Comptabilité.

(666). L'article X : Outre l'état par quartier demandé, non aux Receveurs particuliers, mais aux Receveurs généraux chacun devoit bailler état entier & au vrai à son Trésorier Général, de toute la recette & dépense de ladite année expirée, « & lui exhiber (*si besoin est & sommés en sont*), acquits » servans à la vérification de ladite recette & dépense, & ice- » lui étant vu & *examiné sommairement*, nosdits Trésorier » Général & Receveur Général, en chacune de nosdites Re- » cettes générales, seront tenus en envoyer un signé d'eux, & » un autre semblable aux Gens de notre Conseil privé, & qu'en » iceux seront déclarés les non valeurs, si aucunes y en a, les » causes pourquoi sont avenues, & quelles diligences ont été » faites pour les recouvrer ».

(667). Voilà un commencement de Comptabilité ; cependant les acquits ne sont pas encore joints nécessairement à l'état au vrai ; ils ne le sont que dans le *cas où besoin est* ; il n'en étoit donc pas toujours besoin. Or qu'est-ce qu'un compte sans acquits? Ce n'étoit pas un compte absolument dit: l'objet général de l'état est d'être envoyé aux Gens de notre Conseil privé; il n'y a encore ici, sans doute, aucune nécessité pour la Chambre, de se conformer à ces prétendus arrêtés de comptes qui n'avoient été *vus* que *sommairement*, & pour l'ordinaire, sans pieces.

(667). Le même esprit regne encore dans l'Edit de Décembre 1557; il porte, art. II: « que les Trésoriers & Généraux vérifient régulierement, *par chaque quartier*, la recette & dépense que les Receveurs Généraux de leurs Charges auront » faites, pour savoir les deniers qui resteront à recouvrer, & les » causes pour lesquelles ils ne le font.... & en fin d'année en » année qu'ils vérifient leurs états de l'année entiere, & icelui » signé d'eux Nous envoyer, & aux Gens de notre Conseil & » de nos Finances ». — La Déclaration du 20 Janvier 1566 prescrit également à tous les Receveurs Généraux des Finances de bailler à la fin de chaque quartier aux Trésoriers de France un état de leur recette & dépense du quartier précédent.

(668). L'Ordonnance du mois d'Août 1598, art. IV, porte: « Et, pour faciliter la façon & audition des Comptes » des Receveurs ressortissans ès Trésoreries Générales de nos » Finances, les Trésoriers Généraux dresseront leurs états » selon l'ordre desdits comptes, & à cette fin se feront re» présenter les doubles par lesdits Comptables ».

(669). Cet article regle la forme des états au vrai, mais n'en dit ni le pouvoir, ni l'usage, ni s'ils étoient faits d'après des acquits, ou sans acquits, comme auparavant.

(670). L'Ordonnance de Janvier 1629, art. CCCXLIX, porte: « Tous les Receveurs Particuliers desdites Généralités » seront tenus de vérifier les états de la recette & dépense de » *toutes les levées de deniers* qui auront été faites durant le » cours de l'année, tant pour nos affaires que pour les Par» ticuliers, & de tous autres deniers extraordinaires, sans qu'il » en puisse être faite aucune qu'elle n'y soit comprise, afin que » nous puissions connoître les levées de deniers qui se font sur » notre peuple, & le Surintendant de nos Finances ordonner » d'icelles, à peine contre lesdits Comptables, à faute de vé-

» rifier l'état dans ledit tems, & d'y comprendre toutes lefdites » levées, de la perte d'un an de leurs gages pour la premiere » fois, dont fera fait état à notre profit, & de fufpenfion » de leurs Charges pour la feconde; enjoignons aux Tréforiers » de France d'y tenir la main, à peine d'en répondre en leurs » propres & privés noms ».

(675). Cette Ordonnance annonce des états au vrai, non plus feulement par les Receveurs Généraux, mais même par les Receveurs particuliers; mais le but de ces états n'eft pas ici une véritable Comptabilité en recette & dépenfe. Son objet n'eft que de connoître bien clairement *toutes les levées* qui fe faifoient fur le peuple.

(676). L'Ordonnance du mois d'Août 1669, qui eft la derniere Ordonnance rendue fur la comptabilité, porte, art. XV, « Faifons défenfes aux Comptables de préfenter leurs comptes, » que les états n'en aient été arrêtés en notre Confeil, ou aux » Bureaux des Finances pour les natures de deniers, dont l'état » y doit être vérifié, à peine de 3000 livres d'amende, & à » nos Chambres des Comptes de les recevoir & juger, à » peine de nullité ».

(677). Il paroît affez manifeftement par le texte de cet article, & par l'ufage qu'il a fuivi, que c'eft une vraie Comptabilité, qui eft établie & devenue légale par cette Ordonnance, fans toutefois que l'on en voye d'autre objet que celui annoncé dans l'Ordonnance de 1629, & autres précédentes; car fi les états au vrai ont pour objet d'être utiles au Confeil pour connoître, par une Comptabilité plus accélérée, le vrai état des Comptables, comment un état au vrai rendu devant les Tréforiers de France, long-tems après l'exercice du Comptable, peut-il fervir à avertir le Confeil des recettes à faire? La connoiffance de ces recettes eft actuellement dans toutes les parties des Finances, beaucoup mieux connue du Confeil fans les Tréforiers de France, que lors même que les Tréforiers en envoyoient la note au Confeil.

(678). Au refte, lorfque les états au vrai furent introduits, les Tréforiers de France favoient bien qu'ils ne pouvoient influer fur les Jugemens que la Chambre rendroit lors de l'audition des comptes; ils avouoient qu'elle pouvoit y avoir tel égard que de raison : c'est ce qui paroît par le Plumitif du 16 Novembre 1598, qui porte : « Le Procureur Général a apporté Lettres des Tresoriers de France à Limoges, contenant qu'ils envoyent en la Chambre les états par eux faits & dressés à un nommé Musnier, Receveur Général de Saintes, & au Receveur des Tailles de Saint-Jean d'Angely, de leur Généralité, pour en jugeant les comptes desdits Receveurs, qu'ils ont entendu être en la Chambre, *y avoir tel égard qu'elle verra être à faire par raison* ; sur quoi a été ordonné que lesdits états demeureront ès mains dudit Procureur Général, pour être par lui baillés aux Conseillers Auditeurs, qui seront Rapporteurs desdits comptes, pour, en jugeant iceux, y avoir tel égard que de raison ». Ce texte seul suffit pour interpréter les Ordonnances, & faire voir combien les Tresoriers de France étoient d'accord avec la Chambre sur le peu d'importance des états au vrai jusqu'en 1598.

(679). Aussi voit-on que jusqu'au Réglement du mois d'Août 1669, la nécessité des états au vrai n'étoit pas encore si certaine, que la Chambre ne s'en passât quelquefois pour des raisons particulieres. On voit des exemptions de rapporter états au vrai des Tresoriers, accordées par la Chambre à des Receveurs du Domaine ; d'Orléans, le 9 Juillet 1607 ; de Château-Thierry, du 3 Mars 1608 ; de Perigord, du 3 Juillet 1614 ; de Nemours, du 10 Décembre 1658 ; à des Receveurs Généraux des Finances, des 15 Octobre 1595, & 19 Janvier 1628 ; à des Receveurs des Tailles, des 22 Décembre, 23 Mars 1631 ; des rentes sur les Recettes générales, du 26 Juin 1616 ; sur Greniers à Sel, du 17 Avril 1657 ; à des Receveurs d'Octrois, du 24 Mars 1601, pour la Ferté-Milon ; du 21 Avril 1608, pour Chablis ; du 28 du même mois, pour la Ferté-sur-Oing ; du 24 Mai 1608, pour Loris ; du 9 Juin 1615, pour Cesy, &c. &c.

(680). Les causes pour lesquelles la Chambre accordoit ces exemptions de compter par état au vrai devant les Tresoriers de France, étoient souvent les retards des Tresoriers, qui différoient trop leurs arrêtés, ce qui suspendoit la Comptabilité en la Chambre. On voit même un Réglement de la Chambre, du 28 Juillet 1659, qui porte : « Ce jourd'hui sont venus au Bu-

» reau deux Trésoriers de France, en la Généralité de Paris, » mandés & ouis sur le dilayement qui se fait en leur Bureau, » de la vérification des états, qui empêchent la présentation » des comptes : eux retirés & sur ce délibéré, la Chambre a » arrêté qu'à défaut de vérification desdits états & délivrance » d'iceux aux Comptables ou leurs Procureurs, les comptes » seront reçus & jugés sans lesdits états ». A cette époque si prochaine de l'Ordonnance du mois d'Août 1669, il est évident que la Chambre n'étoit pas tenue de se conformer aux états au vrai des Trésoriers.

(681) Les autres causes de ces exemptions de prendre états au vrai par les Comptables, étoient que les comptes étoient déjà rendus dans le moment que les Trésoriers exigeoient la présentation des états dans leurs Bureaux, ou parce que la Comptabilité étoit supprimée. Arrêt du 14 Juin 1667. C'étoit aussi pour cause de maladie contagieuse dans le lieu de la résidence des Trésoriers, &c.

(682) Ces états même, lorsqu'ils avoient une utilité apparente, ont été quelquefois traités par les Trésoriers de France eux-mêmes, avec beaucoup de négligence.

(683) Le 16 Décembre 1603, « Sur le rapport fait au » Bureau par Me Charbonnieres, Conseiller Auditeur, que le » compte des Tailles de l'élection de Lyonnois, que rend » Me Corneille, pour 1600, lui ayant été distribué, voulant » procéder à l'examen d'icelui, il auroit trouvé que l'état, » vérifié par les Trésoriers de France de Lyon, n'étoit signé » d'aucun desdits Trésoriers, comme il a fait voir par icelui » qu'il a présenté au Bureau, à ce qu'il plût à la Chambre » ordonner s'il continueroit ledit examen, pour en faire rap- » port sur ledit état non signé, ou si on le renverroit auxdits » Trésoriers. Sur quoi la Chambre a ordonné ledit état être » renvoyé auxdits Trésoriers, pour le signer ou dire les causes » du refus qu'ils en feront ». — Le 2 Mars 1607, « a été man- » dé Me de Braula, Seigneur de Florent, Trésorier de France » à Châlons, lequel, après qu'il a pris séance au Bureau, & » enquis pourquoi tous les états qui se rapportoient sur les » comptes de ladite généralité n'étoient signés que d'un seul des

» Trésoriers de France de ladite Généralité, & s'ils n'étoient
» pas cinq en charge par chacun an; a dit qu'il estimoit qu'ils
» étoient signés de plus d'un; que quand il avoit signé, il ne
» s'enquéroit si les autres signoient; & toutefois s'ils ne signoient,
» que c'étoit peut-être pour ce qu'ils étoient employés à leurs
» chevauchées ». — Le 19 Novembre 1612, « la Chambre
» procédant à l'examen & clôture du compte des Octrois de
» Vitry de 1605, au rapport de Me de Roddes, Conseiller
» Auditeur, sur ce que l'état au vrai n'étoit signé que de l'un
» des Trésoriers de France, & du Greffier du Bureau; & sur
» ce ouï le Procureur Général, & faisant droit sur ses conclu-
» sions, la Chambre a fait défenses au Greffier dudit Bureau
» de Châlons de plus expédier aucuns états aux Receveurs par-
» ticuliers de la Charge, qu'ils ne soient signés de quatre au
» moins desdits Trésoriers Généraux; ce qui sera signifié à la
» Requête du Procureur Général ».

(684). Une seule signature sur ces états, quelquefois point. Est-ce donc là une comptabilité rendue devant des Juges qui doivent assurer l'état des Comptables? Aussi venons-nous de voir que dans l'origine les états n'étoient que des déclarations faites par les Comptables, ou si l'on veut, des comptes par eux rendus, mais sans acquits; de simples notions de leurs recettes; & que ce n'est que par le laps de temps que cette inutile Comptabilité a été introduite.

(685). Les états au vrai des Trésoriers Généraux de France avoient donc trois objets, qui n'existent plus: le premier, pour faire faire le recouvrement de ce qui restoit dû; le second, pour avertir le Conseil de ce qui restoit en caisse; le troisieme, pour avertir la Chambre de l'état dans lequel avoient été trouvées les caisses des Comptables dans différens quartiers de l'année, & de la recette réelle qu'ils avoient faite ou dû faire. C'est ce qui a donné lieu aux différens Réglemens qui ont introduit ces états; & parce que ces motifs ont cessé, les Réglemens doivent également cesser. Mais quoi qu'il en soit, ces états au vrai n'auroient jamais dû exister à titre de Comptabilité; & on a vû, sur l'article de la dégradation des Bureaux des Finances, à l'égard du Domaine, & à l'égard des Finances, l'état de dérision dans lequel cette fonction des Trésoriers de France est tombée. (*Voy. alin.* 264).

(686). Il n'existe donc plus aucun motif de maintenir les états au vrai, & il n'y a aucune nécessité de transmettre aux Officiers des élections cette espece de Comptabilité, qui n'est qu'une vexation contre les Comptables.

(687). Les parties des Finances, qui peuvent au contraire être très-bien remplies par les Officiers des Elections, c'est de recevoir les cautionnemens des Comptables, & d'en envoyer exactement les actes en la Chambre ; ce que les Trésoriers de France ne font point. C'est sur les lieux mêmes des Elections, que l'on peut mieux examiner la faculté des cautions, & non à la grande distance où sont souvent les Bureaux des Finances des recettes des Tailles. Les Officiers des Elections pourront également clore les mains des Comptables, les faire saisir, pour les forcer de compter en vertu des Arrêts rendus, soit sur dénonciation des Officiers des Elections, ou *proprio motu*.

(688). A l'égard de l'envoi des états du Roi dans toutes les Elections, pour être ensuite remis dans les mains des Receveurs des Impositions, en forme exécutoire, cet envoi peut être fait directement à chaque Election par le Conseil, pour la partie qui la concerne, ou le Conseil envoyeroit l'état entier pour toute la Généralité à l'Election de la Ville, centre de la Généralité où réside le Commissaire départi, pour, par les Officiers de cette premiere Election, être envoyée à chacune des Elections, la partie de l'état général que chacune de ces Elections particuliere doit faire exécuter.

(689). Il seroit facile de donner cette autorité aux Elections dans la personne d'un seul Officier, nommé *Conseiller Commissaire du Roi pour l'inspection des Finances*, qui seroit créé en chaque Election ; il prêteroit serment en la Chambre, & feroit exécuter ses Arrêts.

OBSERVATION

(690). *Sur les nouveaux Officiers secondaires, pour l'autorité de la Chambre.*

(691). Au moyen de ces deux Commissaires du Roi, reçus

en la Chambre, l'un pour la *Féodalité*, Adjoint aux Officiers des Bailliages; l'autre pour la *Finance*, Adjoint aux Officiers des Elections, on éviteroit la plus grande partie des démêlés, qui s'élevent trop souvent entre les trois Cours Supérieures, le Parlement, la Chambre des Comptes, & la Cour des Aides; & le service du Roi en la Chambre se feroit d'une maniere beaucoup plus utile & sans contradiction.

Quel que soit l'événement qui suivra cet Ecrit, il est absolument nécessaire qu'il y ait des Officiers qui secondent l'autorité que nos Rois ont confiée à la Chambre des Comptes.

Il n'est point de Tribunal qui puisse procurer le bien du service du Roi, s'il n'a pas dans les Sieges royaux (Bureaux des Finances, Bailliages, Elections, &c.) des Officiers qui procurent l'exécution de ses Arrêts.

Le pouvoir suprême du Monarque n'a d'exécution que par les ordres qu'il donne aux Cours Supérieures, celles-ci aux Officiers royaux des Provinces, les Officiers royaux aux Ministres inférieurs de la Justice, qui forcent les Sujets d'obéir. Si cette chaîne est interrompue entre l'une des Cours Supérieures, & les Officiers royaux, la volonté du Roi notifiée à la Cour Supérieure, toute puissante qu'elle devroit être, reste sans force & sans exécution.

Il n'y a donc rien de si essentiel pour le bien du service du Roi dans sa Cour de féodalité, des graces, & des Finances, que de voir les Officiers royaux concourir avec elle à l'exécution des volontés du Monarque. Le feu Roi, le 17 Septembre 1769, assura la Chambre de sa protection royale à cet égard, en ce qui regardoit les *Officiers des Bailliages*. « Je sais, dit le Roi, » qu'il est des cas qui ont été prévus par des Reglemens émanés » de mon autorité, dans lesquels il est nécessaire que les » Officiers des Bailliages & Sénéchaussées prêtent leur mi- » nistere pour l'exécution des Arrêts de la Chambre des » Comptes; & si elle trouvoit à cet égard quelque résistance, » je saurois bien y mettre ordre ».

Si donc les Trésoriers de France refusent leur concours à l'exécution des Arrêts de la Chambre, malgré tant de preuves de la subordination de leurs Prédécesseurs, il est très-nécessaire de leur ôter ces rapports directs avec la Chambre, & de lui donner des Officiers qui lui soient propres dans les Sieges royaux déjà établis dans les Provinces.

CONCLUSION GÉNÉRALE.

(692). LES Trésoriers de France étant déjà exclus du Parlement & de la Cour des Aides, n'ayant plus qu'un instant de séance en la Chambre des Comptes, lors de leur réception, seul lien qui les fasse membres des Compagnies Supérieures, il n'y a rien de plus instant pour eux que de ne plus parler des *prétendus Arrêts* de la Chambre, de *Tribunal d'attribution*; de s'attacher fortement à elle; d'obéir à ses décrets; & d'y rendre au Roi les mêmes services qu'ils y ont rendus dans tous les temps, avec subordination, de peur que ce dernier lien étant rompu, ils ne soient entiérement rangés dans la classe des Tribunaux inférieurs.

Voilà *le véritable état des Trésoriers de France.*

Le 16 Septembre 1778.

www.ingramcontent.com/pod-product-compliance
Lightning Source LLC
Chambersburg PA
CBHW071417150426
43191CB00008B/944
* 9 7 8 2 0 1 6 1 3 5 1 0 5 *